UTB

Eine Arbeitsgemeinschaft der Verlage

Böhlau Verlag · Wien · Köln · Weimar
Verlag Barbara Budrich · Opladen · Toronto
facultas.wuv · Wien
Wilhelm Fink · München
A. Francke Verlag · Tübingen und Basel
Haupt Verlag · Bern · Stuttgart · Wien
Julius Klinkhardt Verlagsbuchhandlung · Bad Heilbrunn
Mohr Siebeck · Tübingen
Nomos Verlagsgesellschaft · Baden-Baden
Ernst Reinhardt Verlag · München · Basel
Ferdinand Schöningh · Paderborn · München · Wien · Zürich
Eugen Ulmer Verlag · Stuttgart
UVK Verlagsgesellschaft · Konstanz, mit UVK/Lucius · München
Vandenhoeck & Ruprecht · Göttingen · Bristol
vdf Hochschulverlag AG an der ETH Zürich

Einführungskurs Erziehungswissenschaft
Herausgegeben von Heinz-Hermann Krüger

Band II
Heinz-Hermann Krüger
Einführung in Theorien und Methoden
der Erziehungswissenschaft

Die weiteren Bände

Band I
Heinz-Hermann Krüger/Werner Helsper (Hrsg.)
Einführung in Grundbegriffe und Grundfragen
der Erziehungswissenschaft

Band III
Klaus Harney/Heinz-Hermann Krüger (Hrsg.)
Einführung in die Geschichte der Erziehungswissenschaft
und Erziehungswirklichkeit

Band IV
Heinz-Hermann Krüger/Thomas Rauschenbach (Hrsg.)
Einführung in die Arbeitsfelder
des Bildungs- und Sozialwesens

Heinz-Hermann Krüger

Einführung in Theorien und Methoden der Erziehungswissenschaft

6., durchgesehene Auflage

Verlag Barbara Budrich
Opladen & Toronto 2012

Bibliografische Informationen der Deutschen Nationalbibliothek
Die Deutsche Nationalbibliothek verzeichnet diese Publikation in der Deutschen Nationalbibliografie; detaillierte bibliografische Daten sind im Internet über http://dnb.d-nb.de abrufbar.

Gedruckt auf säurefreiem und alterungsbeständigem Papier.

Die Deutsche Nationalbibliothek – CIP-Einheitsaufnahme
Ein Titeldatensatz für die Publikation ist bei Der Deutschen Nationalbibliothek erhältlich.

Verlags-ISBN 978-3-8474-0206-0
www.budrich-verlag.de

UTB-Band-Nr. 8108
UTB-ISBN 978-3-8252-8508-1

Satz: Beate Glaubitz Redaktion und Satz, Leverkusen
Umschlaggestaltung: Atelier Reichert, Stuttgart
Druck: Books on Demand GmbH, Norderstedt
Printed in Germany

Editorial zum Einführungskurs Erziehungswissenschaft

Die Reihe Einführung in die Erziehungswissenschaft in vier Bänden ist so konzipiert, dass sie Studierenden in erziehungswissenschaftlichen Hauptfachstudiengängen (BA/MA, Diplom, Magister) im Grundstudium sowie Lehramtsstudierenden die erforderlichen Kenntnisse in erziehungswissenschaftlicher Begriffs- und Theoriebildung sowie methodischem Grundwissen, über die Ideen- und Sozialgeschichte von Erziehung und Bildung und über die Arbeitsfelder von PädagogInnen in schulischen und außerschulischen Berufen vermitteln soll. Die einzelnen Bände sind so strukturiert, dass sie sich als Grundlagentexte für einführende Lehrveranstaltungen in das jeweilige Themengebiet eignen.

Der Einführungskurs Erziehungswissenschaft umfasst vier Bände:

I. Einführung in Grundbegriffe und Grundfragen der Erziehungswissenschaft
II. Einführung in Theorien und Methoden der Erziehungswissenschaft
III. Einführung in die Geschichte von Erziehungswissenschaft und Erziehungswirklichkeit
IV. Einführung in die Arbeitsfelder des Bildungs- und Sozialwesens

Die Bände I und IV sind erstmals im Herbst 1995 erschienen, die Bände II und III sind erstmals im Herbst 1997 erschienen. Der Band I wurde in der 6. Auflage erstmals aktualisiert und erweitert und in der 9. Auflage leicht überarbeitet. Der Band II wurde in der 5. Auflage erstmals grundlegend aktualisiert und überarbeitet und in der hier nun vorliegenden 6. Auflage noch einmal durchgesehen. Die Bände III und IV wurden jeweils in der 3. Auflage erstmals aktualisiert und erweitert.

Von anderen Nachschlagewerken und Einführungstexten im Bereich der Pädagogik unterscheidet sich die hier vorliegende Reihe durch das sozialwissenschaftlich und empirisch ausgerichtete Verständnis einer modernen Erziehungswissenschaft. Dementsprechend wird versucht, den Wandel von Erziehung und Bildung sowie der Disziplin Erziehungswissenschaft vor dem Hintergrund gesellschaftlicher Modernisierungsprozesse zu verorten. Auch wird dem Ausdifferenzierungsprozess der Erziehungswissenschaft und der pädagogischen Handlungsfelder insofern angemessen Rechnung getragen, als neben der Schule auch alle anderen pädagogischen Arbeitsfelder ausführlich dargestellt werden.

Den Autorinnen und Autoren der vier Bände sind von den Herausgebern unter anderem die folgenden Grundsätze als Orientierung bei der Texterstellung gegeben worden.

- Inhaltliche Orientierung bei der Abfassung der Beiträge an den oben genannten theorieprogrammatischen Perspektiven.
- Jeder Beitrag soll für Studienanfänger verständlich geschrieben sein und im Literaturverzeichnis nur zentrale Einführungstexte und Standardwerke angeben, die für das Weiterstudium geeignet sind.

Es bleibt abschließend noch allen Autorinnen und Autoren, die an diesem Einführungskurs mitgearbeitet haben, für die produktive und reibungslose Kooperation zu danken. Mein besonderer Dank gilt Petra Essebier für die ausdauernde und umsichtige Mitarbeit bei der Redaktion und Aktualisierung der vier Bände.

Heinz-Hermann Krüger
Martin-Luther-Universität Halle

Inhalt

Einleitung

I.

In diesem Einführungskurs wird ein Überblick über die verschiedenen theoretischen Richtungen und die unterschiedlichen Forschungsmethoden der Erziehungswissenschaft gegeben. Der Studierende wird das erste Mal mit diesen Themen konfrontiert, wenn er die Studien- und Prüfungsordnungen für das Fach Pädagogik in die Hand nimmt. So werden als studien- und prüfungsrelevante Bereiche in der in den Vorschlägen für ein Kerncurriculum Erziehungswissenschaft oder in den Rahmenkonzepten für ein Bachelor- bzw. Masterstudium im Hauptfach Erziehungswissenschaft im Rahmen der Lehrerbildung (vgl. etwa DGfE 2005) die Themenfelder Theorien der Erziehungswissenschaft, wissenschaftstheoretische Grundlagen und Methoden erziehungswissenschaftlicher Forschung genannt. Manch einer wird sich verschreckt fragen, warum er sich mit erziehungswissenschaftlichen Theorien oder dem noch komplizierter klingenden Gebiet der Wissenschaftstheorie befassen soll? Die Wissenschaftstheorie als Theorie über die Theorien der Erziehungswissenschaft befasst sich mit den unterschiedlichen Schulen und Positionen in diesem Fach. Kurz, es geht um grundlegende Muster wissenschaftlichen Denkens und Forschens. Wissenschaftstheoretische Grundkenntnisse sind deshalb unverzichtbar, weil Theorien und Modelle einen ganz bestimmten wissenschaftstheoretischen Hintergrund haben. So steckt z.B. hinter der kritisch-konstruktiven Didaktik von Wolfgang Klafki das wissenschaftstheoretische Konzept einer Kritischen Erziehungswissenschaft. Will man also den Background wissenschaftlicher AutorInnen verstehen oder auch die theoretische Position seiner HochschullehrerInnen einordnen und kritisch beurteilen können, muss man Grundkenntnisse über die wichtigsten wissenschaftstheoretischen Richtungen der Erziehungswissenschaft haben.

Ebenso wird sich mancher Studierende fragen, warum er sich mit erziehungswissenschaftlichen Forschungsmethoden beschäftigen soll. Forschungsmethoden mögen für diejenigen nützlich sein, die später in der Wissenschaft arbeiten wollen. Aber was bringen sie für die pädagogische Praxis in der Schule oder in der Erwachsenenbildung? Derartigen Bedenken kann man entgegenhalten, dass Forschung auch in der Erziehungswissenschaft unentbehrlich ist, da sie ihr Wissen nicht nur aus anderen Disziplinen importieren kann, sondern selber Forschungswissen über die Erziehungswirklichkeit produzieren muss. Für die zukünftigen PädagogInnen mögen solche wissenschaftsimmanenten Begründungen nur äußerliche Argumente bleiben. Doch auch für die PraktikerInnen gibt es zwei handfeste Gründe, sich mit Forschungsmethoden ausführlicher zu befassen. Erstens werden sie im Berufsalltag fast täglich mit Forschungsergebnissen, z.B. Jugendhilfestatistiken oder Umfragen zu politischen Orientierungen von Heranwachsenden, konfrontiert. Dabei ist es hilfreich, wenn man die Qualität solcher Aussagen selber einschätzen kann. Zweitens ist es oft notwendig, zur Verbesserung der eigenen Arbeitsmöglichkeiten die wirklichen Probleme in seinem Arbeitsfeld zu dokumentieren, z.B. die Nachfrage in einem Freizeitheim oder nach Beratungsangeboten. Und solche Daten wird man zwangsläufig selber erheben müssen. Auch die zukünftigen pädagogischen PraktikerInnen sind somit auf empirische Forschungskompetenzen angewiesen (vgl. Tenorth/Lüders 1994, S. 520; Krüger/Rauschenbach u.a. 2003).

II.

In diesem Band werden nun die verschiedenen Theorieströmungen der Erziehungswissenschaft und die unterschiedlichen Methoden erziehungswissenschaftlicher Forschung in zwei getrennten Kapiteln vorgestellt, obwohl Aspekte erziehungswissenschaftlicher Theoriebildung und Fragen des forschungsmethodischen Vorgehens eigentlich eng miteinander zusammenhängen. Dies geschieht zum einen aus Darstellungsgründen, zum anderen haben aber auch nicht alle im Folgenden vorzustellenden theoretischen Ansätze der Erziehungswissenschaft ein explizites forschungsmethodisches Konzept entwickelt.

Historisch setzt der im ersten Kapitel vorgenommene Überblick über die verschiedenen theoretischen Strömungen der Erziehungswissenschaft in den ersten Jahrzehnten des 20. Jahrhunderts ein. Denn erst in dieser Zeit konnte sich die Pädagogik als eigenständige und gleichberechtigte Wissenschaft an Universitäten etablieren, und in dieser Zeit taucht auch der Begriff der Erziehungswissenschaft das erste Mal auf, der im Unterschied zum Begriff der Pädagogik den Wissenschafts- und Forschungscharakter dieser Disziplin stärker betont (vgl. Benner 1991, S. 123). Es waren vor allem zwei Hauptströmungen der Erziehungswissenschaft, die insbesondere in der Weimarer Republik ihre erste Blütezeit erlebten und die im ersten Kapitel ausführlich dargestellt werden. Zum einen war es die Geisteswissenschaftliche Pädagogik, die an die Tradition der philosophischen und pädagogischen Arbeiten von Schleiermacher und Dilthey anknüpfte und die nach der Ära der faschistischen Staatspädagogik ab 1945 in Westdeutschland eine Renaissance erlebte, die bis zu Beginn der 1960er Jahre andauerte (vgl. Abbildung 1).

Zum anderen war es die empirische Erziehungswissenschaft, die nach Begründungsversuchen in den ersten Jahrzehnten des 20. Jahrhunderts vor allem im Gefolge der Bildungsreform seit Mitte der 1960er Jahre in der erziehungswissenschaftlichen Theoriediskussion und Forschungspraxis in Westdeutschland eine größere Bedeutung bekam.

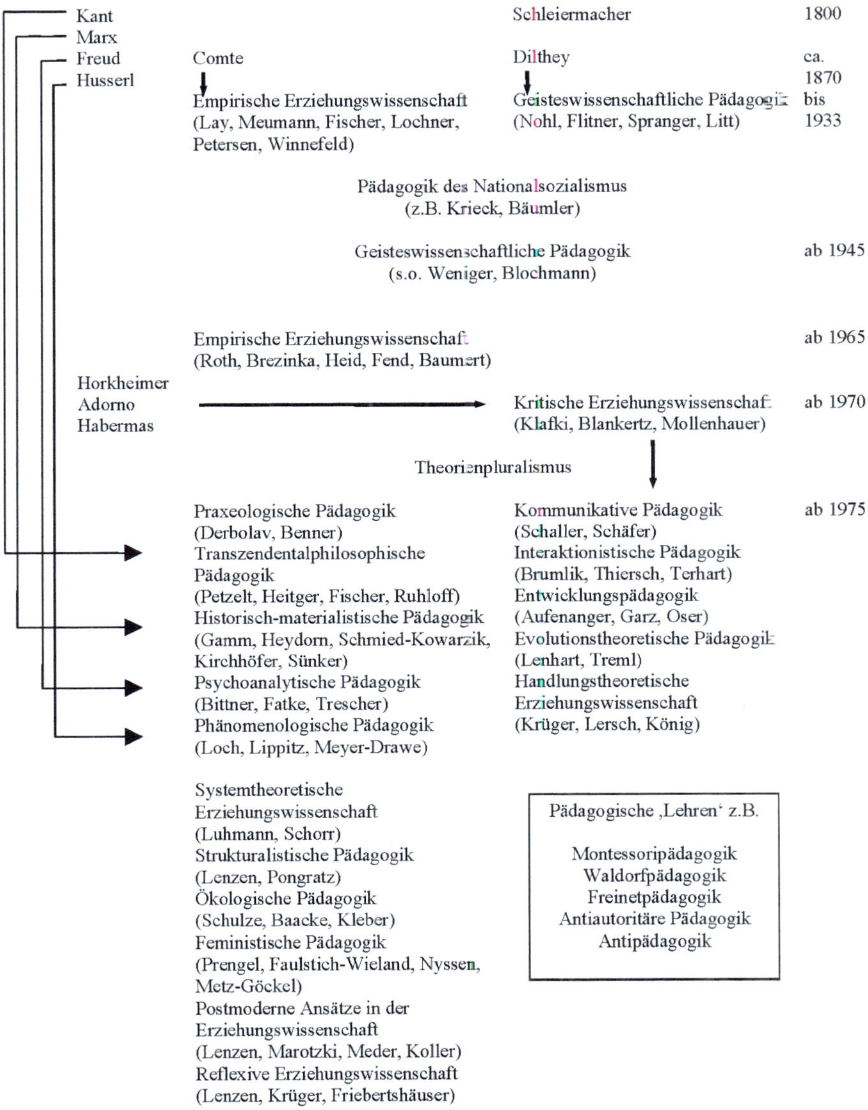

Abbildung 1: Theoretische Strömungen der Erziehungswissenschaft

Folgenreich für die weitere Theorieentwicklung in der Erziehungswissenschaft war die Geisteswissenschaftliche Pädagogik auch insofern, als alle Vertreter einer Kritischen Erziehungswissenschaft, die sich Anfang der 1970er Jahre herausbildete und die im Weiteren als dritte zentrale Richtung der Erziehungswissenschaft vorgestellt wird, ursprünglich in dieser Theorietradition ihre wissenschaftliche Heimat hatten. Beeinflusst durch die politischen Impulse der Studentenbewegung und angeregt durch die sozialphilosophischen Studien der sog. Frankfurter Schule, vor allem durch die Arbeiten von Jürgen Habermas, bestimmte die Kritische Erziehungswissenschaft für einige Jahre die erziehungstheoretische Diskussion in Westdeutschland. Angelehnt an einige Grundgedanken der Kritischen Erziehungswissenschaft, aber auch orientiert an anderen Bezugstheorien, wie der Kommunikationstheorie von Watzlawick, der Theorie des Symbolischen Interaktionismus von Mead, der Entwicklungstheorien von Piaget und Kohlberg oder der Theorie gesellschaftlicher Evolution von Habermas, wurden in den 1970er und 1980er Jahren einige neuere Theorievarianten Kritischer Erziehungswissenschaft entwickelt, die im Folgenden unter dem Label Kommunikative Pädagogik, Interaktionistische Pädagogik, Entwicklungspädagogik, evolutions- und handlungstheoretische Pädagogik ausführlicher dargestellt werden.

Seit den 1980er Jahren ist die erziehungswissenschaftliche Theorielandschaft durch eine Pluralität von Konzepten gekennzeichnet, zu denen neben den Weiterführungsversuchen der Kritischen Erziehungswissenschaft auch eine Gruppe von erziehungswissenschaftlichen Konzeptionen zu zählen ist, die sich auf andere geistesgeschichtliche Traditionen auch außerhalb der Pädagogik beziehen. Dieses sind die auf die Philosophie Kants zurückgreifende praxeologische Pädagogik bzw. die transzendentalphilosophische Pädagogik; die an die Gesellschafts- und Geschichtstheorie von Karl Marx anknüpfende historisch-materialistische Pädagogik, die unterhalb der Ebene der vorgegebenen Staatsideologie des Marxismus-Leninismus auch in der Pädagogik der Gesellschaft der DDR von einigen Autoren weiterentwickelt worden ist (vgl. Kirchhöfer 1994); die an die Studien Freuds anschließende Psychoanalytische Pädagogik sowie die in der Tradition von Husserls Philosophie stehende Phänomenologische Pädagogik.

Andere Versuche theoretischer Neubegründung der Erziehungswissenschaft beziehen sich hingegen auf zeitgenössische Positionen, wie die von Luhmann selber mit angeregte Systemtheoretische Erziehungswissenschaft bzw. die dieser Position verwandte Konstruktivistische Erziehungswissenschaft oder die auf Ansätze des französischen Strukturalismus rekurrierende Strukturalistische Pädagogik (vgl. Lenzen 1994, S. 35). Teilweise sind neuere erziehungswissenschaftliche Theoriediskussionen auch von außen durch neue gesellschaftliche Protestbewegungen in Gestalt der Umwelt- oder der Frauenbewegung mit angestoßen worden, wie die ökologische Pädagogik oder die feministische Pädagogik, oder sie haben auf die sich in den 1980er Jahren deutlicher abzeichnenden Krisenphänomene der Gesellschaft der Moderne mit postmodernen Varianten erziehungswissenschaftlicher Theoriebildung oder mit Begründungsversuchen einer Reflexiven Erziehungswissenschaft reagiert.

All die hier nur stichwortartig angedeuteten aktuellen Theorieströmungen der Erziehungswissenschaft werden im ersten bzw. im dritten Kapitel ausführlich beschrieben. Nicht dargestellt werden hingegen sog. Erziehungslehren, wie z.B. die Waldorfpädagogik oder die Antipädagogik (vgl. Abbildung 1), die durch eine gemeinsame, gelegentlich mit dem Namen des Begründers verbundene Erziehungsdoktrin gekennzeichnet sind und die nicht den Status von theoretischen Konzepten der Erziehungswissenschaft haben.

Die Vorstellung der unterschiedlichen erziehungswissenschaftlichen Theorierichtungen wird jeweils mit einer historischen Standortbestimmung eingeleitet, d.h., es werden die historischen Vorläufer, wissenschaftstheoretischen Bezugspunkte und wichtigsten Repräsentanten der jeweiligen Theorieströmung skizziert. Anschließend werden die zentralen theoretischen Grundannahmen dargestellt und gefragt, welche Aspekte und Dimensionen des pädagogischen Gegenstands- und Forschungsbereichs in der jeweiligen Theoriekonzeption berücksichtigt, welche methodischen Vorgehensweisen bevorzugt werden und von welchen Zielvorstellungen die entsprechenden Theoriemodelle ausgehen. Eine kritische Würdigung des jeweiligen theoretischen Ansatzes sowie Hinweise auf theoretische Weiterentwicklungen der verschiedenen Konzeptionen schließen die Darstellung ab.

Im Zentrum des zweiten Kapitels steht die Vorstellung der zentralen forschungsmethodischen Richtungen in der Erziehungswissenschaft. Eröffnet wird dieser Überblick mit einer Einführung in die hermeneutischen Methoden der Erziehungswissenschaft, die in diesem Fach eine lange Tradition haben, die bis hin zu den klassischen Begründungsansätzen von Schleiermacher und Dilthey zurückreicht und die bis weit in die 1960er Jahre das methodische Vorgehen in der Pädagogik dominiert haben. Anschließend wird das Konzept der Handlungsforschung dargestellt, das von den Vertretern einer Kritischen Erziehungswissenschaft in den 1970er Jahren begründet worden ist und das darauf abzielt, als Forschung und nicht erst nach vollzogenem Forschungsprozess verändernd in die pädagogische Praxis einzugreifen. Während die Diskussion um das Konzept von Handlungsforschung für ein Jahrzehnt die Methodendiskussion in der Erziehungswissenschaft entscheidend bestimmte, gewinnen seit den 1980er Jahren zunehmend qualitative Forschungskonzepte in der Erziehungswissenschaft an Bedeutung, die an die hermeneutische Tradition des Verstehens kritisch anknüpfen und die inzwischen zu einem wichtigen Segment im Spektrum der erziehungswissenschaftlichen Forschungsmethoden geworden sind (vgl. Krüger 1995; Krüger 2000; Krüger/Marotzki 2006).

In einem weiteren Abschnitt werden dann die quantitativen Methoden erziehungswissenschaftlicher Forschung vorgestellt, deren Anfänge zwar bis zum Beginn des 20. Jahrhunderts in Deutschland zurückverfolgt werden können, die jedoch erst im Gefolge der realistischen Wende in der Erziehungswissenschaft in Westdeutschland seit den 1960er Jahren eine Expansion und Ausdifferenzierung erleben. War die methodologische Diskussion in der Erziehungswissenschaft in den 1970er und 1980er Jahren noch durch heftige Debatten um die Angemessenheit quantitativer und qualitativer Forschungsmethoden bestimmt, so wird in der methodologischen Diskussion, aber auch in komplexen Forschungsdesigns für erziehungswissenschaftliche Forschungsprojekte, gegenwärtig versucht, quantitative und qualitative Verfahren zu verknüpfen. Diese Entwicklung wird in einem abschließenden Ausblick dargestellt. Die einzelnen Abschnitte des zweiten Kapitels sind jeweils so aufgebaut, dass nach einer Skizze zum Entstehungskontext, den wissenschaftstheoretischen Grundannahmen der verschiedenen forschungsmethodischen Ansätze, die Zielsetzungen, Schritte und Instrumentarien des methodischen Vorgehens exemplarisch erläutert und abschließend Vorzüge und Defizite des jeweiligen methodischen Grundmodells erziehungswissenschaftlicher Forschung thematisiert werden.

Im dritten Kapitel werden in einem perspektivischen Ausblick theoretische und methodische Fragen noch einmal insofern miteinander verknüpft, als hier Konturen für das Theoriekonzept einer reflexiven Erziehungswissenschaft skizziert werden, das sich forschungsmethodisch auf das Modell einer kritischen Bildungsforschung stützt, das qualitative und quantitative Verfahren und Daten in gegenwartsbezogenen oder historischen Studien gleichzeitig zu berücksichtigen sucht.

Der vorliegende Einführungskurs ist so aufgebaut, dass sich einerseits die einzelnen Kapitel und Abschnitte des Buches auch jeweils gesondert lesen und in beliebiger Reihenfolge studieren lassen. Wer sich also für eine spezifische Richtung der Erziehungswissenschaft, z.B. für die Psychoanalytische Pädagogik, interessiert, kann mit der Lektüre des entsprechenden Abschnittes im ersten Kapitel anfangen. Wer sich zuerst mit den qualitativen Methoden der erziehungswissenschaftlichen Forschung beschäftigen möchte, kann mit der Lektüre des entsprechenden Abschnittes im zweiten Kapitel beginnen. Andererseits ist die Reihenfolge der Kapitel auch so aufgebaut, dass sich der Band als Grundlagentext für Seminarveranstaltungen eignet, die eine Einführung in die theoretischen Strömungen und forschungsmethodischen Konzepte der Erziehungswissenschaft zum Gegenstand haben.

Literatur

Benner, D.: Hauptströmungen der Erziehungswissenschaft. Weinheim ^{3}1991.

Deutsche Gesellschaft für Erziehungswissenschaft: Strukturmodell für die Lehrerbildung im Bachelor-Master-System. In: Erziehungswissenschaft 16 (2005), S. 27-35.

Faulstich-Wieland, H./Faulstich, P. (Hrsg.): Erziehungswissenschaft. Ein Grundkurs. Reinbek 2008.

Kirchhöfer, D.: Das Paradigma der materialistischen Dialektik in den Erziehungswissenschaften. In: Müller, D.K. (Hrsg.): Pädagogik, Erziehungswissenschaft, Bildung. Köln/Weimar/Wien 1994, S. 93-116.

Krüger, H.-H.: Bilanz und Zukunft der erziehungswissenschaftlichen Biographieforschung. In: Krüger, H.-H./Marotzki, W. (Hrsg.): Erziehungswissenschaftliche Biographieforschung. Opladen 1995, S. 32-54.

Krüger, H.-H.: Stichwort: Qualitative Forschung in der Erziehungswissenschaft. In: Zeitschrift für Erziehungswissenschaft 3 (2000), H. 3, S. 323-342

Krüger, H.-H./Grunert, C. (Hrsg.): Wörterbuch Erziehungswissenschaft. Opladen ^{2}2006.

Krüger, H.-H./Marotzki, W. (Hrsg.) Handbuch erziehungswissenschaftliche Biographieforschung. Wiesbaden ^{2}2006

Krüger, H.-H./Rauschenbach, T. u.a.: Diplompädagogen in Deutschland. Weinheim/München 2003

Lenzen, D.: Erziehungswissenschaft – Pädagogik. In: Lenzen, D. (Hrsg.): Erziehungswissenschaft. Ein Grundkurs. Reinbek 1994, S. 11-41.

Tenorth, H.E./Lüders, Ch.: Methoden erziehungswissenschaftlicher Forschung 1: Hermeneutische Methoden. In: Lenzen, D. (Hrsg.): Erziehungswissenschaft. Ein Grundkurs. Reinbek 1994, S. 519-542.

I. Theoretische Konzepte und Positionen der Erziehungswissenschaft

I.1. Geisteswissenschaftliche Pädagogik

Inhalt

I.1.1. Entstehungszusammenhang und Wirkung

Die Geisteswissenschaftliche Pädagogik, die im Anschluss an die Philosophie Diltheys in den 1920er Jahren entwickelt worden ist, kann als die bis heute prominenteste und folgenreichste pädagogische Strömung in Deutschland charakterisiert werden. Sie war nicht nur von der Mitte der 1920er Jahre bis 1933 und von 1945 bis Anfang der 1960er Jahre die einflussreichste Teilrichtung der Erziehungswissenschaft in Deutschland bzw. der Bundesrepublik. Auch die meisten anderen in der erziehungswissenschaftlichen Diskussion vertretenen Richtungen haben sich in Auseinandersetzung mit den Grundannahmen der Geisteswissenschaftlichen Pädagogik herausgebildet. Die Hauptvertreter dieser Richtung sind in der ersten Generation neben dem bereits früh verstorbenen Max Frischeisen-Köhler (1878-1922), Herman Nohl (1879-1969), Theodor Litt (1880-1962) und Eduard Spranger (1882-1963), dann in der zweiten Generation neben vielen anderen Wilhelm Flitner (1889-1990) und Erich Weniger (1894-1961), deren Lebensweg und wichtigste Schriften in biographischen Porträts kurz vorgestellt werden sollen.

Herman Nohl

Herman Nohl wurde 1879 als Sohn eines Gymnasiallehrers in Berlin geboren. Nach dem Abitur studierte er an der Universität Berlin u.a. bei Wilhelm Dilthey, bei dem er 1904 mit einer Arbeit über „Sokrates und die Ethik“ promovierte. Vier Jahre später habilitierte er sich an der Universität Jena und wurde Dozent für Philosophie. 1915 wurde er als Soldat eingezogen. Nach dem Ersten Weltkrieg war er Mitbegründer der Volkshochschule Jena und 1922 wurde er auf das neugeschaffene Ordinariat für Pädagogik an die Universität Göttingen berufen. In den Jahren 1928 bis 1933 gab er zusammen mit Ludwig Palatt das „Handbuch der Pädagogik“ heraus, in dem er drei wichtige Beiträge zur „Pädagogischen Bewegung in Deutschland“, zur „Theorie der Bildung“ und zur „Pädagogischen Menschenkunde“ publizierte, die später noch in selbständigen Schriften erschienen. 1937 wurde Nohl von den nationalsozialistischen Machthabern zwangsemeritiert, nachdem die meisten seiner SchülerInnen schon vorher ihre Ämter verloren hatten. Das Kriegsende brachte Nohl seinen Lehrstuhl zurück, den er bis zu seiner Emeritierung im Jahre 1949 innehatte (vgl. Geißler 1979).

Theodor Litt

Theodor Litt wurde 1880 als Sohn eines in Düsseldorf tätigen Gymnasialprofessors geboren. Nach dem Besuch des Gymnasiums studierte er an der Universität Bonn Alte Sprachen, Geschichte und Philosophie. Von 1904 bis 1918 arbeitete er als Gymnasiallehrer an zwei Gymnasien in Köln und Bonn, ehe er 1919 eine außerordentliche Professur für Pädagogik an der Universität Bonn erhielt. 1920 wurde er als Nachfolger Sprangers auf den Lehrstuhl für Philosophie und Pädagogik an die Universität Leipzig berufen. In den 13 Jahren bis 1933 entfaltete er eine intensive Publikationstätigkeit, wobei zu seinen wichtigsten pädagogischen Arbeiten der Aufsatz „Das Wesen des pädagogischen Denkens“ (1921) und das Buch „Führen oder Wachsenlassen“ (1927) gehören. Litt, der nach 1933 in mehreren Abhandlungen Kritik an der nationalistischen Indienstnahme der Wissenschaft geübt hatte, wurde 1937 auf eigenen Wunsch vorzeitig emeritiert. Nach dem Zweiten Weltkrieg übernahm er erneut ein Ordinariat für Philosophie und Pädagogik in Leipzig, ehe er 1947 an die Universität Bonn wechselte, wo er seine Vorlesungs- und Publikationstätigkeit auch nach seiner Emeritierung (1952) fortsetzte (vgl. Klafki 1979).

Eduard Spranger

Eduard Spranger wurde 1882 in Berlin als Sohn eines selbständigen Kaufmanns geboren. Nach dem Abitur studierte er bei Dilthey und Paulsen an der Universität Berlin Philosophie. 1905 promovierte er mit einer erkenntnistheoretischen Arbeit zu „Grundlagen der Geschichtswissenschaft“, 1909 legte er das Buch „Wilhelm von Humboldt und die Humanitätsidee als Habilitationsschrift“ vor. Im Herbst 1911 bekam er seine erste Professur für Philosophie und Pädagogik an der Universität Leipzig. Im Sommer 1919 erhielt er einen Ruf an die Universität Berlin, den er sofort annahm. Noch im gleichen Jahr veröffentlichte er die programmatische Schrift „Gedanken über Lehrerbildung“, in der er die Gründung eigenständiger Pädagogischer Akademien für die Volksschullehrerbildung forderte, die er als Berater des preußischen Kultusministers Becker dann ab Mitte der 1920er Jahre in Preußen auch durchsetzen konnte. 1924 wurde sein berühmtes Buch „Die Psychologie des Jugendalters“ erstmals veröffentlicht. Während des Nationalsozialismus war Sprangers Wirkungstätigkeit auf Lehrtätigkeit und wissenschaftliches Arbeiten beschränkt. Er arbeitete vor allem an seiner Sinnespsychologie und Kulturtheorie weiter. Nach Kriegsende wechselte er an die Universität Tübingen, wo er bis 1954 lehrte. 1951 bis 1957 war er Vizepräsident der Deutschen Forschungsgemeinschaft, und er arbeitete für mehrere westdeutsche Kultusministerien als Berater bei der Gründung von Pädagogischen Hochschulen (vgl. Löffelholz 1979).

Wilhelm Flitner

Wilhelm Flitner wurde 1889 in Berka bei Weimar als erster Sohn eines Eisenbahnbeamten geboren. Nach der Schulzeit studierte er zunächst in München, dann an der Universität Jena u.a. bei dem damaligen Privatdozenten Herman Nohl und im Jahre 1908 promovierte er mit einer Arbeit über „August Ludwig Hülsen und den Bund der Freien Männer“. 1914 meldete er sich als Freiwilliger zur Artillerie. Nach dem Krieg arbeitete er als Studienrat in Jena, leitete ehrenamtlich die neu gegründete Abendvolkshochschule und schrieb in diesem Zusammenhang das Buch „Laienbildung“ (1921), das ihn in die öffentliche Diskussion um die Erwachsenenbildung verstrickte. 1926 erhielt er einen Ruf an die Pädagogische Akademie Kiel, drei Jahre später wurde er Professor an der Universität Hamburg, wo die Lehrerbildung als Studium innerhalb der Universität eingerichtet war. 1933 fasste er seine pädagogischen Grundgedanken in der Studie „Systematische Pädagogik“ zusammen, die 1950 in überarbeiteter und erweiterter Form unter dem Titel „Allgemeine Pädagogik“ wieder erschien und zu einem Standardwerk der pädagogischen Disziplin wurde. In der Zeit des Nationalsozialismus befasste sich Flitner in seinen Vorlesungen mit esoterischen Themen oder Fragen der Geschichte, z.B. Goethes Humanismus oder Pestalozzis Nationalpädagogik. In der Nachkriegszeit bis zu seiner Emeritierung (1957) war Flitner in einer Vielzahl bildungspolitischer Gremien, z.B. im Schulausschuss der Westdeutschen Rektorenkonferenz, bei der Reform des Gymnasialunterrichts und der Diskussion über Hochschulreifefragen aktiv (vgl. Scheuerl 1979).

Erich Weniger wurde 1894 in Steinhorst bei Hannover als das älteste von sechs Kindern des protestantischen Pfarrers Hermann Weniger geboren. Nach dem Abitur studierte er zunächst für ein Jahr Geschichte und Philosophie in Tübingen, ehe er sich 1914 als Kriegsfreiwilliger zur Artillerie meldete. 1919 nahm

Erich Weniger

Weniger sein Studium in Göttingen wieder auf und 1921, noch vor seiner Promotion, wurde ihm von Herman Nohl die Leitung der Göttinger Jugendvolkshochschule übertragen. Anfang 1923 wurde Weniger Nohls Assistent und war mit ihm an der Herausgabe von Diltheys Lebenswerk beteiligt. 1925 wurde Weniger einer der Mitbegründer der neu ins Leben gerufenen „Gilde Soziale Arbeit“, außerdem arbeitete er zusammen mit Flitner im „Hohenrodter Bund“, einem Kreis, dessen Mitglieder durch Erwachsenenbildung die „Volkseinheit“ wiederherstellen wollten. Drei Jahre nach seiner Habilitation zu „Grundlagen des Geschichtsunterrichts“ (1926) wurde Weniger auf eine Professur für Pädagogik und Philosophie an die Pädagogische Akademie Kiel berufen. Ein Jahr später wurde er Direktor der neu gegründeten Pädagogischen Akademie in Altona, 1932 wechselte er als Professor an die Pädagogische Akademie in Frankfurt. In den späten 1920er Jahren veröffentlichte er zwei wichtige Studien zur „Theorie und Praxis in der Erziehung“ und zur „Allgemeinen Didaktik und Erziehungslehre“. Bereits im Jahr 1933 wurde Weniger von den Nationalsozialisten wegen „politischer Unzuverlässigkeit“ entlassen. Nach intensiven persönlichen Bemühungen um seine Rehabilitierung wurde Weniger 1934 als Studienrat in den Schuldienst eingewiesen und in den Jahren 1935 bis 1938 sogar vom NS-Ministerium für Wissenschaft, Kunst und Volksbildung beurlaubt, um das Buch „Wehrmachtserziehung und Kriegserfahrung“ (1938) schreiben zu können. Diese und andere militärpädagogische Schriften hatten für das NS-Regime eine systemstabilisierende Bedeutung, auch wenn Weniger selbst dem System distanziert gegenüberstand und er ab 1943 zu dem Widerstandskreis um den General von Stülpnagel gehörte. 1946 wurde Weniger Direktor der neugegründeten Pädagogischen Hochschule in Göttingen. 1949 wurde er Nachfolger Nohls an der Göttinger Universität. Bis zu seiner Emeritierung im Jahre 1961 war Weniger in verschiedenen bildungspolitischen Gremien aktiv, u.a. im Deutschen Ausschuss für das Erziehungs- und Bildungswesen, wo er maßgeblichen Anteil an der Ausarbeitung von Gutachten zur politischen Bildung, zur Ausbildung der LehrerInnen an Volksschulen, zur Aufgabe der Erwachsenenbildung und zum Aufbau erziehungswissenschaftlicher Hauptfachstudiengänge hatte (vgl. Gaßen 1990).

Ein Blick in die Biographien der wichtigsten Repräsentanten der Geisteswissenschaftlichen Pädagogik macht deutlich, dass ihre Hinwendung zur wissenschaftlichen Beschäftigung mit Erziehungsproblemen sich erst nach dem Ende des ersten Weltkriegs vollzieht. Zwar hatte Spranger bereits seit 1911 eine Professur für Philosophie und Pädagogik, und in seinen frühen Humboldt-Arbeiten stand das Bildungsverständnis des frühen 19. Jahrhunderts im Zentrum. Überdies musste sich Litt als Gymnasiallehrer mit pädagogisch-praktischen Fragen auseinandersetzen. Aber die Idee, eine neue Pädagogik zu begründen, stand nicht im Mittelpunkt ihres Interesses. Erst die durch den ersten Weltkrieg ausgelösten gesellschaftlichen Transformationsprozesse, die auch die alten Gewissheiten des Obrigkeitsstaates destruierten, setzten Impulse für die Neubegründung pädagogischen Denkens frei. So schrieb Hermann Nohl in einem Aufsatz von 1918: „Es gibt kein anderes Heilmittel für das Unglück unseres Volkes als die neue Erziehung seiner Jugend zu hoher, tapferer, schöpferischer Leistung“ (zit. nach Klafki 1991, S. 56). Und Theodor Litt wies in einem Brief an Paul Oestreich darauf hin, „daß die letzte Wurzel und das treibende Motiv meines gesam-

Hinwendung zur Pädagogik nach dem Ersten Weltkrieg

ten kulturphilosophischen und pädagogischen Denkens in nichts anderem zu suchen sei, als in der tiefen Erschütterung die Ausblick und Miterleben des seit 1914 dahinrasenden Völkerschicksals in mir hervorgerufen hat" (zit. nach Klafki 1991, S. 56). Zwar gelingt es den späteren Begründern der Geisteswissenschaftlichen Pädagogik nicht, in grundsätzlichen historisch-politischen Analysen die Ursachen für den Krieg und für die entstandene gesellschaftliche und kulturelle Krise herauszuarbeiten. Dafür war das Denken dieser Personengruppe, die alle im Sozialisationsraum des Bildungsbürgertums groß geworden waren, zu sehr in den Traditionslinien des deutschen Idealismus gefangen. Die Krise sollte primär nicht durch das neue politische System oder die Parteien bewältigt werden, sondern durch Volkserziehung in einem umfassenden Sinne des Wortes, durch Entwicklung eines neuen Volks-, Kultur- und Lebensideals, das die Scheidung zwischen Gebildeten und Ungebildeten überwinden sollte (vgl. Tenorth 1989, S. 112).

Verhältnis zur Reformpädagogik

Von daher ist es auch wenig überraschend, dass die Geisteswissenschaftliche Pädagogik eine hohe Affinität zur Reformpädagogik hatte, die in der Zeit der Weimarer Republik ihre Blüte erreichte. Flitner war selber an den Aktivitäten der Jugendbewegung beteiligt, zusammen mit Nohl und Weniger gehörte er auch der Volkshochschulbewegung an. Nohl und Weniger wiederum waren zudem in der sozialpädagogischen Bewegung engagiert, die die Kindergartenpädagogik mit umfasste. Über dieses praktische Engagement hinaus verstand Nohl sowie mit ihm Flitner und Weniger die Geisteswissenschaftliche Pädagogik sogar primär als Theorie dieser pädagogischen Bewegung, die ihr ein wissenschaftliches Selbstverständnis geben sollte (vgl. Nohl 1988). Lediglich Litt stand wesentlichen Leitvorstellungen der Reformpädagogik eher skeptisch gegenüber und war bestrebt, dieser Bewegung als Theoretiker zu einer selbstkritischen Reduktion ihrer seiner Ansicht nach überzogenen Reformansprüche zu verhelfen (vgl. Klafki 1991, S. 60).

Disziplin-, professions- und bildungspolitische Aktivitäten

Eine Analyse der Biographien der Vertreter der Geisteswissenschaftlichen Pädagogik zeigt zudem, dass sie nicht nur einen neuen pädagogischen Theorieansatz zu begründen suchten, sondern dass sie auch in hohem Maße disziplin- und professionspolitisch tätig waren. Nohl hatte zusammen mit Pallat das „Handbuch der Pädagogik" ediert und zusammen mit Litt, Spranger und Flitner sowie dem Münchner Pädagogen Aloys Fischer 1925 die Zeitschrift „Die Erziehung" gegründet, die sich als Diskussionsforum für die im Entstehen begriffene wissenschaftliche Pädagogik verstand. Spranger trug aufgrund seiner bildungspolitischen Beratertätigkeit mit zur Umwandlung und Aufwertung der Volksschullehrerseminare in Pädagogische Akademien in Preußen bei. Herman Nohl wiederum richtete als erster in einem erziehungswissenschaftlichen Kontext an der Universität Göttingen Mitte der 1920er Jahre ein Aufbaustudium für Wohlfahrtspflegerinnen ein (vgl. Gängler 1994, S. 233). Ähnlich vielfältig waren die Aktivitäten der Repräsentanten der Geisteswissenschaftlichen Pädagogik auch im Bereich der Bildungs- und Jugendpolitik. So schuf Spranger mit seinen bildungstheoretischen Arbeiten von 1920, in denen er die Vorbehalte gegen das Berufsprinzip im öffentlichen Bildungswesen zu beseitigen suchte, eine entscheidende Voraussetzung für die Durchsetzung der Berufsschule im 20. Jahrhundert. Nohl und Flitner bezogen nicht nur in ihre theoretischen Arbeiten Fragen der Erwachsenenbildung und Sozialpädagogik mit ein, sondern waren am

Etablierungs- und Expansionsprozess der außerschulischen pädagogischen Arbeitsfelder auch selber aktiv mit beteiligt. Nach 1945 setzten die Begründer der Geisteswissenschaftlichen Pädagogik und ihre SchülerInnen, wie Elisabeth Blochmann, Georg Geißler, Wolfgang Klafki, Klaus Mollenhauer, Hans Thiersch u.v.a.m., die in den 1950er Jahren ihre akademischen Karrieren fortsetzen konnten bzw. begannen, dieses disziplin-, professions- und bildungspolitische Engagement auf den unterschiedlichsten Ebenen in Westdeutschland fort.

Theoretische und politische Differenzen

Bislang wurde eher ein geschlossenes Bild von *der* Geisteswissenschaftlichen Pädagogik gezeichnet. Doch bei aller Übereinstimmung in der Grundhaltung dürfen auch die Differenzen schon innerhalb der Gruppe der Begründer dieser Theorierichtung nicht übersehen werden. Dies betrifft zum einen die wissenschaftstheoretischen Ausgangslagen eines hermeneutischen Neukantianers wie Spranger, eines formalen Soziologen wie Litt oder eines ästhetischen Lebensphilosophen wie Nohl, die Anfang der 1920er Jahre ganz unterschiedlich waren (vgl. Oelkers 1991, S. 32).

Dies gilt zum zweiten für ihre politische Einstellung zur Weimarer Republik und zum Nationalsozialismus. Nach Einschätzung von Wolfgang Klafki (1991, S. 65) ist keiner aus der Gruppe der Begründer der Geisteswissenschaftlichen Pädagogik in der Zeit der Weimarer Republik ein konsequenter Vertreter unmissverständlich demokratischer Positionen gewesen. Litt und Weniger werden von ihm als „Vernunftsrepublikaner" charakterisiert. Litt habe, aus einer liberalkonservativen Grundeinstellung heraus, eindeutig in verschiedenen Publikationen Gegenpositionen zum Nationalsozialismus formuliert. Flitner und Spranger, teilweise auch Nohl, haben hingegen zu Beginn der nationalsozialistischen Herrschaftsperiode in illusionärer Verkennung der wahren Absichten der den Nationalsozialismus tragenden oder sich ihm anpassenden gesellschaftlichen Gruppen zeitweilig an die Vereinbarkeit mancher ihrer eigenen pädagogischen oder politischen Vorstellungen mit dem Nationalsozialismus bzw. an ihre Fortführbarkeit im NS-System geglaubt. Diese Illusionen haben sie jedoch sehr bald verloren. Noch anders stellt sich die Position Erich Wenigers dar, der dem NS-System persönlich distanziert gegenüberstand, der aber mit seinem 1938 veröffentlichten Buch „Wehrmachtserziehung und Kriegserfahrung" in jener Zeit objektiv systemstabilisierend gewirkt hat (vgl. Gaßen 1990, S. 442). Während des Zweiten Weltkrieges hatten Weniger, Litt und Spranger Kontakt zu militärischen und konservativen Widerstandsgruppen.

Am Aufbau eines demokratischen Hochschul- und Bildungswesens in Westdeutschland in der Nachkriegszeit wirkten die Repräsentanten der Geisteswissenschaftlichen Pädagogik aktiv mit. Bildungspolitisch vertraten sie in dieser Zeit jedoch teilweise sehr konträre Positionen. Während z.B. Spranger mit seinem 1955 veröffentlichten Buch „Der Eigengeist der Volksschule" eine Begründung und Legitimation für diese Schulform als Standesschule für die einfachen Berufe lieferte, setzte sich Erich Weniger in seinen bildungspolitischen Schriften in den späten 1950er Jahren für eine Demokratisierung des Schulwesens ein (vgl. Thiersch 1983, S. 87-88). Irritierend bleibt in der Nachkriegszeit auch, wie wenig von den Vertretern dieser Theorierichtung die ambivalente Rolle der geisteswissenschaftlichen Pädagogik in der Zeit des Dritten Reiches selbstkritisch aufgearbeitet wurde (vgl. Klafki/Brockmann 2002).

Was macht denn nun trotz der skizzierten wissenschaftlichen und politischen Differenzen zwischen den einzelnen Vertretern dieser Theorieströmung das Gemeinsame der Geisteswissenschaftlichen Pädagogik aus. Dazu ist es notwendig, noch einmal an den Beginn des 20. Jahrhunderts zurückzugehen, da diese Pädagogik Erbe des geisteswissenschaftlichen und kulturphilosophischen Anspruchs der Jahrhundertwende ist. Die inspirierendsten Ideen zur Begründung einer Theorie der Geisteswissenschaften gingen in dieser Zeit von Wilhelm Dilthey (1833-1911) aus, der von 1882-1911 als Professor für Philosophie an der Universität Berlin lehrte. Diltheys Denkansätze wurden zum einen direkt für die Begründer der Geisteswissenschaftlichen Pädagogik wirksam, da Nohl und Frischeisen-Köhler bei ihm promovierten sowie Spranger und vermutlich auch Litt bei ihm studierten (vgl. Klafki 1991, S. 69). Flitner und Weniger hingegen wurden die entscheidenden Impulse zur Auseinandersetzung mit der Theorie Diltheys durch Nohl vermittelt. Dabei waren es nicht Diltheys eigene Arbeiten zu einer historisch ansetzenden, geisteswissenschaftlichen Pädagogik, die größtenteils in den 1920er Jahren noch gar nicht veröffentlicht waren, sondern Diltheys Theorie und Lebensphilosophie der Geisteswisssenschaften, die die Theoriebildung der Geisteswissenschaftlichen Pädagogik entscheidend beeinflussten.

Der Einfluss Diltheys

I.1.2. Diltheys Theorie der Geisteswissenschaften und Lebensphilosophie als Bezugshorizonte für die Geisteswissenschaftliche Pädagogik

Wilhelm Dilthey kann als der Begründer der modernen Geisteswissenschaften charakterisiert werden. Begründung heißt hier nicht, dass Dilthey meinte, diese Disziplinen müssten noch entwickelt werden. Vielmehr hatten abgesehen von der geisteswissenschaftlichen Psychologie und Pädagogik die historisch arbeitenden geisteswissenschaftlichen Disziplinen, wie die Geschichtswissenschaft, die Altertumswissenschaft oder die Sprachwissenschaften im Verlaufe des 19. Jahrhunderts einen enormen Aufschwung erfahren. Es ging Dilthey vor allem in seinen nach 1880 publizierten Schriften um die Klärung des spezifischen Wissenschaftscharakters dieser Disziplinen im Unterschied zu den Naturwissenschaften (vgl. Dilthey 1883/1907). Dabei knüpfte er zwar einerseits an Überlegungen seiner akademischen Lehrer, wie Ranke oder Trendelenburg, an, die gefordert hatten, dass Erkenntnis den Ausgangspunkt in der Erfahrung nehmen und das gesamte Geistesleben aus einem geschichtlichen Blickwinkel betrachtet werden müsse. Andererseits unterschied er sich von diesen Vertretern der historischen Schule dadurch, dass er sich um eine philosophische Grundlegung der Geisteswissenschaften bemühte. Ferner verband er die historisierende Relativierung des Geisteslebens seitens der historischen Schule mit dem Versuch, im Relativen etwas Allgemeines zu finden und geschichtliche Deutungen zu liefern (vgl. Lübcke 1992, S. 54).

Die philosophische Grundlegung der Geisteswissenschaften

Als Modell wissenschaftlichen Denkens galten in der Wissenschaftstheorie bis zu Diltheys Studien fast durchweg die Mathematik und die Naturwissenschaften und zwar im Sinne jener theoretischen Begründung, die Kant ihnen im ausgehenden 18. Jahrhundert in der „Kritik der reinen Vernunft" (1781) gegeben hatte. Im Gegensatz zu Kant, aber auch zu zeitgenössischen Vertretern einer positivistischen Wissenschaftstheorie, wie etwa Auguste Comte (1798-1857), die das Modell exakt-naturwissenschaftlicher Erkenntnis zum Grundmuster aller objektiven menschlichen Erkenntnis erklärten, betonte Dilthey die Selbständigkeit der Geisteswissenschaften (vgl. Herrmann 1971, S. 79). Der Mensch und sein Geistesleben können nicht auf die Natur zurückgeführt werden, sondern müssen aus ihrem geschichtlichen Dasein interpretiert werden. Das methodologische Grundmuster der Geisteswissenschaften ist nach Dilthey nicht das Erklären im Sinne experimentell überprüfbarer und mathematisch formulierbarer Gesetzmäßigkeiten, sondern das Verstehen des Sinnes und der Bedeutung menschlichen Handelns. Berühmt ist in diesem Zusammenhang Diltheys Aussage: „Die Natur erklären wir, das Seelenleben verstehen wir" (Dilthey 1962, S. 143). Das Verstehen als die zentrale Methode und als Erkenntnisziel der Geisteswissenschaften richtet sich auf das überprüfbare Herausarbeiten von Bedeutungs- und Wirkungszusammenhängen der menschlich-historischen Welt. Diese sind nicht außermenschliche „Gesetzmäßigkeiten", sondern von den Menschen selber hervorgebrachte Bedeutungen, Sinngebungen und Interessen. Die Bedeutungs- und Wirkungszusammenhänge der geistig-geschichtlichen Welt sind nicht direkt greifbar und erkennbar. Das, was die Geisteswissenschaften erkennen wollen, ist immer nur indirekt zugänglich, über Objektivationen des menschlichen Geistes. Das sind Texte, Kunstwerke, Institutionen, Bräuche und Sitten, die historisch bedingt und damit wandelbar sind (vgl. Klafki 1978 (2), S. 36).

Das Verstehen als Methode der Geisteswissenschaften

Zur Entschlüsselung bzw. zum wissenschaftlichen Verstehen der Bedeutungsgehalte dieser Geistesobjektivierungen hat Dilthey in Weiterführung der Arbeiten Schleiermachers nun ein Interpretationsverfahren, die Hermeneutik, entwickelt, die auch als Wissenschaftstheorie geisteswissenschaftlichen Verstehens bezeichnet werden kann. Ähnlich wie Schleiermacher sah Dilthey das Hauptproblem jeder Auslegung im sogenannten hermeneutischen Zirkel. Lesen wir zum Beispiel ein Buch, so können wir die einzelnen Sätze nur in Beziehung zu der von ihnen gebildeten Gesamtaussage verstehen. Diese ist wiederum Teil eines größeren Werkkomplexes; das Gesamtwerk eines Autors gehört dann in gewisser Weise zu seiner Biographie, die wiederum in ein soziales Umfeld und eine historische Epoche eingeordnet werden muss. Umgekehrt gilt, dass der Text oder das Gesamtwerk eines Autors nur als Ganzheit verstehbar ist, wenn wir Kenntnis von ihren Teilen besitzen. Jedes Verstehen ist somit mit dem Problem konfrontiert, dass es auf der einen Seite eine Kenntnis der betreffenden Ganzheit voraussetzt, auf der anderen Seite das Gesamtverständnis vom Wissen über das Einzelne abhängig ist. Dilthey teilte hier die Auffassung Schleiermachers von den Geistesobjektivationen als Ausdruck eines organischen Zusammenhanges. Dieser Organismusgedanke beinhaltet, dass wir mit fortschreitender Kenntnis des Gesamtwerkes eines Autors oder einer geschichtlichen Epoche das literarische Werk oder die historischen Ereignisse besser verstehen können, als die Zeitgenossen es vermochten (vgl. Lübcke 1992, S. 60).

Der hermeneutische Zirkel

Dilthey forderte zudem, dass es die Aufgabe einer ausgearbeiteten Hermeneutik sein müsse, ein System von Grundbegriffen herauszuarbeiten, das allen Geisteswissenschaften gemeinsam ist. Im Gegensatz zu Kant, der die von ihm genannten Kategorien als a priori, als vor aller Erfahrung, d.h. nicht aus ihr, sondern aus der menschlichen Vernunft selbst stammend bezeichnete, betont Dilthey, dass die Kategorien der Geisteswissenschaften nicht apriorisch seien, sondern aus dem Leben selbst stammen. Die Geisteswissenschaften schaffen ihre Kategorien als Wissenschaften somit nicht völlig neu, um sie dann von außen an das geschichtliche Leben der Menschen heranzutragen. Vielmehr greifen sie Kategorien, die schon im praktischen Lebenszusammenhang der Menschen wirksam sind, auf, präzisieren sie und bringen in einen reflektierten Zusammenhang, was im vor- oder außerwissenschaftlichen Leben immer schon von den Menschen praktisch gedacht wird (vgl. Klafki 1978 (2), S. 41).

In dieser Bestimmung des Selbstverständnisses der Geisteswissenschaften klingt bereits eine zweite Grundlage des philosophischen Denkens Diltheys an, nämlich die lebensphilosophische Deutung des geistigen Lebens. Arbeiten zur Sinnbestimmung der Philosophie als Lebensphilosophie hat Dilthey vor allem in seinen Studien zur Weltanschauungslehre (1931) vorgelegt, und der lebensphilosophische Aspekt ist insbesondere von seinen Schülern – u.a. von Georg Misch – weiterentwickelt worden. Philosophie ist für Dilthey keine selbstgenügsame Denkbeschäftigung, die von gesellschaftlichen und historischen Zusammenhängen abgehoben ist. Sie hat vielmehr ihren Ursprung im Leben, im Insgesamt menschlicher, individueller und gesellschaftlicher Erfahrungen. Lebensphilosophie sucht auf zweifache Weise eine Verbindung zwischen der Philosophie und dem Leben herzustellen. Zum einen gehen die Motive für philosophisches Fragen aus den Lebensproblemen hervor. Zum anderen versteht sie sich als reflektierende Instanz, die nach den Voraussetzungen und Strukturen der Einzelwissenschaften, der Weltanschauungen, der menschlichen Lebenspraxis fragt und damit gleichzeitig auf den sich entwickelnden Lebensprozess zurückwirkt (vgl. Thiersch 1978, S. 55; Thiersch 2006, S. 348).

Lebensphilosophie

Lebensphilosophie ist für Dilthey zudem unauflöslich mit der Grundannahme von der durchgehenden Geschichtlichkeit der menschlichen Wirklichkeit verbunden, die er eingeengt nur als ideelle, geistige Wirklichkeit ohne Berücksichtigung ökonomischer und gesellschaftlicher Bedingungsfaktoren fasst. Ferner wird Lebensphilosophie von Dilthey als eine ausgesprochen weltliche und diesseitige, nicht metaphysische Form von Philosophie begründet. Diese untersucht zwar historisch, wie eine bestimmte Glaubenslehre oder Metaphysik die Weltanschauungen der Menschen prägt. Als Lebensphilosophie selber greift sie jedoch nicht auf irgendwelche metaphysischen Setzungen, z.B. göttliche Gebote oder scheinbar zeitlos geltende Wertsysteme, zurück, da dies der Auffassung von einer Philosophie, die das Leben aus sich selber zu erklären sucht, widerspricht. Wenn Dilthey bei der philosophischen Rekonstruktion der Lebenspraxis auf solche Wertmaßstäbe verzichtet und die von ihm verwendeten Begriffe keine Erkenntnis-, sondern nur eine Ausdrucksbedeutung haben, dann verzichtet er damit jedoch zugleich auf allgemeine Kriterien, nach denen zwischen wahr und falsch noch entschieden werden kann (vgl. Gadamer 1960, S. 216).

I.1.3. Wissenschaftstheoretische Grundannahmen der Geisteswissenschaftlichen Pädagogik

Diltheys Sichtweise der Philosophie als Lebensphilosophie und seine Auffassung von Geisteswissenschaften sowie die von ihm herausgearbeiteten Grundbegriffe des Lebens und des Verstehens haben das Denken der Begründer der Geisteswissenschaftlichen Pädagogik entscheidend geprägt (vgl. Bollnow 1989, S. 54). Diltheys Einfluss wurde in den zentralen wissenschaftstheoretischen Grundannahmen der Geisteswissenschaftlichen Pädagogik wirksam.

- Wie Philosophie im Sinne Diltheys aus der Lebenspraxis hervorgeht und auf sie zurückwirkt, wurde auch die pädagogische Theorie analog als immer neu aus der pädagogischen Praxis hervorgehend und als reflexive Instanz verstanden, die auf die pädagogische Praxis aufklärend zurückwirkt.
- Auch Geisteswissenschaftliche Pädagogik begriff ihren Gegenstand, pädagogisches Handeln, Institutionen, Theorien, geschichtlich und versuchte deren Sinngehalte hermeneutisch zu verstehen und auszulegen.
- Wie Lebensphilosophie auf religiöse oder metaphysische Voraussetzungen verzichtet, so geht auch die Geisteswissenschaftliche Pädagogik nicht von vorgegebenen Glaubenssetzungen oder Wertsystemen aus, sondern versucht, eine relativ autonome Wissenschaft aus der geschichtlichen Erfahrung heraus zu begründen.

Diese drei zentralen wissenschaftstheoretischen Grundannahmen der Geisteswissenschaftlichen Pädagogik sollen im Weiteren ausführlicher erläutert werden.

(a) Das Theorie-Praxis-Verhältnis

Bei der Klärung der Frage, in welchem Verhältnis Theorie und Praxis in der Erziehung und der Erziehungswissenschaft zueinander stehen, haben sich die Vertreter der Geisteswissenschaftlichen Pädagogik vor allem auf die Überlegungen Schleiermachers gestützt. Schon Schleiermacher hatte in seinen pädagogischen Schriften darauf hingewiesen, dass in der Erziehung die Praxis älter ist als die Theorie. Lange bevor sich das Bedürfnis nach einer Theorie ergeben hat, haben die Menschen ihre Kinder erzogen und dafür geeignete Einrichtungen geschaffen. Daraus ergibt sich für Schleiermacher eine prinzipielle Vorrangigkeit der pädagogisch-gesellschaftlichen Praxis vor der Theorie, der die Aufgabe zukommt, die jeweilige Entwicklungstendenz der erzieherischen Praxis auf den Begriff zu bringen. „In der Theorie haben wir nun aber nichts anderes zu tun, als die gegenwirkende und unterstützende pädagogische Tätigkeit aufzustellen und deren gegenseitiges Verhältnis nachzuweisen. Dem Leben selbst haben wir es dann zu überlassen, was in jedem Augenblick getan werden soll“ (Schleiermacher 1965, S. 53). Dem Schleiermacherschen Diktum vom Primat der Praxis vor der Theorie ist dann die Geisteswissenschaftliche Pädagogik gefolgt.

Der Primat der Praxis

Vor allem Erich Weniger hat sich in seinen Arbeiten mehrfach mit dem Theorie-Praxis-Verhältnis in der Pädagogik beschäftigt. Bereits in seiner Kieler

Antrittsvorlesung über „Theorie und Praxis in der Erziehung" (1929), in der er unmitttelbar an Litts Erörterung dieses Themas in das „Wesen des pädagogischen Denkens" (1921) anknüpft, hat er erste wissenschaftstheoretische Erörterungen zum Theorie-Praxis-Verhältnis vorgelegt und dabei drei Stufen pädagogischer Theoriebildung differenziert. Er unterscheidet zunächst eine Theorie ersten Grades: Das sind verinnerlichte Erziehungsvorstellungen, -meinungen und -regeln, die dem Praktiker gar nicht bewusst sind. Davon grenzt er eine Theorie zweiten Grades ab, die das Handlungswissen des Praktikers ebenso umfasst wie die in den Begründungen und Programmen von pädagogischen Institutionen steckenden Erfahrungssätze. Schließlich unterscheidet Weniger noch eine Theorie dritten Grades, die Theorie des Theoretikers, die das Verhältnis von Theorie und Praxis in der Praxis zum Gegenstand hat. Weniger vertritt nun die Auffassung, dass diese Theorie dritten Grades zwei Funktionen hat. Einerseits hat sie eine analytische Funktion, in der die wissenschaftliche Untersuchung um der Erkenntnis willen erfolgt. Andererseits hat sie eine praxisbezogene Funktion, die vom Interesse an der verantwortungsvollen Gestaltung der Praxis geleitet ist. „Sie dient der Praxis und gilt nur soweit, als sie der Praxis helfen, als der Praktiker etwas mit den Ergebnissen anfangen kann. Es gilt hier der Primat der Praxis, die mit Theorie geladen, doch an sich unabhängig ist von der Pädagogik als Wissenschaft" (Weniger 1929/1990, S. 42).

Drei Stufen pädagogischer Theoriebildung nach Weniger

Dieser von Weniger angesprochene Primat der Praxis bedeutet jedoch nicht, dass die Theorie immer nur aufklärend der Praxis nachfolgen kann. So können nach Weniger auch „Zeiten kommen, in denen die so gebundene Theorie die eigentliche Last trägt und die eigentlichen Erfahrungen macht, indem sie der Praxis im engeren Sinne voranschreitend neue Wege sucht" (ebd., S. 43). Dieser zeitweilige Primat der Theorie impliziert jedoch nicht, dass die Theorie in Gestalt eines normativen Systems die pädagogische Erfahrung total vorwegnehmen und reglementieren kann. Diese theoretischen Entwürfe sind für Weniger eher in pädagogischer Verantwortung entworfene Hypothesen, aber keine vorgegebenen Normen. Die pädagogische Theorie ist hilfreich, indem sie schon in der Ausbildung den zukünftigen professionellen Pädagogen lehrt, die Erziehungswirklichkeit besser zu verstehen und sich in ihr richtig zu verhalten. Flitner (1950/1983) spricht in diesem Zusammenhang auch von einer „pädagogischen Bildung". Die konkrete Entscheidung, was in der Praxis zu tun ist, kann keine noch so entwickelte pädagogische Theorie dem Praktiker abnehmen. Denn die eigentliche Erfahrung und damit jede echte pädagogische Neuerung wird nach Auffassung von Weniger (1929/1990, S. 44) erst in der unermüdlichen Kleinarbeit der pädagogischen Praxis gewonnen.

(b) Geschichtlichkeit und Hermeneutik

Im Kontext der Geisteswissenschaftlichen Pädagogik waren es zunächst vor allem Max Frischeisen-Köhler und Hermann Nohl, die den von Dilthey entwickelten Grundgedanken von der Geschichtlichkeit auf die Pädagogik übertragen und zu einer zentralen Voraussetzung des wissenschaftstheoretischen Selbstverständnisses dieser Theorierichtung gemacht haben. Nach Dilthey kann der Mensch nur aus der Interpretation der Geschichte zur Selbsterkenntnis kommen, und nur aus dem Leben und seiner Geschichte kann der Sinn von Erziehung angemessen erkannt werden (vgl. Herrmann 1983, S. 26). Die von Dilthey herausgearbeitete Prämisse von der Geschichtlichkeit der Erziehung ist von allen Vertretern der Geisteswissenschaftlichen Pädagogik übernommen, jedoch mit unterschiedlicher Problemeinsicht weiterentwickelt worden.

Das Prinzip der Geschichtlichkeit

So heißt es bei Nohl (1949, S. 119): „Die Geschichte der Pädagogik ist nicht eine Sammlung von pädagogischen Kuriositäten oder ein interessantes Bekanntmachen mit allerhand großen Pädagogen: sondern sie stellt die Kontinuität der pädagogischen Idee dar in ihrer Entfaltung. Was Erziehung eigentlich ist, verstehen wir, wenn wir nicht bei dem immerhin beschränkten persönlichen Erlebnis stehen bleiben wollen, nur aus solcher systematischen Analyse ihrer Geschichte.“ Für Nohl und die Geisteswissenschaftliche Pädagogik bedeutete das Grundprinzip der Geschichtlichkeit, dass sie die Erziehungswirklichkeit und die pädagogischen Theorien als historische Erscheinungen betrachteten. Pädagogische Ideen, Erziehungsmethoden, Lehrpläne, Texte über pädagogische Probleme wurden als geistige Objektivationen, als Ausdruck jeweils bestimmter historischer Prozesse und Verhältnisse sowie der in ihnen handelnden Menschen mit jeweils geschichtlich bedingten Vorstellungen und Motiven verstanden. Allerdings zeigt Nohls Bezugnahme auf die „Kontinuität der pädagogischen Idee“, die sich aus der historischen Analyse für die Pädagogik ergeben soll, dass er das Grundprinzip der Geschichtlichkeit der Erziehungswissenschaft und der Erziehung nicht konsequent verfolgt, sondern auch auf überhistorische Größen zurückgreift. Im Unterschied zu Nohl hat Weniger in seinen Arbeiten die Erkenntnis der Geschichtlichkeit der Erziehung konsequenter durchgehalten. Er weist darauf hin, dass die historische Analyse keine übergeschichtliche, für die Gegenwart verbindliche Idee einer allgemeinen Pädagogik zeigen kann. Vielmehr kann die historische Untersuchung der Erziehungswirklichkeit nur insofern einen Beitrag zur Lösung pädagogischer Fragen leisten, als sie die Vorgeschichte der jeweiligen Fragen und Probleme aufdeckt (vgl. Wulf 1983, S. 25).

Die Hermeneutik

Untrennbar mit dem Grundprinzip der Geschichtlichkeit der Erziehung war für die Geisteswissenschaftliche Pädagogik auch die Erkenntnis der zentralen Bedeutung der Hermeneutik für die Geisteswissenschaften verbunden. Dabei knüpfte sie an das Konzept der Hermeneutik als Wissenschaft der Textauslegung und des Verstehens geistiger Objektivationen an, wie es von Dilthey im Anschluss an Schleiermacher entwickelt worden war. Untersucht wurde von den Vertretern der Geisteswissenschaftlichen Pädagogik zum einen die Geschichte der Erziehungswirklichkeit. Dabei richtete sich das Interesse auf historische Texte, z.B. Schulordnungen, Biographien, die Texte pädagogischer Klassiker, die zum Gegenstand intensiver Textauslegung gemacht wurden. Von der Interpretation dieser Texte wurde ein Verständnis der historischen Objektivationen erwartet, die über die geschichtliche Zeit hinaus bis in die Gegenwart wirken. Zum anderen zielte die Geisteswissenschaftliche Pädagogik auf eine Hermeneutik der gegenwärtigen Erziehungswirklichkeit. Trotz dieser Betonung der doppelten Aufgabe der Hermeneutik im Bereich der Erziehungswissenschaft sind im Umfeld der Geisteswissenschaftlichen Pädagogik zwar eine Vielzahl von problem- und ideengeschichtlich orientierten Studien durchgeführt worden. Eine hermeneutische Erforschung der erzieherischen Realität der damaligen Zeit fand hingegen kaum statt (vgl. Wulf 1983, S. 31).

Methodologisch ist Herman Nohl am deutlichsten den von Dilthey vorgezeichneten Bahnen einer historischen Hermeneutik gefolgt. Erich Weniger und Wilhelm Flitner haben hingegen versucht, die Geisteswissenschaftliche Pädagogik aus ihrer symbiotischen Bindung an die historische Hermeneutik zu lösen und die Bedeutung historischer Untersuchungen für die Erziehungswissenschaft zu relativieren, indem sie auf die Relevanz historisch-hermeneutischer und hermeneutisch-pragmatischer Fragestellungen und Untersuchungsansätze hinweisen. Während Nohl in der historischen Analyse der Erziehungswirklichkeit und den durch diese aufweisbaren Strukturzusammenhängen bereits die eigentliche Bestimmung der Erziehungswissenschaft erblickte, hat Weniger die hermeneutische Strukturanalyse des Erziehungsprozesses ins Zentrum seiner Überlegungen gerückt (vgl. Benner 1991, S. 220). Wilhelm Flitner ist vor allem mit seinen in der Nachkriegszeit veröffentlichten Arbeiten nicht nur insofern teilweise über das methodologische Selbstverständnis von Nohl und Weniger hinausgegangen, als er in seinem Konzept einer engagierten Hermeneutik auf die Standortgebundenheit jeder pädagogischen Interpretation von Erziehungswirklichkeit hinweist. Für ihn ist die Erziehungswissenschaft gebunden an eine „reflexion engagée". Die „Reflexion am Standort der Verantwortung des Denkenden ist die Mitte dessen, was in einem strengen Sinne pädagogische Wissenschaft heißen darf" (Flitner 1966/1989, S. 23). In seiner Begründung des Selbstverständnisses der Pädagogik als einer hermeneutisch-pragmatischen Wissenschaft wird neben der philosophischen Besinnung und der historischen Forschung erstmals auch den Methoden und Ergebnissen der empirischen Tatsachenforschung ein, wenn auch eher randständiger, Platz eingeräumt. Denn die Tatbestände, auf welche Empiriker blicken, befinden sich nach Auffassung von Flitner noch außerhalb der Zwischenwelt, „in der das erzieherische Geschehen mit seiner Verantwortung liegt. An dieser Stelle beginnt die selbständige Besinnung und Forschung der wissenschaftlichen Pädagogik" (Flitner 1966/1989, S. 30).

Die Verbindung historisch-hermeneutischer und hermeneutisch-pragmatischer Ansätze

(c) Die relative Eigenständigkeit der Erziehung in Theorie und Praxis

Das Prinzip der relativen Eigenständigkeit der Erziehung in Theorie und Praxis ist von den Vertretern der Geisteswissenschaftlichen Pädagogik in historischer Perspektive rekonstruiert und unter systematischem Blickwinkel als ständige Aufgabe von Erziehung und Erziehungswissenschaft begründet worden. Bereits in seinem Aufsatz zur „Autonomie der Pädagogik" aus dem Jahre 1929 hatte Weniger darauf hingewiesen, dass die Autonomie der Pädagogik keine Setzung des Denkens ist, sondern sich geistesgeschichtlich gesehen die Eigenständigkeit des pädagogischen Handlungsfeldes und der Pädagogik seit der Zeit der Aufklärung sukzessive herausgebildet hat. Insbesondere Rousseau mit seiner Entdeckung des Kindes wird von Weniger, aber auch von Nohl, immer wieder als Begründer dieses pädagogischen Eigenständigkeitsgedankens genannt. „Rousseau war es, der bekanntlich als erster radikal die Unabhängigkeit des erzieherischen Tuns von den Mächten des Erwachsenenlebens behauptet und gefordert hat." (Weniger 1929/1990, S. 19). Weiter vorangetrieben wurde dann dieser Autono-

Der Verselbständigungsprozess der Erziehung in Theorie und Praxis misierungsprozess der Erziehung in Theorie und Praxis nach Auffassung von Weniger und Nohl vor allem durch die Jugendbewegung und das breite Spektrum reformpädagogischer Strömungen im außerschulischen und schulischen Bereich im ersten Drittel des 20. Jahrhunderts, die vor allem auf das Eigenrecht und den Eigenwert der Jugendphase hingewiesen haben (vgl. Weniger 1929/ 1990, S. 21). Innerhalb dieses geistesgeschichtlichen Zusammenhangs der pädagogischen Bewegung (vgl. Nohl 1933) vollzog sich aber auch ein allmählicher Verselbständigungsprozess der pädagogischen Theorie. Die Geisteswissenschaftliche Pädagogik, die sich teilweise als Theorie dieser Bewegung verstand, versuchte die Pädagogik aus ihrer Abhängigkeit von der Theologie, der Philosophie und der Psychologie zu befreien und eine relativ selbständige pädagogische Wissenschaft zu begründen.

Das Prinzip der relativen Autonomie war somit für die Geisteswissenschaftliche Pädagogik nicht nur ein bloß historisches Faktum, es bezeichnete vielmehr eine ständige Aufgabe, die unter jeweils neuen historischen Bedingungen produktiv ausgelegt und um deren Verwirklichung ständig gegen widerstrebende Interessen gekämpft werden müsse. Das Autonomiepostulat bezog sich zum einen auf die Praxis der Erziehung und des Erziehens. Aus dem Eigenrecht des Kindes- und Jugendalters ergibt sich für Weniger die Forderung an den Erzieher, Anwalt der Zukunft der Kinder und zugleich Verteidiger der Vergangenheit des Kindes gegen seine Gegenwart und Zukunft zu sein, die von Staat, Wirtschaft, Kultur, Familie, Beruf in Anspruch genommen wird (vgl. Weniger 1929/1990, S. 21-22). Der Pädagogik kommt im Kampf der geistigen und kulturellen Mächte um die Einflüsse auf das Bildungs- und Erziehungswesen die Aufgabe zu, „Wächterin des Tores" zu sein, indem sie nur solche Ansprüche der gesellschaftlichen Mächte zulässt, die sich eine Umformung gefallen lassen, die aus der Frage hervorgeht: „Welchen Sinn bekommt diese Forderung im Zusammenhang des Lebens dieses Kindes für seinen Aufbau und die Steigerung seiner Kräfte" (Nohl 1933/1988, S. 160).

Das Prinzip der relativen Autonomie

Diese Ausführungen Nohls machen deutlich, dass mit dem Theorem der Eigenständigkeit oder Autonomie, das die Geisteswissenschaftliche Pädagogik vertrat, keineswegs eine vollständige Verselbständigung der Erziehungspraxis und der Erziehungstheorie gegenüber allen politischen und kulturellen Zusammenhängen gemeint war. Vielmehr hat die Geisteswissenschaftliche Pädagogik diese Autonomie immer als relativ verstanden und ausgelegt. Unter Bezugnahme auf das pädagogische Kriterium der Wahrung des Eigenrechts der Kinder und Jugendlichen und der Hilfe zur individueller Mündigkeit übte die Geisteswissenschaftliche Pädagogik im Namen der pädagogischen Professionen eine Anwaltsfunktion gegenüber der Gesellschaft aus. Und auch der Erzieher erscheint in dieser Theorie als Anwalt des Kindes, der die Forderungen der Gesellschaft umformen muss, ohne diese Forderungen aufzugeben. Nach Flitner setzt die Autonomiethese in der Pädagogik gerade den Tatbestand der Abhängigkeit der Erzieher von den Gehalten der geistigen Mächte voraus und „umschreibt innerhalb dieses Tatbestandes den Raum der selbständig handelnden Verantwortung des erzieherisch tätigen Einzelnen" (Flitner 1950/1983, S. 227-228).

I.1.4. Inhaltliche Grundfragen der Geisteswissenschaftlichen Pädagogik

Wie spätestens bei der Erläuterung des Prinzips der relativen Autonomie der Erziehung in Theorie und Praxis deutlich geworden ist, betonten die Vertreter der Geisteswissenschaftlichen Pädagogik zwar die Eigenständigkeit pädagogischen Denkens, lehnten jedoch Werturteile innerhalb erziehungswissenschaftlicher Aussagen nicht ab. Vielmehr wurden mit Kriterien wie der Verantwortlichkeit des Pädagogen für die Wahrung der Eigenrechte der Kinder und Jugendlichen auch Maßstäbe für das pädagogische Denken und Handeln gesetzt. Das wissenschaftstheoretische Selbstverständnis der Geisteswissenschaftlichen Pädagogik, die historische Kulturanalysen, daraus abgeleitete Formulierungen übergreifender pädagogischer Kategorien und normative Aussagen miteinander verbindet, hatte Spranger bereits in seinem Aufsatz „Die Bedeutung der wissenschaftlichen Pädagogik für das Volksleben“ (1920/1964, S. 10) formuliert: „Die Aufgabe der wissenschaftlichen Pädagogik liegt also darin, eine bereits gegebene Kulturwirklichkeit aufzufassen, unter ordnende Begriffe zu bringen und zuletzt durch Normen und Wertsetzungen zu gestalten.“ Zentrale Termini im grundbegrifflichen Gefüge der Geisteswissenschaftliche Pädagogik sind der Bildungsbegriff, der als Ziel oder Werk der Erziehung gefasst wird und der Erziehungsbegriff, der dann verwendet wird, wenn pädagogische Probleme aus der Sicht der Erziehenden angesprochen werden, vor allem wenn das pädagogische Verhältnis als personales Verhältnis hervorgehoben werden soll (vgl. Klafki 1978 (4), S. 41). Wesentliche inhaltliche Diskussionen der Geisteswissenschaftlichen Pädagogik bezogen sich nun auf bildungstheoretische Reflexionen zum Verhältnis von Bildung und Kultur sowie auf erziehungstheoretische Überlegungen zum pädagogischen Bezug und zu den Aufgaben des Erziehers, die auch die Vielzahl anderer Publikationen der Vertreter der Geisteswissenschaftlichen Pädagogik zu Fragen der Schultheorie und Allgemeinen Didaktik, der Fachdidaktik, der Berufspädagogik, der Sozialpädagogik oder der Erwachsenenbildung insofern beeinflussten, als sie dafür die leitenden Begriffe und theoretischen Sichtweisen vorgaben.

(a) Bildung und Kultur

Der Bildungsbegriff

Wolfgang Klafki (1978) hat in seiner Analyse der bildungstheoretischen Entwürfe der Geisteswissenschaftlichen Pädagogik präzise herausgearbeitet, dass diese die Bestimmungen des Bildungsbegriffs im Spannungsfeld von polaren Strukturen, zwischen Allseitigkeit und individueller Einheit, zwischen der Vermittlung der Bildsamkeit des Subjektes und den Ansprüchen der historisch-kulturellen Objektivität sowie zwischen individueller Bildung und Volksbildung, angesiedelt hatte. Mit der ersten Bestimmung knüpfte die Geisteswissenschaftliche Pädagogik an die Tradition des Bildungsbegriffs der deutschen Klassik an, indem sie darauf hinwies, dass Bildung als Ziel der Erziehung eine Entwicklung bzw. Selbstformung aller Aspekte der menschlichen Existenzweise meint. Auch die zweite Bestimmung bezeichnet ein antithetisches Verhältnis – in diesem Fall zwischen dem Individuum und dem objektiven Entwicklungsstand der geschichtlichen Kultur. Bildung bedeutet in diesem Zusammenhang nicht die bloße Übernahme des Vorgegebenen, des Überlieferten, sondern auch die produktive Aneignung und Weiterentwicklung der Welt der objektiven Kultur. Insbesondere für Litt (1948) und später auch für Klafki (1959) ist diese dialektische Bestimmung der Subjekt-Welt-Beziehung zu einem zentralen Bestandteil ihrer bildungstheoretischen Reflexionen geworden.

Das dritte Kriterium, das das Verhältnis zwischen individueller Bildung und Volksbildung anspricht, weist darauf hin, dass der Bildungsbegriff der Geisteswissenschaftlichen Pädagogik nicht nur individualistisch verstanden werden kann. Nach Auffassung von Nohl (1933/1988, S. 190) kommt auch der Einzelne nur in einem gebildeten Volksleben zur Einheit seiner Bildung. Das Problem der Volksbildung als Bildung der Angehörigen einer Nation und als unverzichtbarer Rahmen, innerhalb dessen die Bildung des einzelnen nur möglich schien, hat die Vertreter der Geisteswissenschaftlichen Pädagogik besonders in der Zeit der Weimarer Republik intensiv beschäftigt. Während bei Nohl jedoch die Volksbildung, etwa in Gestalt der Volkshochschulbewegung, noch in den Kontext der reformpädagogischen Strömungen eingeordnet wurde, von der er sich eine Verbesserung der Bildungschancen für alle Bevölkerungsgruppen erhoffte, verbindet Spranger den Volksbildungsgedanken im Verlaufe der Entwicklung bis 1933 in verstärktem Maß mit zivilisationskritischen Thesen von der Vermassung und mit verschwommenen Vorstellungen von einer Volkseinheit, die durch einige starke Führungspersönlichkeiten wieder gewonnen werden könnte (vgl. Klafki 1978 (4), S. 94).

(b) Der pädagogische Bezug und die Rolle des Erziehers

Versuchte die Geisteswissenschaftliche Pädagogik die Zielperspektive für pädagogisches Handeln im Kontext bildungstheoretischer Reflexionen zu begründen, so wurde der Prozess des pädagogischen Handelns mit Begriffen wie pädagogisches Verhältnis, Erziehungsgemeinschaft oder pädagogischer Bezug beschrieben. Am ausführlichsten hat sich Herman Nohl mit diesem Thema befasst. Für ihn ist der pädagogische Bezug Grundlage und Keimzelle allen pädagogischen Handelns. Er ist ein Lebensverhältnis sui generis, das die reale Grundlage aller Erziehung darstellt. Nohl (1933/1988, S. 169) definiert den pädagogischen Bezug als „das leidenschaftliche Verhältnis eines reifen Menschen zu einem werdenden Menschen, und zwar um seiner selbst willen, dass er zu seinem Leben und zu seiner Form komme.“ Konstitutiv für das pädagogische Verhältnis ist somit das Reifegefälle zwischen Erzieher und zu Erziehendem, das Nohl am Beispiel der Familie deutlich macht. In den konkreten zwischenmenschlichen Beziehungen und Erziehungshandlungen in der Familie äußert sich die Dualität von Liebe und Autorität, von Gehorsam und pädagogischer Verantwortung, die nach Nohl auch ein allgemeines Merkmal pädagogischer Generationenbeziehungen ist. Sich – aufeinander – Einlassen zwischen Erwachsenen und Heranwachsenden bedeutet Autorität auf der einen und Vertrauen auf der anderen Seite. Die Autorität des Erwachsenen ist an das Vertrauen der Heranwachsenden gebunden.

Der pädagogische Bezug

Ein weiteres Definitionsmerkmal des pädagogischen Bezugs ist das Moment der Freiwilligkeit. Gelingt es dem Erzieher nicht ein Vertrauensverhältnis zum Heranwachsenden herzustellen, so muss er sich zurückziehen und danach suchen, einen solchen Bezug zwischen anderen Menschen zu ermöglichen. Der pädagogische Bezug ist schließlich, trotz des in ihm liegenden Sinns, notwendiger Durchgang. „Das pädagogische Verhältnis strebt ... von beiden Seiten dahin, sich überflüssig zu machen und zu lösen" (Nohl 1933/1988, S. 166). Nur wenn der zu Erziehende lernt, sich allmählich aus der Bindung an den Erwachsenden zu lösen, kann das Ziel der Erziehung, die Fähigkeit zum selbstbestimmten mündigen Handeln, erreicht werden. Das Spannungsverhältnis zwischen dem Drang nach Bindung und nach Selbständigkeit richtig zu gestalten, gehört zu den schwierigen, einen „pädagogischen Takt" erfordernden Aufgaben des Erziehers.

Die Aufgaben des Erziehers

Sosehr in der Geisteswissenschaftlichen Pädagogik die Beziehung zwischen einzelnen, zwischen Erwachsenen und Heranwachsenden, betont wird, sosehr ist doch auf der anderen Seite der Erzieher und Lehrer in die ihn prägenden Lebensbezüge eingebunden und zugleich Repräsentant von Lebenszielen und Kulturgütern. Nohl sah in der Aufgabe des Erziehers und Lehrers, zwischen dem Eigenrecht und den Interessen der Heranwachsenden und den Erwartungen sowie Ansprüchen von Kultur und Gesellschaft vermitteln zu müssen, den eigentümlich schöpferischen Charakter der erzieherischen Leistung, und er verglich ihn mit einem Künstler, der in seiner Arbeit frei sein müsse (vgl. Nohl 1933/1988, S. 192-194). Im Gegensatz dazu hat Litt (1921) die Rolle des Berufserziehers sehr viel nüchterner eingeschätzt. Der Lehrer ist für ihn Mittler zwischen Educandus und Sache, der auf der einen Seite sehr viel weniger Freiheit im Gestalten als ein Künstler, auf der anderen Seite aber auch einen ganz anderen Spielraum als ein Techniker hat, der nur vorgegebenes Wissen anwendet (vgl. Lassahn 1992, S. 24).

I.1.5. Weiterentwicklungen und Kritik

Im Rahmen der Geisteswissenschaftlichen Pädagogik, die bis Anfang der 1960er Jahre die erziehungswissenschaftliche Diskussion in Westdeutschland dominierte, kam es bereits in den ersten beiden Nachkriegsjahrzehnten zu perspektivischen Erweiterungen. So hat z.B. O.F. Bollnow, der noch in erheblichem Umfang der Geisteswissenschaftlichen Pädagogik zugerechnet werden kann, im Anschluss an die frühe Existenzphilosophie das herkömmliche Spektrum der von der Pädagogik untersuchten Vollzugsformen durch den Aufweis der Bedeutung „unstetiger" Formen und Situationen der Erziehung ergänzt (vgl. Bollnow 1959). J. Derbolav knüpfte an das dialektische Denken Litts an und entwarf auf dieser Grundlage eine „Praxeologie" als einen Versuch, eine Didaktik in einer Theorie der Gesellschaft zu begründen (vgl. Lassahn 1992, S. 22).

Verstanden sich diese Ansätze noch als Weiterentwicklungsversuche der Geisteswissenschaftlichen Pädagogik, so wurde diese von den im Verlaufe der 1960er Jahre sich durchsetzenden Vertretern der empirisch-analytischen bzw. der Kritischen Erziehungswissenschaft scharf kritisiert. Autoren, die der empirisch orientierten Erziehungswissenschaft nahestehen, erhoben den Vorwurf, dass das Begriffssystem und die Sprache der Geisteswissenschaftlichen Pädagogik spekulativ und unpräzise sei und dass Ansätze, Verfahren und Ergebnisse der empirischen Erziehungsforschung in diesem Theoriekonzept keine Berücksichtigung gefunden hätten (vgl. Ulich 1976). Die Repräsentanten einer sozialwissenschaftlich orientierten Kritischen Erziehungswissenschaft bemängelten, dass die Geisteswissenschaftliche Pädagogik keine Theorie der Gesellschaft ausgearbeitet habe, von der aus sie die Funktionen der Erziehung und der Erziehungswissenschaft im Rahmen gesellschaftlicher Praxis hätte kritisch untersuchen können. Der ohnehin schon bei Schleiermacher lockere Zusammenhang zu gesellschaftlichen Sachverhalten wie Herrschaft, Ökonomie und Politik sei von der Geisteswissenschaftlichen Pädagogik noch weiter verdünnt worden (vgl. Mollenhauer 1972, S. 21). Und mit dem unpolitischen Modell des pädagogischen Bezuges, dem jede soziologische Analysedimension fehle, habe sie sich relativ autonom in einer reformpädagogischen Idylle isoliert (vgl. Thiersch 2006, S. 350).

Weiterhin wurde kritisiert, dass in den meisten der historischen Arbeiten der Geisteswissenschaftlichen Pädagogik der sozialgeschichtliche Bezug völlig fehle, soziale Fakten und Herrschaftsverhältnisse weitgehend ausgeblendet werden und sich diese historischen Studien zumeist auf eine abgehobene Ideengeschichte beschränken. Affirmativ sei auch die geisteswissenschaftliche Methode des Einfühlens und Verstehens, da diese Methode nicht nur bildungsbürgerliche Innerlichkeit transportiert, sondern auch ihren Gegenstandsbereich präpariere – die herrschende Kultur des Bürgertums (vgl. Herrmann 1983, S. 33). Noch radikaler wurde die Geisteswissenschaftliche Pädagogik von Tenorth aus der Perspektive der historisch-empirischen Wissenschaftsforschung in Frage gestellt. Für ihn handelt es sich bei der Geisteswissenschaftlichen Pädagogik aufgrund ihres fehlenden Forschungsbezuges nicht um Theorie und Forschung, sondern um eine neue Art, über praktische Probleme zu reden, um Gesinnungsbildung für PädagogInnen (Tenorth 1986, S. 316f.)

Trotz dieser berechtigten Kritiken an den fehlenden gesellschaftskritischen Bezügen und der mangelnden Forschungsorientierung der Geisteswissenschaftlichen Pädagogik dürfen darüber nicht die Leistungen dieser Theorieschule übersehen werden. Die Vertreter der Geisteswissenschaftlichen Pädagogik haben ein eigenständiges Konzept der Pädagogik mit einheimischen Begriffen begründet und die Etablierung der Pädagogik als autonomer wissenschaftlicher Disziplin an Universitäten und Hochschulen in den 1920er Jahren mit durchgesetzt. Sie lieferten zudem die ersten wissenschaftlichen Begründungen für die Ausfächerung der Erziehungswissenschaft in Subdisziplinen, wie die Allgemeine Pädagogik, die Berufspädagogik, die Sozialpädagogik oder die Erwachsenenbildung und sie haben damit die theoretische Semantik für ein umfassendes Bildungs- und Erziehungssystem geschrieben, das sich in einem ersten Modernisierungsschub in den 1920er Jahren allmählich herausbildete. Und trotz mancher Abgesänge auf diese Theorierichtung (vgl. Dahmer/Klafki 1968) darf nicht übersehen werden, dass das Paradigma der Geisteswissenschaftlichen Pädagogik für viele Ansätze bei der Weiterentwicklung des erziehungswissenschaftlichen Theoriediskurses nicht nur als Bezugspunkt der Kritik gedient hat, sondern dass einige ihrer Theorieelemente, z.B. die Lebensweltorientierung, die hermeneutische Methode, das Verständnis von Pädagogik als einer pragmatischen Wissenschaft, auch konstruktiv aufgegriffen und weiterentwickelt worden sind.

Literatur

Benner, D.: Hauptströmungen der Erziehungswissenschaft. Weinheim [3]1991.

Bollnow, O.F.: Die geisteswissenschaftliche Pädagogik. In: Röhrs, H./Scheuerl, H. (Hrsg.): Richtungsstreit in der Erziehungswissenschaft und pädagogische Verständigung. Frankfurt a.M. u.a. 1989, S. 53-70.

Dahmer, I./Klafki, W. (Hrsg.): Geisteswissenschaftliche Pädagogik am Ausgang ihrer Epoche – Erich Weniger. Weinheim/Berlin 1968.

Dilthey, W.: Einleitung in die Geisteswissenschaften (1883). Gesammelte Schriften, Bd. I, Stuttgart/Göttingen [5]1962, S. 3-115.

Dilthey, W.: Der Aufbau der geschichtlichen Welt in den Geisteswissenschaften (1905-1910). Gesammelte Schriften, Bd. VII. Stuttgart/Göttingen [3]1961, S. 79-188.

Dilthey, W.: Weltanschauungslehre (1931). In: Dilthey, W.: Gesammelte Schriften, Bd. VIII. Göttingen [4]1968, S. 173-233.

Flitner, W.: Das Selbstverständnis der Erziehungswissenschaft in der Gegenwart (1966). Paderborn 1989.

Flitner, W.: Exkurs über pädagogische Bildung (1950). In: Flitner, W.: Pädagogik. Gesammelte Schriften, Bd. 2, Paderborn 1983, S. 280-283.

Flitner, W.: Systematische Pädagogik (1933). In: Ders.: Pädagogik. Gesammelte Schriften, Bd. 2, Paderborn 1983, S. 9-122.

Gadamer, H.-G.: Wahrheit und Methode. Tübingen 1960.

Gaßen, H.: Erich Wenigers Leben, Werk und Wirkung. In: Weniger, E.: Erziehung, Politik, Geschichte, Bd. 4, Weinheim/Basel 1990, S. 413-472.

Geißler, G.: Herman Nohl. In: Scheuerl, H. (Hrsg.): Klassiker der Pädagogik, Bd. II, München 1979, S. 225-239.

Gängler, H.: Akademisierung auf Raten? Zur Entwicklung wissenschaftlicher Ausbildung zwischen Erziehungswissenschaft und Sozialpädagogik. In: Krüger, H.-H./Rauschenbach, T. (Hrsg.): Erziehungswissenschaft. Weinheim/München 1994, S. 229-252.

Herrmann, U.: Die Pädagogik Wilhelm Diltheys. Göttingen 1971.

Herrmann, U.: Erziehung und Bildung in der Tradition Geisteswissenschaftlicher Pädagogik. In: Lenzen, D./Mollenhauer, K.(Hrsg.): Theorien und Grundbegriffe der Erziehung und Bildung. Bd. 1 der Enzyklopädie Erziehungswissenschaft. Stuttgart 1983, S. 25-4[illegible].

Klafki, W.: Das pädagogische Problem des Elementaren und die Theorie der kategorialen Bildung. Weinheim 1959.

Klafki, W.: Geisteswissenschaftliche Pädagogik, Kurseinheit 1. Fernuniversität Hagen [illegible]1991.

Klafki, W.: Geisteswissenschaftliche Pädagogik, Kurseinheiten 2, 3, 4. Fernuniversität Hagen 1978.

Klafki, W.: Theodor Litt. In: Scheuerl, H. (Hrsg.): Klassiker der Pädagogik, Bd. II, München 1979, S. 241-257.

Klafki, W./Brockmann, I.: Geisteswissenschaftliche Pädagogik im Nationalsozialismus. Weinheim 2002.

Lassahn, R.: Geisteswissenschaftlich-orientierte Pädagogik. In: Petersen,J./Reiner, G.-B. (Hrsg.): Pädagogische Konzeptionen. Donauwörth 1992, S. 11-26.

Litt, Th.: Das Wesen des pädagogischen Denkens (1921). In: Litt, Th.: Führen oder Wachsen lassen. Stuttgart [13]1967, S. 83-109.

Litt, Th.: Führen oder Wachsen lassen (1927). Stuttgart [13]1967.

Litt, Th.: Mensch und Welt. Grundlinien einer Philosophie des Geistes. Bonn 1948.

Löffelholz, M.: Eduard Spranger. In: Scheuerl, H. (Hrsg.): Klassiker der Pädagogik, Bd. II, München 1979, S. 258-276.
Lübcke, P.: Wilhelm Dilthey: Geist und Natur. In: Hügli, A./Lübcke, P. (Hrsg.): Philosophie im 20. Jahrhundert, Bd. 1, Reinbek 1992, S. 53-67.
Mollenhauer, K.: Theorien zum Erziehungsprozeß. München 1972.
Nohl, H.: Die pädagogische Bewegung in Deutschland und ihre Theorie (1933). Frankfurt a.M. 1949.
Nohl, H./Pallat, L. (Hrsg.): Handbuch der Pädagogik. 5 Bde., Langensalza 1928-1933.
Oelkers, J.: Hermeneutik oder Kulturpädagogik? Zur Bilanzierung der geisteswissenschaftlichen Pädagogik. In: Hoffmann, D. (Hrsg.): Bilanz der Paradigmendiskussion in der Erziehungswissenschaft. Weinheim 1991, S. 31-48.
Scheuerl, H.: Wilhelm Flitner. In: Scheuerl, H. (Hrsg.): Klassiker der Pädagogik, Bd. II, München 1979, S. 277-289.
Schleiermacher, F.: Gedanken zu einer Theorie der Erziehung (1826). Heidelberg 1965.
Spranger, E.: Der Eigengeist der Volksschule. Heidelberg 1955.
Spranger, E.: Die Bedeutung der Wissenschaftlichen Pädagogik für das Volksleben (1920). In: Röhrs, H. (Hrsg.): Erziehungswissenschaft und Erziehungswirklichkeit. Frankfurt a.M. 1964, S. 9-23.
Spranger, E.: Psychologie des Jugendalters. Leipzig 1924.
Tenorth, H.E.: Pädagogisches Denken. In: Langewiesche, D./Tenorth, H.E. (Hrsg.): Handbuch der deutschen Bildungsgeschichte, Bd. V. München 1989, S. 111-154.
Tenorth, H.E.: Lehrerberuf vs. Dilettantismus. In: Luhmann, N./Schorr, K.E. (Hrsg.): Zwischen Intransparenz und Verstehen. Frankfurt a.M. 1986, S. 275-321.
Thiersch, H.: Geisteswissenschaftliche Pädagogik. In: Lenzen, D./Mollenhauer, K. (Hrsg.): Theorien und Grundbegriffe der Erziehung und Bildung. Bd. 1 der Enzyklopädie Erziehungswissenschaft. Stuttgart 1983, S. 18-100.
Thiersch, H.: Geisteswissenschaftliche Pädagogik. In: Krüger, H.-H./Grunert, C. (Hrsg.): Wörterbuch Erziehungswissenschaft. Opladen ^{2}2006, S. 347-352.
Ulich, D.: Pädagogische Interaktion. Weinheim/Basel 1976.
Weniger, E.: Die Autonomie der Pädagogik (1929). In: Weniger, E.: Ausgewählte Schriften zur geisteswissenschaftlichen Pädagogik, Bd. 6, Weinheim/Basel 1990, S. 11-28.
Weniger, E.: Theorie und Praxis in der Erziehung (1929). In: Weniger, E.: Ausgewählte Schriften zur Geisteswissenschaftlichen Pädagogik. Weinheim/Basel 1990, S. 29-44.
Weniger, E.: Wehrmachtserziehung und Kriegserfahrung (1938). In: Weniger, E.: Lehrerbildung, Lehrerberuf und Schulreform. Bd. 2, Weinheim/Basel 1990.
Winkler, M.: Hermeneutische Pädagogik. In: Tenorth, H.-E./Tippelt, R. (Hrsg): Lexikon Pädagogik. Weinheim/Basel 2007, S. 314-315.
Wulf, Ch.: Theorien und Konzepte der Erziehungswissenschaft. Weinheim/München ^{3}1983.

I.2. Empirische Erziehungswissenschaft

Inhalt

I.2.1. Entstehungszusammenhang und Wirkung

Im Unterschied zur Geisteswissenschaftlichen Pädagogik handelt es sich bei der empirischen Erziehungswissenschaft nicht um einen einheitlichen Theorietyp. Dies machen schon die unterschiedlichen Bezeichnungen wie experimentelle bzw. deskriptive Pädagogik oder kritisch-rationale Erziehungswissenschaft deutlich. Gemeinsam ist diesen Ansätzen jedoch der Versuch, empirische Denkweisen zum zentralen Bestandteil der Erziehungswissenschaft zu machen.

Die Vorgeschichte der empirisch orientierten Pädagogik beginnt bereits im Zeitalter der Aufklärung. So forderte der englische Philosoph John Locke Wissenschaft sowie eine vernunftgemäße Erziehung auf Erfahrung zu gründen und beeinflusst durch dessen Ideen entwickelte der Hallenser Universitätspädagoge und Philanthrop Ernst Christian Trapp in seinem Buch „Versuch der Pädagogik" (1780) eine Theorie der Erziehung, die die planmäßige und sorgfältige Beobachtung der Entwicklung des Kindes zur Grundlage macht. Die Geschichte der empirischen pädagogischen Forschung beginnt jedoch erst 100 Jahre später. In erster Linie sind es die Bemühungen von Meumann und Lay um eine experimentell-erfahrungswissenschaftliche Absicherung pädagogischer Aussagen, die unter forschungsmethodischen Aspekten den Beginn der empirisch orientierten Pädagogik um die Jahrhundertwende markieren. Beide gehörten dem szientifischen, wissenschaftlichen Flügel der Reformpädagogik an und sie arbeiteten eng mit progressiven Lehrergruppen zusammen.

Ernst Meumann

Ernst Meumann (1862-1915) hat in Berlin, Halle und Bonn Theologie, Medizin und Philosophie studiert und 1891 in Tübingen promoviert. Von 1893 bis 1897 war er Assistent bei dem Psychologen Wundt in dessen Leipziger Laboratorium. Seit 1897 hatte er eine Reihe von Lehrstühlen für Philosophie und Pädagogik an den Universitäten in Zürich, Königsberg, München, Halle, Leipzig und seit 1911 in Hamburg inne, wo er 1915 starb. Zwischen 1907 und 1914 veröffentlichte er seine drei „Vorlesungen zur Einführung in die experimentelle Pädagogik", die in den folgenden Jahren in mehreren Auflagen erschienen. 1914 stellte er seine Erfahrungen zusammenfassend im „Abriß der experimentellen Pädagogik" zur Diskussion. Meumann gehörte gleichzeitig zu den Begründern des „Bundes für Schulreform", in dem Politiker, Lehrer und Beamte seit 1908 Fragen der Reform des Bildungs- und Erziehungswesens erörterten. Zusammen mit dem Karlsruher Lehrer Lay gründete er 1905 die „Zeitschrift für experimentelle Pädagogik" und nach einem Konflikt mit Lay die „Zeitschrift für Pädagogische Psychologie und experimentelle Pädagogik".

Wilhelm August Lay

Wilhelm August Lay (1862-1926) hat nach einem Volksschullehrerstudium und einer praktischen Tätigkeit als Volksschullehrer an der Technischen Hochschule in Karlsruhe und an der Universität Freiburg Philosophie, Pädagogik, Germanistik und Zoologie studiert. 1903 promovierte er an der Universität Halle. Anschließend war er Professor am Lehrerseminar in Karlsruhe, wo er 1926 starb. Seine Dissertation zur „Experimentellen Didaktik" erschien als Buch 1903 in erster Auflage. 1908 wurde sein Hauptwerk „Experimentelle Pädagogik mit besonderer Rücksicht auf die Erziehung durch die Tat" veröffentlicht. Die Werke von Lay und Meumann hatten mehrere Auflagen und ihre Verbreitung ist u.a.

ein Indiz dafür, wie erwartungsvoll diese ersten systematischen empirischen Arbeiten von der Fachwelt, insbesondere von der reformorientierten Lehrerschaft aufgenommen wurden.

Peter Petersen

Eng in die reformpädagogische Bewegung eingebunden war auch Peter Petersen. Peter Petersen wurde 1884 in Flensburg geboren. Von 1903 bis 1908 hat er dann an den Universitäten in Leipzig, Kiel, Kopenhagen und Posen Philosophie, Geschichte, evangelische Theologie und Englisch studiert und diese Studien in Leipzig mit der staatlichen Prüfung für das Lehramt an Gymnasien abgeschlossen. 1908 hat er mit einer Arbeit zum Thema „Der Entwicklungsgedanke in der Philosophie Wundts" an der Universität Jena promoviert. Von 1909 bis 1920 war er in einem Hamburger Gymnasium als Oberlehrer tätig. Während dieser Zeit war er auch im Vorstand des „Bundes für Schulreform" aktiv und arbeitete in Meumanns Hamburger Institut für Jugendkunde mit. Im Jahre 1920 habilitierte er sich an der Universität Hamburg für Philosophie und Pädagogik mit der Arbeit „Geschichte der Aristotelischen Philosophie im protestantischen Deutschland". 1923 wurde er auf einen Lehrstuhl für Pädagogik an die Universität Jena berufen, den er bis zwei Jahre vor seinem Tode (1952) innehatte (vgl. Kosse 1979, S. 183ff.).

Die Verwirklichung des Jena-Plans in der Universitätsschule bildete die Ausgangsbasis für Petersen, eine den Zielsetzungen der Erziehungswissenschaft entsprechende Methodologie empirischer Forschung zu konzipieren. Aus der deskriptiven Darstellung des Jenaer Schulversuchs entwickelte er in Zusammenarbeit mit seiner Frau Else Petersen die pädagogische Tatsachenforschung, die erst 1965 in Westdeutschland in einem umfassenden Dokumentationsband veröffentlicht wurde (vgl. Petersen, P./Petersen, E. 1965). Aufgegriffen wurde der Ansatz Petersens vor allem von seinem Schüler Friedrich Winnefeld (1911-1968), der sich trotz repressiver politischer Rahmenbedingungen der damaligen DDR-Gesellschaft in den 1950er Jahren an der Universität Halle insbesondere um eine Präzisierung der Methodologie der Unterrichtsforschung bemüht hat (vgl. Cloer 1994, S. 29).

Eine weitere, weitgehend zur Pädagogischen Tatsachenforschung zeitlich parallel verlaufende Arbeitsrichtung der empirischen Pädagogik ist in den Versuchen der Etablierung einer Deskriptiven Pädagogik zu sehen, die dazu tendierte, die empirische Forschung innerhalb der Pädagogik aus der noch an der Experimentellen Pädagogik und der Pädagogischen Tatsachenforschung akzeptierten Bezogenheit auf die Probleme der erzieherischen Praxis zu lösen und sich als reine Erkenntniswissenschaft zu definieren. Begründet wurde die Deskriptive Pädagogik durch Fischer.

Aloys Fischer

Aloys Fischer (1882-1937) hatte von 1899 bis 1904 an der Universität München Altphilologie, Philosophie und Psychologie studiert und das Studium mit einer Promotion abgeschlossen. Nach einer praktischen Tätigkeit als Direktor eines Privatgymnasiums und nach erfolgreicher Habilitation an der Universität München wurde er dort 1918 zum ordentlichen Professor für Philosophie und Pädagogik ernannt. 1937 wurde Fischer von den Nationalsozialisten seines Amtes enthoben. Er starb im gleichen Jahr in München. Sein theoretisches Credo formulierte Fischer in der Programmabhandlung „Deskriptive Pädagogik" (1914), in der der Anspruch formuliert wird, das Phänomen der Erziehung „rein vor den Betrachter zu stellen". Trotz seiner Mitgliedschaft im Herausgeber-Gremium der Zeitschrift

„Erziehung" blieb ihm jedoch der große Einfluss versagt, den seine Herausgeberkollegen, allesamt Vertreter der Geisteswissenschaftlichen Pädagogik, für sich verbuchen konnten (vgl. Tenorth 1988, S. 217).

Weitergeführt wurde der Ansatz Fischers von Lochner. Rudolf Lochner (1895-1978) hatte Anfang der 1920er Jahre in Prag studiert, 1922 in der Germanistik promoviert und sich 1927 an der gleichen Universität mit einer Studie zur „Deskriptiven Pädagogik" (1927) habilitiert. Nach der Tätigkeit als Dozent für Pädagogik an den Hochschulen in Prag, Breslau und Posen, bzw. als Professor an den Hochschulen in Hirschberg und ab 1946 in Celle, war er von 1952 bis zu seiner Emeritierung im Jahre 1963 Professor für Pädagogik an der Pädagogischen Hochschule in Lüneburg.

In den 1920er Jahren teilte Lochner mit Fischer das Außenseiterschicksal, das der empirischen Pädagogik an den Hochschulen in den ersten Jahrzehnten des 20. Jahrhunderts insgesamt beschieden war. Ihre wesentlichen Vertreter sind in ihrer Bedeutung verkannt oder im Verlaufe der 1920er Jahre in die Psychologie, wie etwa Meumanns Nachfolger William Stern, oder in die Soziologie, wie u.a. Theodor Geiger, abgewandert.

Ähnlich ungünstig stellte sich die Situation für die Empirische Pädagogik an den Universitäten in Westdeutschland auch in den ersten beiden Jahrzehnten der Nachkriegszeit dar. Empirische Denkweisen, die schon vor 1933 an den Rand gedrängt worden waren, wurden auf dem Umweg über angloamerikanische Literatur wieder nach Westdeutschland importiert, fanden aber zunächst nur in der Psychologie und Soziologie eine größere Resonanz. Erst die von Georg Picht ausgerufene „deutsche Bildungskatastrophe" und die im Gefolge dieser Diskussion ausgelösten Modernisierungs- und Reformprozesse im gesamten Bildungs- und Erziehungswesen führten zu günstigeren Rahmenbedingungen für die empirisch-pädagogische Forschung.

Heinrich Roth

Programmatisch wurde „Die realistische Wende in der pädagogischen Forschung" von Roth eingeleitet. Heinrich Roth (1906-1983) hat von 1920 bis 1926 am Lehrerseminar in Künzelsau und nach einer praktischen Tätigkeit als Volksschullehrer an der Universität Tübingen studiert, wo er 1933 bei Oswald Kroh promovierte. In der Nachkriegszeit war er zunächst Dozent für Psychologie und Pädagogik, zuletzt am Pädagogischen Institut in Eßlingen. 1951 erhielt er einen Lehrstuhl für Pädagogische Psychologie an der Hochschule für Internationale Pädagogische Forschung in Frankfurt. Von 1962 bis zu seiner Emeritierung war er dann Professor für Pädagogik an der Universität Göttingen (vgl. Hoffmann 1987, S. 174f.). Heinrich Roth hat nicht nur ein Konzept von Erziehungswissenschaft als Integrationswissenschaft begründet, das in einer pädagogischen Anthropologie ihr thematisches Zentrum hat und methodisch hermeneutische sowie empirische Verfahren verbindet (vgl. Roth 1971). Als Vorsitzender der Planungsgruppe für Bildungsforschung des Deutschen Bildungsrates hat er zudem den forschungspolitischen und konzeptionellen Rahmen für die Weiterentwicklung der erziehungswissenschaftlichen empirischen Forschung wesentlich mit abgesteckt (vgl. Roth/Friedrich 1975).

Eine entscheidende wissenschaftstheoretische Weiterentwicklung erfuhr die empirische Erziehungswissenschaft dann durch die Rezeption des Kritischen Rationalismus (Popper 1971; Albert 1971). Es war zunächst vor allem Brezinka, der einige Grundannahmen des Kritischen Rationalismus für die Methodologie der empirischen Pädagogik fruchtbar zu machen versuchte.

Wolfgang Brezinka

Wolfgang Brezinka wurde 1928 in Berlin geboren und studierte von 1946 bis 1951 an den Universitäten in Salzburg, Innsbruck und New York u.a. Psychologie, Pädagogik, Philosophie und Soziologie. Mit einer Dissertation zum Thema „Die Bedeutung der psychologischen Typenlehren von Kretschmer, Jung und Spranger für die Erfassung des Charakters von Jugendlichen" promovierte er 1951 an der Universität Innsbruck, wo er sich drei Jahre später auch habilitierte. Nach Tätigkeiten als Professor für Pädagogik an den Universitäten in Würzburg und anschließend in Innsbruck, erhielt Brezinka 1967 einen Lehrstuhl für Erziehungswissenschaft an der Universität Konstanz, den er bis zu seiner Emeritierung im Jahre 1996 innehatte. Vor allem in seinen Studien „Von der Pädagogik zur Erziehungswissenschaft" (1971) und „Metatheorie der Erziehung" (1978) hat er das wissenschaftstheoretische Programm einer kritisch-rationalen Erziehungswissenschaft entwickelt. Dabei unterscheidet er drei Typen von pädagogischen Theorien, die Erziehungswissenschaft, die Philosophie der Erziehung und die praktische Pädagogik und räumt nur dem ersten Typ die Bezeichnung Wissenschaft ein, da nur dieser dem erfahrungswissenschaftlichen Erkenntnisideal folgt und sich wertender Deutungen der Welt enthält (vgl. auch Brezinka 1989, S. 34).

Teilweise unabhängig von Brezinka, teilweise in Abgrenzung zu seinen Studien haben andere Erziehungswissenschaftler, wie Felix von Cube und Lutz Rössner in den 1970er Jahren (vgl. von Cube 1977; Rössner 1975) und Helmut Heid sowie Volker Krumm in den 1980er Jahren (vgl. Heid 1985; Krumm 1983) das Konzept einer kritisch-rationalen Erziehungswissenschaft in verschiedenen Varianten weiterentwickelt.

Leistungen der empirischen Erziehungswissenschaft

Die Leistungen der empirischen Erziehungswissenschaft in den vergangenen drei Jahrzehnten waren jedoch nicht nur auf wissenschaftstheoretische Diskussionen beschränkt. Vielmehr haben seit Mitte der 1960er Jahre die außeruniversitären, empirisch-pädagogische Forschung durchführenden Institute in Westdeutschland sprunghaft zugenommen, die finanzielle Basis für empirische Untersuchungen im pädagogischen Bereich ist enorm expandiert, eine Reihe von pädagogischen Büchern zur Methodik empirischer Forschung wurden publiziert, der Anteil empirischer Dissertationen ist vor allem seit den 1970er Jahren enorm angestiegen und es gibt inzwischen eine ganze Reihe pädagogischer Zeitschriften, die kontinuierlich empirische Beiträge aus der Lehr-Lern-Forschung, der Bildungsforschung, der Entwicklungspsychologie oder der Sozialisationsforschung veröffentlichen (vgl. Baumert u.a. 1992; Tenorth 1991). Außerdem wurde im Gefolge der deutlichen Vermehrung erziehungswissenschaftlicher Lehrstühle seit Beginn der 1970er Jahre die Dominanz der Geisteswissenschaftler auf pädagogischen Lehrstühlen gebrochen. WissenschaftlerInnen, die ihre Methodenausbildung in der Psychologie oder Soziologie absolviert hatten, erhielten in nicht unbeträchtlicher Zahl erziehungswissenschaftliche Professuren und verstärkten damit insgesamt die Forschungskompetenz des Faches. Dennoch fühlen sich auch gegenwärtig nur knapp ein Fünftel der HochschullehrerInnen im Fach Erziehungswissenschaft einer empirischen Orientierung verpflichtet und wieviele sich davon auf das normative Regelwerk des Kritischen Rationalismus beziehen, ist eine empirisch noch weitgehend unerforschte Frage (vgl. Baumert/Roeder 1994, S. 42; Pollak/Heid 1994, S. 3).

Wie nun das Erkenntnisprogramm der empirischen Erziehungswissenschaft aussieht, welchen wissenschaftlichen Positionen die verschiedenen Konzepte empirischer Pädagogik zugeordnet werden können und wo die konzeptionellen und thematischen Schwerpunkte der einzelnen Ansätze liegen, diese Fragen sollen im Weiteren ebenso diskutiert werden, wie aktuelle Entwicklungstrends der empirischen Erziehungswissenschaft sowie die Defizite und Leistungen dieser Theorietradition.

I.2.2. Das wissenschaftstheoretische Programm: Klassischer und logischer Empirismus, Kritischer Rationalismus

Zum Verständnis empirischer erziehungswissenschaftlicher Entwürfe ist es hilfreich, zwei Erkenntnisprogramme der empirischen Wissenschaft zu unterscheiden: das fundamentalistische Erkenntnis- und Rechtfertigungsmodell des Empirismus bzw. Positivismus und das kritisch-rationale Erkenntnisprogramm. Dabei lassen sich in der Geschichte des Empirismus bzw. Positivismus noch einmal zwei Varianten unterscheiden. Die Anfänge des klassischen Empirismus liegen bereits in der Zeit der Aufklärung bei John Locke. Fortgeschrieben wurde diese Theorietradition dann im 19. Jahrhundert im französischen und englischen Positivismus (Comte, Spranger, Mill). Im Gegensatz zur klassisch-rationalistischen Erkenntnislehre, die als Quelle der Erkenntnis die Vernunft ansah, sehen die Vertreter dieser Theorietradition das Fundament der Erkenntnis allein in der Welt der Tatsachen. Quelle der Erkenntnis ist ausschließlich die Erfahrung. Das Grundprinzip des Positivismus ist beim Gegebenen, Tatsächlichen, Positiven anzusetzen, und alle Fragen die darüber hinausgehen, z.B. normative Fragen, als nutzlos und spekulativ abzutun (vgl. Störig 1969, S. 138).

Positivismus

Im Unterschied zum klassischen Empirismus, der meinte, voraussetzungslos von der Welt der Tatsachen ausgehen zu können, berücksichtigt nun der logische Empirismus oder Neopositivismus, der in den ersten Jahrzehnten des 20. Jahrhunderts insbesondere von den Philosophen des Wiener Kreises (Rudolf Carnap, Ludwig Wittgenstein u.a.) entwickelt worden ist, auch das subjektive Moment, das durch den Forscher bei der Beobachtung der Welt in den Forschungsprozess mit eingebracht wird. Das sichere Fundament der Erkenntnis sind zwar auch hier, ähnlich wie im klassischen Empirismus, die Sinnesdaten. Kritisiert wird jedoch die Vorstellung, Erkenntnisse ergäben sich unmittelbar aus dem Wahrnehmungsakt. Was erlebt und wahrgenommen wird, muss protokolliert werden. Erst nach dieser Protokollierung des Wahrgenommenen können durch Induktion allgemeine theoretische Sätze abgeleitet sowie theoretische Annahmen bewiesen werden (vgl. Krumm 1983, S. 142; Stevenson 1993). Hauptaufgabe von wissenschaftlicher Forschung ist es somit, Alltagserfahrungen und Alltagssätze so zu formulieren, dass daraus Protokollsätze werden, die dann mit Hilfe empirischer Methoden verifiziert werden können. Das Forschungsziel des logischen Empirismus ist somit die Verifikation.

Neopositivismus

Kritischer Rationalismus

Im Gegensatz zum logischen Empirismus gehen die Vertreter des Kritischen Rationalismus, wie Karl R. Popper, Hans Albert u.a. nun davon aus, dass das

Ziel empirischer Forschungsbemühungen nicht die Verifikation, sondern nur die Falsifikation wissenschaftlicher Aussagen sein kann. Popper hat bereits in seiner 1934 erstmals veröffentlichten Studie „Logik der Forschung“ aufgezeigt, dass einige der zentralen Annahmen des Neopositivismus nicht haltbar sind. Kritisiert wurde von ihm vor allem das Induktionsprinzip, mit dem im logischen Empirismus von besonderen Sätzen, die z.B. Beobachtungen, Experimente usw. beschreiben, auf allgemeine Sätze, auf Hypothesen oder Theorien, geschlossen wird (vgl. Popper 1973, S. 3). Generelle Sätze mit unendlichem Gegenstandsbereich lassen sich nach Popper nicht endgültig verifizieren, wohl aber sind sie falsifizierbar. Denn obschon die Beobachtung noch so vieler weißer Schwäne nichts über die Wahrheit des Satzes „alle Schwäne sind weiß“ aussagt, ist dieser generelle Satz als falsch erwiesen, sobald ein Gegenbeispiel feststeht, d.h., sobald die Aussage „es gibt schwarze Schwäne“ gesichert ist (vgl. König 1975, S. 158).

Kritik heißt nun im Kritischen Rationalismus, generelle Sätze mit unendlichem Gegenstandsbereich, d.h. Theorien und Gesetze, möglichst vielen Falsifikationsversuchen auszusetzen. Im Zentrum des Forschungsprozesses steht somit der Begründungszusammenhang, der der Überprüfung wissenschaftlicher Hypothesen gilt. Als vorläufig wahr kann gelten, was bisherigen Widerlegungsversuchen standgehalten hat. Durch das Erstellen von Hypothesen und deren Überprüfung werden Sachverhalte erklärt und auch Prognosen im Sinne von Wenn-dann-Hypothesen entwickelt. Der Forschungsprozess beginnt mit einer ersten Problemdefinition und führt zu einer ersten Theorie im Sinne eines Problemlösungsvorschlages. Diese noch vorläufige Theorie wird einer möglichst strengen Prüfung und Kritik unterzogen, Fehler werden beseitigt. Dadurch erhält die Theorie eine Neufassung, die dann in neuen Problemsituationen wieder zu prüfen ist (vgl. Krumm 1983, S. 144). Wissenschaft geht nach Popper (1979, S. 190) somit von offenen Problemen aus und endet mit offenen Problemen.

Das Problem der Wertfreiheit

Eine weitere Änderung gegenüber dem klassischen Positivismus betrifft das Problem der Wertfreiheit. In Abgrenzung von der globalen Forderung des Positivismus nach Wertfreiheit versucht Hans Albert (1965), die Funktion von Werten und Werturteilen im Kritischen Rationalismus zu bestimmen, indem er die Unterscheidung zwischen „Werturteil“, „Wertbasis“ und „Wertungen“ einführt. Abgelehnt werden vom Kritischen Rationalismus nur noch Werturteile, also normative Aussagen auf der Ebene der Objektsprache der Wissenschaft (z.B. LehrerInnen sollen gerecht sein). Davon wird die Wertbasis der Wissenschaften unterschieden, wozu metatheoretische Normen zur Festlegung von Auswahlkriterien, wissenschaftlichen Prüfverfahren usw. gehören. Von den eigentlichen Werturteilen und der Wertbasis einer Wissenschaft werden schließlich noch Wertungen im Objektbereich einer Wissenschaft abgegrenzt. Dabei handelt es sich um empirische Aussagen über normative Sätze, z.B. 17 Prozent der Kirchensteuerzahler befolgen die Norm, man soll Sonntags in die Kirche gehen (vgl. König 1975, S. 160). Nach Auffassung des Kritischen Rationalismus sind solche Sätze nicht normativ sondern deskriptiv und können auf der Grundlage der Wissenschaftslehre empirisch überprüft werden. Diese Unterscheidung verschiedener Arten von Werten erlaubt es dem Kritischen Rationalismus, am Konzept einer wertfreien Wissenschaft festzuhalten, da die Aufstellung einer Norm auf der Ebene der Metatheorie und das Postulat der Wertfreiheit in der Objekttheorie nach Albert miteinander verträglich sind.

I.2.3. Unterschiedliche Konzeptionen empirischer Erziehungswissenschaft

Welchen wissenschaftstheoretischen Positionen lassen sich nun die seit der Jahrhundertwende in Deutschland entwickelten differenten Ansätze empirischer Pädagogik zuordnen? Nach Auffassung von Krumm (1983, S. 147) dominierten in den verschiedenen Konzeptionen empirischer Erziehungswissenschaft bis zu den 1960er Jahren positivistische Orientierungen, die seit Anfang der 1970er Jahre zunehmend von der Orientierung an einem kritisch-rationalem Programm abgelöst werden. Bei der folgenden Darstellung der wichtigsten Ansätze empirischer Erziehungswissenschaft im 20. Jahrhundert wird zu klären sein, inwieweit diese Einschätzung zutrifft. Außerdem werden die zentralen theoretischen Grundannahmen sowie die inhaltlichen Arbeitsschwerpunkte der verschiedenen Konzeptionen empirischer Pädagogik vorgestellt.

(a) Experimentelle Pädagogik

Seit der Wende vom 19. zum 20. Jahrhundert wird das Experiment, nachdem es sich in der Naturwissenschaft und der Biologie bewährt hatte, in wachsendem Maße auch in der Psychologie und Pädagogik angewandt. Als Begründer der experimentellen Pädagogik im deutschen Sprachraum gelten Lay und Meumann. Auch wenn beide sich aufgrund persönlicher Rivalitäten gegenseitig den Rang absprachen, Begründer der experimentellen Pädagogik zu sein, so ergänzten sie sich doch in ihren Bemühungen, erfahrungswissenschaftliche Methoden, wie Experiment, Statistik und systematische Beobachtung, für die Pädagogik fruchtbar zu machen. Einig waren sie sich auch darin, dass die experimentelle Pädagogik als erfahrungswissenschaftliche Forschungsdisziplin trotz mancher Gemeinsamkeiten von der empirischen Psychologie und Soziologie deutlich abzugrenzen sei (vgl. Benner 1991, S 140). So unterscheidet Lay (1912, S. 2) zwischen der Pädologie als Wissenschaft vom Kinde, welche das Kind nach Körper und Seele erforscht und der experimentellen Pädagogik, welche Fragen des Unterrichts und der Erziehung nach Maßgabe der Gesetze und Normen der biologischen und soziologischen Wissenschaft mittels Experiment, Statistik und systematischer Beobachtung zu lösen sucht. Und Meumann hebt die Pädologie als pädagogische Jugendforschung von der Kinderpsychologie ab, wenn er feststellt: „die Pädagogik betrachtet den Geist des Kindes so wie er im Dienste der Erziehung sich vervollkommnet, Zwecke und Ziele erstrebt oder sie verfehlt, und sie geht dem Kausalzusammenhang dieses Strebens und Verlangens nach, nicht dem Kausalzusammenhang der psychischen Vorgänge im Kinde überhaupt – das überlässt sie der Psychologie des Kindes“ (Meumann 1920, S. 5).

Der Stellenwert der experimentellen Pädagogik in der Erziehungswissenschaft

Unterschiedlich ist bei Lay und Meumann jedoch nicht nur die konträre Verwendung des Begriffs „Pädologie“. Different ist auch der Stellenwert, den sie der experimentellen Pädagogik im Rahmen der Erziehungswissenschaft zuschreiben und teilweise unterschiedlich sind auch die methodischen Grundlagen. Für Lay (1912, S. 16) ist nämlich die experimentelle Pädagogik sowohl die einzig wissenschaftliche als auch die ganze Pädagogik. Annahmen der traditionellen Pädagogik können allenfalls noch in die Hypothesenbildung einfließen. Für Meumann (1920, S. 9) gibt die experimentelle Pädagogik der systematischen Pädagogik hingegen lediglich den empirischen Unterbau. Die Bestimmung der allgemeinen Erziehungsziele bleibt für ihn hingegen zum großen Teil Sache der philosophischen Pädagogik.

Lays (1912, S. 11) Vorstellungen vom Ablauf des empirischen Forschungsprozesses, der von der Hypothesenbildung über die Gestaltung und Durchführung eines Experimentes bis zur Verifikation reicht, scheinen auf den ersten Blick auch in wesentlichen Punkten der Theorie des logischen Empirismus zu entsprechen, obwohl sie lange vor dieser Konzeption entwickelt worden sind (vgl. Ruprecht 1978, S. 151). Mit seinen normativ überhöhten Erwartungen hinsichtlich der Leistungsfähigkeit der experimentellen Pädagogik, von der er sich die Gewinnung einer auf biologischer Grundlage stehenden „Weltpädagogik" versprach, die zeigen sollte, wie die Erziehung aller Völker der Erde beschaffen sein müsse (vgl. Lay 1903/1920, S. 72), wich er jedoch gravierend vom Erkenntnisprogramm des Empirismus ab. Im Gegensatz zu Lay schätzte Meumann die Wirkungsmöglichkeiten experimenteller Untersuchungen viel präziser ein, indem er deutlich zwischen Forschungs- und Akteurswissen, zwischen experimentell-pädagogischen Einsichten und erzieherischen Maßnahmen unterschied (vgl. Tenorth 1994, S. 25). Auch räumte Meumann in seinem empirischen pädagogischen Ansatz Methoden einen Platz ein, die weniger strengen Kriterien unterlagen. So lässt er in seinem Konzept der pädagogischen Jugendforschung auch klassisch-hermeneutische Verfahren zu (z.B. die Sammlung von Erinnerungen an die Kindheit), die ihn, allerdings von der anderen Seite kommend, in die Nähe der Phänomenologie rücken (vgl. Ruprecht 1978, S. 152).

(b) Pädagogische Tatsachenforschung

Einen anderen Weg, die empirische Forschung als Teil der Erziehungswissenschaft zu entwickeln, beschritt Peter Petersen zusammen mit seinen Mitarbeitern und Mitarbeiterinnen, vor allem mit seiner Frau Else, mit seinen Bemühungen um die Begründung einer pädagogischen Tatsachenforschung. Die Arbeit an diesem Konzept begann 1923, in dem Jahr, in dem Petersen Nachfolger des Herbartianers W. Rein in Jena wurde, und sie endete 1950, als die Jenaer Universitätsschule von der DDR-Regierung aus politischen Gründen geschlossen wurde.

Ursprünge der pädagogischen Tatsachenforschung

Petersen nennt als Ursprung seiner pädagogischen Tatsachenforschung zwei Quellen. Die eine ist die Reformpädagogik, die seit der Jahrhundertwende die durch die Theorie der Herbartianer wesentlich bestimmte Lernschule kritisierte. Die andere ist die in der experimentellen Pädagogik von Meumann angelegte, aber noch nicht realisierte Tendenz zur pädagogischen Tatsachenforschung (vgl. Petersen, P./Petersen, E. 1965, S. 95). Für Petersen ist die pädagogische Tatsachenforschung in erziehungsphilosophische Reflexion und praktisch-pädagogische Arbeit eingebunden und zielt auf die Beantwortung praktischer Fragen, d.h., sie sollte die Erziehungs- und Unterrichtspraxis in der Jenaer Reformschule verbessern. Deshalb hielt Petersen es für erforderlich, eine Methodologie empirischer Forschung zu entwickeln, die nicht Methoden aus der Psychologie oder Soziologie übernahm, sondern die den spezifischen Zielsetzungen und Fragestellungen der Pädagogik angemessen ist.

Die pädagogische Situation

Im Zentrum der pädagogischen Tatsachenforschung stand die Beobachtung und Protokollierung der pädagogischen Situation. Sie wird definiert als „jener absichtsvoll gebildete und unterhaltene Lebenskreis problemhaltiger (gleich: fragenerfüllter) Situationen, der dazu bestimmt ist, der allseitigen Entwicklung, Formwerdung (Bildung) und Reifung der rein menschlichen Anlagen und geistigen Kräfte von Kindern und Jugendlichen die beste Umwelthilfe zu gewähren. Sie stellt die Jugend unter Reize und vor Aufgaben der mannigfaltigen Art, durch die jeder genötigt wird, sich als ganzer Mensch, als ganze Persönlichkeit zu äußern, tätig zu werden, zu handeln und mit relativ abgeschlossenen Stellungnahmen und Leistungen zu antworten“ (Petersen, P./Petersen, E. 1965, S. 109). Petersen charakterisierte die pädagogische Situation somit als sehr komplexe, problemhaltige, offene und prozessorientierte Erziehungssituation. Um die erzieherische Sensibilität der Lehrer und Lehrerinnen für solche pädagogischen Situationen verbessern zu können, sollte die Erforschung der pädagogischen Situationen in der Jenaer Reformschule von diesen selber durchgeführt werden und einen festen Platz in der Lehreraus- und -fortbildung haben (vgl. Wulf 1983, S. 71).

Um der Komplexität der pädagogischen Situation gerecht werden zu können, stützte sich Petersen auf ein mehrdimensionales Beobachtungsverfahren. In methodischer Hinsicht wurden die Einzelaufnahme, das ist die Einzelfallstudie eines Kindes in seinem Verhältnis zur Schulwelt, die Lehreraufnahme, die dem Lehrer als Einzelperson in seinen Handlungen und Kommunikationsbezügen gilt, und die Gesamtaufnahme der Lerngruppe unterschieden. Bei der Auswertung und Interpretation der Beobachtungsdaten werden von Petersen sechs Auswertungsansätze, sog. Verwertungszwecke, differenziert, deren Spektrum von der deskriptiven und phänomenologischen Verwertung, über die logische, numerische und kausale Verwertung bis zur „letzten Sinnerfassung“ reicht, die die Sinnfrage als Ziel- und Normenproblem in den Interpretationskontext einbringen sollte. An diesem Auswertungskonzept wird deutlich, dass Petersen in der pädagogischen Tatsachenforschung empirische, phänomenologische und hermeneutische Verfahren zu verbinden suchte. Dabei sind direkte Einflüsse der empirischen Position seines Lehrers Meumann, der Phänomenologie Aloys Fischers und der kulturhistorischen Hermeneutik Karl Lamprechts nachweisbar (vgl. Ruprecht 1978, S. 127).

Methoden der pädagogischen Tatsachenforschung

Ähnlich wie Petersen hat sein Schüler Friedrich Winnefeld (1955, 1956) zwar auch die phänomenologische Erschließung der Erziehungswirklichkeit an den Beginn des Forschungsprozesses gestellt. Ansonsten vertritt er jedoch konsequenter eine empirische Position, da er die in phänomenologischer Analyse gewonnenen Hypothesen einer empirisch-analytischen Bewährungskontrolle unterzieht. Beeinflusst durch die Feldtheorie Kurt Lewins wandelte sich zudem bei Winnefeld die pädagogische Situation Petersens zum Pädagogischen Feld mit hoher Faktorenkomplexion. Aus der pädagogischen Tatsachenforschung wird die psychologische Forschung im pädagogischen Feld (vgl. Petersen/Reinert 1992, S. 43).

(c) Deskriptive Pädagogik

Die deskriptive Pädagogik ist von Aloys Fischer 1914 in einem programmatischen Aufsatz begründet und von Rudolf Lochner 1927 in einer umfassenderen Studie weiterentwickelt worden. Fischer geht in seinen Überlegungen davon aus, dass eine Phänomenologie der Erziehung mit der Deskription beginnt. Die deskriptive Was-ist-Frage bildet für ihn das Fundament, auf dem die Erziehungswissenschaft zu errichten ist. Theoriebildung, Erklärung und Systematisierung stellen für ihn das oberste Geschoss der Erziehungswissenschaft dar. Den Ausgangspunkt für systematische Theoriebildung bildet jedoch eine interessenlose, theoriefreie Deskription. So erläutert Fischer (1914/1966), S. 91): „Am Anfang aller Wissenschaft muss man also beschreiben, d.h. fragen, was die mit den Werten des betreffenden Gebietes bezeichneten Dinge und Sachverhalte sind, und zwar die Sachverhalte in ihrer natürlichen vortheoretischen Gegebenheit als „Tatsachen", welche die Probleme der jeweils in Frage kommenden Wissenschaft noch enthalten, erst möglich machen ... Alle erklärende „Was-Ist-Frage", alle genetische Fragestellung wird in streng wissenschaftlicher Geisteshaltung erst möglich, wenn die deskriptive „Was-Ist-Frage" endgültig beantwortet ist." Hier wird deutlich, was Fischer von der reinen Deskription erwartet. In Anlehnung an einen missverstandenen Husserl unterstellt er, dass eine reine theoriefreie und interessenlose Beschreibung der Erziehungswirklichkeit ohne ein theoretisches Vorverständnis möglich ist.

Ähnlich argumentiert auch Lochner in seiner 1927 publizierten Studie „Deskriptive Pädagogik", wenn er schreibt: „Unzweifelhaft hat also die reine Deskription ihre besondere Bedeutung auch auf pädagogischem Gebiet ... Es ist wichtig, daß die Erziehungswissenschaft, bevor sie ein System von Werten und Zielen, von Methoden und Verfahrensweisen aufbauen kann und darf, das Sein und die Idee der Erziehung im ursprünglichen Sinn erkennen und zu beschreiben versuchen muß" (Lochner 1927, S. 6). Vertrat Lochner in der „Deskriptiven Pädagogik" ähnlich wie Fischer noch die Auffassung, dass die deskriptiv-empirische und die normativ-philosophische Pädagogik innerhalb einer Disziplin zu vereinbaren seien, so lehnte er in seinem Buch „Erziehungswissenschaft" von 1934 den empirischen und normativen Doppelcharakter der Pädagogik ab und reservierte den möglichen Anspruch auf Wissenschaftlichkeit hier bereits ausschließlich für die deskriptiv-empirische Pädagogik. „Die im vorliegenden Lehrgebäude gebotene Erziehungswissenschaft ist scharf zu unterscheiden von jeder Erziehungslehre. Der Zweck der Erziehungswissenschaft liegt nicht in der Beeinflussung eines erzieherischen Handelns, sondern wie der jeder echten Wissenschaft, in der Erkenntnis der Gegebenheiten; sie schaltet bewusst jedes Ziel- und Zweckdenken aus" (Lochner 1934, S. 2). Die Diskussion normativer Fragen wird von Lochner in den Bereich der vorwissenschaftlichen, praktischen Erziehungslehre verwiesen, während die Erziehungswissenschaft als wertfreie, reine Erkenntniswissenschaft gefasst wird.

Der empirische und normative Doppelcharakter der Pädagogik

Erziehungswissenschaft als reine Erkenntniswissenschaft

In seiner Studie „Deutsche Erziehungswissenschaft" aus dem Jahre 1963 hat Lochner diese Position noch weiter präzisiert. „Erziehungswissenschaft ist diejenige theoretische, selbständige, „reine" Wissenschaft ..., die sich auf die Gesamtheit der Erziehungserscheinungen ... richtet ... Sie unterscheidet sich in diesem ihrem positiven, deskriptiv-empirischen, explikativen Charakter nicht oder nicht wesentlich von anderen ähnlichen Wissenschaften, zum Beispiel von der Nationalökonomie, der Psychologie, der Biologie" (Lochner 1963, S. 415). Mit seiner Forderung nach Einheit und Wertfreiheit der Wissenschaft, mit seinem Verständnis von Erziehungswissenschaft, die sich auf das Feststellen von Tatsachen beschränkt, hat Lochner in seinen Schriften von 1927 bis 1963 am explizitesten eine positivistische Position innerhalb der empirischen Erziehungswissenschaft vertreten.

(d) Erziehungswissenschaft als Integrationswissenschaft

Im Unterschied zu Lochner, der Erziehungswissenschaft als wertfreie empirische Erkenntniswissenschaft fasst und der die Diskussion philosophischer Fragen im Kontext vorwissenschaftlichen Denkens ansiedelt, zielten Heinrich Roths Bemühungen um eine Begründung der Erziehungswissenschaft als einer realistischen Wissenschaft darauf ab, bewährte und überlieferte pädagogisch-philosophische Fragen durch empirische Forschung zu ergänzen. Bereits in seinem Aufsatz „Zur Bedeutung der empirischen Forschung für die Pädagogik" aus dem Jahre 1958 wies er darauf hin, „daß es die philosophisch betriebene Pädagogik war und ist, ..., die uns das denkerische Rüstzeug zur Verfügung gestellt hat, damit wir in ganz anderem Umfang und in weit sinnvollerem Maße als seither in die pädagogische Forschung, auch in die empirische Forschung, eintreten können" (Roth 1958, S. 20). Umgekehrt war für ihn aber auch – und diese Aussage machte gerade die Brisanz seiner Göttinger Antrittsvorlesung zur „Realistischen Wendung in der pädagogischen Forschung" aus dem Jahre 1962 aus – die bisherige Geisteswissenschaftliche Pädagogik nur bei der intuitiven Hermeneutik der Erziehungswirklichkeit stehen geblieben und hatte erfahrungswissenschaftliche Methoden ausgeblendet. Er forderte statt dessen den Ausbau der erfahrungswissenschaftlichen Methoden zur Vergewisserung, Kontrolle, Kritik und Steuerung dieser Erziehungswirklichkeit durch Erfassen und Abklärung des ständigen Kreislaufes zwischen Normen und Tatsachen, Maßnahmen und ihren Folgen (vgl. Roth 1962, S. 183).

Die „realistische Wendung" in der Erziehungswissenschaft

Roths Programm einer „realistischen Wendung" der Erziehungswissenschaft zielte erstens darauf ab, der Tendenz zur Desintegration der Pädagogik in eine Vielzahl von Einzelwissenschaften entgegenzuwirken, zweitens zu einer Neubestimmung des Verhältnisses von Theorie und Empirie zu kommen und drittens am pädagogischen Handlungsinteresse empirischer Forschung festzuhalten (vgl. Wulf 1983, S. 77-79). Theoretisch wurde eine Erziehungswissenschaft konzipiert, die darauf abzielen sollte, die zahlreichen von den Wissenschaften vom Menschen zum großen Teil empirisch erarbeiteten Kenntnisse unter einer pädagogischen Fragestellung zu integrieren. Diese Integrationsleistung sollte von einer Pädagogischen Anthropologie erbracht werden, die die Wissenschaften vom Menschen danach befragen, was sie über seine Bildsamkeit und seine gesellschaftliche Bestimmung auszusagen haben (vgl. Roth 1965, S. 215). Methodologisch plädierten Roth (1965) und sein Schüler Hans Thiersch (1966) für eine Kooperation zwischen hermeneutischen und empirischen Verfahren der Erziehungswissenschaft. So sollte die Hermeneutik zur Gewinnung von Fragestellungen und zur Interpretation der empirisch gewonnenen Ergebnisse beitragen. Der Empirie obliegt hingegen die Aufgabe, genauere Kenntnisse über die Erziehungswirklichkeit zu gewinnen. Dadurch hofften Roth und Thiersch einen Mittelweg zwischen einer „antiempirischen pädagogischen Theorie" und einer für die Bedeutung von pädagogischen Fragestellungen „blinden" Empirie einschlagen zu können.

Die dritte Intention, die mit der realistischen Wendung in der pädagogischen Forschung verbunden war, galt der Wahrung des pädagogischen Handlungsinteresses in der Forschung. Roth hielt an dem Anspruch fest, mittels empirischer Forschung zugleich einen Beitrag zur Verbesserung der Erziehungspraxis zu leisten. So weist er in seinen programmatischen Empfehlungen zur Ingangsetzung der erziehungswissenschaftlichen Bildungsforschung für den Deutschen Bildungsrat darauf hin, dass Forschung auf Erhellung und Erneuerung von Praxis zielt. Dieses Innovationsmoment gilt insbesondere für die praxisorientierte Bildungsforschung, die vor Ort Feldforschung betreibt und dabei die Betroffenen und ihre Erfahrungen in die Forschung zur Erneuerung der Praxis miteinbezieht (vgl. Roth/Friedrich 1975, S. 28).

(e) Kritisch-rationale Erziehungswissenschaft

Im Unterschied zu Roth, der in seinen Arbeiten noch eine dreifache Vermittlung zwischen philosophisch orientierter Pädagogik und empirischer pädagogischer Forschung, zwischen hermeneutischen und empirischen Forschungsmethoden sowie zwischen empirischer Forschung und pädagogischem Handlungsinteresse herzustellen versuchte, gingen die Vertreter der kritisch-rationalen Erziehungswissenschaft in den 1970er Jahren konzeptionell und methodologisch einen ganz anderen Weg. Neben Lutz Rössner (1975) und Felix von Cube (1977) war es vor allem Wolfgang Brezinka, der in seinen Studien „Von der Pädagogik zur Erziehungswissenschaft" (1971) und „Metatheorie der Erziehung" (1978) das Wissenschaftsprogramm des Kritischen Rationalismus auf die Erziehungswissenschaft zu übertragen versuchte und dessen Arbeiten die Diskussion um das Für und Wider des Kritischen Rationalismus in der Erziehungswissenschaft am nachhaltigsten geprägt haben (vgl. Pollak 1987, S. 147).

Unter Rückgriff auf die Position Lochners entwickelte er das Programm einer Erziehungswissenschaft, deren Ziel ausschließlich die Gewinnung von Erkenntnissen auf erfahrungswissenschaftlicher Grundlage ist. Im Gegensatz etwa zu Heinrich Roth gehören für Brezinka philosophische Fragen im Entdeckungszusammenhang wissenschaftlicher Theorien und Fragen der praktischen Verwertung von pädagogisch-empirischem Wissen nicht zum Aufgabenfeld einer so verstandenen Erziehungswissenschaft. Deshalb sind für Brezinka (1989, S.73) neben der empirischen Erziehungswissenschaft philosophische Erziehungstheorien und praktische Erziehungslehren notwendig, die sich mit solchen Sollensfragen beschäftigen. Konsequent hat Brezinka aus diesem Grunde bereits in seiner Studie „Von der Pädagogik zur Erziehungswissenschaft" (1971), die am erfahrungswissenschaftlichen Erkenntnisideal orientierte Erziehungswissenschaft durch zwei weitere pädagogische Theorietypen, die Philosophie der Erziehung und die Praktische Pädagogik, ergänzt.

Zur Erziehungswissenschaft im engeren und eigentlichen Sinne rechnet er die Theoretische Erziehungswissenschaft und die Historiographie der Erziehung. Aufgabe der Theoretischen Erziehungswissenschaft ist es, nomologisches Wissen zu produzieren. Dabei kann sie nicht von der voraussetzungslosen Erkenntnis der Erziehungswirklichkeit ausgehen, wie der Positivismus noch unterstellte. „Die Wissenschaft beginnt nicht mit Tatsachen, sondern mit Problemen und Lösungsversuchen“ (Brezinka 1971, S. 50).

Die Theoretische Erziehungswissenschaft

In Anlehnung an die Wissenschaftslehre des Kritischen Rationalismus wird dann von Brezinka (1978, S. 134) die intersubjektive Überprüfung und die Verwerfung von Hypothesen und Theorien ins Zentrum der erziehungswissenschaftlichen Forschung gerückt. Auch wird im Anschluss an Albert die Forderung nach Wertfreiheit für den Bereich der wissenschaftlichen Aussagesysteme erhoben. Den Nutzen der so gewonnenen Erkenntnisse der Erziehungswissenschaft für die Erziehungspraxis sieht Brezinka (1978, S. 165) vor allem in der technologischen und prognostischen Verwendung erziehungswissenschaftlicher Theorien.

Die Historiographie der Erziehung

Die Theoretische Erziehungswissenschaft muss nun allerdings durch die Ergebnisse der Historiographie der Erziehung ergänzt werden, um die Erziehungswirklichkeit in vollem Umfang kennenlernen zu können. Wesentlich ist dabei für Brezinka (1978, S. 171ff.), dass sich die empirische Erziehungswissenschaft auch in ihrem historiographischen Teil, der sich mit der Rekonstruktion vergangener Ereignisabläufe und Bedingungsgefüge von Erziehungsphänomenen beschäftigt, auf die Feststellung von Tatsachen, ihre Deutung und Erklärung begrenzt und nicht die erziehungshistorische Forschung normativen Zwecken unterordnet.

Die Philosophie der Erziehung

Fragen nach dem Ziel und Zweck der Erziehung, nach den philosophischen Grundlagen pädagogischer Aussagensysteme können nach Auffassung von Brezinka (1971, S. 117) von einer als Realwissenschaft verstandenen Erziehungswissenschaft nicht oder nur sehr unvollständig behandelt werden. Ihre Klärung gehört in den Aufgabenbereich einer Philosophie der Erziehung, die Brezinka noch einmal in eine Erkenntnistheorie pädagogischer Aussagen und eine Moralphilosophie der Erziehung ausdifferenziert. Die Erkenntnistheorie pädagogischer Aussagen beschäftigt sich mit der logischen Analyse pädagogischer Sätze, mit Aspekten der Methodologie erziehungswissenschaftlicher Erkenntnis und leistet die erkenntnistheoretische Kritik pädagogischer Systeme. Die Moralphilosophie der Erziehung befasst sich mit der Begründung und Absicherung von pädagogischen Zielentscheidungen. Sie übernimmt somit Aufgaben, die die Erziehungswissenschaft, verstanden als technologische und wertfreie Wissenschaft, nicht wahrnehmen kann (vgl. Brezinka 1971, S. 141ff.).

Die Praktische Pädagogik

Funktion der empirischen Erziehungswissenschaft kann es nach Meinung von Brezinka auch nicht sein, die Erziehungspraxis anzuleiten. Diese Aufgabe obliegt der Praktischen Pädagogik als einem Vermittlungsglied zwischen Theorie und Praxis. In der Geschichte der Pädagogik seien bereits eine Vielzahl von Erziehungslehren oder praktischen Theorien der Erziehung entwickelt worden. Für besonders repräsentativ in diesem Zusammenhang hält Brezinka (1971, S. 190), die Geisteswissenschaftliche Pädagogik, die die Einsicht in die Unentbehrlichkeit praktischer Theorien gefördert habe. Solche praktischen Theorien, die ihren Platz zwischen der Kunst im Sinne der Ausübung des Könnens und der

Wissenschaft haben, sind für ihn unentbehrlich, da sie der Frage nachgehen: Was sollen wir tun? (vgl. Brezinka 1978, S. 238). Im Gegensatz dazu kann die Empirische Erziehungswissenschaft nur über die Wirkungszusammenhänge, die in Erziehungsfeldern bestehen, informieren. Das von der Empirischen Erziehungswissenschaft produzierte nomologische Wissen lässt sich hingegen nicht unmittelbar in der Praxis anwenden, sondern nur übersetzt, umgeformt und einbezogen in praktische Erziehungstheorien, „die die Urteilsgrundlage der Erzieher bilden und ihre situationsbezogenen Entscheidungen mitbestimmen" (Brezinka 1989, S. 75).

Das in sich konsistente Theoriekonzept einer kritisch-rationalen Erziehungswissenschaft von Wolfgang Brezinka hat die wissenschaftstheoretischen Debatten in der westdeutschen Erziehungswissenschaft in den vergangenen Jahrzehnten entscheidend bestimmt. Und da Brezinka sich in seinen Studien im wesentlichen auf Popper und Albert bezieht, während er die Weiterentwicklungen und Kritiken des kritisch-rationalen Ursprungsprogramms durch Lakatos, Kuhn u.a. kaum zur Kenntnis nimmt, ist es auch wenig überraschend, dass die nach – popperschen Revisionen des Kritischen Rationalismus in der deutschen Erziehungswissenschaft nur selten rezipiert worden sind (vgl. Pollak 1994, S. 19).

Weiterentwicklungen des Kritischen Rationalismus

Diese Weiterentwicklungen betrafen vor allem die Historisierung der Wissenschaftstheorie. Stand für Popper die Überprüfung von Theorien im Mittelpunkt seiner Theorie, so wies Lakatos dem „wissenschaftlichen Forschungsprogramm" als einer umfassenderen Einheit diese Stellung zu. In dessen Rahmen können einzelne als unzulänglich erkannte Theorien durch bessere ersetzt werden, ohne dass dadurch die historische Kontinuität des Forschungsprogramms insgesamt in Frage gestellt wird (vgl. Lakatos 1974). Während Imre Lakatos sehr stark die historische Kontinuität wissenschaftlicher Forschungsprogramme betont und er lediglich die Entwicklung einer autonom voranschreitenden Erkenntnislogik nachzeichnet, haben seine Kritiker, wie insbesondere Thomas S. Kuhn (1973), den historischen Wandel wissenschaftlicher Theorien auch unter Berücksichtigung externer psychologischer und soziologischer Einflussfaktoren untersucht. Außerdem betont Kuhn im Gegensatz zu Lakatos, dass es in der Wissenschaftsgeschichte neben Phasen sogenannter normaler Wissenschaft, in denen der Wissenszuwachs kontinuierlich ist, auch Phasen wissenschaftlicher Revolutionen, wie z.B. die kopernikanische Wende in den Naturwissenschaften, gibt, die jeweils durch einen radikalen Sprung von einer normalen wissenschaftlichen Phase zu einer von ihr grundlegend verschiedenen führen können (vgl. auch Mühlhölzer 1991, S. 303).

I.2.4. Weiterentwicklungen und Kritik

Modifikationen und konstruktive Fortschreibungen des Konzeptes einer kritisch-rationalen Erziehungswissenschaft lassen sich vor allem in den letzten Jahren konstatieren. So haben z.B. Guido Pollak und Helmut Heid in neueren Publikationen (vgl. Pollak/Heid 1990, 1994; Heid 2006) nicht nur theoretische Affinitäten zwischen neueren kritisch-rationalen Konzeptionen von Spinner und Feyerabend und einigen Varianten postmoderner Philosophie herausgearbeitet, die sie im Pluralismus als Erkenntnismodell sowie in der Abneigung gegen große Metaerzählungen und geschlossene Geschichts- und Weltbilder festmachen. Im Anschluss an die Überlegungen Spinners (1982) haben sie vor allem darauf hingewiesen, dass die Wissenschaftstheorie und Sozialphilosophie Poppers gesellschaftstheoretisch unterbestimmt ist und eine soziologische Ausarbeitung des kritisch-rationalen Grundkonzeptes weitgehend fehle. Deshalb plädieren sie dafür, den Kritischen Rationalismus durch Max Webers Theorie der Modernisierung theorie- und realitätsbezogen zu aktualisieren und als makrosoziologischen Bezugsrahmen für empirisch-pädagogische Forschungen im Rahmen einer revidierten kritisch-rationalen Erziehungswissenschaft zu nutzen (vgl. Pollak/Heid 1990, S. 125). Ähnlich argumentiert Helmut Fend (1994, S. 33), der die erfahrungsgesicherten Erkenntnisse der empirischen Erziehungswissenschaft in den Kontext eines umfassenden historischen Evolutionsprozesses einbetten will und der den Strukturwandel des Aufwachsens im 20. Jahrhundert auf der Basis empirischer Daten vor dem Hintergrund modernisierungstheoretischer Überlegungen rekonstruiert hat (vgl. Fend 1988, 2005).

Autoren aus dem Umfeld der sozialwissenschaftlich orientierten Bildungs- und Sozialisationsforschung, wie Fend oder Hurrelmann, haben die metatheoretischen Aussagen von Brezinka u.a. auch insofern modifiziert, als für sie die Reflexion des Verwendungszusammenhanges wissenschaftlicher Ergebnisse sowie die Formulierung praxisorientierter Empfehlungen noch mit zum originären Aufgabenbereich der Erziehungswissenschaft gehören (vgl. Fend 1994, S. 32). So besteht Hurrelmann (1986, S. 197) etwa darauf, dass die Sozialisationstheorie insgesamt Fragen der Legitimation pädagogischer Intervention in Sozialisationsprozesse mit in ihre Verantwortung übernehmen muss, und er entwickelt ein Praxismodell pädagogischer Intervention als Beratung. Empirische Forschung heißt für eine so gefasste Bildungs- und Sozialisationsforschung auch, auf quantitativ-statistische und auf qualitativ-hermeneutische Verfahren gleichzeitig zurückzugreifen (vgl. Fend 1994, S. 33; Krüger 1993, S. 28). Damit knüpft sie an Vorstellungen an, wie sie im Verlaufe der Geschichte der empirischen Pädagogik von Meumann, Petersen oder Roth mit anderen Akzentsetzungen bereits entwickelt worden sind.

Die von Vertretern der Kritischen Erziehungswissenschaft, aber auch von anderen Autoren immer wieder vorgetragenen Vorwürfe gegen die Wissenschaftskonzeption der empirischen Erziehungswissenschaft, die sich mit den Stichworten fehlende Theorieorientierung und fehlender Gesellschaftsbezug der Forschung, Gleichgültigkeit gegenüber dem Verwertungszusammenhang empirischer Ergebnisse, Vernachlässigung hermeneutischer Forschungsmethoden zusammenfassen lassen, treffen auf diese neueren Ansätze einer sozialwissenschaftlich orientierten empirischen Erziehungswissenschaft (vgl. etwa Baumert u.a. 2001) nicht mehr zu. Sie gelten sicherlich uneingeschränkt für das Ursprungsprogramm einer kritisch-rationalen Erziehungswissenschaft, wie es von Brezinka u.a. formuliert worden ist. Einige Kritikpunkte lassen sich sicherlich auch auf Ansätze und Forschungen beziehen, wie sie im Umfeld der stark pädagogisch-psychologisch ausgerichteten „Arbeitsgruppe für empirische pädagogische Forschung“ angesiedelt sind. So stellt Karlheinz Ingenkamp (1992, S. 12), einer der wichtigsten Repräsentanten dieser Gruppe, selbstkritisch fest, dass eine Reihe von pädagogisch-empirischen Untersuchungen noch nicht einmal den Status von „Theorien mittlerer Reichweite" haben. Und kritisch könnte man zudem hinzufügen, dass das Forschungsprogramm dieser Arbeitsgruppe (vgl. Ingenkamp u.a. 1992) inhaltlich zumeist auf Fragen der Schulforschung, der Lehr-Lernforschung sowie der Pädagogischen Diagnostik begrenzt ist und methodisch qualitative Ansätze und Verfahren weitgehend ausklammert.

Zieht man jedoch insgesamt eine Bilanz zum aktuellen theoretischen Diskussionsstand und zum Forschungsertrag der empirischen Erziehungswissenschaft, so muss man auch eine ganze Reihe von Aspekten nennen, die auf der Haben-Seite zu verbuchen sind (vgl. auch Tenorth 1991). Die Vertreter der empirischen Erziehungswissenschaft haben mit Recht darauf aufmerksam gemacht, dass man innerhalb der Erziehungswissenschaft zwischen unterschiedlichen Wissensformen, zwischen philosophischer Grundlagenreflexion, zwischen Forschungswissen sowie zwischen professions- bzw. praxisbezogenen Wissensformen unterscheiden muss. Diese sinnvolle Differenzierung muss jedoch nicht zwangsläufig, wie etwa bei Brezinka, zu drei ganz unterschiedlichen Typen pädagogischer Theoriebildung führen. Vielmehr haben gerade neuere theoretische Begründungsversuche vor allem in der Bildungs- und Sozialisationsforschung deutlich gemacht, dass man unter Berücksichtigung der Differenz zwischen diesen Wissensformen trotzdem gesellschaftstheoretische Reflexionen, empirische Forschung und Überlegungen zur Praxisrelevanz pädagogischer Forschung als drei unterschiedliche Aufgabenbereiche einer empirischen Erziehungswissenschaft ansehen kann.

Beachtliche Fortschritte konnten im Fach Erziehungswissenschaft seit den späten 1960er Jahren auch im Bereich der empirischen Forschung erzielt werden, die wesentlich von den Vertretern der empirischen Pädagogik mit initiiert worden sind. Diese betreffen sowohl die Verbesserung der infrastrukturellen Bedingungen, der personellen, institutionellen und finanziellen Voraussetzungen für empirische pädagogische Forschung, die Verfeinerung und Erweiterung des quantitativen und qualitativen methodischen Instrumentariums als auch die Ausweitung empirischer Forschungsansätze und -projekte auf fast alle Arbeitsbereiche der Erziehungswissenschaft von der Schulforschung über die Berufsbildungs- und Weiterbildungsforschung bis hin zur Jugendhilfeforschung. Im Unterschied zu den 1920er oder den 1950er Jahren, wo die empirische Pädagogik im Rahmen der Erziehungswissenschaft nur einen Außenseiterstatus innehatte, ist gegenwärtig unbestreitbar, dass auch im Gefolge der großen internationalen Schulleistungsuntersuchungen wie IGLU (vgl. Bos u.a. 2004) oder PISA (Vgl. Baumert u.a. 2001; Prenzel u.a. 2004; Prenzel u.a. 2007) und der Einführung eines nationalen Bildungspanels (vgl. Blossfeld u.a. 2009) das Unternehmen Empirische Erziehungswissenschaft floriert und in den vergangenen Jahren zunehmend mehr Lehrstühle mit empirisch orientierten Erziehungswissenschaftlern besetzt worden sind, auch wenn noch geklärt werden muss, wie viele davon sich am Erkenntnisprogramm des Kritischen Rationalismus orientieren.

Literatur

Albert, H.: Diskussionsbeitrag zum Thema: Wertfreiheit und Objektivität. In: Stammer, O. (Hrsg.): Max Weber und die Soziologie heute. Tübingen 1965, S. 70-74.

Albert, H.: Plädoyer für kritischen Rationalismus. München 1971.

Baumert, J./Roeder, P.M.: ‚Stille Revolution'. Zur empirischen Lage der Erziehungswissenschaft. In: Krüger, H.-H./Rauschenbach, T. (Hrsg.): Erziehungswissenschaft. Weinheim/München 1994, S. 29-47.

Baumert, J. u.a.: Zum Status der empirisch-analytischen Pädagogik in der Deutschen Erziehungswissenschaft. In: Ingenkamp, Kh. u.a. (Hrsg.): Empirische Pädagogik 1970-1990. Weinheim 1992, S. 1-89.

Baumert, J. u.a.: PISA 2000. Basiskompetenzen von Schülerinnen und Schülern im internationalen Vergleich. Opladen 2001.

Benner, D.: Hauptströmungen der Erziehungswissenschaft. Weinheim ^{3}1991.

Blossfeld, P. u.a.: Projekt Nationaler Bildungspanel (NEPS), 2009. http://www.uni-bamberg.de/neps.

Bos, W. u.a. (Hrsg.): IGLU. Einige Länder der Bundesrepublik Deutschland im nationalen und internationalen Vergleich. Münster/New York/München/Berlin 2004.

Brezinka, W.: Empirische Erziehungswissenschaft und andere Erziehungswissenschaft: Differenzen und Verständigungsmöglichkeiten. In: Röhrs, H./Scheuerl, H. (Hrsg.): Richtungsstreit in der Erziehungswissenschaft und pädagogische Verständigung. Frankfurt a.M. u.a. 1989, S. 71-82.

Brezinka, W.: Metatheorie der Erziehung. München/Basel 1978.

Brezinka, W.: Von der Pädagogik zur Erziehungswissenschaft. Weinheim/Berlin/Basel 1971.

Cloer, E.: Universitäre Pädagogik in der früheren DDR – ausschließlich Legitimationswissenschaft? In: Krüger, H.-H./Marotzki, W. (Hrsg.): Pädagogik und Erziehungsalltag in der DDR. Opladen 1994, S. 17-36.

Cube, F.v.: Erziehungswissenschaft. Stuttgart 1977.

Fend, H.: Die empirische Pädagogik. In: Gudjons, H./Teske, R./Winkel, R. (Hrsg.): Erziehungswissenschaftliche Theorien. Hamburg ^{4}1994, S. 27-41.

Fend, H.: Sozialgeschichte des Aufwachsens. Frankfurt a.M. 1988.

Fend, H.: Entwicklungspsychologie des Jugendalters. Wiesbaden ^{3}2005.

Feyerabend, P.: Erkenntnis für freie Menschen. Frankfurt a.M. 1980.

Fischer, A.: Deskriptive Pädagogik (1914). In: Oppholzer, S. (Hrsg.): Denkformen und Forschungsmethoden der Erziehungswissenschaft. Bd. 1, München 1966, S. 83-99.

Heid, H.: Pädagogik des kritischen Rationalismus. Kurseinheiten 1-4. Fernuniversität Hagen 1985.

Heid, H.: Empirische Pädagogik. In: Krüger, H.-H./Grunert, C. (Hrsg.): Wörterbuch Erziehungswissenschaft. Opladen ^{2}2006, S. 335-341.

Hoffmann, D.: Heinrich Roth – Realistische Erziehungswissenschaft und engagierte Bildungspolitik. In: Hoffmann, D. (Hrsg.): Pädagogik an der Georg-August-Universität Göttingen. Göttingen 1987, S. 162-187.

Hurrelmann, K.: Einführung in die Sozialisationstheorie. Weinheim 1986.

Ingenkamp, Kh.: Ausbreitung und Akzeptanz der empirisch-orientierten Pädagogik. In: Ingenkamp, Kh. u.a. (Hrsg.): Empirische Pädagogik 1970-1990. Bd. 1, Weinheim 1992, S. 4-14.

Ingenkamp, Kh. u.a. (Hrsg.): Empirische Pädagogik 1970-1990, 2 Bde, Weinheim 1992.

König, E.: Theorie der Erziehungswissenschaft. Bd. 1, München 1975.

Kosse, W.: Peter Petersen. In: Scheuerl, H. (Hrsg.): Klassiker der Pädagogik, Bd. II, München 1979, S. 183-195.

Krüger, H.-H.: Geschichte und Perspektiven der Jugendforschung. In: Krüger, H.-H. (Hrsg.): Handbuch der Jugendforschung. Opladen ^{2}1993, S. 17-30.

Krumm, V.: Kritisch-rationale Erziehungswissenschaft. In: Lenzen, D./Mollenhauer, K. (Hrsg.): Theorien und Grundbegriffe der Erziehung und Bildung. Bd. 1 der Enzyklopädie Erziehungswissenschaft. Stuttgart 1983, S. 139-153.

Kuhn, T.S.: Die Struktur wissenschaftlicher Revolutionen. Frankfurt a.M. 1973.

Lakatos, J.: Falsifikation und die Methodologie wissenschaftlicher Forschungsprogramme. In: Lakatos, J./Musgrave, A. (Hrsg.): Kritik und Erkenntnisfortschritt. Braunschweig 1974, S. 89-189.
Lay, W.A.: Experimentelle Didaktik. (1903). Leipzig [4]1920.
Lay, W.A.: Experimentelle Pädagogik mit besonderer Rücksicht auf die Erziehung durch die Tat. (1908) Leipzig [2]1912.
Lochner, R.: Deskriptive Pädagogik. Reichenberg 1927.
Lochner, R.: Erziehungswissenschaft. München 1934.
Lochner, R.: Deutsche Erziehungswissenschaft. Meisenheim 1963.
Merkens, H.: Empirische Pädagogik. In: Tenorth, H.-E./Tippelt, R. (Hrsg.): Lexikon Pädagogik. Weiheim/Basel 2007, S. 182-183.
Meumann, E.: Abriß der experimentellen Pädagogik (1914). Leipzig [2]1920.
Mühlhölzer, F.: Thomas S. Kuhn. In: Nida-Rümelin, J. (Hrsg.): Philosophie der Gegenwart. Stuttgart 1991, S. 302-308.
Petersen, P./Petersen, E.: Die pädagogische Tatsachenforschung. Paderborn 1965.
Petersen, J./Reinert, G.B.: Empirisch orientierte Pädagogik. In: Petersen, J./Reinert, G.B. (Hrsg.): Pädagogische Konzeptionen. Donauwörth 1992, S. 39-60.
Pollak, G.: Fortschritt und Kritik. Von Popper zu Feyerabend: der kritische Rationalismus in der erziehungswissenschaftlichen Rezeption. Paderborn/München 1987.
Pollak, G.: Krisen und Verluste – Defizite und Chancen. In: Pollak, G./Heid, H. (Hrsg.): Von der Erziehungswissenschaft zur Pädagogik? Weinheim 1994, S. 5-42.
Pollak, G./Heid, H.: Kritischer Rationalismus – Moderne – Postmoderne – Grundfragen ihrer Wechselbeziehung und Probleme der Bestimmung ihrer Identität. In: Krüger, H.-H. (Hrsg.): Abschied von der Aufklärung? Opladen 1990, S. 123-139.
Pollak, G./Heid, H.: Vorwort. In: Pollak, G./Heid, H. (Hrsg.): Von der Erziehungswissenschaft zur Pädagogik? Weinheim 1994, S. 1-4.
Popper, K.R.: Logik der Forschung (1934). Tübingen [3]1973.
Popper, K.R.: Ausgangspunkte. Hamburg 1979.
Popper, K.R.: Philosophische Selbstinterpretation und Polemik gegen die Dialektiker. In: Großner, K. (Hrsg.): Verfall der Philosophie. Hamburg 1971, S. 278-289.
Prenzel, M. u.a.: PISA 2003. Der Bildungsstand der Jugendlichen in Deutschland – Ergebnisse des zweiten internationalen Vergleichs. Münster/New York/München/Berlin 2004.
Prenzel, M. u.a.: PISA '06. Die Ergebnisse der dritten internationalen Vergleichsstudie. Münster/New York/München/Berlin 2007.
Rössner, L.: Rationalistische Pädagogik. Stuttgart u.a. 1975.
Roth, H.: Die Bedeutung der empirischen Forschung für die Pädagogik (1958). In: Oppolzer, S. (Hrsg.): Denkformen und Forschungsmethoden der Erziehungswissenschaft, Bd. 2, München 1969, S. 15-62.
Roth, H.: Die realistische Wendung in der pädagogischen Forschung. In: Neue Sammlung (1962), H. 2, S. 481ff.
Roth, H.: Empirische pädagogische Anthropologie. In: Zeitschrift für Pädagogik 13 (1965), S. 207-221.
Roth, H.: Pädagogische Anthropologie, 2 Bde, Hannover 1971.
Roth, H./Friedrich, D.: Einleitung. In: Roth, H./Friedrich, D. (Hrsg.): Bildungsforschung. Probleme, Perspektiven, Prioritäten. Stuttgart 1975, S. 19-54.
Ruprecht, H.: Die erfahrungswissenschaftliche Tradition der Erziehungswissenschaft. In: Thiersch, H./Ruprecht, H./Herrmann, U. (Hrsg.): Die Entwicklung der Erziehungswissenschaft. München 1978, S. 109-171.
Spinner, H.: Ist der kritische Rationalismus am Ende? Weinheim/Basel 1982.
Stevenson, Ch.L.: Rudolf Carnap: Philosophie als logische Syntax. In: Hügli, A./Lübcke, P. (Hrsg.): Philosophie im 20. Jahrhundert, Bd. 2, Reinbek 1993, S. 195-210.
Störig, H.J.: Kleine Weltgeschichte der Philosophie, Bd. 2, Frankfurt a.M. 1969.
Tenorth, H.E.: Empirisch-analytisches Paradigma. Programm ohne Praxis – Praxis ohne Programm. In: Hoffmann, D. (Hrsg.): Bilanz der Paradigmendiskussion in der Erziehungswissenschaft. Weinheim 1991, S. 1-16.

Tenorth, H.E.: Profession und Disziplin. Zur Formierung der Erziehungswissenschaft. In: Krüger, H.-H./Rauschenbach, T. (Hrsg.): Erziehungswissenschaft. Weinheim/München 1994, S. 17-28.
Thiersch, H.: Hermeneutik und Erziehungswissenschaft. Zum Methodenstreit in der Pädagogik. In: Die Deutsche Schule 58 (1966), S. 3-21.
Trapp, E.C.: Versuch einer Pädagogik (1780). Paderborn 1977.
Winnefeld, F.: Zur Methodologie der pädagogischen Tatsachenforschung. In: Wissenschaftliche Zeitschrift der Martin-Luther-Universität Halle-Wittenberg 4 (1955), H. 3, S. 475-484 (Teil I) und 5 (1956), H. 4, S. 559-588 (Teil II).
Wulf, Ch.: Theorien und Konzepte der Erziehungswissenschaft. München ^{3}1983.

I.3. Kritische Erziehungswissenschaft

Inhalt

I.3.1. Entstehungszusammenhang und Wirkung

In deutlicher Abgrenzung sowohl von der Geisteswissenschaftlichen Pädagogik als auch von der empirischen Erziehungswissenschaft bildete sich seit den späten 1960er Jahren die Kritische Erziehungswissenschaft als dritte zentrale Richtung der Erziehungswissenschaft heraus und dominierte für knapp ein Jahrzehnt in der erziehungswissenschaftlichen Theoriediskussion. Beeinflusst durch die politischen Impulse der Studentenbewegung sowie angeregt durch die sozialphilosophischen Arbeiten der Frankfurter Schule versuchte sie das Erziehungsdenken an die veränderte gesellschaftliche Wirklichkeit und den fortgeschrittenen Reflexionsprozess der Sozialwissenschaften anzupassen. Im Gegensatz zum Wertfreiheitspostulat der empirischen Erziehungswissenschaft betonte sie, dass die gesellschaftskritische Analyse der sozialen Entstehungs- und Verwertungszusammenhänge von empirischen Untersuchungen mit zum Aufgabenbereich von Wissenschaft gehört. Im Unterschied zur Geisteswissenschaftlichen Pädagogik reflektierte sie unter Bezug auf die kritische Gesellschaftstheorie die ökonomischen und politischen Bedingungen von pädagogischen Aussagen und machte die normative Orientierung von Erziehungswissenschaft nicht nur an einem vagen Interesse an der Mündigkeit der Educandi, sondern an einem Emanzipationskonzept fest, das die Dialektik von individueller und gesellschaftlicher Emanzipation betont. Die Hauptvertreter dieser Theorieströmung sind in der ersten Generation neben Wolfgang Lempert vor allem Wolfgang Klafki, Herwig Blankertz und Klaus Mollenhauer. Alle drei hatten bei Erich Weniger in Göttingen promoviert und gemeinsam war den von ihnen entwickelten Ansätzen einer Kritischen Erziehungswissenschaft auch, dass sie ihre Grundlagen und Bezugspunkte nicht nur in der Kritischen Theorie hatten, sondern auch aus einer Selbstkritik der Geisteswissenschaftlichen Pädagogik herleiteten.

Wolfgang Klafki

Wolfgang Klafki wurde 1927 im ostpreußischen Angerburg als Sohn eines Gymnasiallehrers geboren. Nach der Schulausbildung wurde er in den letzten Kriegsjahren von 1943 bis 1945 als Luftwaffenhelfer eingesetzt. Von 1946 bis 1948 studierte er an der Pädagogischen Hochschule Hannover und nach der ersten Lehrerprüfung arbeitete er in verschiedenen niedersächsischen Schulen als Volksschullehrer. In den Jahren 1952 bis 1957 absolvierte Klafki an den Universitäten Bonn und Göttingen ein Aufbaustudium, das er 1957 mit der von Erich Weniger betreuten Dissertation über „Das pädagogische Problem des Elementaren und die Theorie der kategorialen Bildung“ abschloss, die noch stark durch das geisteswissenschaftliche Denken seiner Lehrer Weniger und vor allem Litt geprägt war. Nach Tätigkeiten als Assistent und Dozent an der Pädagogischen Hochschule Hannover und der Universität Münster, erhielt Klafki im Jahr 1963 einen Lehrstuhl für Pädagogik an der Universität Marburg, den er bis zu seiner Emeritierung im Jahre 1992 innehatte. Beeinflusst durch die bildungssoziologischen Diskussionen des Hofgeismarer Arbeitskreises in den späten 1960er Jahren sowie durch die politischen Aktivitäten der Marburger Studentenbewegung entwickelte Klafki dann seit Anfang der 1970er Jahre das Konzept einer kritisch-konstruktiven Erziehungswissenschaft, das in ersten Konturen in dem von ihm zusammen mit anderen Autoren verfassten dreibändigen „Funkkolleg Erziehungswissenschaft" (1970) deutlich wird und dann in der Monographie „Aspekte kritisch-konstruktiver Erziehungswissenschaft" aus dem Jahre 1976 systematisch entfaltet wird. In späteren Arbeiten hat Klafki dieses Theoriekonzept dann für die didaktische Theoriebildung sowie im Rahmen der Neubegründung eines Konzeptes von Allgemeinbildung weiterentwickelt (vgl. Klafki 1990). Seit den 1960er Jahren war Klafki Vorsitzender bzw. Mitglied mehrerer Curriculum- und Schulreformkommissionen in Hessen, Nordrhein-Westfalen und Bremen. Außerdem gehörte er von 1966 bis 1988 ständig dem Vorstand der Deutschen Gesellschaft für Erziehungswissenschaft an und war von 1986-1988 deren Vorsitzender.

Herwig Blankertz

Herwig Blankertz, geboren 1927, arbeitete nach der Schulausbildung zunächst sechs Jahre in der Textilindustrie, bevor er in den 1950er Jahren an der Universität Göttingen Pädagogik, Philosophie, Geschichte und Nationalökonomie studierte. 1958 promovierte er bei Erich Weniger mit einer Arbeit über den in Göttingen verpönten Neukantianismus. Vier Jahre später habilitierte er bei dem Neukantianer Ritzel in Mannheim mit einer geisteswissenschaftlich angelegten Arbeit zum Thema „Berufsausbildung und Utilitarismus" (1963). Sein Verständnis von Pädagogik als Kritischer Erziehungswissenschaft, das sich auf Kants Kritizismus ebenso bezog wie auf die Kritische Theorie der Frankfurter Schule, begründete Blankertz dann in mehreren Beiträgen (vgl. u.a. Blankertz 1979) in den 1970er Jahren und er konkretisierte es in seinen didaktischen Arbeiten und seiner Monographie zur „Geschichte der Pädagogik von der Aufklärung bis zur Gegenwart" (1982). Als Hochschullehrer war er in Hamburg, Oldenburg, Mannheim und Berlin tätig. Von 1969 bis zu seinem Tode im Jahr 1983 war er Professor für Pädagogik und Philosophie an der Universität Münster. Bildungspolitisch ist Blankertz vor allem durch sein Engagement für den nordrhein-westfälischen Kollegschulversuch seit 1970 bekannt geworden. Außerdem war er von 1974 bis 1978 Vorsitzender der Deutschen Gesellschaft für Erziehungswissenschaft.

Klaus Mollenhauer

Klaus Mollenhauer, geboren 1928, aufgewachsen in Berlin, Cottbus und Neugard in Pommern, wurde bereits im Alter von 15 Jahren als Luftwaffenhelfer eingezogen. Nach der Gefangenschaft und dem nachgeholten Abitur studierte er von 1948 bis 1950 an der Pädagogischen Hochschule in Göttingen. Anschließend arbeitete er zwei Jahre als Grundschullehrer in Bremen. Ab 1952 studierte er Pädagogik, Soziologie und Germanistik in Hamburg und Göttingen, u.a. bei Wilhelm Flitner und Erich Weniger, bei dem er auch mit einer Studie über „Die Ursprünge der Sozialpädagogik in der industriellen Gesellschaft" (1959) promovierte. Nach Assistententätigkeiten an den Universitäten in Göttingen und Berlin war Mollenhauer seit 1965 zunächst als Professor an der Pädagogischen Hochschule in Berlin, anschließend als Professor an den Universitäten in Kiel und Frankfurt tätig. Von 1972 bis zu seinem Tode im Jahr 1998 war er Professor für Allgemeine Pädagogik und Sozialpädagogik an der Universität Göttingen. Mit seiner Studie „Erziehung und Emanzipation" aus dem Jahre 1968 hatte Mollenhauer seine Hinwendung zur Kritischen Erziehungswissenschaft bereits programmatisch angedeutet, die er 1972 in der Monographie „Theorien zum Erziehungsprozess" dann systematisch entfaltete und in einem zusammen mit anderen Autoren geschriebenen vierbändigen Studientext zum Thema „Pädagogik der ‚kritischen Theorie'" (1978) noch einmal umfassend zusammenfasste. Außerdem hat Mollenhauer zusammen mit anderen 1975 für den Deutschen Bildungsrat einen Forschungsbericht zur Situation der Jugendhilfe erstellt und in diesem Feld in der Folgezeit eine Reihe von Forschungsprojekten durchgeführt bzw. angeregt. Ende der 1960er Jahre war er zudem auch in der Frankfurter Kinderladenbewegung engagiert (vgl. Mollenhauer 1991, S. 79). Die neueren Arbeiten von Mollenhauer „Vergessene Zusammenhänge. Über Bildung, Kultur und Erziehung“ (1983) und „Umwege. Über Bildung, Kunst und Interaktion“ (1986) sind Versuche, die europäisch-neuzeitliche Erziehungsbewegung in ihren geschichtlichen Voraussetzungen und ihrer lebensweltlichen Fundierung neu zu rekonstruieren, wobei offen bleibt, ob es sich dabei um eine Abkehr oder eine Fortschreibung der Kritischen Erziehungswissenschaft mit anderen Akzenten handelt (vgl. auch Mollenhauer 1995).

Ein Blick auf die biographischen Kurzporträts der drei wichtigsten Vertreter der Kritischen Erziehungswissenschaft zeigt eine Reihe von Parallelen. Alle drei sind Angehörige der sogenannten Flakhelfergeneration und haben die frühen Jugendjahre noch in der NS-Zeit erlebt. Gemeinsam ist bei ihnen auch das Studium und die Promotion in Göttingen im Umfeld der Geisteswissenschaftlichen Pädagogik, repräsentiert durch Erich Weniger. Im Gefolge der Wissenschaftskritik, wie sie innerhalb der Studentenbewegung ausgebildet worden war, sowie vor dem Hintergrund des sozialliberalen Bildungsreformklimas der späten 1960er Jahre wirken sie dann an der Umorientierung der Geisteswissenschaftlichen Pädagogik in Richtung auf eine empirisch und ideologiekritisch orientierte Erziehungswissenschaft mit. Dabei sind zwar die Ausgangspositionen unterschiedlich. Klafki ist stark durch das über Litt vermittelte dialektische Denken Hegels beeinflusst. Blankertz kommt aus der Tradition des Kantischen Kritizismus. Mollenhauer hingegen war durch sein Studium bei dem Göttinger Soziologen Plessner bereits früh mit den soziologischen Theorien von George Herbert Mead und Norbert Elias konfrontiert worden. Verbindend war jedoch das Interesse, die traditionellen Positionen der Geisteswissenschaftlichen Pädagogik in gesellschaftstheoretischer Perspektive kritisch zu modernisieren. Entschiedener als die geisteswissenschaftlichen Pädagogen fassen sie die Ansprüche der Aufklärung als ein noch einzulösendes Projekt und in verschiedenen Feldern pädagogischen Denkens, im Bereich der Allgemeinen Erziehungswissenschaft, der Wissenschaftstheorie, der Didaktik und Schulforschung bis hin zur Sozial- und Familienpädagogik werden die Möglichkeiten dieser kritischen Reflexion demonstriert.

Unterschiedliche theoretische Ausgangspositionen

Außerdem sind Klafki, Blankertz und Mollenhauer auch in vielfältiger Weise disziplin- und bildungspolitisch aktiv. Klafki setzt sich für die Reform und Modernisierung von Rahmenrichtlinien ein und plädiert für die Einführung von Förderstufen und Integrierten Gesamtschulen. Blankertz übernimmt die wissenschaftliche Begleitung des Kollegschulversuchs in Nordrhein-Westfalen, der allgemein- und berufsbildende Bildungsgänge in der Sekundarstufe II zu verzahnen sucht. Und Mollenhauer ist an verschiedenen Forschungs- und Reformprojekten im Bereich der Jugendhilfe beteiligt.

Bildungspolitische Aktivitäten

Mit der Stagnation der Bildungsreform seit den späten 1970er Jahren sowie mit der Erosion wohlfahrtsstaatlicher Programmatiken geriet auch die Kritische Erziehungswissenschaft, die von dem Optimismus einer direkten Umsetzung aufklärerischer Impulse in die pädagogische Praxis geleitet war, in ein Tief. Sie verlor im Spektrum des sich nun herausbildenden Pluralismus von erziehungswissenschaftlichen Theoriekonzepten ihre dominante Position. Dennoch hält vor allem Wolfgang Klafki auch in seinen neueren Arbeiten (vgl. etwa Klafki 1990, 2006) an den programmatischen Ansprüchen der Kritischen Erziehungswissenschaft fest. Und im Umfeld der Kritischen Erziehungswissenschaft sind in den 1970er und 1980er Jahren eine Reihe von Theorieansätzen entstanden, wie die Kommunikative Pädagogik, die Interaktionistische Pädagogik, die Entwicklungspädagogik, die evolutionstheoretische und die handlungstheoretisch orientierte Erziehungswissenschaft, die sich zwar teilweise auch auf andere Bezugstheorien stützen, zumeist aber vor allem die neueren Arbeiten von Jürgen Habermas für die erziehungswissenschaftliche Theoriebildung fruchtbar zu machen versuchen. Zudem erleben gerade in der aktuellen Diskussion um die Fortschreibung einer Kritischen Erziehungswissenschaft die eher fortschrittsskeptisch orientierten Spätschriften von Horkheimer und Adorno eine erneute Renaissance.

I.3.2. Die Kritische Theorie als Bezugshorizont

Die Ausgangssituation

Die Kritische Theorie wurde von Max Horkheimer und seinen Mitarbeitern (Adorno, Fromm, Marcuse, Löwenthal und anderen) in den späten 1920er Jahren am Frankfurter Institut für Sozialforschung begründet und nach 1933 im amerikanischen Exil weiterentwickelt. Ihr Ziel war die Entwicklung einer Theorie des historischen Verlaufs der gegenwärtigen historischen Epoche, in welcher der Zusammenhang zwischen dem wirtschaftlichen Leben der Gesellschaft, der psychischen Entwicklung der Individuen und den Veränderungen auf den verschiedenen Kulturgebieten geklärt werden sollte (vgl. Horkheimer 1931, S. 3). Theoretisch knüpfte sie dabei an die Marxsche Kritik der Politischen Ökonomie an und erweiterte diese um sozialpsychologische und kultursoziologische Ansätze und Fragestellungen. Außerdem versuchte die frühe Kritische Theorie philosophische Reflexion, gesellschaftskritische Analyse und empirische Forschung miteinander zu verbinden. Die in den 1930er und 1940er Jahren durchgeführten Studien zu „Autorität und Familie" (Horkheimer 1936) und zum „autoritären Charakter" (Adorno 1980) sind eindrucksvolle Dokumente dieses interdisziplinär angelegten Forschungsprogramms. War das theoretische Arbeitsprogramm des Horkheimer Kreises bis Mitte der 1930er Jahre noch auf die Befreiung der Menschen gerichtet und hatte im proletarischen Klassenkampf seine praktische Perspektive (vgl. Horkheimer 1937/1970, S. 37), so wurden die Analysen unter dem Eindruck der Niederlage der sozialistischen Bewegung in Europa, der Konfrontation mit dem Holocaust und der Begegnung mit der amerikanischen Kulturindustrie Anfang der 1940er Jahre zunehmend skeptischer und schlugen schließlich in einen tiefen Pessimismus um.

Die negativistische Geschichtsphilosophie der Dialektik der Aufklärung

In der erstmals 1947 veröffentlichten Studie „Dialektik der Aufklärung" entwickeln Horkheimer und Adorno eine umfassende, an die Wurzel gehende Kritik der abendländischen Vernunfttradition, von deren frühgeschichtlichen Anfängen bis hin zur Gegenwart einer totalitär aufgespreizten formalen Rationalität. Geschichte wird hier als Verfallsgeschichte gesehen, wobei die Machtsteigerung der instrumentellen Vernunft die negative Konstante im Geschichtsprozess ist (vgl. Dubiel 1995, S. 122). Auch das von Adorno nach der Rückkehr nach Westdeutschland verfasste Buch „Negative Dialektik" (1966) schreibt nur jene düstere Grundmelodie fort. Um der zwanghaften Dialektik der Aufklärung zu entgehen, bedarf es nach Adorno einer negativen Dialektik der Erkenntnis, die jegliche Versöhnung des Begriffs mit der Wirklichkeit verweigert und die offen bleibt für die Erfahrung eines nicht-identischen, durch Denken nicht identifizierbaren Objektiven.

Kritische Theorie bei Jürgen Habermas

Im Gegensatz zur negativistischen Geschichtsphilosophie der Dialektik der Aufklärung hat Jürgen Habermas, der wohl als der wichtigste Vertreter der zweiten Generation der Kritischen Theorie charakterisiert werden kann, seit den 1960er Jahren eine Geschichtsphilosophie entwickelt, die sich nicht auf einen eindeutigen „Fortschritts-" oder „Verfalls"-Rahmen spannen lässt. Habermas, der sich selbst ohne jede Ironie als Kind der „Reeducation"-Ära der Nachkriegszeit bezeichnet, hat das theoretische Interesse für die moralische Substanz rechtsstaatlicher und demokratischer Institutionen und Bewusstseinsformen zur Grundlage seines philosophischen und soziologischen Denkens gemacht, ein Interesse, das sich leitmotivisch von seiner Habilitationsschrift zum „Strukturwandel der Öffentlichkeit" (1962) bis hin zu seinen aktuellen rechts- und staatsphilosophischen Arbeiten (vgl. Habermas 1992) durchzieht. Habermas hat zudem die kritische Theorie der Gesellschaft von der Marxschen Politischen Ökonomie weggeführt und für andere soziologische Theorieansätze, die handlungstheoretischen Arbeiten Webers und Meads sowie für systemtheoretische Denkfiguren geöffnet (vgl. Habermas 1968, 1973 a, 1981). Er hat die sozialisations- und entwicklungstheoretischen Arbeiten von Piaget und Kohlberg aufgegriffen, weiterentwickelt und in eine allgemeine evolutionstheoretisch gefasste Gesellschaftstheorie eingebunden (vgl. Habermas 1976). Im Zusammenhang mit der Rekonstruktion einer Universal- bzw. Formalpragmatik hat Habermas zudem eine Diskursethik entwickelt und als Alternative zu dem von Adorno und Horkheimer zu Recht kritisierten Begriff der instrumentellen Vernunft einen kommunikativen Begriff der Vernunft begründet, der die Chancen vernünftigen Handelns in den anthropologischen Grundstrukturen und institutionellen Formen menschlicher Verständigung festmacht (vgl. Habermas 1983).

(a) Die normative Basis – Vernunft und Emanzipation

Das utopische Ziel einer vernünftigen Gesellschaft

In seinem 1937 erstmals veröffentlichten Aufsatz „Traditionelle und kritische Theorie" hatte Max Horkheimer das normative Ziel der Kritischen Theorie als „Idee einer künftigen Gesellschaft als der Gemeinschaft freier Menschen" beschrieben, „wie sie bei den vorhandenen technischen Mitteln möglich ist" (Horkheimer 1937/1970, S. 36). Mit dem utopischen Ziel einer vernünftigen Gesellschaft knüpfte die frühe Kritische Theorie zugleich an die Autonomieansprüche der bürgerlichen Aufklärung an. Sie überschreitet diese jedoch, durch die Hegelsche Dialektik und die Marxsche Ökonomiekritik belehrt, auf einen historisch-materialistischen Begriff des Menschen unter dem eigengesetzlichen Zwang der kapitalistischen Klassenverhältnisse hin (vgl. Keckeisen 1983, S. 119). Kritische Theorie habe von daher die Aufgabe, in historischen Analysen aufzuzeigen, welche Diskrepanzen zwischen dem realen Zustand der bürgerlichen Gesellschaft und dem glücksverheißenden Begriff, den diese von sich hat, bestehen. Zur Überwindung dieser Widersprüche bedarf es jedoch nicht nur der kritischen

Erkenntnis der herrschenden Verhältnisse und utopischer Ideen, die etwas von der Vernunft zum Vorschein bringen. Erst in der kollektiven Emanzipation – die für die frühe Kritische Theorie noch an die sozialistische Organisation der Arbeit gebunden war – können Wahrheit und Freiheit zur Deckung kommen. Zwar äußerte Horkheimer bereits Mitte der 1930er Jahre vor dem Hintergrund der Erfahrungen mit dem Faschismus Zweifel, ob das Interesse an der Aufhebung gesellschaftlichen Unrechts noch an die Arbeiterbewegung gebunden werden könne. Dennoch hält er im Unterschied zu der zehn Jahre später erscheinenden „Dialektik der Aufklärung“ zu dieser Zeit noch an der Vorstellung fest, dass eine klassenbewusste Arbeiterschaft die Transformation des gesellschaftlichen Ganzen betreiben könne (vgl. Horkheimer 1937/1970, S. 56).

Im Gegensatz zur frühen Kritischen Theorie macht Habermas in seinen Schriften seit den 1960er Jahren, nachdem der Klassenkonflikt und die proletarische Klassenerfahrung nicht mehr Grundlage und Motor gesellschaftlicher Emanzipationsprozesse sein konnten, das emanzipatorische Erkenntnisinteresse der kritischen Wissenschaften nur noch an einem allgemeinen Gattungsinteresse fest (vgl. Habermas 1968). Das Interesse an Mündigkeit, durch das die Kritik an gewaltzentrierten Verhältnissen motiviert wird, verweist auf Sprache, in deren Struktur das Interesse an einem allgemeinen und vernünftigen Konsens angelegt ist. In der Diskursethik verankert Habermas (1983) das normative Fundament von kommunikativer Rationalität und sprachlicher Verständigung, in der über die Geltungsanspüche von Sachaussagen und Normen vernünftig befunden werden kann, in der regulativen Idee der herrschaftsfreien Kommunikation. Mit dem Konstrukt der idealen Sprechsituation wird von ihm jedoch ein utopisches Zielideal formuliert, das selbst nicht mehr geschichtlich als zukünftiger gesellschaftlicher Zustand einholbar ist, sondern gleichsam außerhalb des historischen Entwicklungsprozesses seinen Ort hat (vgl. Krüger/Lersch 1993, S. 156).

Diskursethik

(b) Die theoretischen Bezüge

Die frühe Kritische Theorie knüpfte zwar einerseits an die marxistische Theoriediskussion an, wie sei von Karl Marx in der Kritik der Politischen Ökonomie begründet und von Theoretikern wie Karl Korsch oder Georg Lukács in den 1920er Jahren weiterentwickelt worden war. Um die drängenden gesellschaftspolitischen Fragen der damaligen Zeit, z.B. die Anfälligkeit der Arbeiter in den westlichen Staaten für autoritäre Bewegungen, erklären zu können, erweiterte sie jedoch ihr theoretisches Instrumentarium. Was weiterzuhelfen schien, war die Vermittlung der Marxschen Gesellschaftstheorie mit Freuds Psychoanalyse. Bei ihren Überlegungen zur Genese des autoritären Sozialcharakters gingen Horkheimer, Fromm u.a. von der zentralen Annahme aus, dass in der Familie des spätbürgerlichen Zeitalters der Vater seine dominante Position als ökonomischer Versorger und autoritäre psychologische Instanz, die jedoch zugleich den Heranwachsenden in der Auseinandersetzung mit ihr die Ausbildung einer starken Ich-Struktur ermöglichte, verloren hatte. Mit der Erosion der väterlichen Autorität und dem Funktionsverlust der Familie ist zugleich der gegengesellschaftliche Schutzraum weggefallen, in dem sich das autonome Individuum noch entwickeln konnte. Das Subjekt wird direkt und unmittelbar der herrschaftlichen Un-

Der autoritäre Sozialcharakter

mittelbarkeit gesellschaftlichen Zwanges und den außerfamilialen Formen gesellschaftlicher Autorität ausgesetzt (vgl. Dubiel 1988, S. 48).

Sozialisation als Entwicklung von Interaktionskompetenz

Während in den Schriften von Adorno und Horkheimer auch aus den 1940er und 1950er Jahren die Freudsche Theorie, vor allem seine kulturtheoretische Darstellung der psychischen Entwicklung als die zwangsförmige Disziplinierung der inneren Natur, einen zentralen Stellenwert behielt, hat die Psychoanalyse in den persönlichkeitstheoretischen Arbeiten von Jürgen Habermas nur noch eine eher randständige Bedeutung. In seinen Überlegungen zur Sozialisation und zur Entwicklung der Interaktionskompetenz (vgl. Habermas 1973b, 1975) bezieht er sich vorrangig auf die Entwicklungstheorien von Piaget und Kohlberg, die die Ontogenese der kognitiven Entwicklung (vom präoperationalen über das konkret-operationale zum formal-operationalen Denken) und der moralischen Entwicklung (von der präkonventionellen über die konventionelle zur postkonventionellen moralischen Urteilsfähigkeit) in ihren Entwicklungsstufen und ihren konkreten Ausprägungen ausführlich beschrieben haben. In seiner Theorie gesellschaftlicher Evolution unternimmt Habermas (1976) nun den Versuch, diese ontogenetischen Modelle der Entwicklungsprozesse auch auf den Bereich der sozialen Evolution zu übertragen, indem er die Technikgeschichte auf die ontogenetisch durchanalysierten Stufen der kognitiven Entwicklung abbildet, so dass die Logik der Entfaltung der Produktivkräfte sichtbar wird und er die Entwicklungsschemata des moralischen Bewusstseins als Schlüssel zur Erklärung der historischen Entwicklung von Rechts- und Moralsystemen verwendet (vgl. auch Mc Carthy 1980, S. 283ff.).

Theorie gesellschaftlicher Evolution

In seiner zentralen Studie zur „Theorie des kommunikativen Handelns" (1981) beschäftigt sich Habermas dann wieder stärker mit aktuellen Fragen kritischer Gesellschaftstheorie. Beibehalten wird von ihm jedoch jenes zweidimensional angelegte Konzept von Gesellschaftstheorie, das er in Umrissen bereits in seinem Buch „Technik und Wissenschaft als Ideologie" im Jahre 1968 entwickelt hatte. In kritischer Abgrenzung von Marx, der nach Auffassung von Habermas menschliche Praxis auf Arbeitsprozesse reduziert und in Anknüpfung an die Handlungstheorien von Weber und Mead hatte Habermas in dieser Arbeit mit dem gesellschaftstheoretischen Begriffspaar von Subsystemen zweckrationalen Handelns und institutionellem Rahmen bereits ein Theoriekonzept entwickelt, das es ihm erlaubte, die Geschichte und aktuelle Verfasstheit von Gesellschaftssystemen als Prozess einer doppelten, eben zweckrationalen und kommunikativen Rationalisierung zu erklären. In der Studie „Legitimationsprobleme im Spätkapitalismus" (1973) sowie in seinem Opus magnum „Theorie des kommunikativen Handelns" werden nun diese handlungstheoretischen Argumentationsfiguren durch systemtheoretische Elemente ergänzt, um neben den normativen Strukturen, den Lebensweltaspekten von Gesellschaftsformationen, auch die Systemstrukturen in ihrer funktionalen Interdependenz genauer beschreiben zu können. Unter Bezug auf diese Theoriefolie kommt Habermas zu der Diagnose, dass die gegenwärtigen Gesellschaften der spätkapitalistischen Moderne durch Lebensweltpathologien gekennzeichnet sind. Die Kolonialisierung der Lebenswelt durch systematische Imperative verhindert die Verwirklichung einer kommunikativen Rationalität (vgl. auch Treibel 1993, S. 153ff.).

Die Theorie des kommunikativen Handelns

(c) Das methodologische Programm

Das methodologische Konzept der Kritischen Theorie hatte Horkheimer in seinem Aufsatz „Traditionelle und kritische Theorie“ aus dem Jahre 1937 ausführlich begründet. Die Kritische Theorie lehnte die strikte Trennung des wissenschaftlichen Objekts vom betrachtenden Subjekt, die der Positivismus nie ernstlich in Frage gestellt hat, ebenso ab wie die von den Geisteswissenschaften vorgenommene Reduktion der Wirklichkeit auf Geistiges, sei es im idealistischen System oder im geisteswissenschaftlichen Zirkel von Leben und Verstehen. Dagegen geht die Kritische Theorie davon aus, dass Gegenstände, Methoden und Relevanzstrukturen wissenschaftlicher Arbeit nur im Zusammenhang der Gesellschaft insgesamt zureichend verstanden werden können. Und die verschiedenen von der Frankfurter Schule durchgeführten Studien, von „Autorität und Familie“ aus dem Jahre 1936 bis hin zu „Student und Politik“ aus den frühen 1960er Jahren (vgl. Habermas/Friedeburg/Oehler u.a. 1961), zeichnen sich stets durch den Versuch aus, empirische Forschung mit sozialphilosophischer Reflexion und gesellschaftskritischer Analyse zu verbinden.

Ihre wissenschaftstheoretische Kritik am Wertfreiheitspostulat sowie an der positivistisch halbierten Rationalität des Kritischen Rationalismus haben Adorno und Habermas dann im sog. Positivismusstreit in den späten 1960er Jahren dezidiert vorgetragen (vgl. Adorno u.a. 1972). Jürgen Habermas war es auch, der das methodologische Konzept der Kritischen Theorie bereits in seiner Frankfurter Antrittsvorlesung von 1965, dann in den Studien „Erkenntnis und Interesse“ (1969) und „Zur Logik der Sozialwissenschaften“ (1970) präzisiert und weiterentwickelt hat. Habermas ordnet Forschungsprozesse nach drei Kategorien: empirisch-analytische Wissenschaften, zu denen die Naturwissenschaften und die Sozialwissenschaften gehören, sofern diese auf die Erzeugung nomologischen Wissens gerichtet sind; historisch-hermeneutische Wissenschaften, zu denen die Geistes- und die Geschichts- und Sozialwissenschaften gehören, sofern sie auf ein interpretatives Verstehen sinnvoller Konfigurationen zielen, sowie die kritisch orientierten Wissenschaften, zu der z.B. die Ideologiekritik gehört. Für jede Forschungskategorie postuliert er einen Zusammenhang mit einem spezifischen Erkenntnisinteresse. In den Ansatz der empirisch-analytischen Wissenschaften geht ein technisches, in den Ansatz der historisch-hermeneutischen Wissenschaften fließt ein praktisches und in den Ansatz kritisch orientierter Wissenschaften geht ein emanzipatorisches Erkenntnisinteresse ein, das prinzipiell um den Abbau von Herrschaft bemüht ist (vgl. Habermas 1968, 1969). Das methodologische Programm der Kritischen Theorie schließt nun empirische und hermeneutische Forschungsmethoden jedoch nicht aus, sondern versucht vielmehr umgekehrt, nomologisch und hermeneutisch erzeugtes Wissen im Rahmen von Wissenschafts- und Ideologiekritik zu verbinden.

Positivismusstreit

Das emanzipatorische Erkenntnisinteresse

(d) Zum Verhältnis von Theorie und Praxis

In ihrem Selbstverständnis war die frühe Kritische Theorie in dreifacher Weise auf gesellschaftliche Praxis bezogen. Sie sah sich einem geschichtlich konstituierten Klasseninteresse verbunden, in dessen Besonderheit sie zugleich das allgemeine Interesse an der Herstellung eines vernünftigen gesellschaftlichen Zustands aufgehoben sieht. Sie analysierte die dynamische Struktur der gesellschaftlichen Verhältnisse in ihrer historischen Formierung und Veränderbarkeit und sie sah sich schließlich als notwendiges Aufklärungsmoment des organisierten politischen Handelns im Rahmen sozialer Bewegungen (vgl. Keckeisen 1983, S. 122). Nach der Erfahrung des Faschismus und der Niederlage der Arbeiterbewegung entfernten sich die von Horkheimer und Adorno verfassten Arbeiten zur Kritischen Theorie zunehmend von Fragen gesellschaftlicher Praxis. Der in der „Dialektik der Aufklärung" vorgetragene Befund der total durchgesetzten Herrschaft über die äußere und innere Natur machte die Kritische Theorie nur noch in Gestalt von Negation möglich.

Kritische Theorie als Negation

Erst in den 1960er und 1970er Jahren, sicherlich nicht unbeeinflusst von der Studentenbewegung und den neuen sozialen Bewegungen, werden den jüngeren Vertretern der Kritischen Theorie wieder Fragen nach der Wiedergewinnung emanzipatorischer Praxis gestellt (vgl. Negt/Kluge 1972). So geht z.B. Habermas in seiner Studie „Theorie und Praxis" (1972) über die Negativität der „Dialektik der Aufklärung" hinaus, indem er nicht nur die Bildung kritischer Theoreme, sondern auch die Organisation von Aufklärungsprozessen zur Aufgabe einer in praktischer Absicht entworfenen Theorie der Gesellschaft macht (vgl. Habermas 1972, S. 37). Und auch in seinen späteren Arbeiten setzt er immer wieder auf die autonomen politischen Öffentlichkeiten, auf den nie restlos manipulierbaren Diskurs der Bürger, von dem er sich die Herstellung und Erhaltung einer nachtraditionalen kollektiven Identität der Gesellschaft verspricht (vgl. Habermas 1985, S. 422; vgl. auch Dubiel 1994).

Theorie der Gesellschaft in praktischer Absicht

I.3.3. Wissenschaftstheoretische Grundannahmen der Kritischen Erziehungswissenschaft

Vergleicht man das breite Spektrum von philosophischen Arbeiten, das die Vertreter der Frankfurter Schule von den 1920er bis zu den 1960er Jahren vorgelegt haben, mit deren Rezeption in der Pädagogik, so fällt auf, dass bei der Begründung einer Kritischen Erziehungswissenschaft in dem Jahrzehnt zwischen der Mitte der 1960er und 1970er Jahre die Kritische Theorie fast ausschließlich in ihrer Rekonstruktion durch Habermas eine Rolle gespielt hat (vgl. Peukert 1983, S. 197). Es waren vor allem die erkenntnistheoretischen und methodologischen Überlegungen von Jürgen Habermas, die die wissenschaftstheoretischen Grundannahmen der Kritischen Erziehungswissenschaft entscheidend beeinflusst haben.

(a) Das Emanzipationspostulat

Bereits in seiner Studie „Erziehung und Emanzipation" aus dem Jahre 1968 hat Klaus Mollenhauer in Anlehnung an die wissenschaftstheoretischen Arbeiten von Habermas und in Abgrenzung vom Wertfreiheitspostulat des Kritischen Rationalismus das normative Programm der Kritischen Erziehungswissenschaft formuliert. „Für die Erziehungswissenschaft konstitutiv ist das Prinzip, das besagt, dass Erziehung und Bildung ihren Zweck in der Mündigkeit des Subjektes haben; dem korrespondiert, dass das erkenntnisleitende Interesse der Erziehungswissenschaft das Interesse an Emanzipation ist" (Mollenhauer 1968, S. 10). Wie sich nun dieses Verständnis von Emanzipation vom Grundgedanken der Geisteswissenschaftlichen Pädagogik, die sich ja auch als Anwalt der Mündigkeit des jungen Menschen verstand, unterscheidet, dies hat Wolfgang Klafki präzise herausgearbeitet. War der Begriff der Mündigkeit im Kontext der Geisteswissenschaftlichen Pädagogik nur auf den einzelnen zu erziehenden jungen Menschen bezogen, so richtete er sich im Rahmen der Kritischen Erziehungswissenschaft auf die Gesellschaft als Ganze (vgl. Klafki 1976, S. 46).

Individuelle und gesellschaftliche Emanzipation

Das Emanzipationspostulat sollte auf die Diskrepanz zwischen Wirklichkeit und Möglichkeit von Bildungsprozessen, zwischen Faktizität und Ideal von Erziehungsverhältnissen verweisen und hatte seinen geschichtspraktisch-politischen Bezugspunkt zunächst in dem Leitbild einer Gesellschaft, in der freiere, gerechtere und brüderlichere Bedingungen des Zusammenlebens möglich sind (vgl. Mollenhauer 1982, S. 256).

Im Verlaufe der 1970er Jahre wird das Emanzipationspostulat von Mollenhauer und Klafki im Anschluss an die universalpragmatischen Überlegungen von Habermas zunehmend diskurstheoretisch begründet. Der Diskurs soll die Legitimationsbasis für Bedeutung und Verwendung des Ausdrucks Emanzipation liefern. Ziele für pädagogische Entscheidungen und pädagogisches Handeln können nur dann Geltung beanspruchen, wenn sie im ethischen Diskurs der Menschen ermittelt werden, der an der Bemühung, einen vernunftgemäßen Konsens zu finden, und den regulativen Ideen der herrschaftsfreien Kommunikation orientiert sein muss (vgl. Mollenhauer 1972, S. 67; Klafki 1989, S. 155).

Herrschaftsfreie Kommunikation als regulative Idee

(b) Das Gegenstandsverständnis

Im Unterschied zur Geisteswissenschaftlichen Pädagogik, die Erziehung vornehmlich im ideengeschichtlichen Kontext thematisiert und zur empirischen Pädagogik, die jeweils nur punktuelle Bereiche der Erziehungswirklichkeit untersucht, ist die Kritische Erziehungswissenschaft auf gegenstandstheoretischer Ebene stets bemüht, pädagogisches Handeln als historisch vermittelte gesellschaftliche Praxis zu fassen und die Interdependenz zwischen dem jeweiligen Erziehungssystem und der Struktur der Gesellschaft herauszuarbeiten. Dabei werden Erziehung und Gesellschaft dialektisch aufeinander bezogen. Erziehung ist zwar einerseits Funktion der Gesellschaft, andererseits ist die Gesellschaft im zeitlichen Kontinuum auch eine Funktion der Erziehung, da Erziehung Reproduktion und Innovation gleichermaßen leistet (vgl. Claußen 1980, S. 19). So hat Wolfgang Klafki (1982, S. 45ff.) in Abgrenzung von ökonomistisch-deterministischen Modellvorstellungen und unter Bezug auf die gesellschaftstheoretischen Arbeiten von Habermas und Offe, aber auch anderer gesellschaftskritischer Ansätze, etwa von Bourdieu und Passeron (1971), darauf hingewiesen, dass pädagogische Institutionen, Prozesse und Bewusstseinsformen nicht in einem unilinearen Abhängigkeitsverhältnis zu ökonomischen und politischen Macht- und Herrschaftsverhältnissen stehen, sondern sich ihr Verhältnis zu ökonomischen und politischen Basisbedingungen mit dem Stichwort

Pädagogisches Handeln als historisch vermittelte gesellschaftliche Praxis der relativen Autonomie der Erziehung charakterisieren lässt. Gerade diese relative Selbständigkeit der pädagogischen Institutionen bietet nach Klafki auch die Möglichkeit, in einer gewissen Distanz zu ökonomischen und gesellschaftlich-politischen Verhältnissen Aufklärungsprozesse anzuregen, kritisches Bewusstsein zu vermitteln und Perspektiven der Veränderung zu eröffnen.

In einer ähnlichen Argumentation hat Klaus Mollenhauer (1972, S. 12ff.) deutlich gemacht, dass pädagogisches Handeln nicht allein mit Kategorien der Politischen Ökonomie zureichend erklärt werden kann, da für alles Erziehungshandeln eine andere Struktur gilt, die durch das Machtgefälle zwischen Älteren und Jüngeren gekennzeichnet ist. Andererseits ist für ihn Erziehung aber auch kein politisches Exterritorium, in dem die Tatsache von Herrschaft und ihrer ökonomischen Bedingungen suspendiert wäre. Deshalb plädiert er dafür, zwischen den Zielen und Prozessen pädagogischen Handelns und den politischen Basisbedingungen des Erziehungshandelns zu unterscheiden und er greift bei der Begründung der Ziele pädagogischen Handelns auf die kommunikationstheoretischen Ansätze von Habermas und Apel, bei der Beschreibung der Prozesse des pädagogischen Handelns auf Theorieansätze aus der Tradition des Symbolischen Interaktionismus und bei der Analyse der historisch-gesellschaftlichen Formbestimmtheit pädagogischer Interaktionen auf die materialistischen Erklärungsansätze von Marx und Sohn-Rethel zurück.

(c) Das methodische Vorgehen – Ideologiekritik und Handlungsforschung

Um die Zusammenhänge zwischen pädagogischen Phänomenen und gesellschaftlichen Macht- und Herrschaftsverhältnissen untersuchen zu können, konnte die Kritische Erziehungswissenschaft methodologisch weder bei der empirischen Feststellung von Tatsachen stehen bleiben noch sich in der hermeneutischen Analyse von subjektiven Sinnzusammenhängen erschöpfen. Angeregt durch die wissenschaftstheoretischen Arbeiten vor allem von Habermas plädieren die Vertreter der Kritischen Erziehungswissenschaft in verschiedenen Arbeiten deshalb dafür, hermeneutische und empirische Verfahren zu verknüpfen und in gesellschaftskritische Reflexionen einzubinden (vgl. Blankertz 1979, S. 32; Klafki 1976, S. 39; Mollenhauer 1968, S. 18).

Ideologiekritik

Im Zentrum des methodischen Vorgehens steht dabei die Ideologiekritik. Ideologien werden als von Herrschaftsinteressen gesteuerte Rechtfertigungslehren verstanden. Sie haben den Charakter falschen Bewusstseins, das gesellschaftlich bedingt ist und bestehende Machtverhältnisse rechtfertigt (vgl. Klafki 1976, S. 50). Ideologiekritik heißt dann im Hinblick auf dieses Verständnis des Ideologiebegriffs: „wissenschaftliche Aufdeckung der gesellschaftlichen Entstehungsbedingungen, Enthüllung der angeführten Begründungen bzw. der falschen Rationalisierungen und der Wirkung jener Deutungen, Normen, Theorien, die eine aufweisbare, von Interessen bestimmte Fehleinschätzung der gesellschaftlichen Situation und der in ihr gegebenen Handlungsmöglichkeiten zur Folge haben“ (Klafki 1982, S. 41).

Wie Hermeneutik und Empirie aus ihrer Einseitigkeit herausgehoben werden können und unter ideologiekritischer Fragestellung arbeitsteilig ineinandergreifen, dies hat Klafki (1976, S. 36) als ständigen, dynamischen Rückkopplungsprozess beschrieben: Die sinnverstehende Auslegung von gesellschaftlichen Bedingungen und Theoremen der Erziehung mündet dann in empirisch zu überprüfende Fragestellungen; empirisch gewonnene Ergebnisse gewinnen ihren Stellenwert wiederum nur im Bedeutungszusammenhang gesamtgesellschaftlicher Verhältnisse. So sagt z.B. die empirische Feststellung, dass auch im Jahre 1993 nur 12 Prozent aller Studierenden in Deutschland Arbeiterkinder sind (vgl. BBWT 1995, S. 186), alleine noch nicht viel aus, ja man könnte sie sogar als Ausdruck einer geringeren intellektuellen Begabung oder eines geringeren Bildungsinteresses von Arbeiterkindern interpretieren. Erst eine sozialwissenschaftliche Deutung, die dem ideologiekritischen Impuls folgt, kann dieses Ergebnis im Kontext historisch-gesellschaftlich bedingter Sozialverhältnisse und Erziehungsprozesse einordnen (vgl. Klafki 1976, S. 33).

Handlungsforschung

Insbesondere Wolfgang Klafki hat das methodologische Programm der Kritischen Erziehungswissenschaft jedoch nicht nur auf ideologiekritische Analysen beschränkt, sondern mit dem Konzept der Handlungsforschung oder Aktionsforschung, die empirische Forschung als eingreifende Praxis entwirft, auf methodischer Ebene ein Konzept mit begründet und weiterentwickelt, das Praxisrelevanz und kritische Intentionen zu verbinden sucht. Pädagogische Handlungsforschung wird im Kontext kritischer Erziehungswissenschaft als Innovationsforschung verstanden, als Forschung im Zusammenhang mit und zum Zwecke von Reformen im Bildungs- und Erziehungswesen (vgl. Klafki 1974, S. 268; Mollenhauer u.a. 1978, S. 64ff.).

(d) Gleichrangigkeit von Theorie und Praxis

In dem von Klafki entwickelten Konzept von Handlungsforschung klingt bereits ein Verständnis vom Theorie-Praxis-Verhältnis an, das für die von ihm formulierte Variante einer kritisch-konstruktiven Erziehungswissenschaft, die stets ein kritisches Erkenntnisinteresse mit einem konstruktiven Veränderungsinteresse zu verbinden sucht, generell gilt. Übereinstimmend mit der Geisteswissenschaftlichen Pädagogik hebt Klafki zwar hervor, dass geschichtlich gewordene Praxis als ein Feld eigener, verantwortlicher pädagogischer Entscheidungen der PraktikerInnen zu verstehen sei. Im Gegensatz zur Geisteswissenschaftlichen Pädagogik lehnt er jedoch deren Grundannahme vom Primat der Praxis ab, da wissenschaftliche Theorie nicht allein im Zusammenhang der Praxis selbst, nicht ausschließlich aus ihr heraus entwickelt werden kann (vgl. Klafki 1982, S. 50). Statt dessen geht Klafki von der Annahme einer gleichrangigen Wechselbeziehung von Theorie und Praxis aus. Denn Theorien können auch pädagogisch relevante Themen entdecken und ihre Bearbeitung der Praxis als notwendigen Anspruch deutlich machen. Außerdem hält Klafki auch programmatische, gegebenenfalls sogar utopische Vorentwürfe für einen legitimen Bestandteil pädagogischer Theorien (vgl. Klafki 1984, S. 143).

Kooperative Vermittlung von erziehungswissenschaftlicher Theorie und pädagogischer Praxis

Als zentrale Aufgabe hebt Klafki hervor, zu einer kooperativen Vermittlung von erziehungswissenschaftlicher Theorie und pädagogischer Praxis zu gelangen, wobei Theorie und Praxis die gleiche Verantwortung zugestanden werden soll. Dies schließt jedoch nicht aus, dass eine Unterscheidung von Theorie und Praxis im Sinne einer pragmatischen Arbeitsteilung erfolgt, zugleich kann aber ihre Aufhebung im Sinne gleichberechtigter Kooperationen versucht werden. Da weder die Theorie noch die Praxis alleine hinreichende Entscheidungskriterien dafür besitzen, was als pädagogisch wahr und gültig, theoretisch begründbar und praktisch verantwortbar gelten kann, können diese Geltungsansprüche nur in der ständigen argumentierenden Verhandlung, im „praktischen Diskurs" zwischen TheoretikerInnen und PraktikerInnen ermittelt werden (vgl. Klafki 1982, S. 21). Bei der Klärung des Theorie-Praxis-Problems greift Klafki, ähnlich auch Mollenhauer (1972, S. 51), somit auf diskurstheoretische Überlegungen zurück, wie sie von Habermas im Rahmen der Universalpragmatik begründet worden sind.

I.3.4. Inhaltliche Grundfragen der Kritischen Erziehungswissenschaft

Ausgehend von den skizzierten wissenschaftstheoretischen Überlegungen haben sich die Vertreter der Kritischen Erziehungswissenschaft in ihren Schriften mit fast allen wichtigen Themenfeldern der Erziehungswissenschaft von der Geschichte der Pädagogik, über Fragen der Schul- und Curriculumtheorie, der Didaktik sowie der Berufspädagogik bis hin zu Problemen der außerschulischen Bildung und der Sozialpädagogik auseinandergesetzt. Wesentliche inhaltliche Diskussionen, die oft auch richtungsweisend für die anderen Arbeiten sind, beziehen sich zudem auf bildungstheoretische Begründungen und erziehungstheoretische Reflexionen, die im Folgenden anhand der Bildungstheorie Klafkis und der Erziehungstheorie Mollenhauers exemplarisch vorgestellt werden sollen.

(a) Bildung unter dem Anspruch von Aufklärung

Im Gegensatz zur eher skeptischen bildungstheoretischen Position von Adorno (1963), der darauf hingewiesen hatte, dass im Kontext der bestehenden, den Menschen seiner selbst entfremdenden gesellschaftlichen Verhältnisse, Bildung allenfalls noch als Halbbildung, als Statussymbol oder als Fachidiotie vorfindbar ist, halten die Vertreter der Gründergeneration der Kritischen Erziehungswissenschaft (vgl. Blankertz 1974, S. 68; Klafki 1985; Mollenhauer 1968, S. 153), aber auch andere dieser Position nahestehende Autoren, wie etwa Heydorn (1970), an dem Anspruch fest, dass die Entbindung kritischer Vernunft als Aufgabe und Chance von Bildung noch möglich ist (vgl. auch Zedler 1989, S. 55).

Vor allem im erziehungswissenschaftlichen Oeuvre von Wolfgang Klafki nehmen bildungstheoretische Reflexionen einen breiten Raum ein. Ja man kann sogar sagen, dass der Bildungsbegriff der Schlüsselbegriff in seinem Werk ist, der sich leitmotivisch durch seine Arbeiten von der noch durch das Denken der Geisteswissenschaftlichen Pädagogik geprägten Studie über „Das pädagogische Problem des Elementaren und die Theorie der Kategorialen Bildung" aus dem Jahre 1959 bis hin zu seinen vor allem seit den 1980er Jahren einsetzenden Bemühungen, ein kritisches Konzept von Allgemeinbildung zu begründen, durchzieht. In seinen neueren bildungstheoretischen Arbeiten zielt Klafki darauf ab, die pädagogisch und politisch progressiven Momente im klassischen Bildungsbegriff aus dem Zeitalter der Aufklärung herauszuarbeiten und unter Bezug auf die sozialphilosophischen Arbeiten der Frankfurter Schule im Hinblick auf die veränderten Verhältnisse der Gegenwart und auf Entwicklungsmöglichkeiten in die Zukunft kritisch weiterzudenken (vgl. Klafki 1985, S. 16). Die Idee der Bildung solle somit von ihren Deformierungen befreit werden, die sie seit Mitte des 19. Jahrhunderts durch die Bindung an Besitz erlitten habe.

Klafkis Konzept von Allgemeinbildung

Bildung heute wird von Klafki dabei als selbsttätig erarbeiteter und personal verantworteter Zusammenhang von drei Grundfähigkeiten, der Fähigkeit zur Selbstbestimmung, der Mitbestimmungsfähigkeit und der Solidaritätsfähigkeit verstanden. Im klassischen Bildungsbegriff sieht er drei Bedeutungsmomente von Bildung angelegt, die es für ein zeitgemäßes Allgemeinbildungskonzept kritisch-produktiv weiterzuentwickeln gilt. Aus dem ersten Moment – Allgemeinbildung als Bildung für alle – leitet Klafki ab, dass alle Schüler und Schülerinnen möglichst lange gemeinsam unterrichtet werden sollen. Einen zentralen Stellenwert in seinen Ausführungen nimmt dann der zweite Gesichtspunkt – Bildung im Medium des Allgemeinen – ein. Allgemeinbildung bedeutet hier ein geschichtlich vermitteltes Bewusstsein von den zentralen Schlüsselproblemen der gemeinsamen Gegenwart und der voraussehbaren Zukunft, wie z.B. der Friedensfrage, der Umweltfrage, der sozialen Ungleichheit zwischen den Klassen oder den Geschlechtern, gewonnen zu haben, sich ihnen zu stellen und am Bemühen um ihre Bewältigung teilzunehmen. Auf den verschiedenen Stufen des Bildungswesens sollte deshalb jeder Heranwachsende mit einigen solcher Zentralprobleme konfrontiert werden. Der dritte Bedeutungsaspekt des Begriffs Allgemeinbildung – Bildung als Entwicklung der Vielseitigkeit – verweist darauf, dass die Allgemeinbildungsfrage nicht nur eine kognitive Dimension hat, sondern dass es auch immer um die Förderung von Argumentations- und Kritikfähigkeit, von sozialer Empathie sowie moralischer Entscheidungs- und Handlungsfähigkeit geht (vgl. Klafki 1985, 1990; Matthes 1992, S. 90ff.).

(b) Erziehung als Kommunikation, Interaktion und soziale Reproduktion

Den ambitioniertesten Versuch, eine kritische Theorie der Erziehung zu begründen, hat von den Vertretern der Kritischen Erziehungswissenschaft sicherlich Klaus Mollenhauer in seiner Studie „Theorien zum Erziehungsprozeß“ (1972) vorgelegt, dessen Grundgedanken er in einigen Beiträgen in den 1970er Jahren weiterentwickelt (vgl. Mollenhauer 1977) bzw. für die Konzeptualisierung einer Theorie der Familienerziehung fruchtbar gemacht hat (vgl. Mollenhauer/Brumlik/Wutke 1975).

Genauer gesagt, entwickelt er eine kritische Erziehungstheorie in drei Anläufen. Zunächst werden von ihm Erziehungsprozesse als Prozesse kommunikativen Handelns beschrieben. Im pädagogischen Feld wirken auf das kommunikative Handeln Elemente wie das Verhältnis der Generationen untereinander, Traditionen und die Reproduktion von sozialer Ungleichheit. Zudem wird das kommunikative Handeln durch Erziehungsnormen bestimmt. Welche Normen nun im Erziehungsprozess Gültigkeit haben sollen, das muss im „Diskurs“ ermittelt werden. Der Diskurs im Sinne von Apel und Habermas ist somit für Mollenhauer der normative Bezugspunkt und die fundamentale Legitimationsbasis für pädagogisches Handeln (vgl. Mollenhauer 1972, S. 80).

Erziehung als kommunikatives Handeln

In einem zweiten Schritt wird dann die Struktur erzieherischer Interaktion mit Hilfe der Theorie des Symbolischen Interaktionismus erklärt. Danach erfolgt die Verständigung in Erziehungssituationen mit Hilfe von Symbolen, die die gleiche Bedeutung für verschiedene Individuen haben und imstande sind, die Allgemeinheit von Beziehungen auszudrücken. Außerdem wird unter Zugrundelegung des interaktionistischen Rollenmodells untersucht, inwieweit erzieherische Kommunikationssituationen und pädagogische Institutionen den Heranwachsenden die Möglichkeit eröffnen, eine autonome Identität auszubilden (vgl. Mollenhauer 1972, S. 84ff.).

Erziehung als Interaktion

Zu einer kritischen Erziehungstheorie wird diese Theorie der Erziehung nach Auffassung von Mollenhauer jedoch nur, wenn es ihr in einem dritten Schritt gelingt, die Formen und Inhalte pädagogischer Kommunikation nicht nur in Regeln der Interaktion, sondern im materiellen Reproduktionsprozess der bürgerlichen Gesellschaft zu verankern. Um zeigen zu können, auf welche Weise auch die pädagogische Beziehung mit der materiellen Basis von Gesellschaft und Geschichte verknüpft ist, bedarf es seiner Auffassung nach eines abstrakten Prinzips, das sowohl der konkreten pädagogischen Kommunikation wie auch den ökonomischen Verhältnissen gegenüber abstrakt ist. Der Begriff der Tauschabstraktion, den Mollenhauer aus der Sohn-Rethelschen Marx-Interpretation übernimmt, soll diese Vermittlung zwischen dem gesellschaftlichen Allgemeinen und dem konkreten pädagogischen Handeln leisten (vgl. Mollenhauer 1972, S. 177ff.).

Erziehung als soziale Reproduktion

Obwohl Mollenhauer mit dieser Studie den Anspruch erhebt, eine Verknüpfung zwischen kommunikations- und interaktionstheoretischen Ansätzen und Konzepten materialistischer Gesellschaftstheorie herstellen zu wollen, bleibt es doch de facto bei drei nur lose verbundenen Reflexionen: der kommunikationstheoretischen Begründung pädagogischen Handelns, der interaktionistischen Phänomenologie pädagogischen Handelns und – diesen äußerlich – der materialistischen Bestimmung der gesellschaftlichen Formgenese pädagogischer Beziehungen (vgl. Krüger/Lersch 1993, S. 305). Dennoch kommt insbesondere Klaus Mollenhauer der Verdienst zu, mit der Rezeption kommunikationstheoretischer Ansätze und vor allem der Arbeiten aus der Tradition des Symbolischen Interaktionismus für die Begründung und Weiterentwicklung der Kritischen Erziehungswissenschaft entscheidende Impulse gesetzt zu haben.

I.3.5. Fortschreibungen bzw. weitere Varianten einer kritischen Erziehungswissenschaft

I.3.5.1. Kommunikative Pädagogik

Erziehung und Unterricht als Kommunikationsprozess

Fast zur gleichen Zeit wie Mollenhauers Studie „Theorien zum Erziehungsprozeß" wurde auch die Arbeit „Kritische Erziehungswissenschaft und kommunikative Didaktik" (1971) von Karl-Hermann Schäfer und Klaus Schaller veröffentlicht, in dem die beiden Autoren erste Konturen für eine Kommunikative Pädagogik skizzierten. Ähnlich wie Mollenhauer gehen sie von einem kommunikativon Erziehungsverständnis aus. Akzentuierter noch als Mollenhauer beziehen sie sich, um Erziehungs- und Unterrichtsprozesse als Kommunikationsprozesse beschreiben zu können, auf die Theoreme und Grundbegriffe der Kommunikationstheorie von Watzlawik, Beavin und Jackson (1969). Diese hatten in ihrer Theorie herausgearbeitet, dass jede menschliche Kommunikation immer durch einen Inhalts- und einen Beziehungsaspekt gekennzeichnet ist und dass sie eher komplementär, d.h. hierarchisch, oder eher symmetrisch, d.h. gleichberechtigt, strukturiert sein kann. Da diese aus der systemischen Psychologie stammende Theorie jedoch selber keine Kriterien dafür angibt, in welche Richtung sich nun Kommunikationsprozesse entwickeln sollen, greifen Schäfer und Schaller zur Lösung dieses Problems auf Zusatzannahmen zurück.

Schäfer bezieht sich in seinen Beiträgen aus der Studie von 1971, aber auch in seinen späteren Arbeiten (vgl. Schäfer 1981, 1992), auf die wissenschaftstheoretischen und persönlichkeitstheoretischen Arbeiten von Habermas. Er plädiert vor diesem Hintergrund dafür, den Anteil komplementärer Kommunikation in Erziehung und Unterricht abzubauen sowie die sozialen Lernprozesse in der Schule stärker zu akzentuieren mit dem Ziel, die kommunikative Kompetenz und eine stabile Identität der Heranwachsenden zu fördern.

Schaller hingegen möchte auf jeden Fall den neuzeitlichen Subjektbegriff vermeiden, weil sich der Lernende danach nur Wissen aneigne mit dem Ziel „subjektivistischer Selbstermächtigung“ (Schaller 1987, S. 278). Der Heranwachsende soll nach Schaller gerade nicht nach Autarkie streben, sondern sich in Sachlichkeit und Mitmenschlichkeit als vom Sein her bestimmt verstehen. In Prozessen rationaler Verhandlung, die durch die Prinzipien sachlicher und rückhaltloser Information und die Gleichberechtigung der Verhandlungspartner bestimmt sind, sollen die Voraussetzungen für die Anleitung zur Individuation und Sozialisation hergestellt werden, d.h. Anleitung zu nicht angepasstem und nicht privatistischem Handeln gegenüber Natur und Menschen (vgl. Schaller 1979, 1984). Schaller hat somit eine eigenständige Variante der Kommunikativen Pädagogik entwickelt, die sich an Ballaufs Heiddegger-Rezeption orientiert. In seinen seit Mitte der 1970er Jahre veröffentlichten Arbeiten zur „Pädagogik der Kommunikation“ werden Elemente kommunikationstheoretischen Denkens in die von Ballauf begründete „Pädagogik der Entsprechung“ eingebunden (vgl. Terhart/Uhle 1991, S. 58).

Pädagogik der Kommunikation

I.3.5.2. Interaktionistische Pädagogik

In der Rezeption der Theorietradition des Symbolischen Interaktionismus in der westdeutschen Erziehungswissenschaft seit Anfang der 1970er Jahre spielten die in Meads Arbeiten thematisierten gesellschaftstheoretischen Fragen der liberalen Demokratie keine große Rolle (vgl. Brumlik 1983, S. 235). Im Zentrum standen vielmehr Fragen der Anthropologie und Sozialisationstheorie, wie sie von Mead begründet, von Goffmann und Turner weiterentwickelt, von Krappmann und Habermas in der westdeutschen Sozialisationsforschung aufgegriffen und zunächst von Mollenhauer (1972) und Brumlik (1973) in den Diskussionskontext der Kritischen Erziehungswissenschaft integriert wurden.

Soziales Handeln wird von Mead als Prozess symbolisch vermittelter Interaktion verstanden, in dem wechselseitig Bedeutung ausgetauscht, entwickelt und ausgehandelt wird. In seiner Theorie der Ontogenese des Selbst hat Mead aufgezeigt, dass der Heranwachsende im kindlichen Rollenspiel lernt, sich in die Verhaltenserwartungen einzelner Interaktionspartner hineinzuversetzten. Aber erst im Gruppenspiel ist er gefordert, die Rolle des „generalisierten Anderen" einzunehmen, d.h., er muss, um mitspielen zu können, die Gesamtheit aller durch die Regeln miteinander verbundenen Rollen des Spiels gleichzeitig gegenwärtig haben (vgl. Mead 1973, S. 217). Im Individuum entsteht auf diese Weise ein Zusammenhang von Interaktionsorientierungen, den es mit den Mitgliedern der Gruppe teilt. Mead nennt diese Instanz, in der sich eine Bezugsperson oder -gruppe in mir niederschlägt, das „Me". Davon unterscheidet er das „I", das Ich als Subjekt, das spontan und kreativ ist bzw. sein kann. Im Konzept des „Self", das in der deutschen Mead-Ausgabe auch als Identität bezeichnet wird, werden nun diese beiden Dimensionen miteinander verknüpft (vgl. Treibel 1993, S. 112).

Meads Konzept des „Self"

Dieses Subjektkonzept ist von Goffman (1967) in bedeutsamer Weise weiterentwickelt worden. Er unterscheidet zwei Dimensionen von Erwartungen, denen ein Subjekt bei der Selbst-Repräsentation ausgesetzt ist. In der zeitlichen Linie verfügt das Individuum über eine Biographie, deren Selbstinterpretation als personale Identität bezeichnet wird. In der aktuellen Situation ist das Individuum in unterschiedliche Gruppen- und Rollenstrukturen eingebunden; die darauf bezogene Selbstinterpretation ist die soziale Identität. Aus der Balance von personaler und sozialer Identität ergibt sich wiederum die Ich-Identität. Habermas (1973b) und Krappmann (1971) haben nun im Rahmen ihrer sozialisationstheoretischen Überlegungen dieses Konzept der Ich-Identität weiterentwickelt und bei ihrer Begründung einer kritischen Rollentheorie darauf hingewiesen, dass der Einzelne nur in der Lage ist, eine ausbalancierte Identität in alltäglichen Interaktionen zu wahren, wenn er gleichzeitig über die Fähigkeiten zur sozialen Empathie, zur Frustrationstoleranz, zur Ambiguitätstoleranz und zur Rollendistanz verfügt.

Das Konzept der Ich-Identität

Dieses Modell der Ich-Identität und die damit verbundenen Grundqualifikationen des Rollenhandelns wurden auch in der Erziehungswissenschaft aufgegriffen und gaben der emanzipatorischen Pädagogik in den 1970er Jahren nun eine sozialisationstheoretisch gewendete normative Zielperspektive (vgl. Brumlik 1989, S. 128). Vor dem Hintergrund dieser normativen Folie konnte danach gefragt werden, ob in vorfindbaren pädagogischen Institutionen, wie der Schule oder dem Heim, die Bedingungen für die Identitätsentwicklung eher günstig oder ungünstig sind. Untersucht werden konnte, inwieweit die pädagogischen Institutionen bzw. die in den institutionellen Strukturen dominanten Rollensysteme verhindern oder erschweren, dass Heranwachsende ihre Identitäten entwerfen und erproben, Empathie und Rollendistanz entwickeln und autonomes Handeln einüben können.

Das interaktionistische Identitätskonzept erhielt nicht nur eine zentrale Bedeutung in der allgemein-, schul- und sozialpädagogischen Theoriediskussion (vgl. etwa Mollenhauer 1972; Schäfer 1976; Tillmann 1989; Thiersch 1977), sondern es diente auch als theoretischer Bezugsrahmen für eine Reihe von institutionenkritischen Untersuchungen etwa im Bereich der Familienerziehung (vgl. Mollenhauer/Brumlik/Wutke 1975), der Schule (vgl. Projektgruppe Jugendbüro und Hauptschularbeit 1975; Terhart 1978) oder der Sozialarbeit (Kieper 1980).

Der „labeling approach"

Oft wurde im Umfeld empirischer Untersuchungen auch zudem auf das von Cicourel (1968) entwickelte interaktionistische Konzept zur Erklärung abweichenden Verhaltens, auf den sog. „labeling approach“ bzw. Etikettierungsansatz zurückgegriffen, der besagt, dass erst durch die Normalitätserwartung der Institution, ihre Definitionsmacht und ihr Netz der sozialen Kontrolle Abweichung in einem offiziellen Sinne als sekundäre Devianz produziert wird (vgl. Parmentier 1983). So wurden z.B. von Brusten und Hurrelmann (1973) die Prozesse abweichenden Verhaltens in der Schule oder etwa von Peters und Cremer-Schäfer (1975) bzw. von Kasakos (1980) die Wirklichkeitskonstruktionen und entsprechenden Handlungsstrategien der pädagogisch-kontrollierenden Institutionen in der Jugendhilfe analysiert. In diesen Studien wurde aufgezeigt, wie „Abweichung“ aus den Klassifikationen und Behandlungsprozeduren der pädagogischen Kontrollinstitutionen hervorgeht und durch die Typisierungen und Zuschreibungen der professionellen PädagogInnen mit erzeugt wird.

I.3.5.3. Entwicklungspädagogik

Das Konzept der Entwicklungspädagogik ist am ausführlichsten von Stefan Aufenanger (1992) begründet worden. Aber auch die Arbeiten von Ursula Peukert (1979), Fritz Oser (1981) und Detlev Garz (1989) können dem entwicklungspädagogischen Ansatz zugeordnet werden. Bei der Bestimmung der Zielperspektive der Entwicklungspädagogik greift Aufenanger zunächst auf Klafkis Forderung, dass das Ziel der Erziehung auf die Autonomie des zu erziehenden Subjekts gerichtet sein muss, zurück. Den Begriff der Entwicklungspädagogik übernimmt er von Heinrich Roth, der im zweiten Band seiner „Pädagogischen Anthropologie“ (1971), die den Untertitel „Entwicklung und Erziehung. Grundlagen einer Entwicklungspädagogik“ trägt, einen eigenständigen entwicklungspädagogischen Ansatz zu etablieren versucht hat. Im Unterschied zu Roth, der in seiner „Pädagogischen Anthropologie“ alle relevanten Forschungsergebnisse aus jenen Disziplinen, die sich mit der Entwicklung des Menschen aus unterschiedlichen Perspektiven beschäftigen, aufgegriffen und der pädagogischen Fragestellung zugeordnet hat, beschränkt sich Aufenanger in seiner Studie auf einen ausgewählten Aspekt, den er die soziogenetische Perspektive nennt. „Es handelt sich dabei um Aspekte der sozialen Konstitution von universalen Fähigkeiten und Fertigkeiten, die im Begriff einer Kompetenz gefaßt werden können und von denen angenommen wird, dass sie nicht angeboren, sondern im Prozeß der sozialisatorischen Interaktion erworben werden“ (vgl. Aufenanger 1992, S. 12).

Die soziogenetische Perspektive

Um nun die Zielperspektive des entwicklungspädagogischen Ansatzes, die Strukturen eines „voll entwickelten Subjektes“ bestimmen zu können, greift Aufenanger auf die kompetenztheoretischen Überlegungen zurück, wie sie von Habermas (1975) und Oevermann (1976) im Rahmen der rekonstruktiven Sozialisationsforschung theoretisch begründet bzw. von Piaget für die Struktur und Genese der Erkenntnisfähigkeit und von Kohlberg für die Struktur und Genese der moralischen Urteilsfähigkeit entwicklungstheoretisch beschrieben worden sind. Piaget unterscheidet in seiner Psychologie der Intelligenz vier Stadien der kognitiven Entwicklung: die Stufe der sensomotorischen Intelligenz, des anschaulichen Denkens, der konkreten und der formalen Operationen. Auch in Kohlbergs Theorie zur Genese der sozialen Kompetenz werden mehrere Entwicklungsniveaus der moralischen Ur-

Kompetenztheorien

teilsfähigkeit differenziert, die von den Stufen des heteronom und instrumentell bestimmten präkonventionellen moralischen Bewusstseins über das konventionelle bis hin zum postkonventionellen prinzipiengeleiteten moralischen Bewusstsein reichen.

Die in den Kompetenztheorien von Piaget und Kohlberg beschriebenen höchsten Entwicklungsstufen des Denkens und der moralischen Urteilsfähigkeit dienen Aufenanger (1992, S. 167) als Bezugsgrößen, um Teilaspekte des voll entwickelten Subjektes zu bestimmen. Anschließend wird von ihm unter Bezug auf empirische Untersuchungen diskutiert, welche sozialen Entwicklungsbedingungen für die Ausbildung dieser kognitiven und sozialen Fähigkeiten förderlich oder hemmend sind. Dem pädagogischen Handeln kommt in diesem Zusammenhang die Aufgabe zu, die Ausbildung von Kompetenzen und universalen Eigenschaften zu fördern sowie die Menschen zur Kommunikation und Kooperation zu befähigen. Dabei sollte im Zentrum des erzieherischen Handelns die Diskussion methodologischen Wissens, d.h., Probleme des Wissenstranfers und Fragen der Gerechtigkeit stehen, die zugleich die Neugierde der Heranwachsenden wecken (vgl. Aufenanger 1992, S. 197ff.).

I.3.5.4. Evolutionstheoretisch orientierte Erziehungswissenschaft

Während sich die Studien aus dem Umfeld der Entwicklungspädagogik vornehmlich auf die sozialisations- und persönlichkeitstheoretischen Arbeiten von Habermas beziehen, stützt sich die vor allem von Volker Lenhart (1987, 1992) begründete evolutionstheoretisch orientierte Erziehungswissenschaft auf die Theorie gesellschaftlicher Evolution von Habermas. Im Gegensatz etwa zu Treml (1987), in dessen Evolutionstheorie der Erziehung letztlich ein kybernetisch-informationstheoretischer bzw. neuerdings ein biologischer Zugang (vgl. Treml 2004) dominiert, zielt Lenhart darauf ab, eine erziehungstheoretisch bedeutsame Theorie der sozio-kulturellen Evolution zu entwerfen, für die die gesellschaftliche Evolutionstheorie von Habermas die wichtigste Bezugstheorie ist. Dieser Theorie werden zudem auf den Gegenstand Erziehung hingedachte Elemente des an Max Weber angelehnten gesellschaftsgeschichtlichen Entwurfs von Schluchter sowie der systemtheoretisch orientierten Evolutionstheorien von Parsons und Luhmann gleichsam bausteinartig eingefügt (vgl. Lenhart 1992, S. 148).

Fragen pädagogischer Evolutionstheorie

Eine solche pädagogisch relevante Evolutionstheorie soll Antworten auf zwei Fragen geben: Wie verändert sich Erziehung mit der gesellschaftlichen Evolution und wie beeinflusst Erziehung die gesellschaftliche Evolution? Dabei arbeitet die Theorie mit einem hoch stilisierten Modell. Sie unterscheidet zwischen Entwicklungslogik und Entwicklungsdynamik (vgl. auch Habermas 1976). Bei der ersten handelt es sich um die im nachhinein rekonstruierbaren Strukturmuster, bei der letzten um die konkreten Ereignisverläufe. In der Theorie sozialer Evolution wird zwischen einem vorhochkulturellen, d.h. letztlich stammesgesellschaftlichen, einem hochkulturellen und einem modernen gesellschaftlichen Strukturprinzip unterschieden, denen die konkreten Einzelgesellschaften zugeordnet werden können (vgl. Habermas 1976; Schluchter 1979).

Erziehungsinstitutionen im Kontext soziokultureller Entwicklung

Vor dem Hintergrund dieser Theorie soziokultureller Entwicklung wird nun von Lenhart eine in zwei Dimensionen beschreibbare Ausdifferenzierung erzieherischer Institutionen, nämlich hinsichtlich ihres Organisations- und ihres Spezifikationsniveaus, historisch analysiert. Stammesgesellschaften kennen zwar schon Institutionen, in denen auch erzogen wird (z.B. die Initiationsfeier), aber noch keine komplexen auf Erziehung spezialisierten Institutionen. Die Entstehung der Schule als eine auf Erziehung weitgehend spezifizierte Institution fortgeschrittenen Organisationsgrades ist ein Indikator für den vollzogenen Übergang zu Hochkulturen. Die moderne Gesellschaft schließlich kennt eine Vernetzung der spezifizierten Institutionen zu einem formalen Erziehungs- und Bildungssystem, dessen Teile aufeinander bezogen sind (vgl. Lenhart 1992, S. 150; Tenorth 1988).

Entwicklungs-historische und entwicklungs-innovative Funktionen von Erziehung

Bei der Beantwortung der Frage, ob die Erziehung die Gesellschaft verändern kann, unterscheidet Lenhart (1992, S. 151) zwischen einer entwicklungshistorischen und einer entwicklungsinnovatorischen Funktion von Erziehung. Seine These ist, dass in vorhochkulturellen Gesellschaften Erziehung nur eine Entwicklung reproduzierende oder eine entwicklungshemmende Bedeutung gehabt hat, während in modernen Gesellschaften Erziehung daneben auch noch produktive und kreative Funktionen haben kann.

I.3.5.5. Handlungstheoretisch orientierte Erziehungswissenschaft

Zusammen mit Rainer Lersch habe ich versucht, eine handlungstheoretisch orientierte Konzeption von Erziehungswissenschaft zu entwickeln und für den Bereich einer Theorie schulischen Handelns zu konkretisieren (vgl. Krüger/Lersch 1993; König 1992). Dabei werden Ansätze einer pädagogischen Handlungstheorie, wie sie vor allem von John Dewey im Rahmen der Tradition des amerikanischen Pragmatismus begründet worden sind (vgl. auch Brüggen 1980), mit Ansätzen einer handlungstheoretisch gefassten Persönlichkeitstheorie, Organisations- und Institutionentheorie verknüpft und in eine historisch sensible und kritisch orientierte Theorie sozialen Wandels auf handlungstheoretischer Grundlage eingebunden.

Ähnlich wie in der Entwicklungspädagogik wird auch in dieser handlungstheoretischen Variante von Erziehungswissenschaft die Zielperspektive für Erziehung, die im Anschluss an Dewey als Prozess adaptiv-konstruktiver Erfahrung verstanden wird, in der optimalen Förderung der kognitiven, sprachlichen und sozialen Handlungskompetenzen der Heranwachsenden festgemacht. Im Unterschied zur Entwicklungspädagogik werden in diesem Theoriekonzept jedoch die organisatorischen bzw. institutionellen und gesamtgesellschaftlichen Rahmenbedingungen in der Analyse mit berücksichtigt, die kompetenz- und erfahrungsfördernde Lernprozesse eher unterstützen oder eher behindern. Bei der Untersuchung der organisatorischen und institutionellen Bedingungsfaktoren greifen die Verfasser auf organisationstheoretische Ansätze in der Tradition Webers sowie auf institutionentheoretische Konzepte aus der Tradition des Symbolischen Interaktionismus zurück. Bei der Analyse der gesamtgesellschaftlichen Determinanten von pädagogischen Einrichtungen und Handlungsprozessen stützen sie sich auf das Analyseinstrumentarium einer kritischen Gesellschaftstheorie, das auf einer handlungstheoretischen Interpretation der Theorie der Gesellschaft von Habermas basiert (vgl. Krüger/Lersch 1993, S. 321).

Erziehung als kompetenz-fördernder Lernprozess

I.3.6. Kritik und Bilanz

Bereits in den 1970er Jahren wurde die Kritische Erziehungswissenschaft in ihrem Ursprungsprogramm von Vertretern anderer erziehungswissenschaftlicher Positionen heftig kritisiert. Repräsentanten des Kritischen Rationalismus, wie z.B. Rössner (1972), bemängelten die unpräzise Begrifflichkeit und stellten die These auf, dass der Begriff Emanzipation überhaupt nur verwendet werden könnte, wenn er operationalisiert würde. Pädagogen aus einem konservativen bildungspolitischen Kontext forderten massiv eine Abkehr von kritisch-emanzipatorischen Orientierungen und sahen in der Kritischen Erziehungswissenschaft nur eine Neuauflage des Marxismus. Umgekehrt wurde die Kritische Erziehungswissenschaft von marxistischen Pädagogen als „reformistisch" etikettiert, da sie Gesellschaftsreformen qua Bildungsreformen bewirken wolle und Fragen des Klassenkampfes außer acht lässt.

Kamen die kritischen Anmerkungen zunächst vor allem von außen, von Vertretern anderer wissenschaftstheoretischer Positionen, so setzte in den 1980er Jahren ein kritischer Diskurs auch innerhalb dieser Theorieströmung ein. Klaus Mollenhauer (1991, S. 75) stellt in einem Rückblick selbstkritisch fest, dass mit der überzogenen Rezeption einer sozialwissenschaftlichen Begrifflichkeit, von Begriffen wie z.B. Sozialisation oder Lernen, zugleich die einheimischen pädagogischen Begriffe zum Verschwinden gebracht wurden. Von anderen Autoren wird problematisiert, ob das Diskursmodell überhaupt auf pädagogische Situationen übertragbar sei, da diese grundsätzlich durch ein altersbedingtes Ungleichheitsgefälle von Heranwachsenden und Erwachsenen gekennzeichnet seien. In Frage gestellt wurde auch das methodologische Konzept der Aktionsforschung, da es empirische Forschung und das Interesse an Praxisveränderung in unzulässiger Weise vermischt (vgl. auch Krüger 1997). Dabei konnte man sich auf die Argumentation von Habermas stützen, der mit Recht darauf hingewiesen hatte, dass die modischen Forderungen nach einem Typus von action research, den für die Sozialwissenschaften geltenden Umstand übersehen, dass eine unkontrollierte Veränderung des Feldes mit der gleichzeitigen Erhebung von Daten im Feld unvereinbar ist (vgl. Habermas 1971, S. 18).

Noch radikaler wurden die theoretischen Prämissen des Ursprungsprogramms der Kritischen Erziehungswissenschaft von einigen jüngeren Erziehungswissenschaftlern in Frage gestellt, die seit den späten 1980er Jahren die fortschrittsskeptischen Spätschriften von Horkheimer und Adorno sowie die paradox-negativistische Bildungstheorie von Adorno erstmals ins Zentrum der Diskussion um die Begründung einer Kritischen Erziehungswissenschaft rückten (vgl. Paffrath 1987, 1992). So wurde z.B. von Gruschka der an gesellschaftlichem Fortschritt und Aufklärung orientierten Emanzipationspädagogik zu Recht vorgehalten, dass sie es versäumt habe, danach zu fragen, was die Pädagogik selber zur Dialektik der Aufklärung mit beigetragen habe. Im Gegensatz zu Klafkis Variante einer kritisch-konstruktiven Erziehungswissenschaft wird von Gruschka in Anlehnung an Adorno eine „Negative Pädagogik" (1988) konzipiert, die sich auf die Kritik der affirmativen pädagogischen Praxis beschränkt und nicht sagen kann, was direkt und konstruktiv aus der Kritik gefolgert werden kann.

Negative Pädagogik

Und im bildungstheoretischen Diskurs wird u.a. von Schäfer (1991) die These vorgetragen, dass es in einer gesellschaftlichen Situation, die durch eine zunehmende Selbstparalysierung wissenschaftlicher Rationalität und eine nicht über Vernunft vermittelten Individualisierung gekennzeichnet sei, nicht mehr sinnvoll ist, an der Theorie der Möglichkeit eines Vernunftssubjektes festzuhalten, wie es in der Bildungstheorie von Wolfgang Klafki, aber auch in den am Zielkonzept des autonomen Subjektes orientierten entwicklungspädagogischen bzw. handlungstheoretischen Varianten einer Kritischen Erziehungswissenschaft noch versucht wird (vgl. zusammenfassend Sünker/Krüger 1999).

So berechtigt eine Reihe der hier zusammengefassten Kritikpunkte an der Kritischen Erziehungswissenschaft auch sind, – dies gilt vor allem für die im Ursprungsprogramm dieser Theorierichtung anklingenden Hoffnungen, über Bildung und Erziehung bzw. über Forschung die Gesellschaft grundsätzlich verändern oder sogar zur Emanzipation der Menschheit mit beitragen zu können –, so dürfen darüber jedoch nicht die vielfältigen Leistungen dieser Theorieströmung übersehen werden. Die Kritische Erziehungswissenschaft hat die pädagogische Theoriebildung für interessante makrosoziologische sowie persönlichkeitstheoretische Diskurse aus dem Umfeld der Kritischen Theorie, des Symbolischen Interaktionismus sowie der Sozial- und Entwicklungspsychologie geöffnet. Sie hat im Bereich der Historischen Pädagogik wesentlich mit zu einer Umorientierung von einer ideengeschichtlich hin zu einer sozialgeschichtlich ausgerichteten Forschung beigetragen. In der methodologischen Diskussion hat sie konstruktive Vorschläge für eine Verknüpfung von empirischer Forschung mit gesellschaftskritischer Reflexion vorgelegt. Und sie hat vor allem über die Rezeption der methodologischen Forschungstraditionen des Symbolischen Interaktionismus entscheidende Impulse für die Wiederbelebung der qualitativen Forschung in der Erziehungswissenschaft gesetzt und in diesem Zusammenhang auch eine Reihe empirischer Studien mit angeregt. Gerade in diesen historischen und gegenwartsbezogenen empirischen Studien, in denen es nicht um die großen pädagogischen Entwürfe vom zukünftigen Menschen geht, sondern wo die Grenzen der Erziehung oder z.B. Prozesse der Stigmatisierung und Etikettierung im Alltag von Schule oder Sozialarbeit kritisch analysiert werden, dokumentiert sich vor allem die Leistungsfähigkeit Kritischer Erziehungswissenschaft. Wie fruchtbar eine Verbindung von empirischer Forschung mit sozialphilosophischen Diskursen aus dem Kontext der Kritischen Theorie immer noch sein kann, zeigen gegenwärtig auch einige Studien aus der Jugend- und Schulforschung, die politische Bildungsprozesse vor dem Hintergrund der von Honneth (1992, 2005) entwickelten Anerkennungstheorie verorten (vgl. etwa Helsper/Krüger u.a. 2006).

Literatur

Adorno, Th.W.: Erziehung zur Mündigkeit. Frankfurt a.M. 1963.
Adorno, Th.W.: Negative Dialektik. Frankfurt a.M. 1966.
Adorno, Th.W.: Studien zum autoritären Charakter. Frankfurt a.M. 1980.
Adorno, Th.W. u.a.: Der Positivismusstreit in der deutschen Soziologie. Darmstadt/Neuwied 1972.
Aufenanger, St.: Entwicklungspädagogik. Die soziogenetische Perspektive. Weinheim 1992.
Blankertz, H.: Berufsbildung und Utilitarismus – Problemgeschichtliche Untersuchungen. Düsseldorf 1963.
Blankertz, H.: Bildung – Bildungstheorie. In: Wulf, Ch. (Hrsg.): Wörterbuch der Erziehung. München 1974, S. 65-69.
Blankertz, H.: Die Geschichte der Pädagogik. Wetzlar 1982.
Blankertz, H.: Kritische Erziehungswissenschaft. In: Schaller, K. (Hrsg.): Erziehungswissenschaft der Gegenwart. Bochum 1979, S. 28-48.
Bourdieu, P./Passeron, J.C.: Die Illusion der Chancengleichheit. Stuttgart 1971.
Brüggen, F.: Strukturen pädagogischer Handlungstheorie. Freiburg 1980.
Brumlik, M.: Der symbolische Interaktionismus und seine pädagogische Bedeutung. Frankfurt a.M. 1973.
Brumlik, M.: Kritische Theorie und Symbolischer Interaktionismus. In: Röhrs, H./Scheuerl, H. (Hrsg.): Richtungsstreit in der Erziehungswissenschaft und pädagogische Verständigung. Frankfurt a.M. u.a. 1989, S. 113-130.
Brumlik, M.: Symbolischer Interaktionismus. In: Lenzen, D./Mollenhauer, K. (Hrsg.): Theorien und Grundbegriffe der Erziehungswissenschaft, Band I der Enzyklopädie Erziehungswissenschaft. Stuttgart 1983, S. 232-244.
Brusten, M./Hurrelmann, K.: Abweichendes Verhalten in der Schule. München 1973.
Bundesministerium für Bildung, Wissenschaft, Forschung und Technologie: Grund- und Strukturdaten 1994/95. Bad Honnef 1995.
Cicourel, A.: The social organisation of juvenile justice. New York 1968.
Claußen, B.: Zur Aktualität und Problematik einer kritischen Erziehungswissenschaft. In: Claußen, B./Scarbath, H. (Hrsg.): Konzepte einer kritischen Erziehungswissenschaft. München/Basel 1980, S. 13-34.
Dubiel, H.: Der Streit über die Erbschaft der Kritischen Theorie. In: Schäfers, B. (Hrsg.): Soziologie in Deutschland. Opladen 1995, S. 119-130.
Dubiel, H.: Kritische Theorie der Gesellschaft. Weinheim/München 1988.
Dubiel, H.: Ungewißheit und Politik. Frankfurt a.M. 1994.
Garz, D.: Noch einmal: Entwicklung als Ziel der Erziehung. In: Zeitschrift für internationale erziehungs- und sozialwissenschaftliche Forschung 6 (1989), S. 377-398.
Goffman, E.: Stigma. Über Techniken der Bewältigung beschädigter Identität. Frankfurt a.M. 1967.
Gruschka, A.: Negative Pädagogik. Wetzlar 1988.
Habermas, J.: Der philosophische Diskurs der Moderne. Frankfurt a.M. 1985.
Habermas, J.: Diskursethik. In: Habermas, J.: Moralbewußtsein und kommunikatives Handeln. Frankfurt a.M. 1983, S. 53-125.
Habermas, J.: Erkenntnis und Interesse. Frankfurt a.M. 1969.
Habermas, J.: Faktizität und Geltung. Beiträge zur Diskurstheorie des Rechts und des demokratischen Rechtsstaates. Frankfurt a.M. 1992.
Habermas, J.: Legitimationsprobleme im Spätkapitalismus. Frankfurt a.M. 1973 (a).
Habermas, J.: Stichworte zur Theorie der Sozialisation. In: Habermas, J.: Kultur und Kritik. Frankfurt a.M. 1973 (b), S. 118-194.
Habermas, J.: Strukturwandel der Öffentlichkeit. Neuwied/Berlin 1962.
Habermas, J.: Theorie des kommunikativen Handelns, 2 Bde. Frankfurt a.M. 1981.
Habermas, J.: Theorie und Praxis. Frankfurt a.M. 1971.
Habermas, J.: Technik und Wissenschaft als Ideologie. Frankfurt a.M. 1968.
Habermas, J.: Zeit der Übergänge. Frankfurt a.M. 2001.

Habermas, J.: Zur Entwicklung der Interaktionskompetenz. o.O. 1975.
Habermas, J.: Zur Logik der Sozialwissenschaften. Frankfurt a.M. 1970.
Habermas, J.: Zur Rekonstruktion des Historischen Materialismus. Frankfurt a.M. 1976.
Habermas, J./Friedeburg, L. v./Oehler, C. u.a.: Student und Politik. Neuwied/Berlin 1961.
Helsper, W./Krüger, H.-H. u.a.: Unpolitische Jugend? Eine Studie zum Verhältnis von Schule, Anerkennung und Politik. Wiesbaden 2006.
Heydorn, H.-J.: Über den Widerspruch von Bildung und Herrschaft. Frankfurt a.M. 1970.
Honneth, A.: Kampf um Anerkennung. Zur moralischen Grammatik sozialer Konflikte Frankfurt a.M. 1992.
Honneth, A.: Verdinglichung. Eine anerkennungstheoretische Studie. Frankfurt a.M. 2005.
Horkheimer, M.: Die gegenwärtige Lage der Sozialphilosophie und die Aufgaben eines Institutes für Sozialforschung (1931). In: Horkheimer, M.: Sozialphilosophische Studien. Frankfurt a.M. 1972, S. 33ff.
Horkheimer, M.: Traditionelle und Kritische Theorie (1937). In: Horkheimer, M.: Traditionelle und Kritische Theorie. Frankfurt a.M. ²1970, S. 12-56.
Horkheimer, M./Adorno, Th.W.: Dialektik der Aufklärung. Amsterdam 1947.
Horkheimer, M. (Hrsg.): Studien über Autorität und Familie. Paris 1936.
Kasakos, G.: Familienfürsorge zwischen Beratung und Zwang. München 1980.
Keckeisen, W.: Kritische Erziehungswissenschaft. In: Lenzen, D./Mollenhauer, K. (Hrsg.): Theorien und Grundbegriffe der Erziehung und Bildung. Band 1 der Enzyklopädie Erziehungswissenschaft. Stuttgart 1983, S. 117-138.
Kieper, M.: Lebenswelten verwahrloster Mädchen München 1980.
Klafki, W.: Abschied von der Aufklärung? Grundzüge eines bildungstheoretischen Gegenentwurfs. In: Krüger, H.-H. (Hrsg.): Abschied von der Aufklärung? Perspektiven der Erziehungswissenschaft. Opladen 1990, S. 91-104.
Klafki, W.: Aspekte einer kritisch-konstruktiven Erziehungswissenschaft. Weinheim/Basel 1976.
Klafki, W.: Das pädagogische Problem des Elementaren und die Theorie der kategorialen Bildung. Weinheim 1959.
Klafki, W.: Handlungsforschung. In: Wulf, Ch. (Hrsg.): Wörterbuch der Erziehung. München 1974, S. 267-272.
Klafki, W.: Kann Erziehungswissenschaft bei der Begründung pädagogischer Zielsetzungen beitragen? In: Röhrs, H./Scheuerl, H. (Hrsg.): Richtungsstreit in der Erziehungswissenschaft und pädagogische Verständigung. Frankfurt a.M. 1989, S. 147-159.
Klafki, W.: Kritisch-konstruktive Erziehungswissenschaft. In: Winkel, R. (Hrsg.): Deutsche Pädagogen der Gegenwart, Bd. I, München 1984, S. 137-162.
Klafki, W.: Neue Studien zur Bildungstheorie und Didaktik. Weinheim/Basel 1985.
Klafki, W.: Thesen und Argumentationsansätze zum Selbstverständnis „kritisch-konstruktiver Erziehungswissenschaft". In: König, E./Zedler, P. (Hrsg.): Erziehungswissenschaftliche Forschung. Paderborn/München 1982, S. 15-52.
Klafki, W.: Im Gespräch mit W. Lingelbach. In: Kaufmann, H.B. u.a. (Hrsg.): Kontinuität und Traditionsbrüche in der Pädagogik. Weinheim/Basel 1991, S. 153-191.
Klafki, W.: Kritische Erziehungswissenschaft. In: Krüger, H.-H./Grunert, C. (Hrsg.): Wörterbuch Erziehungswissenschaft. Opladen ²2006, S. 172-177.
Klafki, W. u.a.: Erziehungswissenschaft. 3 Bde., Frankfurt a.M. 1970.
König, E.: Handlungstheoretische Pädagogik. In: Petersen, J./Reinert, G.B. (Hrsg.): Pädagogische Konzeptionen. Donauwörth 1992, S. 130-145.
Krappmann, L.: Soziologische Dimensionen der Identität. Stuttgart 1971.
Krüger, H.-H.: Von der pädagogischen Handlungsforschung zur Kritischen Bildungsforschung – Oder hat empirische Forschung einen Zukunftsbezug? In: Braun, K.-H./Krüger, H.-H. (Hrsg.): Pädagogische Zukunftsentwürfe. Opladen 1997, S. 71-84.
Krüger, H.H./Lersch, R.: Lernen und Erfahrung. Perspektiven einer Theorie schulischen Handelns. Opladen ²1993.
Lenhart, V.: Die Evolution erzieherischen Handelns. Frankfurt a.M. u.a. 1987.
Lenhart, V.: Evolutionstheoretisch orientierte Pädagogik. In: Petersen, J./Reinert, G.-B. (Hrsg.): Pädagogische Konzeptionen. Donauwörth 1992, S. 146-158.

Mc Carthy, Th.: Kritik der Verständigungsverhältnisse. Zur Theorie von Jürgen Habermas. Frankfurt a.M. 1980.
Matthes, E.: Von der geisteswissenschaftlichen zur kritisch-konstruktiven Pädagogik und Didaktik. Bad Heilbrunn 1992.
Mead, G.H.: Geist, Identität und Gesellschaft aus der Sicht des Sozialbehaviorismus. Frankfurt a.M. 1973.
Mollenhauer, K.: Erziehung und Emanzipation. München 1968.
Mollenhauer, K.: Marginalien zur Lage der Erziehungswissenschaft. In: König, E./Zedler, P. (Hrsg.): Erziehungswissenschaftliche Forschung. Paderborn/München 1982, S. 252-265.
Mollenhauer, K.: Im Gespräch mit Th. Schulze. In: Kaufmann, H.B. u.a. (Hrsg.): Kontinuität und Traditionsbrüche in der Pädagogik. Weinheim/Basel 1991, S. 67-82.
Mollenhauer, K.: Theorien zum Erziehungsprozeß. München 1972.
Mollenhauer, K.: Umwege. Über Bildung, Kunst und Interaktion. Weinheim/München 1986.
Mollenhauer, K.: Vergessene Zusammenhänge. Über Kultur und Erziehung. Weinheim/München 1983.
Mollenhauer, K.: Grundfragen ästhetischer Bildung. Weinheim/München 1995.
Mollenhauer, K./Brumlik, M./Wutke, H.: Familienerziehung. München 1975.
Mollenhauer, K. u.a.: Pädagogik der „kritischen Theorie". 4 Studienbriefe der Fernuniversität Hagen 1978.
Negt, O./Kluge, A.: Öffentlichkeit und Erfahrung. Frankfurt a.M. 1972.
Oevermann, U.: Programmatische Überlegungen zu einer Theorie der Bildungsprozesse und zur Strategie der Sozialisationsforschung. In: Hurrelmann, K. (Hrsg.): Sozialisation und Lebenslauf. Reinbek 1976, S. 34-52.
Oser, F.: Moralisches Urteil in Gruppen. Frankfurt a.M. 1981.
Paffrath, F.H.: Die Wendung aufs Subjekt. Pädagogische Perspektiven im Werk Theodor W. Adornos. Weinheim 1992.
Paffrath, F.H. (Hrsg.): Kritische Theorie und Pädagogik der Gegenwart. Weinheim 1987.
Parmentier, M.: Ethnomethodologie. In: Lenzen D./Mollenhauer, K. (Hrsg.): Theorien und Grundbegriffe der Erziehungswissenschaft. Band 1 der Enzyklopädie Erziehungswissenschaft. Stuttgart 1983, S. 246-260.
Peters, H./Cremer-Schäfer, H.: Die sanften Kontrolleure. Stuttgart 1975.
Peukert, H.: Kritische Theorie und Pädagogik. In: Zeitschrift für Pädagogik 30 (1983), H. 2, S. 195-217.
Peukert, U.: Interaktive Kompetenz und Identität. Düsseldorf 1979.
Projektgruppe Jugendbüro und Hauptschülerarbeit: Die Lebenswelt von Hauptschülern. München 1975.
Rössner, L.: Emanzipatorische Didaktik und Entscheidungslogik. In: Zeitschrift für Pädagogik 18 (1972), S. 607f.
Roth, H.: Pädagogische Anthropologie. Bd. II; Hannover 1971.
Schäfer, A.: Kritische Pädagogik – vom paradigmatischen Scheitern eines Paradigmas. In: Hoffmann, D. (Hrsg.): Bilanz der Paradigmendiskussion in der Erziehungswissenschaft. Weinheim 1991, S. 111-126.
Schäfer, K.-H.: Aspekte einer kommunikativen Theorie der Schule. In: Twellmann, W. (Hrsg.): Handbuch Schule und Unterricht. Bd. 1, Düsseldorf 1981.
Schäfer, K.-H.: Partizipation und Identität im Schulfeld. In: Popp, W. (Hrsg.): Kommunikative Didaktik. Weinheim/Basel 1976, S. 55-76.
Schäfer, K.-H.: Kommunikative Pädagogik. In: Petersen, J./Reinert, G.B. (Hrsg.): Pädagogische Konzeptionen. Donauwörth 1992, S. 227-268.
Schäfer, K.-H./Schaller, K.: Kritische Erziehungswissenschaft und kommunikative Didaktik. Heidelberg 1971.
Schaller, K.: Pädagogik der Kommunikation. In: Schaller, K. (Hrsg.): Erziehungswissenschaft der Gegenwart. Bochum 1979, S. 155-181.
Schaller, K.: Pädagogik der Kommunikation. Bad Augustin 1987.

Schaller, K.: Rationale Kommunikation. Prinzip humaner Handlungsorientierung. In: Winkel, R. (Hrsg.): Deutsche Pädagogen der Gegenwart. Bd. 1, Düsseldorf 1984, S. 319ff.
Schluchter, W.: Die Entwicklung des okzidentalen Rationalismus. Tübingen 1979.
Sünker, H./Krüger, H.-H. (Hrsg.): Kritische Erziehungswissenschaft am Neubeginn? Frankfurt a.M. 1999.
Tenorth, H.-E.: Geschichte der Erziehung. Weinheim/München 1988.
Terhart, E.: Interpretative Unterrichtsforschung. Stuttgart 1978.
Terhart, E./Uhle, R.: Kommunikative Pädagogik. Versuch einer Bilanzierung. In: Hoffmann, D./Heid, H. (Hrsg.): Bilanzierungen erziehungswissenschaftlicher Theorieentwicklung. Weinheim 1991, S. 51-88.
Thiersch, H.: Kritik und Handeln. Interaktionistische Aspekte der Sozialpädagogik. Neuwied/Darmstadt 1977.
Tillmann, K.J.: Sozialisationstheorien. Reinbek 1989.
Treibel, A.: Einführung in soziologische Theorien der Gegenwart. Opladen 1993
Treml, A.K.: Allgemeine Pädagogik. Grundlagen, Handlungsfelder und Perspektiven der Erziehung. Stuttgart 2000.
Treml, A.K.: Einführung in die Allgemeine Pädagogik. Stuttgart u.a. 1987.
Treml, A.K.: Evolutionäre Pädagogik. Stuttgart 2004.
Watzlawick, P./Beavin, J.H./Jackson, D.D.: Menschliche Kommunikation. Bonn/Stuttgart 1969.
Zedler, P.: Bildungstheorie in praktischer Absicht. Kritische Theorie und pädagogische Theorietradition bei Herwig Blankertz. In: Kutscha, G. (Hrsg.): Bildung unter dem Anspruch von Aufklärung. Weinheim/Basel 1989, S. 45-68.

I.4. Weitere Richtungen der Erziehungswissenschaft

War die erziehungswissenschaftliche Theorielandschaft in Westdeutschland bis Mitte der 1970er Jahre noch gut überschaubar und vor allem durch die Auseinandersetzungen zwischen den drei Hauptströmungen, der Geisteswissenschaftlichen Pädagogik, der Empirischen Erziehungswissenschaft und den verschiedenen Varianten einer Kritischen Erziehungswissenschaft bestimmt, so hat sich seitdem die erziehungswissenschaftliche Theoriebildung enorm ausdifferenziert. Die aktuelle theoretische Diskussion ist durch eine Vielfalt und Pluralität der Konzepte gekennzeichnet, von denen keines mehr ein Recht auf Alleinvertretung beanspruchen kann.

Aus dem breiten Spektrum der gegenwärtig diskutierten pädagogischen Konzeptionen werden im Folgenden zehn zentrale Theorieströmungen vorgestellt. Dabei ist den ersten fünf Richtungen gemeinsam, dass sie sich auf geistesgeschichtliche Traditionen auch außerhalb der Pädagogik beziehen. Dieses sind die bis auf die Praxisphilosophie der griechischen Antike zurückgehenden Konzepte einer praxeologischen Pädagogik, die an die Philosophie Kants anknüpfende transzendentalphilosophische Pädagogik, die in der Tradition der Geschichts- und Gesellschaftstheorie von Karl Marx stehenden Konzepte einer historisch-materialistischen Pädagogik, die sich auf die Psychoanalyse Freuds beziehende psychoanalytische Pädagogik sowie die an die Lebensweltphilosophie von Husserl anknüpfende phänomenologische Pädagogik.

Zwei weitere Versuche theoretischer Neubegründung der Erziehungswissenschaft zeichnen sich dadurch aus, dass sie auf eher zeitgenössische und aus dem internationalen Raum stammende Theoriekonzeptionen aus den Nachbarwissenschaften rekurrieren. Dazu zählen die von Niklas Luhmann selber mit initiierte Systemtheoretische Erziehungswissenschaft bzw. dieser Position verwandte Konstruktivistische Erziehungswissenschaft und die durch Arbeiten aus dem Umfeld des französischen Strukturalismus angeregte Strukturalistische Erziehungswissenschaft. Drei weitere im Folgenden zu skizzierende aktuelle theoretische Konzeptionen der Erziehungswissenschaft sind stark durch gesellschaftliche Einflüsse von außen mit angeregt worden. Dazu gehören die ökologische Pädagogik, die auf die Kategorie der Geschlechterdifferenz sich gründende feministische Pädagogik sowie die verschiedenen Varianten postmodernen pädagogischen Denkens, die die internationalen Diskussionen um eine Vernunft- und Modernitätskritik für die Erziehungswissenschaft fruchtbar zu machen versucht haben.

I.4.1. Praxeologische Pädagogik

Inhalt

I.4.1.1. Entstehungszusammenhang und Wirkung

Das Konzept einer praxeologischen Pädagogik ist in den 1970er Jahren von Josef Derbolav begründet und in den 1980er Jahren von Dietrich Benner in einer eigenständigen handlungsorientierten Theorie der Pädagogik weiterentwickelt worden.

Josef Derbolav

Josef Derbolav (1912-1987) hat von 1930 bis 1935 an der Universität Wien Germanistik, klassische Philologie, Philosophie und Pädagogik studiert und dieses Studium mit dem Staatsexamen für den Gymnasialschuldienst sowie mit einer Promotion im Bereich der Germanistik abgeschlossen. Nach langjähriger Tätigkeit als Gymnasiallehrer an verschiedenen Gymnasien in Österreich erhielt er 1951 ein Extraordinariat für Pädagogik an der Universität Saarbrücken. 1953 habilitierte er sich im Bereich der Praktischen Philosophie mit einer Arbeit zum Thema „Erkenntnis und Entscheidung. Philosophie der geistigen Aneignung in ihrem Ursprung bei Platon". 1955 wurde er als Nachfolger Theodor Litts auf den Lehrstuhl für Philosophie und Pädagogik an die Universität Bonn berufen, den er bis zu seiner Emeritierung Ende der 1970er Jahre innehatte.

In Weiterführung des pädagogischen Denkens Litts und anknüpfend an die dialektische Philosophie Hegels hatte Derbolav in seinen Arbeiten in den 1950er und 1960er Jahren eine dialektisch-reflexive Erziehungswissenschaft begründet, die die dialektische Struktur pädagogischer Erfahrung analysiert und reflexiv hinter die Voraussetzungen von Erziehungswissen zu blicken sucht. Von den übrigen Vertretern und Positionen der Geisteswissenschaftlichen Pädagogik grenzt sich Derbolav (1979, S. 55) jedoch kritisch ab, da sie alles Dialektische der pädagogischen Erfahrung hermeneutisch abspanne und eine zu große Nähe zu den Erziehungslehren hält, wenn sie den Erziehungswissenschaftler auf eine „reflexion engagée" verpflichtet und ihn damit die Verantwortung mit dem Praktiker teilen lässt. In einer Selbstverortung charakterisiert er seine theoretische Position als eine, die um Erhaltung und Erneuerung der philosophisch-systematischen Grundlagen unter dem Anspruch der säkularen pädagogischen Tradition bemüht ist, die sich sowohl von dem auf die nur empirische Beschreibung von Erziehungsphänomenen reduzierten pädagogischen Positivismus als auch von den überzogenen gesellschaftsreformerischen Vorstellungen der emanzipatorischen Pädagogik kritisch absetzt (vgl. Derbolav 1971, S. 13ff.).

Das praxeologische Modell, das den übergreifenden Rahmen für sein dialektisch-reflexives Konzept von Pädagogik abgeben soll, hat Derbolav dann in mehreren Arbeiten in den 1970er Jahren (vg. Derbolav 1975, 1978, 1979) entwickelt. Bei dem Versuch, die menschliche Gesamtpraxis nach grundsätzlich unterschiedlichen und sachlich unentbehrlichen Aufgaben zu differenzieren, die sich in der Gesellschaft stellen und die professionell bewältigt werden müssen, bezieht er sich einerseits auf die Praxisphilosophie der griechischen Antike, andererseits auf professionsgeschichtliche Überlegungen. Obwohl im Zentrum des Werkes von Derbolav bildungsphilosophische und wissenschaftstheoretische Arbeiten stehen, hat er sich auch mit Fragen der pädagogischen Anthropologie und Ethik, der Curriculumtheorie, der Erziehungssoziologie und Bildungspolitik beschäftigt, die er als Bausteine in seinem Spätwerk „Grundriß einer Gesamtpädagogik" (1987) systematisch zusammengefügt hat.

Dietrich Benner

Dietrich Benner (geb. 1941) hat von 1961 bis 1965 an den Universitäten Bonn und Wien Philosophie, Pädagogik, Geschichte und Germanistik studiert und in Wien bei Erich Heintel im Bereich der Philosophie promoviert. Anschließend war er Assistent bei Derbolav in Bonn, wo er sich 1970 habilitiert hat. Nach einer Lehrstuhlvertretung an der Universität Freiburg wurde er 1973 auf eine ordentliche Professur für Erziehungswissenschaft an die Universität Münster berufen. Seit 1991 hat Benner ein Ordinariat für Allgemeine Pädagogik an der Humboldt-Universität in Berlin. Seit 1981 ist er Mitherausgeber der „Zeitschrift für Pädagogik" und er war von 1988 bis 1994 Mitglied des Vorstandes der Deutschen Gesellschaft für Erziehungswissenschaft.

Benner hat seine handlungstheoretische Konzeption der Pädagogik zunächst vor allem methodologisch, „praxeologisch-erfahrungswissenschaftlich" begründet. Eine Pädagogik, die sich zu einer Handlungswissenschaft weiterentwickeln soll, und die Theorie und Forschung dem Primat der Praxis unterstellt, darf nach Auffassung von Benner (1973, S. 323) sich weder vorrangig auf kausalanalytische oder historisch-hermeneutische Verfahren noch auf gemischte Verfahren gründen. Notwendig sei es vielmehr – und darauf habe bereits Kant hingewiesen – eine handlungswissenschaftliche Forschungsmethode zu entwickeln, die an einem praktischen Erfahrungsbegriff ausgerichtet ist. Zentrale Methode für eine handlungsorientierte Erziehungswissenschaft ist das praktische pädagogische Experiment, in dem es nicht um intersubjektive Nachprüfbarkeit kausalanalytischer Befunde, sondern um interindividuelle Sinnverständigung über menschliche Praxis geht und das an der Zielperspektive einer Höherbildung der Gesellschaft ausgerichtet sein soll (vgl. Benner 1973, S. 338; Benner 1994, S. 113).

Den systematischen Bezugsrahmen für eine handlungsorientierte Pädagogik, die Theorie, Empirie und Praxis in eine Einheit bringen will, hat Benner dann in seiner Studie zur „Allgemeinen Pädagogik" (1987) entwickelt. In Anlehnung an die praktische Philosophie der griechischen Antike sowie die systematischen Auslegungen pädagogischer Reflexion insbesondere durch Kant, Humboldt und Herbart bezieht sich dieser Entwurf auf ein praxeologisches Verständnis von pädagogischer Praxis und Erziehungswissenschaft, welches die Vernünftigkeit einer Ordnung der menschlichen Gesamtpraxis in einer nicht-hierarchischen Verhältnisbestimmung der Einzelpraxen begründet und das Ziel der Gesamtpraxis auf einen Begriff der praktischen Vernunft hin zu konzipieren sucht (vgl. Benner 1987, S. 17). Ausgehend von diesen in seinen systematischen und methodologischen Arbeiten formulierten Grundgedanken hat Benner neben zwei problemgeschichtlich orientierten Monographien zu Herbart (1986) und Humboldt (1990) in den vergangenen Jahrzehnten eine Vielzahl von Beiträgen zu Fragen der pädagogischen Ethik, der Bildungs- und Erziehungstheorie, der Schultheorie und Bildungsreform sowie der Didaktik publiziert, die Mitte der 1990er Jahre auch in einer dreibändigen Edition (vgl. Benner 1994, 1995) zusammengefasst worden sind.

Wirkungen

Fragt man nach den Wirkungen der von Derbolav und Benner begründeten Ansätze einer praxeologischen Pädagogik, so bleiben sie bislang vermutlich aufgrund ihrer komplizierten Begrifflichkeit auf ein bildungsphilosophisch orientiertes pädagogisches Fachpublikum begrenzt. Außerdem ist es in der Traditionslinie der praxeologischen Pädagogik bislang nicht zu einer Schulenbildung gekommen, da sich einige Schüler von Derbolav bzw. Benner in anderen wissenschaftstheoretischen Bezugskontexten verortet haben (vgl. etwa Schmied-Kowarzik 1988; Schäfer 1992; Peukert 1983).

I.4.1.2. Derbolavs praxeologische Grundlegung der Erziehungswissenschaft

Historische Ursprünge der Praxeologie

Mit der Begründung seines praxeologischen Modells unternimmt Derbolav (1975, S. 91) den Versuch, die menschliche Gesamtpraxis in ein Spektrum von konstitutiven Aufgaben auszudifferenzieren, die sich in einer Sozietät von Menschen notwendig ergeben und die im Hinblick auf ihre historische Kontinuität einen Lehrzusammenhang, im Hinblick auf ihr Leistungsniveau eine Art professionelles Bewusstsein entwickeln. Einen ersten Anknüpfungspunkt für dieses Konzept sieht er in der Praxisphilosophie bei Platon und Aristoteles, die nicht nur die Gesellschaft in Familie, Haus, Dorfgemeinschaft, Kult- und Wehrverband bis zum Staate hierarchisch differenziert haben, sondern auch in diese Lebensbereiche eingelagerte gesellschaftsrelevante Technai unterschieden haben, die alle irgendwie in der königlichen Kunst der Politik einmünden (vgl. Derbolav 1979, S. 47). Einen zweiten Ansatzpunkt bieten für ihn die Traditionen der akademisch-professionellen Ausbildungsgänge, die vom Mittelalter an bis zur Gegenwart in zunehmender Vollständigkeit eingerichtet worden sind. Es gibt für alle gesellschaftlich relevanten Praxen Ausbildungsgänge, die in technischen, ökonomischen, wehrwissenschaftlichen, rechtswissenschaftlichen, pädagogischen, theologischen, naturwissenschaftlichen, künstlerischen und politischen Fakultäten an Hochschulen institutionalisiert sind und die für die Tätigkeiten in spezifischen Professionen ausbilden.

Das praxeologische Modell

Bei der Konstruktion der Praxeologie geht Derbolav von dem Grundgedanken aus, dass alle in einer Gesellschaft erforderlichen Aufgaben unter Menschen aus einer dreifachen Auseinandersetzung erwachsen: aus der Auseinandersetzung der Menschen untereinander, aus der gemeinsamen Auseinandersetzung mit der Natur und aus der Auseinandersetzung mit ihrer eigenen doppelten Mängelstruktur, der Anfälligkeit gegen Krankheit und der konstitutionellen Unfertigkeit, die Erziehung und Bildung erforderlich machen. Daraus ergeben sich für ihn sieben aufgabenbewältigende Praktiken, die auf eine zentrale Praxis, die Politik zulaufen: die technische und ökonomische Praxis, die Wehr- und Rechtspraxis, die Familien- und Sozialpraxis sowie die medizinische und pädagogische Praxis. Über die Politik hinaus führen noch die Kunst- und Religionspraxis auf der einen und die Journalistik und Wissenschaftspraxis auf der anderen Seite (vgl. Derbolav 1979, S. 48f.).

Pädagogik als praxisorientierte Wissenschaft

Die Pädagogik ist für Derbolav eine praxisorientierte Wissenschaft, die aus der Praxis der Erziehung hervorgegangen ist und die gleichzeitig durch alle anderen Praktiken hindurchgeht, weil diese in Lehrzusammenhängen an Hochschulen ihre Erfahrungen und ihr Können weiterentwickeln. Die Binnenstruktur dieser Praktiken wird von Derbolav im Anschluss an das dialektische Denken der reflexiven Erziehungswissenschaft als dreistufige Dynamik systematisch konstruiert. Ausgehend von der Stufe der Naturwidrigkeit erfolgt auf der mittleren, der sog. Rationalitäts- und Entfremdungsstufe die erste Negation und diese findet in der regulativen Idee auf das jeweilige Gut der Praxis ihre zweite Negation (vgl. Derbolav 1979, S. 50ff.). Bezogen auf die Pädagogik bedeutet diese Dreistufigkeit, dass sie aus der natürlichen Erziehung hervorgegangen ist, dass sie auf der Rationalitätsstufe, wo sich das Wissen aus seiner Gebundenheit an das Tun löst, Modelle des Führens und Wachsenlassens entwickelt hat und dass sie in der regulativen Idee der Mündigkeit des Educandus ihre Zielperspektive hat, die im Konsens inhaltlich ausgefüllt und gleichzeitig in der Wirklichkeit nie ganz eingeholt werden kann (vgl. Derbolav 1979, S. 62).

Elemente einer Gesamtpädagogik

Bildet die Praxeologie gleichsam den Ausgangspunkt und metatheoretischen Rahmen für Derbolavs dialektisch-reflexive Pädagogik, so steht gegenstandsbezogen die Bildungstheorie im Zentrum. In Weiterführung der Bildungstheorie Litts wird der Bildungsprozess als jene über die Auseinandersetzung mit der Sache geführte Vermittlung zwischen Bildungsträger und Bildungssubjekt gefasst, der mit Hegel als ein „Im-anderen-zu-sich-selber-Kommen“ beschrieben wird (vgl. Derbolav 1971, S. 71). Ihre Konkretisierung erhält diese Bildungstheorie in der vom pädagogischen Bezugsfeld abgeleiteten Ausgliederung der Gesamtpädagogik in Pädagogische Anthropologie und Pädagogische Ethik, Allgemeine Didaktik und Curriculumtheorie sowie Erziehungssoziologie und Bildungspolitik. Diese Teildisziplinen gehören nach Derbolav gleichsam paarweise zusammen, weil die beiden ersten den pädagogischen Bezug, Allgemeine Didaktik und Curriculumtheorie die Bildungswelt, Erziehungssoziologie und Bildungspolitik schließlich das institutionelle Handeln im Erziehungsraum thematisieren. Mit den Ansätzen und Ergebnissen der pädagogischen Soziologie erhofft sich Derbolav gleichzeitig, die empirische Forschung in die Erziehungswissenschaft einbeziehen zu können, die ihren Stellenwert und systematischen Ort jedoch nur vor dem Hintergrund einer bildungsphilosophisch orientierten Prinzipienwissenschaft bekommen kann (vgl. Derbolav 1970, S. 317ff.; Derbolav 1979, S. 57).

I.4.1.3. Benners handlungsorientierte Theorie der Erziehungswissenschaft

Eine systematische Begründung für sein handlungsorientiertes Verständnis von Erziehungswissenschaft hat Dietrich Benner vor allem in seiner Studie zur „Allgemeinen Pädagogik" (1987) vorgelegt. In diesem Buch unternimmt er den Versuch, einen pädagogischen Grundgedanken zu entwickeln, der die Struktur pädagogischen Denkens und Handelns, die handlungstheoretische Fragestellung der Erziehungswissenschaft und den Vermittlungszusammenhang von pädagogischer Praxis, pädagogischer Handlungstheorie und erziehungswissenschaftlicher Forschung klärt. Dabei wählt er ähnlich wie Derbolav einen praxeologischen Ausgangspunkt. Benner (1987, S. 20) unterscheidet sechs Grundphänomene und Formen menschlicher Praxis, die das menschliche Zusammenleben seit Beginn der Geschichte der Menschheit bestimmt haben. Der Mensch muss durch seine Arbeit seine Lebensgrundlage schaffen und erhalten (Ökonomie), er muss die Normen menschlicher Verständigung anerkennen, problematisieren und weiterentwickeln (Ethik), er muss seine gesellschaftliche Zukunft entwerfen und gestalten (Politik), er überschreitet die Gegenwart in ästhetischen Darstellungen (Kunst), und er ist konfrontiert mit dem Problem der Endlichkeit seiner Mitmenschen und seines eigenen Todes (Religion). Zu diesen Grundphänomenen und menschlichen Praxen gehört als sechstes das der Erziehung. Der Mensch ist in ein Generationsverhältnis eingebunden, er wird von den ihm vorausgehenden Generationen erzogen und erzieht die ihm folgenden Generationen.

Der praxeologische Ausgangspunkt

Historische Entwürfe der Praxeologie

In der Geschichte der Philosophie hat es nach Benner (1987, S. 22) zwei große Entwürfe einer solchen Praxeologie bereits gegeben. In der Polisphilosophie der griechischen Antike, insbesondere bei Platon und Aristoteles, wurde eine hierarchische und teleologische Ordnung entworfen mit der Politik als höchster Stufe, während die pädagogische Praxis dem vorgegebenen politischen Ordnungszusammenhang untergeordnet wurde. In der neuzeitlichen praktischen Philosophie, etwa bei Kant, wurde dann erstmals ein nicht-hierarchisches Verhältnis der verschiedenen Praxen entworfen und den pädagogischen Praxen, unter ausdrücklichem Verzicht auf eine an ökonomischen, politischen oder theologischen Bestimmungen ausgerichteten Normierung, erstmalig eine mit anderen Formen menschlicher Praxis gleichrangige Bedeutsamkeit zuerkannt (vgl. Benner 1994, S. 305). Die heutige Ausdifferenzierung pädagogischen Handelns von der Kleinkinderziehung bis zur Altenbildung zeugt nach Benner (1987, S. 23) zwar davon, dass dem pädagogischen Denken und Handeln im Rahmen der menschlichen Gesamtpraxen ein immer größerer Stellenwert zukommt. Gleichzeitig habe sich der in den systematischen Pädagogiken der Neuzeit formulierte Gedanke von der eigenständigen Grundstruktur pädagogischen Denkens und Handelns, die der Pädagogik eine nicht-hierarchische Position innerhalb der menschlichen Gesamtpraxis einräumt, noch nicht gesellschaftlich durchgesetzt. An dieser Zielperspektive hält Benner (1987, S. 18) jedoch fest, da er auch künftig nicht auf einen Begriff praktischer Vernunft verzichten will.

Prinzipien pädagogischen Denkens und Handelns

Den weiteren systematischen Aufbau seiner „Allgemeinen Pädagogik“ stützt er dann auf vier Prinzipien pädagogischen Denkens und Handelns, die, obwohl sie seit längerem bekannt sind, in der bisherigen Professionalisierung und Institutionalisierung der Pädagogik immer noch nicht die ihnen zustehende Anerkennung gefunden haben. Diese werden in loser Anlehnung an die systematischen Überlegungen Kants noch einmal in konstitutive und regulative Prinzipien unterteilt. Es sind dies auf der einen Seite die Prinzipien der Bildsamkeit und der Aufforderung zur Selbsttätigkeit, die Benner als konstitutive, „historisch-apriorische“ Prinzipien pädagogischen Denkens und Handelns versteht. Diese Prinzipien wurden zwar von der bürgerlichen Philosophie und Pädagogik des 18. Jahrhunderts schriftlich fixiert, ihre Geltung müsse jedoch immer schon mit der Existenz der Menschen als gegeben unterstellt werden. Die beiden anderen regulativen Prinzipien beziehen sich als „historisch-aposteriorische“ Prinzipien hingegen auf Aufgaben, die sich erst mit der Herausbildung der modernen Gesellschaft entwickelt haben: die Überführung gesellschaftlicher Determination in pädagogische Determination und die Ausrichtung der menschlichen Gesamtpraxis an der Aufgabe einer nicht-hierarchischen und nicht-teleologischen Ordnung der menschlichen Gesamtpraxis (vgl. Benner 1987, S. 47ff.).

Aus dem Zusammenhang konstitutiver und regulativer Prinzipien pädagogischen Denkens und Handelns entwickelt Benner die systematische Gliederung der Erziehungswissenschaft in eine Theorie der Erziehung, der Bildung und der pädagogischen Institutionen, für die die verschiedenen Prinzipien mit unterschiedlichen Akzenten als richtungsweisende Bezugspunkte fungieren.

Abbildung 2: Die Prinzipien pädagogischen Denkens und Handelns

	Konstitutive Prinzipien der individuellen Seite	Regulative Prinzipien der gesellschaftlichen Seite
A Theorie der Erziehung (2):(3)	(2) Aufforderung zur Selbsttätigkeit	(3) Überführung gesellschaftlicher Determination in pädagogische Determination
B Theorie der Bildung (1):(4)	(1) Bildsamkeit als Bestimmtsein des Menschen zu Freiheit, Sprache und Geschichtlichkeit	(4) Nicht-hierarchischer Ordnungszusammenhang der menschlichen Gesamtpraxis
	C Theorie pädagogischer Institutionen und ihrer Reform (1)/(2):(3)/(4)	

Quelle: Benner 1987, S. 106

Theorie der Erziehung

Das Prinzip der Aufforderung zur Selbsttätigkeit und die Idee der Transformation der pädagogischen Praxis in legitime Einwirkungen der Gesellschaft formulieren Grundaussagen zum Problem pädagogischen Wirkens, dessen systematische Reflexion den Gegenstand der Theorie der Erziehung ausmacht. Das Prinzip der Bildsamkeit und die Zielperspektive einer nicht-hierarchischen Verhältnisbestimmung von Ökonomie, Ethik und Politik formulieren zentrale Aussagen zum Problem der Aufgaben pädagogischen Handelns, die im Rahmen einer Theorie der Bildung systematisiert zu erörtern sind. Thema der Theorie pädagogischer Institutionen sind die vorhandenen Institutionen pädagogischen Handelns, die darauf hin zu untersuchen sind, ob und wie in ihnen die individuelle, in den konstitutiven Prinzipien der Bildsamkeit und der Aufforderung zur Selbsttätigkeit begründete Seite mit der gesellschaftlichen, den regulativen Prinzipien eines nicht-hierarchischen Verhältnisses der Einzelpraxen ausdifferenzierter Humanität und der Überführung gesellschaftlicher in pädagogische Determination verpflichteten Seite pädagogischen Handelns zusammenstimmt (vgl. Benner 1994, S. 310ff.).

Theorie der Bildung

Theorie pädagogischer Institutionen

Abschließend unterscheidet Benner drei grundlegende pädagogische Handlungsdimensionen, die aus der Finalität pädagogischen Handelns hergeleitet werden: Pädagogische Praxis als sich selbst negierendes Gewaltverhältnis, als bildende Erweiterung von Erfahrung und Umgang durch erziehenden Unterricht und schließlich als Rückführung der pädagogischen Praxis in die menschliche Gesamtpraxis (vgl. Benner 1987, S. 184). Insgesamt glaubt Benner (1994, S. 314ff.), mit den hier in knappen Zügen skizzierten systematischen Perspektiven drei Ansprüchen gleichzeitig gerecht werden zu können. Sie sollen für die Verständigung im Handeln und die Beratung in pädagogischen Entscheidungssituationen hilfreich sein. Sie sollen als Bezugsgrößen für eine historische Erforschung der Entstehungsgeschichte neuzeitlicher Pädagogik und für die empirische Erforschung gegenwärtiger Handlungsfelder fungieren. Und sie sollen drittens einen Beitrag zur Verständigung über die Einheit der Pädagogik angesichts der Vielfalt pädagogischer Berufe und erziehungswissenschaftlicher Teildisziplinen leisten.

Drei Dimensionen pädagogischen Handelns

I.4.1.4. Kritik

Bei der kritischen Auseinandersetzung mit den Grundannahmen der praxeologischen Pädagogik scheint es sinnvoll und notwendig zu sein, zwischen den Konzepten von Derbolav und Benner zu unterscheiden, da es sich, bei allen vordergründigen Parallelitäten in der praxeologischen Ausgangsposition und der prinzipienwissenschaftlichen Orientierung, doch jeweils um sehr eigenständige Positionen handelt.

Gegenüber Derbolavs Konzeption der Erziehungswissenschaft ist mehrfach der Vorwurf erhoben worden, dass sie in ihrer praxeologischen Begründung doch sehr stark in dem Traditionskontext und Denkhorizont der antiken Essenzphilosophie verhaftet bleibt (vgl. z.B. Oelkers 1990, S. 620). Außerdem wurde kritisiert, dass Derbolav die der Pädagogik als regulative Leitidee zugeschriebene Zielperspektive der Mündigkeit und subjektiven Selbstbestimmung, ähnlich wie Hegel in seiner Theorie der Sittlichkeit, primär als Ausführung von objektiven Notwendigkeiten fasst (vgl. Wigger 1983, S. 128). Auch wird die programmatisch angestrebte Vermittlung der bildungsphilosophisch orientierten Prinzipienwissenschaft mit der empirischen Forschung von Derbolav nicht eingelöst. Die Auseinandersetzung mit den empirischen Sozialwissenschaften, für die Derbolav den pädagogischen Rahmen bereitstellen will, bleibt äußerlich, da alle zentralen Fragen, z.B. das Verhältnis von Allgemein- und Berufsbildung, von den philosophischen Rahmenannahmen und nicht empirisch bestimmt werden. Ungeklärt bleibt auch die Frage, wie und ob die favorisierte dialektische Methode mit den Erkenntnisverfahren der Empirie verknüpft werden kann (vgl. Oelkers 1990, S. 627). Kritisch ist letztlich zudem anzumerken, dass Derbolav mit seinem Entwurf beansprucht, eine „Gesamtpädagogik" zu konzipieren. De facto handelt es sich jedoch um eine schulzentrierte Variante von Pädagogik, da in der von ihm vorgelegten disziplinären Ausdifferenzierung der Gesamtpädagogik zentrale erziehungswissenschaftliche Teildisziplinen, wie die Sozialpädagogik oder die Erwachsenenbildung, gar nicht vorkommen.

Im Gegensatz zu Derbolav hat Benner seine handlungsorientierte Variante von Erziehungswissenschaft deutlicher in den Traditionskontext einer fortschrittsorientierten Geschichtsphilosophie der Aufklärungszeit gerückt, die nicht nur den Fortschritt des Individuums, sondern der ganzen Gattung im Blick hat und diesen als eine Aufgabe der Erziehung betrachtet (vgl. Lenzen 1994, S. 33). Gleichzeitig wird den von ihm formulierten pädagogischen Prinzipien jedoch eine universelle Geltung unterstellt und zu wenig berücksichtigt, dass diese Ausdruck einer ganz bestimmten Geschichtsepoche sind und somit im Zuge des historischen Wandels gegebenenfalls auch problematisiert und korrigiert werden müssen (vgl. Gängler 1988, S. 63). Außerdem stellt sich die Frage, ob der Bezug auf eine Handlungstheorie als einziger Referenztheorie eines erziehungswissenschaftlichen Theoriegebäudes nicht den Blick auf die gesellschaftlichen Bedingungen pädagogischen Handelns versperrt (vgl. Krüger 1994, S. 120; Mollenhauer 1996, S. 283). Bleibt schließlich noch kritisch anzumerken, dass Benner bei der Bestimmung der Grundbegriffe und zentralen Dimensionen pädagogischen Handelns unterstellt, dass das pädagogische Verhältnis stets auf einer Generationen- bzw. Altersdifferenz basiert. Gerade in neuen pädagogischen Arbeitsfeldern, wie z.B. der Kulturarbeit oder der Frauenbildung, sind jedoch nicht mehr Heranwachsende die Klientel von PädagogInnen. Benner gelingt es somit in seinem Theorieentwurf nur deshalb die Einheit der Pädagogik herzustellen, weil er den Ausdifferenzierungsprozess der Erziehungswissenschaft in eine Vielzahl von Praxisfeldern systematisch kaum berücksichtigt. Trotz dieser kritischen Einwände gilt es jedoch festzuhalten, dass Benner mit seiner „Allgemeinen Pädagogik" einen der wenigen großen Systementwürfe in den letzten Jahrzehnten vorgelegt hat, der nicht nur durch seine hohe Anschlussfähigkeit an die Tradition erziehungswissenschaftlicher Theoriebildung, sondern auch durch seine theoretische Konsistenz überzeugt (vgl. auch Schäfer/Thompson 2006).

Literatur

Benner, D.: Allgemeine Pädagogik. Weinheim/München 1987.
Benner, D.: Hauptströmungen der Erziehungswissenschaften (1973). Weinheim [3]1991.
Benner, D.: Humboldts Bildungstheorie. Weinheim/München 1990.
Benner, D.: Die Pädagogik Herbarts. Weinheim/München 1986.
Benner, D.: Studien zur Theorie der Erziehungswissenschaft. Bd. 1, Weinheim/München 1994.
Benner, D.: Studien zur Theorie der Erziehung und Bildung. Bd. 2, Weinheim/München 1995.

Benner, D.: Studien zur Didaktik und Schultheorie. Bd. 3, Weinheim/München 1995.
Derbolav, J.: Frage und Anspruch. Pädagogische Studien und Analysen. Wuppertal/Kastellaun/Düsseldorf 1970.
Derbolav, J.: Pädagogik und Politik. Eine systematisch-kritische Analyse ihrer Beziehungen. Stuttgart 1975.
Derbolav, J.: Praxeologische Grundlegung der Erziehungswissenschaft. In: Schaller, K. (Hrsg.): Erziehungswissenschaft der Gegenwart. Bochum 1979, S. 46-69.
Derbolav, J.: Metapraxeologische Überlegungen zur Praxeologie. In: Pädagogische Rundschau 32 (1978), S. 548-561.
Derbolav, J.: Systematische Perspektiven der Pädagogik. Heidelberg 1971.
Derbolav, J.: Grundriß einer Gesamtpädagogik. Hrsg. von B. Reifenrath. Frankfurt a.M. 1987.
Gängler, H.: Rezension zu Dietrich Benners Allgemeine Pädagogik. In: Sozialwissenschaftliche Literaturrundschau 11 (1988), H. 16, S. 61-64.
Krüger, H.-H.: Allgemeine Pädagogik auf dem Rückzug? In: Krüger, H.-H./Rauschenbach, Th. (Hrsg.): Erziehungswissenschaft. Die Disziplin am Beginn einer neuen Epoche. Weinheim/München 1994, S. 115-130.
Lenzen, D.: Erziehungswissenschaft – Pädagogik. In: Lenzen, E. (Hrsg.): Erziehungswissenschaft. Ein Grundkurs. Reinbek 1994, S. 11-41.
Mollenhauer, K.: Über Mutmaßungen zum „Niedergang" der Allgemeinen Pädagogik. In: Zeitschrift für Pädagogik 42 (1996), H. 2, S. 277-288
Oelkers, J.: Rezension zu Josef Derbolavs Gesamtpädagogik. In: Zeitschrift für Pädagogik 36 (1990), H. 4, S. 625-628.
Peukert, H.: Kritische Theorie und Pädagogik. In: Zeitschrift für Pädagogik 30 (1983), H. 3, S. 195-217.
Schäfer, A./Thompson, Ch..: Transzendentalphilosophische/praxeologische Pädagagogik. In: Krüger, H.-H./Grunert, C. (Hrsg.): Wörterbuch Erziehungswissenschaft. Opladen ²2006, S. 387-392.
Schäfer, K.H.: Kommunikative Pädagogik und Didaktik. In: Petersen, J./Reinert, G.E. (Hrsg.): Pädagogische Konzeptionen. Donauwörth 1992, S. 237-268.
Schmied-Kowarzik, W.: Kritische Theorie und revolutionäre Praxis. Bochum 1988.
Wigger, L.: Handlungstheorie und Pädagogik. Bad Augustin 1983.

I.4.2. Transzendentalphilosophische Pädagogik

Inhalt

I.4.2.1. Entstehungszusammenhang und Wirkung

Transzendentalphilosophische Pädagogik stellt sich gegenwärtig in unterschiedlichen Akzentuierungen dar. Bereits die differenten Bezeichnungen, so spricht Karl-Heinz Dickopp (1983) von personal-transzendentaler Pädagogik, Marian Heitger (1989) von prinzipienwissenschaftlicher Pädagogik und Wolfgang Fischer (1986) von transzendentalkritischer Pädagogik, weisen auf unterschiedliche Auffassungen hin. Gemeinsam ist diesen Positionen jedoch der Versuch, pädagogische Theoriebildung ausgehend von einer transzendentalphilosophischen Fragestellung zu betreiben. D.h., gefragt wird nach dem, was pädagogischem Handeln, was vorliegenden pädagogischen Entwürfen, was pädagogischen Tatsachen in ihrer logischen Dimension zugrundeliegt, untersucht werden die Bedingungen, die Ausgangs- und Begründungsböden, die Erkenntnisart pädagogischer Aussagen (vgl. Dickopp 1983, S. 189; Fischer 1986, S. 40).

Bezugspunkt für diese Fragestellung ist die Philosophie Kants. Denn in seiner Transzendentalphilosophie war Kant (1974) von der Prämisse ausgegangen, dass das menschliche Erkennen seine Basis in Grundbegriffen, Grundsätzen und Ideen der „reinen Vernunft" hat, welche von der Erfahrung gänzlich unabhängig, wiewohl auf sie bezogen sind und etwa den Sätzen der Naturwissenschaft jene „objektive Gültigkeit" verleihen, die nicht aus der bloßen Erfahrung zu gewinnen sind oder aus ihr stammen können. Die aktuellen Ansätze transzendentalphilosophisch orientierter Pädagogik stehen zudem in einem mehr oder minder deutlichen Traditionskontext zu den Ansätzen neukantianischer Philosophie, wie sie von Hermann Cohen, Jonas Cohn, Ernst Cassirer, Wilhelm Windelband u.a.

Neukantianische Traditionslinien

vor und vor allem nach der Jahrhundertwende entwickelt worden sind (vgl. Oelkers/Schulz/Tenorth 1989). Die Leistung dieser inhomogenen Gruppe akademischer Philosophen bestand vor allem darin, dass sie Kants transzendentale Aprioritätslehre, die dieser mit positivem Resultat für die Disziplinen der Mathematik und der Naturwissenschaften aufgestellt hatte, für sämtliche Bereiche von Kultur und Wissenschaft fruchtbar zu machen versuchten. D.h., sie waren bemüht, für alle Objektivationen des menschlichen Geistes, die als Einzelwissenschaften oder als Elemente der Kultur vorlagen, die apriorischen, aller Erfahrung und Beobachtung vorausgehenden logischen Grundlagen zu bestimmen. In der Pädagogik waren es vor allem Paul Natorp und Richard Hönigswald, die sich mit den erkenntnistheoretischen Voraussetzungen, den begrifflichen Fundamenten und den allgemeinen Prinzipien pädagogischen Denkens beschäftigten. Durch die nationalsozialistische Diktatur wurde diese Tradition neukantianischen Denkens jedoch jäh unterbrochen. Viele ihrer Vertreter mussten wegen ihrer jüdischen Herkunft Deutschland verlassen.

Erst nach 1945 wurde die Tradition neukantianischer Pädagogik vor allem durch Alfred Petzelt fortgeführt, der sich 1930 bei Hönigswald habilitiert hatte und nach dem Verlust seiner Professur im Jahr 1933 die NS-Zeit als Blindenlehrer überlebt hatte (vgl. Lassahn 1988, S. 98). Petzelt versuchte das Projekt einer nach Prinzipien orientierten Pädagogik zu begründen, die die allgemeingültigen und notwendigen Bedingungen der Möglichkeit von Pädagogik überhaupt analysiert, um von ihnen her die pädagogische Wirklichkeit zu begreifen.

Ungeklärt ist in der bisherigen Rezeption der Arbeiten Petzelts bislang die Frage, welchen systematischen Stellenwert theologische Theorie-Elemente in seiner prinzipientheoretisch begründeten Pädagogik haben. Während Derbolav (1956, S. 18ff.) die Petzeltsche Theorie im Kontext einer normativ-dogmatischen, katholischen Pädagogik verortet und auch Blankertz (1982, S. 288) behauptet, dass Petzelt – anders als Kant – in der christlichen Metaphysik seine Prinzipienprobleme zu lösen suche, weist Vogel (1989, S. 159) darauf hin, dass es völlig offen ist, ob Petzelt in seiner Theorie auf höchster Abstraktionsebene philosophische oder religiöse Referenzpunkte wähle.

Eindeutiger in einem christlichen Begründungszusammenhang zu verorten, ist hingegen die personal-transzendentale Pädagogik von Karl-Heinz Dickopp (1993, S. 85), der in seiner Anthropologie das Personale als die anthropologische Grundverfasstheit des Menschen charakterisiert, die in einer quasi-göttlichen Position von der Idee der Freiheit und der Unsterblichkeit bestimmt ist. Keine religiösen Bezüge haben hingegen die Ansätze von Marian Heitger und Wolfgang Fischer, deren Arbeiten gleichsam die gegensätzlichen Pole des gegenwärtigen Spektrums transzendentalphilosophisch orientierter Pädagogik repräsentierten.

Marian Heitger

Marian Heitger ist 1927 in Hamm in Westfalen geboren und er hat von 1949 bis 1954 an der Universität Münster Pädagogik, Philosophie, katholische Theologie und Germanistik studiert und dort 1954 bei Alfred Petzelt promoviert. Nach einer mehrjährigen Tätigkeit im Schuldienst hat er sich 1962 an der Universität München habilitiert. Anschließend war er Professor an der Pädagogischen Hochschule in Bamberg und an der Universität Mainz. Von 1967 bis zu seiner Emeritierung Anfang der 1990er Jahre war er Professor für Pädagogik an der Universität Wien.

Heitger versteht – noch stärker in der Traditionslinie Alfred Petzelts stehend – transzendentalphilosophisch orientierte Pädagogik als Prinzipienwissenschaft, die nach den Prinzipien für pädagogisches Handeln ebenso wie für eine gelingende Lebensführung im Sinne der Bildung fragt und in ihnen das kritische Maß sieht, das der pädagogischen Praxis als Orientierung dienen kann. In verschiedenen grundlagentheoretischen Arbeiten (vgl. Heitger 1969, 1983, 1989) hat er diese pädagogische Position begründet und in bildungs- und schultheoretischen Studien (vgl. etwa Heitger/Breinbauer 1987) konkretisiert.

Wolfgang Fischer

Wolfgang Fischer (geb. 1927) hat von 1947 bis 1951 an der Universität Leipzig, von 1951 bis 1953 an der Universität Münster Philosophie, Pädagogik und evangelische Theologie studiert und 1953 das Studium mit einer Dissertation zum Thema „Probleme des literarischen Ausdrucks im Jugendalter" bei Alfred Petzelt abgeschlossen. Nach praktischen Tätigkeiten im schulischen und außerschulischen Bereich war er zunächst Professor für Allgemeine Pädagogik an den Pädagogischen Hochschulen in Wuppertal und Nürnberg. Von 1973 bis zu seiner Emeritierung im Jahre 1993 war er Professor für Philosophie der Bildung und Erziehung an der Universität Duisburg.

Stand Fischer in seinen frühen Arbeiten noch ganz im Bann der prinzipienwissenschaftlichen Pädagogik seines Lehrers Alfred Petzelt, so hat er seit den 1970er Jahren eine skeptische Version transzendentalphilosophischer Pädagogik entwickelt, die sich darauf beschränkt, die Voraussetzungshaftigkeit vorliegender pädagogischer Entwürfe kritisch zu hinterfragen (vgl. Vogel 1988, S. 35ff.). Die transzendentalkritische Pädagogik unterscheidet sich dadurch von allen anderen pädagogischen Ansätzen, sei es nun z.B. die empirische oder die kritische Erziehungswissenschaft, dass sie das in diesen Konzeptionen nicht radikal in Frage Gestellte auf die Bedingungen seiner Möglichkeit zurückführt (vgl. Fischer 1986, S. 60). In einer Vielzahl von Arbeiten hat Fischer seine Variante einer skeptischen Pädagogik dargestellt (vgl. z.B. Fischer 1979, 1986, 1996) und für Fragestellungen der Allgemeinen Pädagogik, der Schultheorie, der Kunsterziehung oder der Jugendpädagogik fruchtbar gemacht (vgl. z.B. Fischer/Löwisch/Ruhloff 1979; Fischer/Müller 1978; Fischer/Michel 1980).

Wirkungen

Seine bekanntesten Schüler sind Jörg Ruhloff, der sich vor allem mit Fragen der pädagogischen Legitimationsproblematik beschäftigt hat, Dieter Löwisch, der im Gegensatz zu Fischer die konstruktive Funktion von Pädagogik stärker betont und Peter Vogel, der Verbindungslinien zwischen dem transzendentalkritischen Denken und der aktuellen pädagogischen Wissenschaftsforschung herzustellen sucht. Aufgrund der stark bildungsphilosophisch ausgerichteten Orientierung der Arbeiten aus dem Umfeld der verschiedenen Varianten transzendentalphilosophischer Pädagogik blieb deren Wirkung bisher eher auf ein wissenschaftliches pädagogisches Fachpublikum begrenzt. Mit der von Marian Heitger redaktionell geleiteten „Vierteljahresschrift für wissenschaftliche Pädagogik" steht Vertretern dieser pädagogischen Strömung ein eigenständiges Publikationsorgan zur Verfügung.

1.4.2.2. Heitgers Konzept prinzipienwissenschaftlicher Pädagogik

Transzendentalphilosophische Reflexion über die Prinzipien pädagogischen Handelns

Im Gegensatz zu den Einzelwissenschaften, die auf Gegenständliches gerichtet sind, zielt nach Auffassung von Heitger (1989, S. 162) transzendentalphilosophische Pädagogik auf eine Erkenntnis, die nicht mit Gegenständen, sondern mit der Erkenntnisart von Gegenständen beschäftigt ist. Deshalb gewinnt sie ihre Erkenntnisse und Ziele weder aus der hermeneutischen Auslegung der Erziehungswirklichkeit noch aus empirischen Erhebungen, sondern aus der transzendentalphilosophischen Reflexion über die Prinzipien pädagogischen Handelns, in denen ein Sollen formuliert wird, das sich als Entfaltung der theoretischen und praktischen Vernunft versteht. Dennoch ist prinzipienwissenschaftliche Pädagogik nach Ansicht von Heitger (1989, S. 169f.) keine normative Pädagogik, da sie keine konkreten Handlungsvorschriften macht, sondern mit einem Prinzip nur einen allgemeinen Rahmen für eigenes Handeln in selbständiger Bestimmung absteckt. Auch versteht sie sich nicht als eine an einem technischen Handlungsmodell ausgerichtete Variante von Pädagogik, die Regeln und Gesetze in Gestalt von „Wenn-dann-Sätzen" für die Steuerung von pädagogischen Handlungsprozessen vorgibt. Sie sieht vielmehr ihre Aufgabe darin, den Pädagogen für seine Praxis urteils- und kritikfähig werden zu lassen, ihm zu helfen, Sensibilität für die Besonderheiten der pädagogischen Situation zu entwickeln.

Bildung als Entfaltung theoretischer und praktischer Vernunft

Im Zentrum der transzendentalphilosophischen Pädagogik steht nach Heitger (1989, S. 165) die Definition eines Bildungsbegriffs, der weder auf ein Bildungsideal festgelegt ist, noch sich durch spezifische Qualifikationserfordernisse bestimmen lässt. Prinzipienwissenschaftliche Pädagogik versteht Bildung als Entfaltung von theoretischer und praktischer Vernunft, und sie sieht im Prinzip des Dialogs das Kriterium für die Gestaltung pädagogischer Führung. Im dialogischen Prinzip gelingt Führung, ohne in Herrschaftsausübung zu verfallen, gelingt die Kritik und Prüfung von Geltungsansprüchen. Prinzipien sind nach Meinung von Heitger (1989, S. 170) invariant, da sie nicht in gleicher Weise wie die pädagogische Praxis dem historischen Wandel unterworfen sind. Sie sind zudem nur durch eine „formale" Inhaltlichkeit bestimmt, weil sie für die konkrete inhaltliche Ausfüllung nur den Rahmen bereitstellen wollen. Die Abstraktheit und der Formalismus der prinzipienwissenschaftlichen Aussagen sind für Heitger (1988, S. 54) jedoch kein Nachteil für die pädagogische Theorie, sondern entsprechen einer pädagogischen Konzeption, die nach den Gesetzen der Vernunft fragt und die in den Handlungsmaximen von Freiheit und Vernünftigkeit ihre Bezugspunkte hat.

I.4.2.3. Fischers Transzendentalkritische Pädagogik

Im Gegensatz zu Heitger, der in Weiterentwicklung der Arbeiten Petzelts, die Aufgabe der transzendentalkritischen Pädagogik vor allem in der Aufstellung von Prinzipien sieht, die die Möglichkeit bieten, über sich als pädagogisch ausgebende Konzepte zu urteilen und pädagogisches Handeln letztgültig zu legitimieren, wird von Wolfgang Fischer (1986) die Leistung der transzendentalen Analyse nur noch negativ bestimmt. Sie besteht im Bewusstmachen der Überzeugungen, Grundannahmen, Glaubenssätze, die für begründet gelten müssen, damit die nachgeordneten Argumente überzeugen können. Deshalb ist die transzendentalkritische Arbeit nie beendet, da in der Pädagogik immer wieder neue Konzepte und Theorien entstehen, die kritisiert werden müssen. Fischer radikalisiert in seiner skeptischen Version von Pädagogik somit die kantianische Erkenntnistheorie, und er greift gleichzeitig auf Argumentationslinien skeptischen Denkens in der Geschichte der Philosophie von Sokrates bis hin zu Michel de Montaigne zurück (vgl. Fischer 1996, S. 17). Der Einsatz der Skepsis in der Pädagogik zielt nach Fischer (1996, S. 18) nicht auf eine weitere pädagogische Position oder Konzeption, sondern liegt gleichsam quer zu allem, was im Felde der Pädagogik als theoretisch wohlbegründet, als erziehungswissenschaftlich bewiesen oder als praktisch bewährt gilt. Es ist dieses Geltenwollen von pädagogisch-relevanten Sätzen, die skeptisch unter die Lupe genommen und dort weiteren Untersuchungen unterzogen werden, wo gegenstandsvermessende Bildungs- und ErziehungstheoretikerInnen, erziehungswissenschaftliche ForscherInnen oder PraktikerInnen glauben, wenigstens halbwegs festen Boden unter den Füßen zu haben (vgl. auch Schäfer/Thompson 2006, S. 389).

Negative Funktion transzendentaler Analyse

Skeptisch-kritische Erziehungswissenschaft formuliert auch keine konstruktiven Perspektiven für die Gestaltung der pädagogischen Praxis (vgl. Fischer 1986, S. 62). Ihr Beitrag dazu ist allenfalls mittelbar, indem sie mittels skeptischer Analyse auf vergangene Fehler aufmerksam macht, die man beim zukünftigen Tun vermeiden kann. Auch weigert sie sich, einen positiv bestimmten Bildungsbegriff zu formulieren. Sie hinterfragt vielmehr aktuelle bildungstheoretische und bildungspolitische Positionen, z.B. die Vorstellung von der Notwendigkeit von Bildung als lebenslanges Lernen, darauf hin, ob denn Bildung als permanentes Mühen um Wissen überhaupt legitim sein könnte oder ob die Aufgabe von Bildung nicht auch darin gesehen werden könnte, das Lernen zu verlernen. Insgesamt gesehen ist transzendentalkritische Pädagogik skeptische Aufklärung, die nichts unbefragt stehen lässt, was mit dem Anspruch auftritt, mit der Sache der Pädagogik für jetzt oder für immer mehr oder weniger definitiv fertig geworden zu sein (vgl. Fischer 1986, S. 62-63).

Skeptische Aufklärung

I.4.2.4. Kritik

Peter Vogel (1988, S. 44), ein Schüler Fischers, hat mit Recht kritisiert, dass die transzendentalphilosophisch orientierte Pädagogik zwar den Zusammenhang zwischen philosophischer Grundlagenreflexion und Sozialgeschichte der Bildung sowie empirischer Forschung nicht übersehen, aber bisher auch nicht bearbeitet hat. Man könnte dies auch pointierter formulieren, dass sie sich in ihren Arbeiten vornehmlich auf Fragen der Philosophie der Bildung und Erziehung beschränkt und bislang weder ein methodologisches Programm für hermeneutische oder quantitativ erziehungswissenschaftliche Forschung vorgelegt noch dies in sozialgeschichtlichen oder empirischen Studien konkretisiert hat. Sozialgeschichtliche Analysen und gesellschaftstheoretische Reflexion werden im Rahmen dieser erziehungswissenschaftlichen Theorieströmung weitgehend ausgeblendet.

In ihrer prinzipienwissenschaftlichen, vor allem aber in ihrer personal-transzendentalen Variante rückt die transzendentalphilosophisch orientierte Pädagogik, wenn sie nach vermeintlichen Letztheiten für den Bau eines pädagogischen Systems und für das pädagogische Handeln sucht, zudem in eine gewisse Nähe zu einer normativen Pädagogik. Diese Kritik trifft nicht auf Fischers skeptische Variante transzendentalkritischer Pädagogik zu. In ihrer Betonung des hypothetischen Charakters, der pädagogisches Wissen sowie pädagogische Aufgabenkonstruktionen kennzeichnet, sind Ausgangspunkte auch des Programms von Karl Popper erkennbar (vgl. Tenorth 1988, S. 24). Ihre Skepsis gegenüber der unmittelbar praxisorientierenden Bedeutung der Pädagogik teilt sie mit der empirischen oder der systemtheoretischen Erziehungswissenschaft, die an späterer Stelle noch dargestellt wird.

Literatur

Blankertz, H.: Die Geschichte der Pädagogik. Wetzlar 1982.

Derbolav, J.: Die gegenwärtige Situation des Wissens von der Erziehung. Bonn 1956.

Dickopp, K.H.: Lehrbuch der systematischen Pädagogik. Düsseldorf 1983.

Dickopp, K.H.: Personal-transzendentale Pädagogik. In: Borrelli, M. (Hrsg.): Deutsche Gegenwartspädagogik. Baltmannsweiler 1993, S. 84-96.

Fischer, W. Transzendentalkritische Pädagogik. In: Schaller, K. (Hrsg.): Erziehungswissenschaft der Gegenwart. Bochum 1979, S. 90-112.

Fischer, W.: Pädagogik und Skepsis. In: Borrelli, M./Ruhloff, J. (Hrsg.): Deutsche Gegenwartspädagogik. Bd. II, Baltmannsweiler 1996, S. 16-27.

Fischer, W.: Die Transzendentalkritische Pädagogik. In: Gudjons, H./Teske, R./Winkel, R. (Hrsg.): Erziehungswissenschaftliche Theorien. Hamburg 1986, S. 57-66.

Fischer, W./Löwisch, J./Ruhloff, J.: Arbeitsbuch Pädagogik 5: Grundlegende Ansätze der Erziehungswissenschaft. Düsseldorf 1979.

Fischer, W./Müller, W.: Schule als parapädagogische Organisation. Kastellaun 1978.

Fischer, W./Michel, N.: Die besondere Problematik im Jugendalter höherer Schüler. Wien 1980.

Heitger, M. u.a. (Hrsg.): Pädagogische Grundprobleme in transzendentalkritischer Sicht. Bad Heilbrunn 1969.

Heitger, M.: Beiträge zu einer Pädagogik des Dialogs. 1983.

Heitger, M.: Vom Selbstverständnis transzendentalphilosophischer Pädagogik. In: Röhrs, H./ Scheuerl, H. (Hrsg.): Richtungsstreit in der Erziehungswissenschaft und pädagogische Verständigung. Frankfurt a.M. u.a. 1989, S. 161-172.

Heitger, M.: Vom notwendigen Dogmatismus in der Pädagogik. In: Löwisch, D. J./Ruhloff, J./Vogel, P. (Hrsg.): Pädagogische Skepsis. Sankt Augustin 1988, S. 49-58.

Heitger, M./Breinbauer, J. (Hrsg.): Erziehung zur Demokratie. Wien 1987.

Kant, J.: Kritik der praktischen Vernunft. Grundlegung zur Metaphysik der Sitten. Frankfurt a.M. 1974.

Lassahn, R.: Einführung in die Pädagogik. Heidelberg ^{5}1988.

Oelkers, J./Schulz, W. K./Tenorth, H. E. (Hrsg.): Neukantianismus. Kulturtheorie, Pädagogik und Philosophie. Weinheim 1989.

Schäfer, A./Thompson, Ch.: Transzendentalphilosophische/Praxeologische Pädagogik. In: Krüger, H.-H./Grunert, C. (Hrsg.): Wörterbuch Erziehungswissenschaft. Opladen ^{2}2006, S. 387-392.

Tenorth, H. E.: Skepsis und Kritik. Über die Leistungen kritischer Philosophie im System des Erziehungswissens. In: Löwisch, D. J./Ruhloff, J./Vogel, P. (Hrsg.): Pädagogische Skepsis. Sankt Augustin 1988, S. 23-34.

Vogel, P.: Die neukantianische Pädagogik und die Erfahrungswissenschaften vom Menschen. In: Oelkers, J./Schulz, W. K./Tenorth, H. E.(Hrsg.): Neukantianismus. Weinheim 1989, S. 107-126.

Vogel, P.: Von der dogmatischen zur skeptischen Pädagogik. In: Löwisch, D.J./Ruhloff, J./ Vogel, P. (Hrsg.): Pädagogische Skepsis. Sankt Augustin 1988, S. 35-48.

I.4.3. Historisch-materialistische Pädagogik

Inhalt

I.4.3.1. Entstehungszusammenhang und Wirkung

Die materialistische Pädagogik in ihrer deutschen Variante versteht sich als eine radikale Kritik der bürgerlichen Erziehung (vgl. Schmied-Kowarzik 1983, S. 102). Anders als die Kritische Erziehungswissenschaft knüpft sie enger an die Geschichts- und Gesellschaftstheorie von Karl Marx an.

Der historische Materialismus als Bezugspunkt

In kritischer Auseinandersetzung mit dem klassischen Materialismus der französischen Aufklärung sowie den religionskritisch-materialistischen Schriften von Ludwig Feuerbach hatte Marx zusammen mit Engels die Grundlagen für den historischen Materialismus begründet. Ihre Lehre stützt sich zentral auf die Begriffe der „Arbeit" und der „Praxis", sie geht von ökonomischen Strukturen, Macht- und Herrschaftsverhältnissen aus und orientiert sich an der Zielsetzung der revolutionären Arbeiterbewegung, die materielle Basis der kapitalistischen Gesellschaftsordnung praktisch zu verändern (vgl. Schmied-Kowarzik 1988, S. 27). Obwohl pädagogische Fragen im engeren Sinne im Rahmen dieser Theorie nur eine marginale Rolle spielen, sind vor allem zwei Elemente dieses Theoriekonzeptes für die Reflexion von Erziehungsphänomenen besonders bedeutsam geworden. Dies ist zum einen der Begriff der „Ideologie", der in der Kritik an herrschenden Lehren der Erziehung Brisanz gewinnt. Ideologien werden von Marx und Engels in der Studie „Die Deutsche Ideologie" (1985) als Gedanken der herrschenden gesellschaftlichen Klasse entlarvt und als Ausdrucksformen falschen Bewussseins dechiffriert. Zum anderen ist dies die in der dritten Feuerbach-These formulierte Annahme über den Stellenwert von Erziehung im Rahmen gesellschaftlicher Emanzipationsbewegungen. Im Gegensatz zu dem utopisch-optimistischen Anspruch, den die Frühsozialisten mit Erziehung verbunden haben, weist Marx darauf hin, dass Erziehung kein autonomer Faktor sozialen Wandels ist, sondern dass das Ändern der Umstände abhängig vom sozialen, technologischen und ökonomischen Wandel ist (vgl. Tenorth 1992, S. 193).

Wurden die Grundgedanken von Marx zunächst im ausgehenden 19. Jahrhundert in den bildungspolitischen Schriften von Vertretern der Sozialdemokratie, wie Wilhelm Liebknecht oder Heinrich Schulz, aufgegriffen, so kam es vor allem im Gefolge der revolutionären Ereignisse um 1917/1918 in Deutschland und Österreich zu einer breiten Diskussion über die Begründung und Weiterentwicklung einer materialistischen Pädagogik. Dabei können zwei Traditionslinien unterschieden werden. Zum einen gibt es einen szientifischen Strang materialistischen und sozialistischen Denkens in der Pädagogik. Er umfasst etwa einige der wichtigen soziologischen Erziehungstheorien des 20. Jahrhunderts, z.B. die erziehungstheoretischen Reflexionen von S. Kaverau, A. Siemsen oder K. Löwenstein. Gesellschaftstheoretisch werden Erziehungsfragen in Österreich im Umfeld der Schulreform von O. Glöckel und O.F. Kanitz reflektiert, der zur Gruppe der „Austromarxisten" gehörte und der der bedeutendste Theoretiker der Kinderfreunde-Bewegung war (vgl. Schmied-Kowarzik 1988, S. 151). Zu dieser Traditionslinie zählt auch der Marxist und Psychoanalytiker S. Bernfeld, der in seinem Buch „Sisyphos" (1924) die Grenzen der Erziehung in ökonomischen und gesellschaftlichen Herrschaftsbedingungen, aber gleichgewichtig in der Psyche des Erziehers und der Struktur der pädagogischen Situation festmachte.

Die szientifische Traditionslinie materialistischen Denkens

Andererseits existierte materialistisches Denken in dieser Zeit als primär politische Ideologie im Umfeld sozialdemokratischer und kommunistischer Parteidoktrinen. Waren Bildung und Gesellschaftsreform die Leitbegriffe im sozialdemokratischen Lager, so wurde von Edwin Hoernle, einem Mitbegründer der KPD und zentralen Theoretiker der Kommunistischen Kinderbewegung, Erziehung ganz in den Dienst des proletarischen Klassenkampfes gerückt (vgl. Tenorth 1988, S. 229).

Die politische Traditionslinie materialistischen Denkens

Mit dem Jahr 1933 wurden diese Traditionslinien materialistischen Denkens in der deutschsprachigen Pädagogik durch den politischen Zugriff und die Verbote des NS-Systems jäh unterbrochen. Auch in der SBZ, später in der DDR, erlebten sie keine ungebrochene Renaissance (vgl. Tenorth 1992, S. 197). Spätestens bis Mitte der 1950er Jahre wurden die Ansätze materialistischen pädagogischen Denkens der politischen Konzeption eines vulgarisierten Marxismus-Leninismus unterworfen. Die Erziehungsreflexion in der DDR wurde dem Primat der Bildungspolitik der SED unterstellt und von kritischen marxistischen Diskursen in Ost- und Westeuropa isoliert (vgl. Kirchhöfer/Wessel 1991, S. 60f.; Kirchhöfer 1994, S. 102). Ob es unterhalb dieser Ebene der offiziellen Staatspädagogik auch Theoriekontroversen und eine Pluralität pädagogischer Ansätze gegeben hat, ist noch eine offene Frage, die in gegenwärtigen Analysen zur Geschichte der DDR-Pädagogik untersucht wird (vgl. erste Ansätze in Krüger/Marotzki 1994; Cloer/Wernstedt 1994; Kirchhöfer 2006).

DDR-Pädagogik

In der Bundesrepublik Deutschland erlebten die sozialistische Pädagogik und materialistisches Denken erst im Gefolge der Studentenbewegung seit den späten 1960er Jahren eine kurze Blüte. Klassische Texte marxistischer Pädagogik aus den 1920er Jahren wurden erneut publiziert. Neben Studien, die die direkten oder indirekten Einflussnahmen der kapitalistischen Unternehmerverbände auf die Bildungspolitik untersuchten (vgl. Baethge 1970; Nyssen 1969), ent-

Materialistische Pädagogik in der BRD

stand mit der sog. Politischen Ökonomie des Ausbildungssektors eine Art marxistischer „Ableitungsliteratur“, die versuchte, den Prozess der Qualifikation von Arbeitskräften unter Bezug auf die Erfordernisse der kapitalistischen Produktion zu bestimmen (vgl. Altvater/Huisken 1971), ohne Erziehung und Bildung in ihren eigenen Reproduktionsmechanismen zu fassen (vgl. Schmied-Kowarzik 1979, S. 201). Parallel dazu setzten jedoch auch ambitioniertere Versuche zur Weiterentwicklung einer materialistischen Erziehungswissenschaft ein.

Hans Jochen Gamm

Der produktivste und einflussreichste Vertreter dieser Richtung ist sicherlich bis heute Hans Jochen Gamm. Gamm (geb. 1925) hat nach Kriegsdienst und Gefangenschaft an den Universitäten in Rostock und Hamburg von 1949 bis 1953 Pädagogik, Geschichte, Theologie und Sozialpsychologie studiert. Nach einer Tätigkeit im Schuldienst hat er in den späten 1950er Jahren bei Wilhelm Flitner an der Universität Hamburg mit einer Arbeit zum Thema „Individuum und Gemeinschaft im pädagogischen Werk F.W. Dörpfelds“ promoviert, wo er danach auch als Dozent tätig war. 1961 wurde er Professor für Allgemeine Pädagogik an der Pädagogischen Hochschule Oldenburg. Von 1967 bis zu seiner Emeritierung im Jahre 1993 hatte er ein Ordinariat für Allgemeine Pädagogik an der Technischen Universität Darmstadt inne.

Gamm hatte sich bereits in den frühen 1960er Jahren mit der Rolle der Pädagogik im Nationalsozialismus (1964) auseinandergesetzt. In seinem Buch „Das Elend der spätbürgerlichen Pädagogik“ (1972) kritisierte er dann die geisteswissenschaftliche und empirische Pädagogik aus einer marxistischen Perspektive. In seiner Studie „Allgemeine Pädagogik“ (1979) unternimmt er den Versuch, eine Allgemeine Erziehungswissenschaft auf materialistischer Grundlage zu formulieren, den er in der Monographie „Materialistisches Denken und pädagogisches Handeln“ (1983) sowie in einer Reihe von Aufsätzen in den 1980er und 1990er Jahren weiterentwickelt und konkretisiert hat (vgl. Gamm 1986, 1989, 1992). Neben Arbeiten zum pädagogischen Erbe Goethes (1980), zur pädagogischen Ethik (1988) und zur Schulkritik (1970) hat er sich auch mit bildungstheoretischen Fragestellungen beschäftigt (1986), wobei er an die Ansätze zu einer materialistischen Bildungsgeschichte und Bildungstheorie seines Frankfurter Kollegen Heydorn (1970) und seines Darmstädter Kollegen Koneffke (vgl. Heydorn/Koneffke 1973) anknüpft. Von Gamm wurden zudem eine ganze Reihe von marxistisch orientierten Dissertationen u.a. Zur Kritik der Lehrerrolle (vgl. Combe 1970), zur Kritik der bürgerlichen Didaktik und Bildungsökonomie (vgl. Huisken 1972) oder zur Kritik der Theorien der Erwachsenenbildung (vgl. Markert 1973) betreut.

Neben Gamm sowie Heydorn und Koneffke hat sich vor allem Wolfdietrich Schmied-Kowarzik (1983, 1988) um eine Aufarbeitung und Weiterentwicklung der materialistischen Pädagogik in Westdeutschland verdient gemacht. Er bezieht sich insbesondere auf die von Antonio Gramsci (1967) begründete und von Henry Lefebvre (1974) weitergeführte Tradition eines praxisphilosophisch akzentuierten westeuropäischen Marxismus. Eine ähnliche Position vertritt Heinz Sünker (1984, 1989), der ausgehend von der materialistischen Kritik des Alltagslebens von Lefebvre (1974) und Agnes Heller (1978) eine kritische Theorie der Bildung und des pädagogischen Handelns zu begründen sucht.

Gegenwärtig nehmen die Repräsentanten eines materialistisch orientierten pädagogischen Denkens im erziehungswissenschaftlichen Diskurs in Deutsch-

Wirkungen

land nur noch eine Außenseiterposition ein. Einige ihrer früheren Protagonisten haben sich mit wehmütigen Nachrufen inzwischen von dieser Position verabschiedet (vgl. etwa Marzahn 1988). Andere würden hingegen der Prognose Lenzens (1994, S. 32), dass mit dem Zusammenbruch der DDR diese Konzeption keine ernstzunehmende Diskussionsbasis mehr darstellt, entschieden widersprechen. Denn die zentralen Vertreter einer materialistischen Pädagogik in Westdeutschland hatten sich zumeist explizit von der zu einer Legitimationswissenschaft degenerierten DDR-Pädagogik abgegrenzt. Deshalb sehen sie in dem Zusammenbruch der Staaten des real-existierenden Sozialismus und in der damit einhergehenden Auflösung der Weltanschauung des Marxismus-Leninismus auch nicht das Ende einer Marxschen Philosophie der Praxis, sondern im Gegenteil die Chance für die Wiederbelebung eines kritischen Marxismus, der angesichts der aktuellen ökonomischen Krisen sowie der durch die kapitalistische Produktionsweise forcierten Ausbeutung der Dritten Welt und der Zerstörung der Biosphäre vor neuen Herausforderungen steht (vgl. Schmied-Kowarzik 1993, S. 201; Gamm 1992, S. 72).

I.4.3.2. Grundzüge einer materialistischen Pädagogik bei Gamm

Bei der Bestimmung der Grundannahmen einer materialistischen Pädagogik geht Gamm in seinen Schriften davon aus, dass es vor allem drei Elemente der Marxschen Theorie sind, die für die aktuelle materialistische Pädagogik noch von Bedeutung sind. Das ist zum einen die Erkenntnis des historischen Materialismus, dass die Ökonomie der zentrale anthropogene Quellenbereich ist, in dem jene Werkzeuge und Güter hergestellt werden, die elementare Bedürfnisse befriedigen. Erst die Arbeit habe jene qualitativen Veränderungen bewirkt, die das menschliche Leben von den Vorformen der Anthropoiden und Primaten unterscheidet. Vor allem wird mit dem Arbeitsbegriff die Zukunft als offen verstanden, geschichtlicher und gesellschaftlicher Wandel bewirkt Veränderungen der Fähigkeiten, die es ermöglichen, die Produktion des Lebens fortzuführen. Daher bleibt für Gamm (1989, S. 132) der Marxsche Gedanke, dass die Menschen sich für neue Aufgaben selbst erst umarbeiten müssen, ein Satz von pädagogischem Gewicht.

Ökonomie und Arbeit als anthropologischer Quellenbereich

Der zweite Bereich der Marxschen Theorie, den Gamm für die aktuelle materialistische Erziehungswissenschaft für relevant hält, ist die Politische Ökonomie. Diese soll nicht auf ökonomisches reduziert werden, obwohl für ihn kein Zweifel besteht, dass die Produktionsverhältnisse in weitestem Sinne gefasst die entscheidende Regulation für individuelles wie kollektives Dasein schaffen. Die Kritik der Politischen Ökonomie bietet das methodische Instrumentarium, um die gesellschaftlichen Verhältnisse, einschließlich der pädagogischen Verhältnisse, zu entschlüsseln und hinter die Oberfläche der Erscheinungen zu blicken (vgl. Gamm 1989, S. 133; Gamm 1983, S. 64).

Die Kritik der Politischen Ökonomie als methodisches Instrumentarium

Das dritte konstitutive Moment für eine materialistische Pädagogik liegt in dem Anspruch voller Immanenz aller nachfolgenden Bestimmungen. In Anlehnung an Marx wird Materialismus als diejenige Erkenntnisposition verstanden, die unbeirrbar an der vollen Diesseitigkeit der Welt festhält (vgl. Gamm 1983, S. 21). Materialistische Pädagogik bestimmt sich somit als eine Theorie, die aus

Festhalten an der Diesseitigkeit der Welt

vorausgesetzter Innerweltlichkeit das Dasein ohne den Zugriff übergeschichtlicher Mächte und extramundaner Kräfte erklärt (vgl. Gamm 1989, S. 135).

Über diese drei klassischen Theorieelemente des Historischen Materialismus hinaus muss sich die aktuelle materialistische Pädagogik noch auf die selbständige sozialistische Theoriebildung in der westlichen Welt, bei Gramsci, Althusser u.a. sowie auf die Erkenntnisse der Psychoanalyse beziehen, um die seit dem 19. Jahrhundert durch die gesellschaftlichen, industriellen und technologischen Revolutionen veränderte Welt und die veränderten Formen von Subjektivität schärfer und differenzierter analysieren zu können. Davon bleiben für Gamm (1989, S. 137) jedoch die kategorialen Grundannahmen im Bereich von Produktivkräften und Produktionsverhältnissen, bei der Werttheorie, d.h. die Prämissen der Kritik der Politischen Ökonomie, unberührt.

Ein aus diesen Theorieelementen zusammengefügtes Konzept materialistischer Pädagogik bietet nun ein Instrumentarium zur kritischen Analyse etwa des Bildungssystems, die sich nicht auf das Aufzeigen sichtbarer Mängel beschränkt, sondern die auch die verborgenen Prämissen der Gesellschaft thematisiert. Sie kann z.B. deutlich machen, dass Lernprozesse in schulischen Bildungsinstitutionen vor allem die Aufgabe erfüllen, die Individuen in gesellschaftliche Normengefüge einzupassen und die SchülerInnen abhängig von ihrer sozialen Herkunft sozial zu selektieren. Neben diesen ökonomischen und gesellschaftlichen Reproduktionsfunktionen bieten Lernprozesse für Gamm (1986, S. 53) aber auch die Möglichkeit, gesellschaftliches Bewusstsein systematisch so aufzubereiten, dass sich trotz mächtiger impliziter Trends zur Disziplinierung der Bevölkerung ein Potential zur Veränderung der gesellschaftlichen Verhältnisse aufbaut.

In einer ähnlichen dialektischen Argumentationsfigur wird von Gamm (1986, S. 44f.) auch die Widersprüchlichkeit von Bildung gefasst. Bildung dient zwar einerseits – und das hat die bisherige Herrschaftsgeschichte der Menschheit oft genug gezeigt – der Reproduktion der gesellschaftlichen Verhältnisse. Andererseits enthält sie auch das Potential der Befreiung der Menschen aus Naturabhängigkeit und aus Herrschaftszwängen. Bei seinen bildungstheoretischen Reflexionen bezieht sich Gamm (1989, S. 140) auf die kritische Bildungstheorie Heydorns, die dieser u.a. in seiner Studie „Über den Widerspruch von Bildung und Herrschaft" (1970) begründet hat. Nach Heydorn machen zwar technischer Fortschritt und Revolutionierung der technischen Produktivkräfte eine Bildung für immer mehr Menschen in immer umfangreicherem Maße aus Gründen der ökonomischen Effektivierung erforderlich. Andererseits muss das Bewusstsein der Massen zugleich paralysiert werden, um eine Revolution des Bewusstseins zu verhindern. In diesem Widerspruch liegt für Heydorn (1970, S. 159) der Ausgangspunkt für revolutionäre Bildungsarbeit. Die Bildungstheorie der materialistischen Erziehungswissenschaft gründet sich daher auf der Möglichkeit des Umschlagens des nur auf die anpasserische Qualifizierung von Arbeitskräften ausgerichteten Ausbildungsprozesses in befreiende Bildung (vgl. zur aktuellen Diskussion Euler/Pongratz 1995). Inhaltlich bedeutet Bildung für Gamm (1986, S. 46) sich angesichts der ökonomischen Übermacht des weltweiten kapitalistischen Systems und seiner beständigen technologischen Revolutionen eine Wirtschaftsordnung vorstellen zu können, in der eine Assoziation von freien und gleichen

Materialistische Bildungstheorie

Produzenten den gemeinsam erwirtschafteten Reichtum vernünftig verwendet. Bildung in diesem Sinne hieße dann, an der kühnen Entscheidung für den Begriff der Humanität festzuhalten.

I.4.3.3. Kritik und Weiterentwicklungen

Gegenüber Gamms Konzept einer materialistischen Pädagogik, aber auch gegenüber anderen Versuchen der Begründung einer materialistischen Erziehungswissenschaft, lässt sich zunächst einmal kritisch einwenden, dass sie in einer Reihe von Punkten philosophisch dem Dogmatismus einer Marx-Exegese verhaftet bleiben. Dies dokumentiert sich erstens im Bereich der anthropologischen Reflexionen, wo im Anschluss an Marx an einem arbeitszentrierten Menschenbild festgehalten wird, während andere Dimensionen menschlicher Praxis und Entwicklung, z.B. das kommunikative Handeln oder die Moralentwicklung, nicht hinreichend berücksichtigt werden (vgl. Habermas 1976, S. 148; Krüger/Lersch 1993, S. 320). Dies zeigt sich zweitens im Bereich der Gesellschaftstheorie, wo mit der Marxschen Kritik der Politischen Ökonomie ein gesellschaftstheoretisches Erklärungsmodell des 19. Jahrhunderts unhinterfragt fortgeschrieben wird. Gerade neuere Diskussionen im Kontext kritischer Gesellschaftstheorie, aber auch einer kritischen Bildungsgeschichte, haben jedoch deutlich gemacht, dass die Reproduktionssphäre nicht einfach der Kapitallogik subsummiert werden kann und die Genese und aktuelle Verfasstheit von Bildungsprozessen nicht allein aus den materiellen gesellschaftlichen Bedingungen heraus erklärt werden kann, sondern in der Dimension des praktischen Wissens und des kommunikativen Handelns auch eigenständige Lernprozesse stattfinden (vgl. Baethge 1984, S. 44; Titze 1983, S. 52).

Ungeklärt ist in Gamms Theorieentwurf einer materialistischen Pädagogik drittens auch, welchen systematischen Stellenwert die favorisierte Psychoanalyse in diesem Theoriengebäude überhaupt haben kann. Denn die metatheoretische und kategoriale Verknüpfung zwischen materialistischen und psychoanalytischen Grundannahmen bleibt weitgehend uneingelöst (vgl. als Alternative Lorenzer 1972). Problematisch ist viertens ferner der in den materialistischen Bildungstheorien von Gamm u.a. im Anschluss an die Traditionen der Aufklärungs- und Arbeiterbewegung formulierte emphatische Bildungsbegriff, der an der Idee eines Vernunftssubjektes festhält, ohne zu zeigen, wo dieses in einer gesellschaftlichen Situation, die durch eine nicht über Vernunft vermittelte Individualisierung gekennzeichnet ist, sein empirisches Pendant hat.

Zieht man schließlich eine Bilanz zur bisherigen Forschungsproduktivität der materialistischen Erziehungswissenschaft, so lässt sich zweifelsohne festhalten, dass sie im Bereich der Sozialgeschichte von Erziehung und Bildung eine Vielzahl interessanter Studien (vgl. etwa Heydorn/Koneffke 1973; Hofmann 1960; zusammenfassend Titze 1983) vorgelegt hat, während das Forschungspotential im Hinblick auf die empirische erziehungswissenschaftliche Forschung eher als defizitär gekennzeichnet werden muss.

Eine Ausnahme stellen lediglich die kultursoziologisch inspirierten Studien von Bourdieu (1982) und Bourdieu und Passeron (1971) aus dem französischen Raum sowie die durch die „new sociology of education“ angeregten Studien z.B.

von Apple (1979) oder Wexler (1992) aus dem angloamerikanischen Raum dar (vgl. Kolbe/Sünker/Timmermann 1994; Sünker 1996, 2003, 2006). Nur in solchen Ansätzen und Studien, die sozialstrukturell argumentieren und funktional empirisch analysieren mit dem Ziel, die veränderten sozialen Ungleichheitsmuster im Bildungs- und Sozialwesen aufzudecken, hat materialistisches Denken, meiner Ansicht nach, gegenwärtig noch eine Perspektive. Und es würde damit auch an jene Traditionslinie materialistischer Erziehungswissenschaft anknüpfen, wie sie von Siegfried Bernfeld in den 1920er Jahren entwickelt worden ist, der statt pädagogische Illusionen zu fördern, die Grenzen der Erziehung präzise abgesteckt hatte.

Literatur

Altvater, E./Huisken, F. (Hrsg.): Materialien zur politischen Ökonomie des Ausbildungssektors. Erlangen 1970.

Apple, M.W.: Ideology and Curriculum. Boston/London 1979.

Baethge, M.: Ausbildung und Herrschaft. Frankfurt a.M. 1970.

Baethge, M.: Materielle Produktion, gesellschaftliche Arbeitsteilung und Institutionalisierung von Bildung. In: Baethge, M./Nevermann, K. (Hrsg.): Organisation, Recht und Ökonomie des Bildungswesens. Bd. 5 der Enzyklopädie Erziehungswissenschaft. Stuttgart 1984, S. 21-53.

Bernfeld, S.: Sisyphos oder die Grenzen der Erziehung (1924). Frankfurt a.M. 1967.

Bourdieu, P.: Die feinen Unterschiede. Frankfurt a.M. 1982.

Bourdieu, P./Passeron, J.-C.: Die Illusion der Chancengleichheit. Stuttgart 1971.

Cloer, E./Wernstedt, R. (Hrsg.): Pädagogik in der DDR. Weinheim 1994.

Combe, A.: Zur Kritik der Lehrerrolle. München 1970.

Euler, P./Pongratz, L.A. (Hrsg.): Kritische Bildungstheorie. Zur Aktualität Heinz-Joachim Heydorns. Weinheim 1995.

Gamm, H.J.: Allgemeine Pädagogik. Reinbek 1979.

Gamm, H.J.: Das pädagogische Erbe Goethes. Frankfurt a.M./New York 1980.

Gamm, H.J.: Die materialistische Pädagogik. In: Gudjons, H./Teske, R./Winkel, R. (Hrsg.): Erziehungswissenschaftliche Theorien. Hamburg, 1986, S. 41-56.

Gamm, H.J.: Führung und Verführung. Pädagogik des Nationalsozialismus (1964). Frankfurt a.M./New York [2]1984.

Gamm, H.J.: Materialistisches Denken und pädagogisches Handeln. Frankfurt a.M./New York 1983.

Gamm, H.J.: Pädagogische Ethik. Weinheim 1988.

Gamm, H.J.: Erziehungswissenschaft auf kritisch-materialistischer Basis. In: Röhrs, H./Scheuerl, H. (Hrsg.): Richtungsstreit in der Erziehungswissenschaft und pädagogische Verselbständigung. Frankfurt a.M. u.a. 1989, S. 131-146.

Gamm, H.J.: Das Elend der spätbürgerlichen Pädagogik. München 1972.

Gamm, H.J.: Kritische Schule. München 1970.

Gamm, H.J.: Die bleibende Bedeutung eines kritischen Marxismus für die erziehungswissenschaftliche Diskussion. In: Benner, D./Lenzen, D./Otto, H.U. (Hrsg.): Erziehungswissenschaft zwischen Modernisierung und Modernitätskrise. 29. Beiheft der Zeitschrift für Pädagogik. Weinheim/Basel 1992, S. 59-74.

Gramsci, A.: Philosophie der Praxis. Frankfurt a.M. 1967.

Habermas, J.: Zur Rekonstruktion des historischen Materialismus. Frankfurt a.M. 1976.

Heller, A.: Alltagsleben. Versuch einer Erklärung der individuellen Reproduktion. Frankfurt a.M. 1978.

Heydorn, H.J.: Über den Widerspruch von Bildung und Herrschaft. Frankfurt a.M. 1970.

Heydorn, H.J./Koneffke, G.: Studien zur Sozialgeschichte und Philosophie der Bildung. 2 Bde., München 1973.
Hofmann, F.: Die Pansophie des J.A. Comenius und ihre Bedeutung für seine Pädagogik (Habil. Schrift). Halle 1960.
Huisken, F.: Zur Kritik der bürgerlichen Didaktik und Bildungsökonomie. München 1972.
Kirchhöfer, D.: Das Paradigma der materialistischen Dialektik in den Erziehungswissenschaften. In: Müller, D.K. (Hrsg.): Pädagogik, Erziehungswissenschaft, Bildung. Köln/Weimar/ Wien 1994, S. 93-116.
Kirchhöfer, D.: DDR, Pädagogik Bildungspolitik. In: Krüger, H.-H./Grunert, C. (Hrsg.): Wörterbuch Erziehungswissenschaft. Wiesbaden [2]2006, S. 95-101.
Kirchhöfer, D./Wessel, K.-F.: Erziehungs- und Bildungsphilosophie in der DDR. In: Benner, D./ Lenzen, D. (Hrsg.): Erziehung, Bildung, Normativität. Weinheim/München 1991, S. 55-78.
Kolbe, F.-U./Sünker, H./Timmermann, D.: Neue bildungssoziologische Beiträge zur Theorie institutionalisierter Bildung. In: Sünker, H./Timmermann, D./Kolbe, F.-U. (Hrsg.): Bildung, Gesellschaft, soziale Ungleichheit. Frankfurt a.M. 1994, S. 11-33.
Krüger, H.-H./Lersch, R.: Lernen und Erfahrung. Perspektiven einer Theorie schulischen Handelns. Opladen [2] 1993.
Krüger, H.-H./Marotzki, W. (Hrsg.): Pädagogik und Erziehungsalltag in der DDR. Opladen 1994.
Lefebvre, H.: Kritik des Alltagslebens. 3 Bde., München 1974.
Lenzen, D.: Erziehungswissenschaft – Pädagogik. In: Lenzen, D. (Hrsg.): Erziehungswissenschaft. Ein Grundkurs. Reinbek 1994, S. 11-14.
Lorenzer, A.: Zur Begründung einer materialistischen Sozialisationstheorie. Frankfurt a.M. 1972.
Markert, W.: Erwachsenenbildung als Ideologie. Zur Kritik ihrer Theorien im Kapitalismus. München 1973.
Marx, K./Engels, F.: Die deutsche Ideologie. In: Marx, K./Engels, F.: Ausgewählte Schriften in sechs Bänden, Bd. 1, Berlin 1985, S. 201ff.
Marzahn, C: Sozialistische Pädagogik – Aufbruch wohin? In: Soukup, C./Koch, R. (Hrsg.): Es kamen härtere Tage. Weinheim/München 1988.
Nyssen, F.: Schule im Kapitalismus. Köln 1969.
Schmied-Kowarzik, W.-D.: Konzept einer radikalen Kritik der bürgerlichen Erziehung – eine Bestandsaufnahme. In: Schaller, K. (Hrsg.): Erziehungswissenschaft der Gegenwart. Bochum 1979, S. 182-214.
Schmied-Kowarzik, W.-D.: Kritische Theorie und revolutionäre Praxis. Bochum 1988.
Schmied-Kowarzik, W.-D.: Materialistische Erziehungstheorie. In: Lenzen, D./Mollenhauer, K. (Hrsg.): Theorien und Grundbegriffe der Erziehungswissenschaft. Bd. 1 der Enzyklopädie Erziehungswissenschaft. Stuttgart 1983, S. 101-116.
Schmied-Kowarzik, W.-D.: Materialistische Erziehungstheorie. In: Borrelli, M. (Hrsg.): Deutsche Gegenwartspädagogik. Baltmannsweiler 1993, S. 201-220.
Sünker, H.: Bildung, Alltag, Subjektivität. Elemente zu einer Theorie der Sozialpädaggik. Weinheim 1989.
Sünker, H.: Bildungstheorie und Erziehungspraxis. Bielefeld 1984.
Sünker, H.: Bildungsforschung und Bildungstheorie. In: Helsper, W./Krüger, H.-H./Wenzel, H. (Hrsg.): Schule und Gesellschaft im Umbruch. Bd. 1, Weinheim 1996, S. 71-82.
Sünker, H.: Materialistische Erziehungswissenschaft. In: Krüger, H.-H./Grunert, C. (Hrsg.): Wörterbuch Erziehungswissenschaft. Wiesbaden [2]2006, S. 364-369.
Sünker, H. Politik, Bildung und soziale Gerechtigkeit. Frankfurt a.M. 2003.
Tenorth, H -E.: Geschichte der Erziehung. Weinheim/München 1988.
Tenorth, H.-E.: Materialistisch orientierte Pädagogik. In: Petersen, J./Reinert, G.-B. (Hrsg.): Pädagogische Konzeptionen. Donauwörth 1992, S. 190-203.
Titze, H.: Erziehung und Bildung in der historisch-materialistischen Position. In: Lenzen, D./ Mollenhauer, K. (Hrsg.): Theorien und Grundbegriffe der Erziehungswissenschaft. Bd. 1 der Enzyklopädie Erziehungswissenschaft. Stuttgart 1983, S. 101-116.
Wexler, P.: Becoming Somebody. Toward a Social Psychology of School. Washington/London 1992.

I.4.4. Psychoanalytische Pädagogik

Inhalt

I.4.4.1. Entstehungszusammenhang und Wirkung

Obgleich eine intensive Diskussion über die Begründung und Weiterentwicklung einer Psychoanalytischen Pädagogik im deutschsprachigen Raum erst im vergangenen Jahrzehnt erneut einsetzte, reichen die Anfänge dieses Diskurses bereits bis in die Zeit um die Jahrhundertwende zurück. So hielt der Freud-Schüler Ferenci bereits 1908 auf dem Salzburger Kongress der Psychoanalytischen Vereinigung einen Vortrag zum Thema „Psychoanalyse und Erziehung", in dem er die Konsequenzen der psychoanalytischen Sexuallehre, des Lust-Unlust-Prinzips und der Verdrängung erörterte. Und auch Sigmund Freud, der Begründer der Psychoanalyse, hatte seine ersten zentralen Studien zur Genese, Struktur und Dynamik unbewusster Konflikte sowie über die Rolle des Ichs im psychischen Geschehen bereits Anfang des 20. Jahrhunderts verfasst (vgl. Brauner 1989, S. 1220). Die Psychoanalyse umfasst nach Freud (1955, S. 211) drei Dimensionen: „Sie ist der Name erstens eines Verfahrens zur Untersuchung seelischer Vorgänge, welche sonst kaum zugänglich sind; zweitens eine Behandlungsmethode neurotischer Störungen, die sich auf diese Untersuchung gründet; drittens eine Reihe von psychologischen, auf solchem Wege gewonnenen Einsichten, die alle allmählich zu einer neuen wissenschaftlichen Disziplin zusammenwachsen."

Die pädagogische Relevanz der Freudschen Theorie

Obwohl Freud sich in seinen Abhandlungen nie ausdrücklich und ausschließlich mit Erziehungsfragen befasst hat, sind es doch vor allem drei Ergebnisse, die die Theorie und Praxis der Pädagogik nachhaltig beeinflusst haben.

Dazu gehört zum einen die Entdeckung der frühkindlichen Sexualität, die die Auffassung von der sexuellen Unschuld des Kindes zerstörte. Grundlegend für das psychoanalytische Verständnis der Sexualentwicklung wie auch für die Entwicklung anderer psychosozialer Prozesse ist die Annahme, dass lebensgeschichtlich frühere Erfahrungen die Basis für spätere Entwicklungsprozesse abgeben und dass Fehlentwicklungen und Fixierungen in frühen Lebensjahren die Ursache für spätere neurotische Erkrankungen sein können. Das sogenannte Phasenmodell der psychosexuellen Entwicklung beschäftigt sich mit den Reifungs- und Entwicklungsprozessen der Sexualtriebe, der Entwicklung der Objektbeziehungen und der Entwicklung der Ich-Organisation, die sich in phasenspezifischer Interaktion mit der Umwelt herausbildet (vgl. Brauner 1989, S. 1222). Besonders wichtig ist in diesem Zusammenhang Freuds Theorem vom Ödipus-Komplex, das er in den „Drei Abhandlungen zur Sexualtheorie" (1905) erstmals formuliert hat und das zum Angelpunkt einer psychoanalytischen Psychologie der Eltern-Kind-Beziehungen und der Familie geworden ist. In Anlehnung an den griechischen Mythos von König Ödipus, der seinen Vater tötete und seine Mutter heiratete, hat Freud mit dem Begriff des Ödipuskomplexes die inneren Konflikte des kleinen Jungen in der phallischen Phase (3-5 Jahre) beschrieben, der zwischen sexuell-inzestuösen Wünschen gegenüber der Mutter und den bei aller Bewunderung feindseligen Gefühlen gegenüber dem als Rivalen empfundenen Vater hin und her schwankt. Eine idealtypische Auflösung des ödipalen Konfliktes wird von Freud darin gesehen, dass der Junge aus Angst gegenüber dem Vater auf seine inzestuösen Wünsche verzichtet, sich mit dem gleichgeschlechtlichen Elternteil identifiziert und dadurch dessen Ge- und Verbote als Kern des Über-Ichs in sein Gewissen aufnimmt.

Eine zweite für die Pädagogik bedeutsame Anregung der Freudschen Psychoanalyse ist darin begründet, dass man die von ihm niedergeschriebenen Krankengeschichten auch als Erziehungsgeschichten ansehen kann. So ist z.B. Freuds Analyse der Phobie eines fünfjährigen Knaben (1909), bekannt geworden als Geschichte vom kleinen Hans, nicht nur eine Krankengeschichte, sondern zugleich der Bericht über einen psychoanalytischen Erziehungsversuch (vgl. Bittner 1979, S. 64).

Eine dritte für die Pädagogik relevante Fragestellung hat Freud vor allem in seinen kulturtheoretischen Schriften diskutiert. Wie wird das polymorphperverse Triebwesen Kind zum Kulturmenschen, zum zivilisierten Erwachsenen? Unter dem Stichwort „Erziehung zur Realität" wurde das Ziel einer psychoanalytisch aufgeklärten Erziehung in einer sukzessiven Stärkung des Realitätsprinzips gesehen, welches unter Einbeziehung der kindlichen Triebbedürfnisse eine bewusste Vorherrschaft der Rationalität über die Kräfte der Triebregungen und deren Lustprinzip sicherstellen und dadurch zugleich pathogenen Verdrängungen den Boden entziehen sollte.

Psychoanalytische Pädagogik in den 1920er Jahren

Wenngleich bereits die erste Schülergeneration Freuds sich noch in der Zeit vor dem Ersten Weltkrieg um eine Anwendung der Psychoanalyse auf erziehungspraktische Probleme bemühte – so haben die Schweizer Oskar Pfister und Hans Zulliger in Konfirmantenseelsorge bzw. Volksschulpraxis erzieherische Beeinflussung mit analytischer Klärung zu verbinden versucht – setzte die erste Blütezeit der psychoanalytischen Pädagogik doch erst in den 1920er Jahren ein. Es wurden erste systematische Versuche unternommen, eigene Konzepte und Methoden auf psychoanalytischer Basis zu entwickeln und praktisch zu erproben. Große Beobachtung fand das Aichhornsche (1925) Experiment einer psychoanalytischen Erziehung verwahrloster Jugendlicher. Zu erwähnen sind in diesem Zusammenhang auch Wera Schmidts (1924) Experimente in ihrem Moskauer Kinderheim-Laboratorium und Siegfried Bernfelds (1921) Versuche im Kinderheim Baumgarten auf der Grundlage psychoanalytischer Erkenntnisse alternative Erziehungskonzepte zu realisieren. Siegfried Bernfeld (1925) war es auch, der die psychoanalytische Theoriebildung mit Ansätzen marxistischer Gesellschaftskritik verknüpfte und der darauf hinwies, dass der soziale Ort, in dem Kinder und Jugendliche aufwachsen, unterschiedliche Möglichkeiten für Erziehungs- und Sozialisationsprozesse eröffnet (vgl. Hörster/Müller 1992).

Ihren publizistischen Ausdruck fand die psychoanalytisch-pädagogische Bewegung in der von Meng, Schneider, Aichhorn, A. Freud u.a. herausgegebenen „Zeitschrift für psychoanalytische Pädagogik", die von 1927 bis 1937 in elf Jahrgängen erschienen und in der das breite Spektrum der Forschungsaktivitäten sowie die Anwendungsvielfalt der Psychoanalyse in den Praxisfeldern der Pädagogik dokumentiert ist. Die Zeitschrift hatte nach Meinung der Herausgeber eine dreifache Aufgabe: das Bekanntmachen der Erfahrungsberichte psychoanalytisch eingestellter Erzieher, die Förderung der für den Erzieher wichtigen Gebiete (Kinderanalyse, Methodik der Erziehung usw.) sowie die Veröffentlichung der Anwendungsergebnisse des psychoanalytischen Verfahrens bei Kindern und Jugendlichen (vgl. Bittner/Rehm 1964, S. 18).

Mehrere Aspekte führten seit Beginn der 1930er Jahre zu einer Revision der psychoanalytischen Pädagogik in Theorie und Praxis. Zum einen waren die Erfahrungen und Ergebnisse psychoanalytischer Erziehungsversuche teilweise enttäuschend. Im Unterschied zu dem pädagogischen Optimismus der psychoanalytischen Pädagogik der 1920er Jahre wurden zunehmend skeptische Einschätzungen formuliert, mit Hilfe von Erziehungsprozessen einen zentralen Beitrag zur Neurosenprophylaxe leisten zu können. Redl (1932) stellte vor diesem Hintergrund sogar die grundsätzliche Frage, ob es überhaupt eine Psychoanalytische Pädagogik geben könne (vgl. Trescher 1985, S. 61). Umgekehrt hatte sich in der Internationalen Psychoanalytischen Vereinigung seit den späten 1920er Jahren ein Trend zur Medizinalisierung der Psychoanalyse sukzessive durchgesetzt, der die psychoanalytisch-therapeutische Praxis zusehends dem Bereich der Medizin zurechnete und durch Festlegung spezifischer Zulassungs- und Ausbildungsrichtlinien eine professionelle Ausbildung für PsychoanalytikerInnen zu etablieren suchte, die für PädagogInnen kaum zugänglich war (vgl. Datler 1992, S. 16f.).

Trend zur Medizinalisierung der Psychoanalyse

Mit dem Sieg des Faschismus in Deutschland und Österreich wurde zudem die weitere Entfaltung der Psychoanalytischen Pädagogik nicht nur jäh unterbrochen, sondern zugleich die Medizinalisierung der Psychoanalyse noch weiter verstärkt. Denn viele deutschsprachige AnalytikerInnen mussten nach Amerika flüchten, wo die Medicozentrierung der Psychonalyse am weitesten fortgeschritten war und außerklinische psychoanalytische Arbeiten keine große Bedeutung hatten (vgl. Datler 1992, S. 20). Dieser Trend dokumentiert sich auch in der 1945 gegründeten Zeitschrift „The Psychoanalytic Study of the Child", die sich fast ausschließlich mit Problemen der Kinderpsychologie sowie der Theorie und Praxis der Kinderanalyse beschäftigte.

Auch in der Nachkriegszeit spielte die psychoanalytische Pädagogik in Westdeutschland zunächst keine Rolle und die Psychoanalyse war weitgehend medicozentrisch ausgerichtet. Erst ab Mitte der 1960er Jahre nahm das Interesse an der Psychoanalytischen Pädagogik wieder spürbar zu. Von Teilen der Studentenbewegung wurde die gesellschaftstheoretische und pädagogische Relevanz der Psychoanalyse (insbesondere die Arbeiten Bernfelds) wiederentdeckt. Vor allem die psychoanalytischen Erkenntnisse über die psychosexuelle Entwicklung des Kindes und die Kritik an der gesellschaftlichen und familialen Unterdrückung der kindlichen Sexualität fanden in der Theorie und Praxis der antiautoritären Erziehung Berücksichtigung. Obwohl die Impulse der antiautoritären Bewegung für die Weiterentwicklung der gesellschaftstheoretischen Fundierung der Psychoanalytischen Pädagogik unbestreitbar sind, so war die Rezeption der Psychoanalyse für die Pädagogik und insbesondere deren Anwendung im Rahmen der antiautoritären Erziehung aus zwei Gründen problematisch. Erstens wurde die psychoanalytische Triebtheorie oft nur bruchstückhaft angeeignet und die skeptischen Einschätzungen der psychoanalytischen Pädagogik aus den 1930er Jahren hinsichtlich der Wirkungsmöglichkeiten einer psychoanalytisch orientierten Erziehung kaum zur Kenntnis genommen (vgl. Brauner 1989, S. 1227). Zweitens wurde die Bedeutung von Übertragungs- und Gegenübertragungsprozessen im erzieherischen Handeln im Rahmen der psychoanalytisch orientierten Konzepte antiautoritärer Erziehung systematisch verkannt.

Psychoanalyse und antiautoritäre Bewegung

Auf dieses zentrale Defizit hatte bereits früh Bittner (1972) aufmerksam gemacht, der sich seit Mitte der 1960er Jahre um eine historische Bestandsaufnahme und Weiterentwicklung der psychoanalytischen Pädagogik bemüht hat und der bis heute zu den wichtigsten Repräsentanten dieser Theorieströmung gehört.

Günther Bittner (geb. 1937) hat von 1956 bis 1960 in Tübingen und Wien Psychologie und Pädagogik studiert und sein Studium als Diplompsychologe abgeschlossen. Anfang der 1960er Jahre hat er in dem von Felix Schottländer gegründeten Stuttgarter Institut für Psychotherapie eine psychoanalytische Ausbildung erhalten. 1962 hat er mit einer Arbeit „Zur Psychologie und Pädagogik der Leitbilder 1962“ bei Andreas Flitner an der Universität Tübingen promoviert, 1969 hat er sich an der gleichen Hochschule habilitiert. Danach war er zunächst Professor für Pädagogik an der Pädagogischen Hochschule Reutlingen und an der Universität Bielefeld, seit 1977 ist er als Lehrstuhlinhaber für Pädagogik an der Universität Würzburg tätig.

Zusammen mit Rehm hat Bittner 1964 zentrale Beiträge aus der „Zeitschrift für Psychoanalytische Pädagogik“ editiert (vgl. Bittner/Rehm 1964) sowie 1967 eine vorwiegend historisch orientierte Monographie zum psychoanalytischen Ansatz einer Sozialpädagogik veröffentlicht (vgl. Bittner 1967). Neben weiteren historischen Arbeiten etwa zur Psychoanalyse Freuds (Bittner 1979) und eher praxisbezogenen Arbeiten zum Umgang mit erziehungsschwierigen Kindern (vgl. Bittner/Schäfer/Strobel 1973) sowie Studien zur psychoanalytisch orientierten Begleitforschung bzw. Grundlagenforschung (vgl. Bittner/Thalhammer 1989) hat er sich vor allem in verschiedenen Arbeiten in den 1980er Jahren an der Fortschreibung des Theorie-Diskurses um eine Psychoanalytische Pädagogik beteiligt. Dabei vertritt er die Position, dass es eine rein psychoanalytische Pädagogik nicht geben kann, sondern dass es eher auf eine produktive Ausgestaltung eines kooperativen Verhältnisses zwischen Pädagogik und Psychoanalyse in Theorie und Praxis ankommt (vg. Bittner 1985, 1989).

Eine andere Position im aktuellen Diskurs um Psychoanalyse und Pädagogik vertritt Trescher, der sicherlich mit zu den wichtigen Vertretern aus der jüngeren Generation psychoanalytisch orientierter Pädagogen gehört. Er begreift Psychoanalytische Pädagogik als Teil der Psychoanalyse im Sinne einer kritischen Sozialwissenschaft, wie sie von Lorenzer und anderen formuliert wurde.

Hans-Georg Trescher

Hans-Georg Trescher (1950-1995) hat von 1972 bis 1976 an der Universität Frankfurt Diplompädagogik studiert und Ende der 1970er Jahre mit einer Arbeit zum Thema „Sozialisation und beschädigte Identität" (Trescher 1979) promoviert. Nach seiner Habilitation zu Fragen der psychoanalytischen Pädagogik im Jahre 1985 an der Universität Frankfurt wurde er 1986 Professor für Sozialpädagogik und Sonderpädagogik an der Evangelischen Fachhochschule Darmstadt. Neben praktischen psychoanalytisch orientierten Arbeiten mit verwahrlosten Jugendlichen hat er im vergangenen Jahrzehnt nicht nur den Diskurs um die systematische Weiterentwicklung einer psychoanalytischen Pädagogik mit vorangetrieben (vgl. Trescher 1985, 1992; Reiser/Trescher 1987), sondern im Auftrag des von ihm mitgegründeten Frankfurter Arbeitskreises für Psychoanalytische Pädagogik das seit 1989 jährlich erscheinende Jahrbuch für Psychoanalytische Pädagogik mit ediert.

Wirkungen

Dass der Grenz- und Überlappungsbereich zwischen Pädagogik und Psychoanalyse in den letzten zehn Jahren wieder breiter und durchlässiger geworden ist, dokumentiert sich nicht nur in der Herausgabe dieses Jahrbuches sowie in der seit 1992 erscheinenden Buchreihe „Sysiphos", die den Untertitel „Studien zur Psychoanalyse in der Pädagogik" trägt (vgl. Datler 1992, S. 36). Vielmehr lässt sich dies auch an der Tatsache ablesen, dass im Rahmen der Deutschen Gesellschaft für Erziehungswissenschaft 1987 eine Kommission „Psychoanalyse und Pädagogik" gegründet wurde, in der eine Gruppe psychoanalytisch orientierter Pädagogen kontinuierlich zusammenarbeitet. Außerdem ist die Zahl der psychoanalytisch-pädagogischen Publikationen im letzten Jahrzehnt generell gestiegen, in denen nicht nur wissenschaftstheoretische Grundsatzfragen diskutiert werden, sondern auch Ansätze und Ergebnisse aus der Kindheits-, Jugend- und Schulforschung, Fragen der pädagogischen Kasuistik, der LehrerInnenausbildung und Supervision sowie vor allem der Sonder- und Sozialpädagogik thematisiert werden. Trotz dieses Expansions- und Ausdifferenzierungsprozesses der psychoanalytisch-pädagogischen Diskussion muss jedoch relativierend festgehalten werden, dass sich die Lehr- und Forschungsaktivitäten von psychoanalytisch ausgerichteten Pädagogen und Pädagoginnen bislang nur auf wenige Universitätsstandorte im deutschsprachigen Raum (u.a. Frankfurt, Kassel, Würzburg, Reutlingen, Wien) konzentrieren. Außerdem wird in dieser Gruppe bis heute kontrovers darüber diskutiert, ob es überhaupt so etwas wie eine eigenständige Psychoanalytische Pädagogik geben oder ob die Psychoanalyse eher den Status einer Hilfswissenschaft für die Erziehungswissenschaft haben soll (vgl. etwa Fatke 1985, 2007; Müller 1990, 2006).

I.4.4.2. Bittners Plädoyer für eine Kooperation von Psychoanalyse und Pädagogik

Günther Bittner (1985, S. 36), der sein Verständnis von Psychoanalyse in Auseinandersetzung mit den klassischen Konzepten von Freud und C.G. Jung zu entwickeln sucht und der Ansätze einer materialistischen Fundierung einer psychoanalytischen Pädagogik wegen ihrer weltanschaulichen Gebundenheit ablehnt, sieht die Erträge der Psychoanalyse für die Pädagogik vor allem in vier Punkten. Psychoanalyse ist für ihn im pädagogischen Zusammenhang zu allererst eine Verstehenslehre, die dem Erzieher hilft, sich in das kindliche Seelenleben hineinzuversetzen. Weiterhin ist Psychoanalyse für ihn ein Beitrag zur pädagogischen Anthropologie, insbesondere zur Kinderkunde. Drittens leistet Psychoanalyse ein Stück pädagogische Beziehungslehre, die den Erzieher von dem Versuch einer gewaltsamen Unterdrückung kindlicher Regungen abhält. Schließlich bietet die Psychoanalyse nach Bittner (1985, S. 32) einen Aspekt zur pädagogischen Wirkungslehre, weshalb psychoanalytische Krankengeschichten für jeden Erziehungswissenschaftler unentbehrliche Dokumente sein sollen.

Ausgehend von diesen Grundannahmen versucht Bittner dann den Stellenwert der Psychoanalyse für die Theorie und Praxis von Erziehung zu bestimmen. In Anlehnung an Mollenhauers (1972) interaktionistischer und kommunikationstheoretischer Grundlegung der Erziehungswissenschaft definiert er zunächst Erziehung als kommunikatives Handeln und erörtert den Beitrag der Psychoanalyse für eine so verstandene Erziehungswissenschaft. Die psychoanalytische Theorie als Theorie der Erziehungsprozesse könnte in diesem Rahmen immer nur eine Teil-Theorie mit begrenztem Geltungsanspruch sein, die die unbewussten Anteile der Kommunikation erfasst (vgl. Bittner 1985, S. 33). Nicht-Kommunikation unter dem Schein der Kommunikation, Bildung subjektiver Objekte, Projektion innerer Bilder, all dies sind für Bittner (1985, S. 43) aus der Theorietradition der Psychoanalyse stammende hilfreiche Kategorien, die geeignet sind, unbewusste Vorgänge im Erziehungsprozess, Prozesse der Projektion und Übertragung zu erklären.

Psychoanalyse als Teil-Theorie bei der Grundlegung der Erziehungswissenschaft

Ebenso wie die psychoanalytische Erziehungtheorie im Rahmen der erziehungswissenschaftlichen Grundlegungsversuche nur den Status einer Teil-Theorie beanspruchen kann, so lässt sich auch die erzieherische Praxis nach Auffassung von Bittner (1989, S. 222) nicht allein auf die Psychoanalyse gründen, weil sie zur Entscheidung über pädagogische Sachfragen, z.B. zu Schulstrukturfragen oder zur Curriculumentwicklung, nichts Entscheidendes beitragen kann. Auch sei das psychoanalytische Handeln, das an ein festgelegtes Setting gekoppelt ist, mit dem pädagogischen Handeln nicht identisch. Der Beitrag der Psychoanalyse für das pädagogische Handeln könnte lediglich in einer Konflikthilfe im Vorfeld des Therapeutischen liegen, d.h. als Hilfe bei der Lösung noch nicht pathologisch verfestigter Konflikte verstanden werden (vgl. Bittner 1972, S. 185).

Differenz zwischen psychoanalytischem und pädagogischem Handeln

Als Medien für die Ausbildung der psychoanalytischen Kompetenz von Pädagogen und Pädagoginnen nennt Bittner Seminare zur Theorie der Psychoanalyse, kasuistische kinderkundliche Materialien zur Einführung in psychoanalytische Interpretations- und Reflexionsweisen sowie Balint-Gruppen in Gestalt berufsbezogener psychoanalytischer Fallseminare (vgl. Göppel/Uhl/Fröhlich 1985,

S. 182). Zur psychoanalytischen Erziehungspraxis gehört für ihn auch ein eigener Typus von praxisbegleitender Forschung, bei dem pädagogisch-psychoanalytische Kindertherapien sowie die Arbeit in Balint-Gruppen wissenschaftlich begleitet und aus psychoanalytischer Sicht ausgewertet werden (vgl. Bittner 1989, S. 224).

I.4.4.3. Treschers Konzept einer Psychoanalytischen Pädagogik als kritischer Sozialwissenschaft

Während Bittner in seiner Argumentation zunächst von einer grundsätzlichen Trennung von Psychoanalyse und Pädagogik ausgeht und dann nach Berührungspunkten und Kooperationsmöglichkeiten zwischen beiden Disziplinen sucht, begreift Trescher (1985, S. 65) die Psychoanalytische Pädagogik in Theorie und Praxis als Teil der Psychoanalyse. Diese Weiterentwicklung der Psychoanalytischen Pädagogik zu einem besonderen Anwendungsfeld der Psychoanalyse ist nach Trescher (1992, S. 206f.) jedoch nur dann möglich, wenn man die Psychoanalyse wissenschaftstheoretisch und methodologisch in Anlehnung an die Arbeiten von A. Lorenzer als kritisch-hermeneutische Sozialwissenschaft fasst. Psychoanalyse wird hier als „Kritische Theorie des Subjektes“ verstanden, die den Menschen primär als soziales Wesen begreift und die die Entfaltung und Einschränkung der Persönlichkeitsentwicklung, Prozesse der Bedürfnisbefriedigung und Triebeinschränkung vor dem Hintergrund der jeweiligen historischen Gesellschaftsformation untersucht. In diesem Sinne respektiert Psychoanalytische Pädagogik die Subjektivität und Geschichtlichkeit ihrer KlientInnen und reduziert sie nicht auf spezifische katalogisierbare Merkmale (vgl. Trescher 1992, S. 207).

Psychoanalyse als „Kritische Theorie des Subjekts“

Im Gegensatz zur psychoanalytischen Tradition begreift Trescher (1987, S. 201) die psychoanalytische Methode nicht mehr als ein auf ein therapeutisches Setting begrenztes klinisches Heilverfahren, sondern als ein Verfahren, das systematische Selbstreflexion und Metakommunikation ermöglicht. Daraus folgert er, dass die Differenzen in der Anwendung der Psychoanalyse sich aus den unterschiedlichen Praxisbereichen ergeben, für die dann jeweils spezifische Techniken des Umgangs mit Übertragung und Widerstand entwickelt werden müssen, nicht jedoch unterschiedliche Methoden. In Anlehnung an das Modell des psychoanalytischen Verfahrens werden dann Handlungsprozesse in pädagogischen Feldern als dialogische Erziehungsprozesse gefasst und ein Erziehungsverständnis entwickelt, das Verstehungsprozessen Priorität einräumt.

Pädagogische Handlungsprozesse als Verstehensprozesse

Von professionellen Pädagogen und Pädagoginnen wird erwartet, dass sie über professionelle Distanz sowie über die Fähigkeit zur teilnehmenden Beobachtung und zum szenischen Verstehen verfügen können, die schon in der Ausbildung erworben werden sollen. Mit dem „szenischen Verstehen“ (Lorenzer 1970) wird eine besondere Verstehensart beschrieben, mit deren Hilfe unbewusste, aber gleichwohl handlungs- und erlebnisleitende Themen in Interaktionen analysiert werden können (vgl. Trescher 1992, S. 209). Dabei empfiehlt es sich, primär jene Beziehungsverläufe in pädagogischen Alltagssituationen einer genaueren Analyse zu unterziehen, die als belastende und konflikthafte Ereignisse immer wiederkehren. Ihr Wiederholungscharakter ist für Trescher (1987, S. 208) ein Hinweis darauf, dass spezifische Konfliktpotentiale auch aus belasteten primären Erfahrungen unbewusst in Erleben und Handeln umgesetzt werden. Auf der Basis des Verständnisses solcher Szenen können dann entsprechende Handlungskonzepte entwickelt werden mit dem Ziel, solche Konfliktdynamiken in pädagogischen Beziehungssituationen abzubauen. Die Erforschung pädagogischer Praxis und die daraus resultierende Veränderung kennzeichnet nach Trescher (1992, S. 219) das psychoanalytische Paradigma einer professionellen Beziehung und das besondere Theorie-Praxis-Verhältnis in seiner Version einer Psychoanalytischen Pädagogik.

I.4.4.4. Kritik

Die Psychoanalytische Pädagogik ist bereits früh von außen, d.h. von Vertretern anderer pädagogischer Positionen, kritisiert worden. So spricht z.B. Hermann Nohl in einer Studie von 1927 (S. 106) von dem „Exzess" der Freud-Schule, die alles aus dem Erlebnis und dem Vater-Mutter-Verhältnis ableiten wolle. Eduard Spranger (1924, S. 122ff.), wie Nohl ebenfalls ein zentraler Vertreter der Geisteswissenschaftlichen Pädagogik, bezeichnete Freuds Lehre von der Sublimierung als „eigenartige theoretische Verirrung" und die Psychoanalyse im Vergleich zu unserem sonstigen Wissen von der Seele als „primitiv".

Aber auch innerhalb dieser Theorietradition war es spätestens seit den späten 1920er Jahren umstritten, ob man überhaupt versuchen sollte, eine eigenständige Psychoanalytische Pädagogik zu begründen. Diese Kontroversen tauchen auch im aktuellen Diskurs um Psychoanalytische Pädagogik erneut auf. Neben Autoren wie Bittner, die für eine Kooperation von Psychoanalyse und Pädagogik plädieren oder Trescher, der Psychoanalytische Pädagogik als Teil einer kritisch-hermeneutischen Sozialwissenschaft versteht, kommen die Infragestellungen des Konzeptes einer Psychoanalytischen Pädagogik von zwei Seiten, aus dem Kontext der PsychoanalytikerInnen ebenso wie aus dem Umfeld der ErziehungswissenschaftlerInnen.

So ist nach Auffassung des Psychoanalytikers Körner (1980) der Versuch, eine eigenständige Psychoanalytische Pädagogik zu entwickeln nicht nur wegen der Unmöglichkeit einer generellen Neurosenprophylaxe, sondern vor allem wegen der strukturellen Differenz zwischen pädagogischer und psychoanalytischer Arbeit zum Scheitern verurteilt. Es besteht für ihn ein Gegensatz zwischen dem notwendigerweise zielorientierten pädagogischen Handeln und der auf thematische Strukturierung verzichtenden analytischen Arbeit. Außerdem gehe es im pädagogischen Prozess um reale Personen beziehungsweise um realitätsbezogene Beziehungen, während der analytische Prozess Übertragungsbeziehungen fördert und das Augenmerk auf innerpsychische Realitäten richtet (vgl. Brauner 1989, S. 1228). Darüber hinaus sind für Körner (1992, S. 69) Psychoanalytisches Setting und analytische Methode, Theorie und methodisches Handeln eng miteinander verknüpft, so dass die Methode selbst nicht zerlegt und fragmentiert angewandt werden kann.

Genau umgekehrt argumentiert aus der Sicht der Erziehungswissenschaft etwa Fatke (1985, S. 52f.), der darauf hinweist, dass die Psychoanalyse nicht die Grundlagenwissenschaft für die Pädagogik sein kann. Vielmehr sei die Grundlagenwissenschaft für die Erziehungswissenschaft die Pädagogik als wissenschaftliche Disziplin selbst, die zunächst mit einheimischen Begriffen die Bedingungen und Prozesse der Erziehungssituation beschreiben und erklären müsse. Die Psychoanalyse sei hingegen für die Pädagogik, wie auch etwa die Soziologie, nur eine von mehreren Hilfswissenschaften, die z.B. bei der Klärung von Verdrängungsprozessen im Erziehungsprozess hilfreich sein kann. Ähnlich wie Fatke argumentiert auch Luise Winterhager-Schmid (1992, S. 56ff.). Sie hält die Begründung einer psychoanalytischen Erziehungswissenschaft nicht für ein anzustrebendes Ziel. Die Pädagogik müsse zunächst einmal ihre eigene theoretische Identität über einheimische Begriffe, wie etwa den Bildungsbegriff finden, und sie sei als interdisziplinäres Fach nicht nur auf eine Bezugstheorie, wie die gerade für die Begründung einer pädagogischen Anthropologie interessante Psychoanalyse, angewiesen. Mit Recht macht sie darauf aufmerksam, dass die Erziehungswissenschaft gerade für die sozialgeschichtliche Forschung oder für die Analyse z.B. von Veränderungsprozessen in der Familienerziehung auch auf die Erkenntnisse anderer Bezugstheorien, etwa Theorien des sozialen Wandels in der Moderne, angewiesen ist.

Trotz dieser berechtigten Einwände gegenüber der Verabsolutierung einer psychoanalytischen Sichtweise in der Erziehungswissenschaft dürfen darüber nicht die Leistungen dieser Theorietradition übersehen werden. Mit der Entdeckung der kindlichen Sexualität und der Herausarbeitung der Dimension des Unbewussten in zwischenmenschlichen Beziehungen hat sie die pädagogische Anthropologie und Erziehungstheorie um wesentliche Dimensionen bereichert. Außerdem sind von der psychoanalytisch-pädagogischen Theorietradition wesentliche Impulse für die Renaissance der qualitativen Forschung in der Erziehungswissenschaft, für die Weiterentwicklung der pädagogischen Kasuistik (vgl. Fatke 1995, 2007) sowie für die Begründung eines tiefenhermeneutischen Auswertungsverfahrens (vgl. Lorenzer 1993) ausgegangen, das das latent Unbewusste in sozialen Interaktionsformen und Lebensgeschichten zu erfassen sucht.

Literatur

Aichhorn, A.: Verwahrloste Jugend (1925). Bern/Stuttgart [5]1965.

Bernfeld, S.: Das Kinderheim Baumgarten (1921). In: Bernfeld, S.: Antiautoritäre Erziehung und Psychoanalyse. Ausgewählte Schriften. Bd. 1-3, Darmstadt 1969, S. 84-191.

Bernfeld, S.: Sisyphos oder die Grenzen der Erziehung (1925). Frankfurt a.M. 1967.

Bittner, G.: Der psychoanalytische Begründungszusammenhang in der Erziehungswissenschaft. In: Bittner, G./Ertle, C. (Hrsg.): Pädagogik und Psychoanalyse. Würzburg 1985, S. 31-46.

Bittner, G.: Pädagogik und Psychoanalyse. In: Röhrs, H./Scheuerl, H. (Hrsg.): Richtungsstreit in der Erziehungswissenschaft und pädagogische Verständigung. Frankfurt a.M. 1989, S. 215-228.

Bittner, G.: Psychoanalyse und soziale Erziehung (1967). München [2]1970.

Bittner, G.: Sigmund Freud. In: Scheuerl, H. (Hrsg.): Klassiker der Pädagogik, Bd. II, München 1979, S. 46-71.

Bittner, G./Rehm, W. (Hrsg.): Psychoanalyse und Erziehung. Bern/Stuttgart 1964.

Bittner G./Schäfer, G./Strobel, H. u.a.: Spielgruppen als soziale Lernfelder – pädagogische und therapeutische Aspekte. München 1973.

Bittner, G./Thalhammer, M. (Hrsg.): Das Ich ist vor allem ein körperliches Selbstwerden des körperbehinderten Kindes. Würzburg 1989.

Brauner, K.: Psychoanalytische Pädagogik. In: Lenzen, D. (Hrsg.): Pädagogische Grundbegriffe, Bd. 2, Reinbek 1989, S. 1219-1231.
Datler, W.: Psychoanalytische Praxis, Pädagogik und psychoanalytische Kur. In: Trescher, H.G./Büttner, C./Datler, W. (Hrsg.): Jahrbuch für Psychoanalytische Pädagogik, Bd. 4, Mainz 1992, S. 11-51.
Fatke, R.: „Krümel vom Tisch der Reichen“? Über das Verhältnis von Pädagogik und Psychoanalyse aus pädagogischer Sicht. In: Bittner, G./Ertle, C. (Hrsg.): Pädagogik und Psychoanalyse. Würzburg 1985, S. 47-60.
Fatke, R.: Fallstudien in der Pädagogik. In: Zeitschrift für Pädagogik 41 (1995), H. 5, S. 675-680
Fatke, R.: Psychoanalytische Pädagogik. In: Tenorth, H.-E./Tippelt, R. (Hrsg.): Lexikon Pädagogik. Weinheim/Basel 2007, S. 586-587.
Ferenczi, S.: Pädagogik und Psychoanalyse. Kongressvortrag Salzburg 1908. In: Ferenczi, S.: Schriften zur Psychoanalyse, Bd. I, Frankfurt a.M. 1970, S. 1-11.
Freud, S.: Psychoanalyse und Libidotheorie (1923). In: Freud, S.: Gesammelte Werke, Bd. 13, Frankfurt a.M. 1955, S. 209ff.
Freud, S.: Analyse der Phobie eines fünfjährigen Knaben (1909). In: Freud, S.: Gesammelte Werke, Bd. VII, Frankfurt a.M. 1964, S. 243-377.
Freud, S.: Drei Abhandlungen zur Sexualtheorie (1905). In: Freud, S.: Gesammelte Werke, Bd. VIII, Frankfurt a.M. 1964, S. 27-145.
Göppel, R./Uhl, B./Fröhlich, V.: Psychoanalyse und Pädagogik. In: Bittner, G./Ertle, C. (Hrsg.): Pädagogik und Psychoanalyse. Würzburg 1985, S. 167-186.
Hörster, R./Müller, B. (Hrsg.): Jugend, Erziehung und Psychoanalyse. Zur Sozialpädagogik S. Bernfelds. Neuwied/Berlin/Kriftel 1992.
Kant, J.: Kritik der praktischen Vernunft. Grundlegung zur Metaphysik der Sitten. Frankfurt 1974.
Körner, J.: Über das Verhältnis von Psychoanalyse und Pädagogik. In: Psyche 34 (1980), S. 769ff.
Körner, J.: Auf dem Weg zu einer Psychoanalytischen Pädagogik. In: Trescher, H.-J./Büttner, C./ Datler, W. (Hrsg.): Jahrbuch der Psychoanalytischen Pädagogik, Bd. 4, Mainz 1992, S. 66-84.
Lorenzer, A.: Die Analyse der subjektiven Struktur von Lebensläufen und das gesellschaftlich Objektive. In: Baacke, D./Schulze, Th.: Aus Geschichten lernen. Weinheim/München 1993, S. 239-255.
Lorenzer, A.: Sprachzerstörung und Rekonstruktion. Frankfurt a.M. 1970.
Mollenhauer, K.: Theorien zum Erziehungsprozeß. München 1972.
Müller, B.: „Pädagogisch angewandte Psychoanalyse“ oder „Psychoanalytische Pädagogik“ – Eine Kontroverse. In: Trescher, H.-J./Büttner, C. (Hrsg.): Jahrbuch der Psychoanalytischen Pädagogik, Bd. 2, Mainz 1990, S. 149-152.
Müller, B.: Psychoanalytische Pädagogik. In: Krüger, H.-H./Grunert, C. (Hrsg.) Wörterbuch Erziehungswissenschaft. Opladen [2]2006, S. 381-386
Nohl, H.: Jugendwohlfahrt. Leipzig 1927.
Redl, F.: Erziehungsberatung, Erziehungshilfe, Erziehungsbehandlung. In: Zeitschrift für Psychoanalytische Pädagogik (1932), H. 6, S. 523-543.
Reiser, H./Trescher, H.-J. (Hrsg.): Wer braucht Erziehung? Mainz 1987.
Schmidt, W.: Psychoanalytische Erziehung in Sowjetrußland. Leipzig/Wien/Zürich 1924.
Spranger, E.: Psychologie des Jugendalters. Leipzig 1924.
Trescher, H.-J.: Psychoanalytische Pädagogik. In: Petersen, J./Reinert, G.-B. (Hrsg.): Pädagogische Konzeptionen. Donauwörth 1992, S. 204-221.
Trescher, H.-G.: Selbstverständnis und Problembereiche der psychoanalytischen Pädagogik. In: Reiser, H./Trescher, H.-G.: (Hrsg.): Wer braucht Erziehung. Mainz 1987, S. 197-209.
Trescher, H.-G.: Sozialisation und beschädigte Identität. Frankfurt a.M. 1979.
Trescher, H.-J.: Theorie und Praxis der Psychoanalytischen Pädagogik. Mainz 1985.
Winterhager-Schmid, L.: „Wählerische Liebe“ – Plädoyer für ein kooperatives Verhältnis von Pädagogik, Psychoanalyse und Erziehungswissenschaft. In: Trescher, H.-G./Büttner, C./Datler, W. (Hrsg.): Jahrbuch der Psychoanalytischen Pädagogik, Bd. 4, Mainz 1992, S. 66-84.

I.4.5. Phänomenologische Pädagogik

Inhalt

I.4.5.1. Entstehungszusammenhang und Wirkung

Zur phänomenologisch orientierten Pädagogik gehört ein weitverzweigtes und nur schwer überschaubares Spektrum an Theoriekonzepten. Ähnlich kompliziert und vieldeutig ist auch der Begriff der Phänomenologie selbst. Zwar weist das Wort „Phänomen" in seiner Verbindung mit „Logos" auf eine Theorie der Erscheinungen hin. Aber das „Erscheinende" kann als ein „Erscheinen" empirischer Fakten und Gegenstände verstanden werden, es kann die subjektiv erlebte Wirklichkeit bezeichnen oder aber auch das In-Erscheinung-Treten eines „Wesens" der Fakten in der Weltbegegnung des Menschen meinen (vgl. Rittelmeyer 1989, S. 10). Die Maxime der Phänomenologie „zurück zu den Sachen" findet man dementsprechend in den philosophischen und pädagogischen Traditions- und Entwicklungslinien empirisch, bewusstseinspsychologisch oder philosophisch-spekulativ ausgelegt.

Obwohl der Begriff „Phänomenologie" auf den Mathematiker und Philosophen J.H. Lampert zurückgeht, der damit 1764 in seinem „Neuen Organon" eine Theorie der Erscheinungen bezeichnete, und obwohl zahlreiche Autoren des 19. Jahrhunderts diesen Begriff als philosophischen Terminus verwendeten, z.B. Hegel in seiner „Phänomenologie des Geistes", gilt Edmund Husserl (1859-1938) als eigentlicher Begründer der Phänomenologie. Husserls Philosophie ist von Anfang an von der Absicht geprägt, die Philosophie wissenschaftlich zu begründen, d.h., ihren Ausgangspunkt in einer Erkenntnis zu verankern, der sich alle vernünftigen Menschen anschließen können. Husserl beginnt seine Aufklärungsarbeit dort, wovon sich die Transzendentalphilosophie in der Nachfolge Kants abwendet, mit der Empirie. In einem ersten Stadium seiner Arbeiten, in der empirischen Phänomenologie der Erlebnisse des erfahrenden, erkennenden, wertenden Menschen, beschreibt er die Leistungen und die in ihnen sich zeigen-

Husserls Phänomenologie

den Sachverhalte des erfahrenden, sinnlich verankerten Bewusstseins. Die deskriptive Phänomenologie zielt auf die im Alltag und der Wissenschaft immer schon stattfindenden Leistungen des Bewusstseins (vgl. Lippitz 1993, S. 16). Ausgangspunkt sind die Sachen, das Seiende, wie es dem Bewusstsein ursprünglich erscheint. Die Eigenart der phänomenologischen Methode besteht somit darin, das Gegebene unter „Einklammerung" von Theorien und vorgefassten Meinungen unvoreingenommen und so genau und vollständig wie möglich zu beschreiben (vgl. Husserl 1900). Aufgabe der phänomenologischen Beschreibung ist es nach Husserl jedoch darüber hinaus, nicht bei der Deskription eines singulären Gegenstands stehenzubleiben, sondern das allgemeine Wesen, die Idee eines Gegenstandes herauszuarbeiten (vgl. Lübcke 1992, S. 90).

Während Husserl sich im ersten Stadium seiner Arbeiten vor allem mit Fragen der empirischen Phänomenologie beschäftigt hat, steht im Zentrum seiner Spätschriften die phänomenologische Rekonstruktion der menschlichen Weltbezüge aus dem konstitutiven Vermögen der Subjektivität, des „transzendentalen Ego" (vgl. Husserl 1936). Phänomenologie wird in diesem Kontext zu einer neuen, spezifischen Variante von Transzendentalphilosophie. Transzendental nennt Husserl sie deshalb, weil sie die Frage zu beantworten sucht, welche Bedingungen zwischen dem Ich und seiner Lebenswelt bestehen müssen, damit der Mensch sich der Welt und seiner selbst in der Welt bewusst werden kann.

Die Phänomenologische Bewegung

Angeregt vor allem durch die Arbeiten Husserls ist schon seit der Zeit vor dem Ersten Weltkrieg eine „Phänomenologische Bewegung" zunächst in Deutschland, später auch in Frankreich entstanden, zu denen einige der bedeutendsten Philosophen des 20. Jahrhunderts gehören. Die bekanntesten Vertreter sind Max Scheler, Nicolai Hartmann, Martin Heidegger, Karl Jaspers, Jean-Paul Sartre und Maurice Merleau-Ponty (vgl. Waldenfels 1983, 2002), die für die differenten Ansätze einer phänomenologisch orientierten Pädagogik eine jeweils unterschiedliche Relevanz haben.

Phänomenologische Pädagogik in den ersten Jahrzehnten des 20. Jahrhunderts

Die Geschichte der pädagogischen Rezeption der Phänomenologie in Deutschland kann man grob gesehen in drei Phasen unterteilen. In den ersten Jahrzehnten des 20. Jahrhunderts wird vor allem die Programmatik einer deskriptiven, phänomenologisch begründeten Gegenstandslehre der Pädagogik diskutiert. Beeinflusst durch Pfänders phänomenologischen Ansatz hat A. Fischer eine „Deskriptive Pädagogik" (1914) entwickelt. Die phänomenologische Beschreibung der Erziehung bildet für ihn das Fundament der wissenschaftlichen Pädagogik (vgl. Loch 1989, S. 1207). Was eine Phänomenologie der Erziehung im Sinne Fischers zu leisten hat, um den Gegenstand der Erziehungswissenschaft zu konstituieren und empirisch erforschbar zu machen, zeigen auch die Arbeiten Lochners (1927, 1963). Ein weiterer Vertreter eines phänomenologisch orientierten Denkens in den 1920er Jahren war Friedrich Copei (1969). Die bis heute noch bekannten, von ihm ausdrücklich als phänomenologisch bezeichneten Analysen schöpferischer Momente im Bildungsprozess gaben der Reformpädagogik wichtige Impulse. In verschiedenen deskriptiv-exemplarischen Studien thematisiert er das bei Husserl schon aufgezeigte Problem, wie aus lebensweltlichen, vor- und außerwissenschaftlichen Erfahrungen wissenschaftliche Erkenntnis entspringt, in der sich etwas Neues zeigt (vgl. Lippitz 1992, S. 118).

Eine erste Blütezeit erlebt die pädagogische Rezeption der Phänomenologie in der Pädagogik nach dem Zweiten Weltkrieg, insbesondere in der sogenannten anthropologischen Wende. Vier Hauptrichtungen zeichnen sich dabei ab. Zu erwähnen ist in diesem Zusammenhang zum einen die in Anlehnung an Heideggers Fundamentalontologie von Ballauf (1962) begründete und von Schaller (1978) weiterentwickelte dialog-philosophisch orientierte Bildungstheorie, die die Prinzipien der Sachlichkeit und Mitmenschlichkeit zu zentralen pädagogischen Prinzipien macht. Deren Leitkonzept ist die bis in die Unterrichtsdidaktik ausgreifende Neubestimmung eines nicht-subjektzentrierten Lern- und Erfahrungsbegriffs. Eine zweite Richtung wird repräsentiert durch verschiedene Ansätze einer personenorientierten und normativ ausgerichteten Pädagogik (vgl. Bokelmann 1965; Rombach 1959), die von der von Max Scheler begründeten Variante einer Phänomenologie als Metaphysik und Wertphilosophie beeinflusst sind (vgl. Loch 1989, S. 1208).

Phänomenologische Varianten von Pädagogik in der Nachkriegszeit

Für die anthropologische Wende in der phänomenologisch orientierten Pädagogik stehen vor allem die Arbeiten von O.F. Bollnow und seiner Schüler Giel, Bräuer und Loch. In einer Vielzahl auch pädagogisch akzentuierter Arbeiten hat Bollnow (1941, 1964, 1965) in Anlehnung an phänomenologische, sprachphilosophische und anthropologische Konzeptionen versucht, vor- und außerwissenschaftliche Phänomene des menschlichen Selbst- und Weltverhältnisses, wie Stimmungen, das Atmosphärische, Formen der Anschauung zu erhellen und auf pädagogische Phänomene zu übertragen. Diese Arbeiten haben Bollnows Schüler unter pädagogisch-ästhetischen und pädagogisch-anthropologischen Themenstellungen fortgesetzt (vgl. Lippitz 1992, S. 119). Besonders wichtig sind in diesem Zusammenhang die Arbeiten von Werner Loch, der im Rahmen anthropologischer Reflexionen den pädagogischen Lernbegriff neu bestimmt (vgl. Loch 1963, 1980) und Konturen für eine autobiographische Lebenslaufforschung (1979) entwickelt hat, in der das Subjekt der Erziehung ins Zentrum gerückt wird (vgl. Krüger 1995, S. 34).

Die anthropologische Wende im deutschsprachigen Raum ist zudem durch die pädagogischen Arbeiten des Niederländers M.J. Langeveld beeinflusst worden, die, soweit sie phänomenologisch orientiert sind, viele Parallelen mit denen der Gruppe um Bollnow haben. Langeveld war Pädagoge und Psychologe und sammelte im Feld der Erziehungsberatung zahlreiche Erfahrungen auf dem Gebiet der Entwicklung und Förderung von Kindern. Diese bildeten die Ausgangsbasis für verschiedene Studien zum Selbst- und Welterleben von Kindern (vgl. Langeveld 1964), die sich methodisch nicht stringent an Husserl anlehnen, sondern auf einer eigenständig entwickelten Methode der pädagogischen Deskription basieren (vgl. Lippitz 1993, S. 32; Meyer-Drawe 2006, S. 379).

Seit dem Ende der 1970er Jahre ist das Interesse an und die erziehungswissenschaftliche Wertschätzung der phänomenologisch pädagogischen Forschung sprunghaft angestiegen. Vor allem im Zuge der sogenannten Alltagswende in der Erziehungswissenschaft und dem damit einhergehenden Revival qualitativer Forschung kam es zu einer Renaissance des phänomenologischen Denkens. Dabei spielte weniger der Husserlsche Begriff der Lebenswelt als transzendentale Grundlegung, die den Boden für die Letztbegründung von Wissenschaft bildet, eine Rolle (vgl. Schründer 1983, S. 304). Vielmehr bezogen sich einige Ansätze qualitativer Forschung in der Erziehungswissenschaft eher auf den Lebensweltbegriff des Hus-

Die Alltagswende in der Erziehungswissenschaft

serl-Schülers und Sozialphänomenologen A. Schütz (1974), der ähnlich wie die Forschungstraditionen des Symbolischen Interaktionismus und der Ethnomethodologie, an der Rekonstruktion grundlegender Strukturen und Regeln interessiert ist, die eine Verständigung im Alltag ermöglichen (vgl. König 1991, S. 54).

Wilfried Lippitz

In systematischer Hinsicht wurde die phänomenologisch orientierte Pädagogik seit den 1980er Jahren entscheidend durch die Arbeiten von Wilfried Lippitz weiterentwickelt. Wilfried Lippitz (Jg. 1945) hat nach dem Studium und dem absolvierten Staatsexamen für das Lehramt in den Jahren 1969 bis 1975 als Lehrer gearbeitet. 1975 hat er mit einer Arbeit zum Thema „Dialektische Bildungstheorie in dialektischer Kritik. Kritische Rekonstruktion der Bildungstheorie J. Derbolavs" an der Universität Osnabrück promoviert. Nach seiner Promotion war er von 1975 bis 1982 wissenschaftlicher Assistent an der Universität Siegen, wo er sich auch 1980 habilitierte. Nach einer Tätigkeit als Arbeitsbereichsleiter für Erwachsenenbildung am Deutschen Institut für Fernstudien an der Universität Tübingen wurde er 1994 Professor für Allgemeine Pädagogik an der Universität Osnabrück; seit 1995 hat er einen Lehrstuhl für Allgemeine Pädagogik an der Universität Gießen.

In seiner Habilitationsschrift „Lebenswelt oder die Rehabilitierung vorwissenschaftlicher Erfahrung" hat Lippitz (1980) die Geschichte des phänomenologisch-pädagogischen Denkens, vor allem die Lebensweltdiskussion, umfassend rekonstruiert und die Programmatik einer lebensweltorientierten, erfahrungsbezogenen erziehungswissenschaftlichen Forschung entwickelt. Das besondere Erkenntnisinteresse zielt dabei auf die Rehabilitierung nichtwissenschaftlicher praktischer Erfahrungen in der Pädagogik. In späteren Arbeiten hat Lippitz dann die systematischen Konturen einer hermeneutisch-phänomenologischen Pädagogik weiter präzisiert (vgl. Lippitz 1986, 1993) und auch in methodologischer Hinsicht diskutiert (vgl. Danner/Lippitz 1984). Die Bedeutung haptischer Erfahrungen für einen lebensweltorientierten Lernbegriff hat er in einem zusammen mit Meyer-Drawe editierten Sammelband (1984) zu phänomenologischen Konzeptionen menschlichen Lernens thematisiert. Außerdem hat er in einer Reihe kleinerer phänomenologisch orientierter Studien die außerschulische Erfahrungswelt, insbesondere die Raumerfahrungen von Kindern sowie die Genealogie kindlicher Moralität analysiert (vgl. Lippitz 1989, 1991) und in diesem Zusammenhang in zwei Sammelbänden (vgl. Lippitz/Meyer-Drawe 1984; Lippitz/Rittelmeyer 1989) die Ergebnisse von verschiedenen Untersuchungen zur Phänomenologie der Kindheit dokumentiert.

Wesentliche Impulse für die Weiterentwicklung der phänomenologischen Pädagogik vornehmlich in metatheoretischer Hinsicht sind zudem von Käte Meyer-Drawe ausgegangen. In ihrer Habilitationsschrift „Leiblichkeit und Sozialität. Phänomenologische Beiträge zu einer pädagogischen Theorie der Inter-Subjektivität" (1984) hat sie in kritischer Auseinandersetzung mit Husserl und Heidegger und in Anlehnung an die Arbeiten von Merleau-Ponty und Waldenfels sowie unter Bezug auf psychoanalytische Arbeiten über die kindliche Entwicklung, die Genese der Strukturen von Leiblichkeit und Sozialität im kindlichen Sprach- und Ausdrucksverhalten herausgearbeitet. Vor diesem Hintergrund werden dann die Möglichkeiten und Grenzen einer Pädagogik der Kommunikation diskutiert (vgl. auch Meyer-Drawe 2007).

Insgesamt gesehen ist im letzten Jahrzehnt im deutschsprachigen Raum eine Vielzahl von kleineren und größeren pädagogisch-phänomenologischen Arbeiten entstanden, die verschiedene Forschungsgebiete der Erziehungswissenschaft umfassen. Das Spektrum der Arbeitsschwerpunkte reicht von der Grundschulpädagogik (vgl. etwa Bräuer 1988), über didaktische Untersuchungen zum Verhältnis von lebensweltlicher Erfahrung der Schüler und wissenschaftlichem Wissen (vgl. z.B. Meyer-Drawe 1987, 1996), die Kindheitsforschung, die Sozialpädagogik (vgl. Thiersch 1995) bis hin zur Geistigbehindertenpädagogik (vgl. Pfeffer 1988; Fornefeld 1989). Diese Themenvielfalt darf allerdings nicht darüber hinwegtäuschen, dass die Vertreter und Vertreterinnen einer phänomenologisch orientierten Pädagogik innerhalb der Hochschullehrerschaft an deutschen Universitäten gegenwärtig nur eine kleine Außenseitergruppe sind. Etwas anders stellt sich die Situation in den Niederlanden dar, wo phänomenologische Studien nicht nur im Umfeld der Utrechter Schule (vgl. Bleeker/Mulderij 1984) durchgeführt worden sind. Auch international, über die europäischen Grenzen hinweg, hat die phänomenologische Pädagogik in den letzten Jahren an Bedeutung gewonnen. Der Trend zur stärkeren internationalen Vernetzung dokumentiert sich u.a. in der von dem Kanadier M. van Manen herausgegebenen Zeitschrift „Phenomenology and Pedagogy", in der zentrale Ergebnisse phänomenologischen Denkens und lebensweltlicher Feldforschung dokumentiert werden (vgl. Lippitz 1993, S. 38).

Wirkungen

I.4.5.2. Lippitz Konzept einer phänomenologischen Pädagogik

Wilfried Lippitz hat seit Beginn der 1980er Jahre in verschiedenen Arbeiten (u.a. 1980, 1986, 1993, 2003) sein Verständnis von einer phänomenologisch orientierten Pädagogik in systematischen Umrissen skizziert. Die zentrale Grundannahme seiner Konzeption ist die Forderung nach einer Rehabilitierung vor- und außerwissenschaftlicher Erfahrung in der Pädagogik. Für das Theorie-Praxis-Verhältnis in der Erziehungswissenschaft bedeutet dies eine Rehabilitierung konkreter pädagogischer Handlungspraxis. Als relativ eigenständiger Erfahrungs- und Konstitutionszusammenhang ist Praxis für ihn nicht einfach die Vorstufe wissenschaftlicher Theoriebildung. Vielmehr habe sie sogar eine häufig übersehene Fundierungsdimension für wissenschaftliche Theorie. Diese Begründungsfunktion vorwissenschaftlicher Erfahrung für die wissenschaftliche Theorie sei in der Tradition der Phänomenologie als lebensweltliche Gebundenheit allen Theoretisierens anerkannt und wissenschaftstheoretisch angemessen thematisiert worden (vgl. Lippitz 1993, S. 77).

Vorwissenschaftliche Erfahrung als Fundierungsdimension für pädagogische Theorie

Eine zweite Konsequenz, die für Lippitz aus dem Postulat einer Rehabilitierung vorwissenschaftlicher Erfahrung resultiert, ist die Rückgewinnung eines vielschichtigen, die sinnlich-leibliche Fundierungsdimension von Erfahrung betonenden Erfahrungskonzeptes. Vor jeder objektiven, begrifflich eindeutigen Erfahrung von Welt gibt es eine leiblich-sinnliche Kommunikation mit Welt, die uns im praktischen Umgang mit Welt vertraut wird. Auf dieses sinnliche Fundament aller weiteren, auch kognitiven Leistungen, haben die Arbeiten aus der Tradition der phänomenologischen Anthropologie aufmerksam gemacht, die für Lippitz (1993, S. 39) ein wesentlicher Baustein der erziehungswissenschaftlichen Theoriebildung sind.

Rückgewinnung eines vielschichtigen Erfahrungskonzeptes

Für die Gestaltung schulischer Bildungsprozesse bedeutet dies, dass sie an konkreter erfahrener Wirklichkeit anknüpfen müssen und dass erst über den Weg der Förderung des sinnlich-vermittelten Könnensbewusstseins in einem zweiten Schritt Zugänge zu den spezifischen Sichtweisen der Wissenschaften eröffnet werden sol-

Erfahrungsorientiertes Lernen

len. Lernen bedeutet vor diesem Hintergrund in einem phänomenologischen Verständnis an den Brüchen in den Lerngeschichten der Heranwachsenden anzusetzen und sie dann mit Fremdem, Neuem (z.B. fremden Sprachen, Kulturen) zu konfrontieren. Dabei wird das Lernen selbst als kommunikative prozesshafte Struktur gefasst, als offenes kommunikatives Geschehen (vgl. Lippitz 1986, S. 7ff.).

Rehabilitierung vorwissenschaftlicher Erfahrung heißt nach Auffassung von Lippitz (1986, S. 7) für die erziehungswissenschaftliche Forschung, an der Binnenperspektive des Kindes teilzunehmen, es zu begleiten, Vertrauen schaffen, mitspielen und erzählen lassen. Das Material, das so gewonnen wird, soll erst nachträglich reflexiv und systematisch bearbeitet werden mit der ausdrücklichen Intention, die darin steckende Lebendigkeit und Ursprünglichkeit zu bewahren. Die systematische Erforschung des kindlichen Welt- und Selbstverständnisses soll zugleich als Grundlage für eine kindorientierte Pädagogik dienen und Korrekturen erwachsenenzentrierter Perspektiven anthropologisch-pädagogischer Forschungen ermöglichen (vgl. Lippitz 1992, S. 126).

Maßstäbe für pädagogische Verantwortung

In ethischer und normativer Hinsicht begreift Lippitz (1986, S. 4) seine Variante einer phänomenologischen Pädagogik als Situationswissenschaft, die unter dem Zeichen pädagogischer Verantwortung steht. Die Maßstäblichkeit für pädagogische Verantwortung wird von ihm in Anlehnung an den französischen Philosophen Levinas in der Verpflichtung gegenüber dem Anderen festgemacht, der mir gegenüber als „Lehrmeister“ auftritt. Somit erfolgt die Begründung einer pädagogischen Verantwortung aus der inneren pädagogischen Dimension des ethischen Verhältnisses. Der Andere, das Kind, sind die Bedingung der Möglichkeit des Wirkens von PädagogInnen, sie sind die Auftraggeber im Rahmen eines Verhältnisses, das nicht durch Mechanismen der Selbstbehauptung und Fremdherrschaft gekennzeichnet sein soll (vgl. Lippitz 1993, S. 290).

I.4.5.3. Kritik

Kritik in Form von Selbstkritik ist in der Geschichte des phänomenologischen Denkens von Beginn an kontinuierlich artikuliert worden. Ja man kann sogar sagen, dass die Phänomenologie ihre Produktivität und Akzeptanz in der Philosophie und den Nachbarwissenschaften diesen ständigen kritischen Infragestellungen und Sezessionsbewegungen verdankt. Die kritischen Anfragen bezogen und beziehen sich vor allem auf die von Husserl in Anlehnung an die kantische Tradition formulierte bewusstseinsphilosophische Selbstbegründung. Husserl hat unüberwindbare Schwierigkeiten, Phänomene als Leistungen des Ichbewusstseins anzuerkennen und zu berücksichtigen, die diesen Rahmen zu sprengen drohen (vgl. Lippitz 1993, S. 21). Dazu gehören die Naturhaftigkeit und Leiblichkeit des Menschen, die Sozialität und damit verbunden die Sprachlichkeit des Menschen sowie das Problem der Zeitlichkeit und Geschichtlichkeit. Hinzu kommt die gegenwärtig sich abzeichnende Pluralität der Vernünfte und die Vielfalt der Subjektentwürfe, die die Vision eines einheitstiftenden Bewusstseins und eines in sich konsistenten Vernunftsubjektes in Frage stellen. Auf diese Defizite der Husserlschen Bewusstseinsphilosophie haben im Kontext der philosophischen Diskussion insbesondere Merleau-Ponty (1966), Waldenfels (1985) oder Derrida (1979) aufmerksam gemacht. Lippitz (1993, 2003) und Meyer-Drawe (1990) haben deren kritische Destruktionen aufgegriffen und ihre Relevanz für die pädagogische Anthropologie und Bildungstheorie diskutiert.

Blickt man auf die Theorieansätze einer phänomenologischen Pädagogik von außen, so lässt sich kritisch anmerken, dass sie sich in ihren analytischen Perspektiven zumeist auf die Mikroebene pädagogischen Handelns, auf Fragen pädagogischer Interaktion und Subjektivität konzentrieren, während hingegen die gesamtgesellschaftlichen Bedingungen pädagogischen Handelns in Gestalt von Machtverhältnissen und Ungleichheitsstrukturen kaum berücksichtigt werden. Im Hinblick auf die im Umfeld der phänomenologischen Pädagogik entstandenen Forschungsarbeiten lässt sich kritisch feststellen, dass sie oft bei der impressionistischen Schilderung alltäglicher pädagogischer Ereignisse stehenbleiben (vgl. Rittelmeyer 1989, S. 23), ohne die methodologischen Regeln des empirischen Vorgehens genauer zu explizieren. Zugleich liegt jedoch in der Hinwendung zum pädagogischen Alltag zumindest auf programmatischer Ebene die Stärke des phänomenologischen Forschungskonzeptes. Zudem sind von diesem Forschungsprogramm wesentliche Impulse für die Wiederbelebung der qualitativen Forschung in der Erziehungswissenschaft im letzten Jahrzehnt ausgegangen, auch wenn nur ein Teil dieser Forschungsarbeiten dabei den phänomenologischen Traditionslinien gefolgt ist.

Literatur

Ballauf, Th.: Systematische Pädagogik. Heidelberg 1962.

Bleeker, H./Mulderij, K.: Pedagogiek op je knieen. Meppel 1984.

Bokelmann, H.: Maßstäbe pädagogischen Handelns. Würzburg 1965.

Bollnow, O.F.: Das Wesen der Stimmungen. Frankfurt a.M. 1941.

Bollnow, O.F.: Die anthropologische Betrachtungsweise in der Pädagogik. Essen 1965.

Bollnow, O.F.: Die pädagogische Atmosphäre . Heidelberg 1964.

Bräuer, G.: Zugänge zur ästhetischen Elementarerziehung. In: Deutsches Institut für Fernstudien an der Universität Tübingen: Musik – ästhetische Erziehung in der Grundschule. Tübingen 1988.

Copei, F.: Der fruchtbare Moment im Bildungsprozeß. Heidelberg [5]1969.

Danner, H./Lippitz, W. (Hrsg.): Beschreiben, Verstehen, Handeln. Phänomenologische Forschungen in der Pädagogik. München 1984.

Derrida, J.: Die Stimme und das Phänomen. Frankfurt a.M. 1979.

Fischer, A.: Deskriptive Pädagogik. In: Fischer, A.: Leben und Werk, Bd. 2, München 1950, S. 5-25.

Fornefeld, B.: „Elementare Beziehung" und Selbstverwirklichung geistig Schwerstbehinderter in sozialen Interaktionen. Aachen 1989.

Husserl, E.: Logische Untersuchungen, 2 Bde. Halle 1900/1901.

Husserl, E.: Ideen zu einer reinen Phänomenologie und phänomenologische Philosophie (1913). Tübingen 1980.

Husserl, E.: Die Krisis der europäischen Wissenschaften und die transzendentale Phänomenologie (1936). Husserliana VI. Den Haag [2]1962.

König, E.: Interpretatives Paradigma: Rückkehr oder Alternative zur Hermeneutik. In: Hoffmann, D. (Hrsg.): Bilanz der Paradigmendiskussion in der Erziehungswissenschaft. Weinheim 1991, S. 49-64.

Krüger, H.-H.: Bilanz und Zukunft der erziehungswissenschaftlichen Biographieforschung. In: Krüger, H.-H./Marotzki, W. (Hrsg.): Erziehungswissenschaftliche Biographieforschung. Opladen 1995, S. 32-54.

Langeveld, M.J.: Studien zur Anthropologie des Kindes. Tübingen 1964.

Lippitz, W.: „Lebenswelt“ oder die Rehabilitierung vorwissenschaftlicher Erfahrung. Ansätze eines phänomenologisch begründeten anthropologischen Denkens in der Erziehungswissenschaft. Weinheim/Basel 1980.

Lippitz, W.: Phänomenologische Studien in der Pädagogik. Weinheim 1993.

Lippitz, W.: Phänomenologisch-hermeneutische Pädagogik. In: Gudjons, H./Teske, R./Winkel, R. (Hrsg.): Erziehungswissenschaftliche Theorien. Hamburg 1986, S. 2-11.

Lippitz, W.: „Ich glaube, ich war damals ein richtiger verschüchterter kleiner Kant“: Moralische Erziehung – autobiographisch gesehen. In: Berg, Ch. (Hrsg.): Kinderwelten. Frankfurt 1991, S. 315-335.

Lippitz, W.: Phänomenologische Forschungen in der Pädagogik. In: Petersen, J./Reinert, G.B. (Hrsg.): Pädagogische Konzeptionen. Donauwörth 1992, S. 107-129.

Lippitz, W.: Räume – von Kindern erlebt und gelebt. In: Lippitz, W./Rittelmeyer Ch. (Hrsg.): Phänomene des Kinderlebens. Bad Heilbronn 1989, S. 93-106.

Lippitz, W.: Differenz und Fremdheit. Phänomenologische Studien in der Erziehungswissenschaft. Frankfurt a.M. u.a. 2003.

Loch, W.: Die anthropologische Dimension der Pädagogik. Essen 1963.

Loch, W.: Lebenslauf und Erziehung. Essen 1979.

Loch, W.: Phänomenologische Pädagogik. In: Lenzen, D. (Hrsg.): Pädagogische Grundbegriffe, Bd. 2, Reinbek 1989, S. 1196-1219.

Loch, W.: Der Mensch im Modus des Könnens. Anthropologische Fragen pädagogischen Denkens. In: König, E./Ramsenthaler, H. (Hrsg.): Diskussion: Pädagogische Anthropologie. München 1980, S. 191-216.

Lochner, R.: Deutsche Erziehungswissenschaft. Meisenheim 1963.

Lochner, R.: Deskriptive Pädagogik (1927). Darmstadt 1967.

Lübcke, P.: Edmund Husserl. Die Philosophie als strenge Wissenschaft. In: Hügli, A./Lübcke, P. (Hrsg.): Philosophie im 20. Jahrhundert, Bd. 1, Reinbek 1992, S. 68-110.

Merleau-Ponty, M.: Phänomenologie der Wahrnehmung. Berlin 1966.

Meyer-Drawe, K.: Leiblichkeit und Sozialität. Phänomenologische Beiträge zu einer pädagogischen Theorie der Inter-Subjektivität. München 1984.

Meyer-Drawe, K.: Illusionen von Autonomie. Diesseits von Ohnmacht und Allmacht des Ich. München 1990.

Meyer-Drawe, K.: Mathematik und Philosophie. Themenheft: Der Mathematikunterricht 33 (1987), H. 2.

Meyer-Drawe, K.: Vom anderen lernen. Phänomenologische Betrachtungen in der Pädagogik. In: Borrelli, M./Ruhloff, J. (Hrsg.): Deutsche Gegenwartspädagogik, Bd. II, Baltmannsweiler 1996, S. 85-98.

Meyer-Drawe, K.: Phänomenologische Pädagogik. In: Krüger, H.-H./Grunert, C. (Hrsg.) Wörterbuch Erziehungswissenschaften. Opladen ^{2}2006, S., 376-381.

Meyer-Drawe, K.: Phänomenologische Pädagogik. In: Tenorth, H.-E./Tippelt, R. (Hrsg.): Lexikon der Pädagogik. Weinheim/München 2007, S. 558-559.

Pfeffer, W.: Förderung schwer geistig Behinderter – eine Grundlegung. Würzburg 1988.

Rittelmeyer, Ch.: Die Phänomenologie im Kanon der Wissenschaften. In: Lippitz, W./Rittelmeyer, Ch. (Hrsg.): Phänomene des Kinderlebens. Bad Heilbrunn 1989, S. 9-36.

Rombach, H.: Aspekte der personalen Pädagogik. Freiburg 1959.

Schaller, K.: Einführung in die Kommunikative Pädagogik. Freiburg 1978.

Schründer, A.: Alltag. In: Lenzen, D./Mollenhauer, K. (Hrsg.): Theorien und Grundbegriffe der Erziehung und Bildung. Bd. 1 der Enzyklopädie Erziehungswissenschaft. Stuttgart 1983, S. 303-311.

Schütz, A.: Der sinnhafte Aufbau der sozialen Welt. Frankfurt a.M. 1974.

Thiersch, H.: Lebensweltorientierte Soziale Arbeit. Weinheim/München ^{2}1995.

Waldenfels, B.: Phänomenologie in Frankreich. Frankfurt a.M. 1983.

Waldenfels, B.: Die Abgründigkeit des Sinnes. Kritik an Husserls Idee der Grundlegung. In: Waldenfels, B.: In den Netzen der Lebenswelt. Frankfurt a.M. 1985, S. 15-33.

Waldenfels, B.: Bruchlinien der Erfahrung. Phänomenologie, Psychoanalyse, Phänomentechnik. Frankfurt a.M. 2002.

I.4.6. Systemtheoretische und Konstruktivistische Erziehungswissenschaft

Inhalt

I.4.6.1. Entstehungszusammenhang und Wirkung

Obgleich die Anfänge konstruktivistischer Ideen und Denkfiguren bereits bis in die Zeit der griechischen Antike zurückgehen (vgl. Hug 2006, S. 389), erlebten konstruktivistische Ansätze in der Erziehungswissenschaft erst in den vergangenen zwei Jahrzehnten eine Blüte. Schon die unterschiedlichen Bezeichnungen wie „systemtheoretische Erziehungswissenschaft" oder „konstruktivistische Pädagogik" deuten darauf hin, dass es sich dabei nicht um einen einheitlichen Theorietyp handelt. Gemeinsam ist diesen Ansätzen jedoch die Annahme, dass die Erziehungswirklichkeit eine Konstruktion des Bewusstseinssystems ist. Aus dem breiten Spektrum der Spielarten des Konstruktivismus sind vor allem der radikale Konstruktivismus des Psychologen Glasersfeld sowie die Systemtheorie des Soziologen Luhmann für die erziehungswissenschaftliche Theoriediskussion wichtig geworden, während der Berger und Luhmann (1969) mitbegründete Sozialkonstruktivismus eher in der Sozialisationsforschung, insbesondere in der ethnographischen Kindheitsforschung, in den letzten Jahren eine größere Bedeutung bekommen hat (vgl. z.B. Grundmann 1989).

Für die Entwicklung einer ersten Theorielinie konstruktivistischer Positionen in der Pädagogik sind insbesondere die Arbeiten von Ernst von Glasersfeld (1996) zentral, der zusammen mit Heinz von Foerster den Radikalen Konstruktivismus umfassend wissenschaftstheoretisch begründet hat. In seiner im Rahmen psycholinguistischer Forschungen entwickelten Position des Radikalen Konstruktivismus geht von Glasersfeld von der Grundannahme aus, dass Wissen nicht als Widerspiegelung oder Repräsentation einer vom Erleben unabhängigen, bereits rationalen Welt betrachtet werden kann, sondern unter allen Umständen

Ernst von Glasersfeld

als interne Konstruktion eines aktiv denkenden Subjektes. Begriffe oder Problemlösungen sind dann brauchbar, wenn sie in einem Erfahrungsbereich erfolgreich funktionieren. Diese Begrifflichkeiten können jedoch nur für den Einzelnen eine präzise Bedeutung haben, in der Kommunikation mit anderen jedoch immer nur eine Annäherung erfahren (vgl. Glasersfeld 1996). Lernen heißt für Glasersfeld (1999) ständig neue, viale Beschreibungen der Welt zu entwerfen und für die Didaktik bedeutet dies, anregungsreiche Lernumwelten bereitzustellen, die die Eigenkonstruktion der Lernenden anspornen und Lernen als aktiven Prozess in kollektiven Bezügen ermöglicht.

In der deutschsprachigen erziehungswissenschaftlichen Diskussion ist die Position des radikalen Konstruktivismus von Glasersfeld bislang vor allem in der Didaktik, etwa in Kösels (1995) Begründungsversuch einer subjektiven Didaktik, in der Lerntheorie (vgl. Gerstenmeier/Mandl 1995), in der Erwachsenenbildung (vgl. Arnold/Siebert 1997), in der Beratung (vgl. Reich 1996; Huschke-Rhein 2003) oder in der naturwissenschaftlichen und mathematischen fachdidaktischen Forschung rezipiert worden sind (vgl. zusammenfassen Faulstich-Wieland/Faulstich 2006, S. 98-101; Rustemeyer 1999; Hug 2006). Dort wird dieser konstruktivistische Ansatz jedoch eher als Arbeitshypothese gesehen, der seine empirische Bewährungsprobe noch vor sich hat.

Niklas Luhmann

Eine zweite Theorielinie konstruktivistischen Denkens in der Erziehungswissenschaft wird durch die soziologische Systemtheorie von Niklas Luhmann repräsentiert, vor allem seit dieser in den 1980er Jahren das Autopoesis-Konzept der Chilenischen Biologen Maturana und Varela (1987) auf die Systemtheorie übertragen hat (vgl. Krüger 2008, S. 258). Luhmann hat oft zusammen mit Karl-Eberhard Schorr versucht, die Implikationen der von ihm entwickelten Systemtheorie für die Erziehungswissenschaft herauszuarbeiten (vgl. u.a. Luhmann/Schorr 1979; Luhmann 2002). Ob es sich bei diesen Überlegungen um ein neues, relativ eigenständiges Paradigma Systemtheoretischer Erziehungwissenschaft oder eher um eine system-theoretisch ausgerichtete Analyse von Problemen der Erziehung handelt, ist in der bisherigen Diskussion jedoch offen geblieben (vgl. u.a. Oelkerts/Tenorth 1987, s. 14).

Niklas Luhmann wurde 1927 in Lüneburg geboren und studierte von 1946 bis 1949 Rechtswissenschaft in Freiburg. Bis Anfang der 1960er Jahre arbeitete er in verschiedenen Funktionen in der Verwaltung, u.a. im Kultusministerium von Niedersachsen. Nach einem Studium an der amerikanischen Universität Harvard und einem Aufbaustudium für Verwaltungswissenschaften an der Hochschule in Speyer wurde er 1965 als Abteilungsleiter an die Sozialforschungsstelle Dortmund berufen. Nach seiner Promotion und Habilitation an der Universität Münster wurde er 1968 Inhaber eines Lehrstuhls für Soziologie an der Universität Bielefeld, den er bis zu seinem Tod im Jahr 1998 innehatte.

Luhmanns Systemtheorie

Theoretisch wurde Luhmann zunächst vor allem durch den amerikanischen Soziologen Talcott Parsons beeinflusst, bei dem er Anfang der 1960er Jahre in Harvard studiert hatte. Im Gegensatz zu seinem Lehrer, der seinen Ansatz als strukturell-funktional bezeichnet hat, nennt Luhmann seine Theorie funktional-strukturelle Systemtheorie. Dies ist mehr als eine Wortspielerei. Parsons geht in seiner Theorie von den Strukturen aus, also von der inneren Ordnung des Systems, und Funktionen dienen nur der Erhaltung der Strukturen. Luhmann geht hingegen umgekehrt von den Funktionen aus und ordnet den Strukturen nachrangig die Aufgabe zu, die Funktionen konstant zu halten. Damit werden die jeweiligen Strukturen eines Systems bezüglich der gleichbleibenden, problemlösenden Funktion des Systems variabel und austauschbar (vgl. Luhmann 1972). Auch der Systembegriff ist bei Luhmann ein anderer. Für Parsons ist ein System durch die Interdependenz seiner Teile bestimmt, das Verhältnis von Teilen und Ganzem steht für ihn im Mittelpunkt. Für Luhmann kommt es nicht darauf an, welche Strukturen ein System hat und welche Leistungen für seinen Erhalt zwingend sind, sondern darauf, in welchem Verhältnis die Systeme zueinander stehen und wie sie funktionieren. Außerdem bezieht er die Kategorie der Umwelt mit ein, da sich Systeme nur durch eine einzige formale Eigenschaft, nämlich durch einen Unterschied (Differenz) zur Umwelt definieren (vgl. Treibel 1993, S. 26). Schließlich formuliert Luhmann noch eine weitere Zuspitzung. Systemdenken ist für ihn immer nur Denken, das durch Bewusstsein produziert wird oder, wenn mehrere Menschen darüber kommunizieren, Kommunikation. Systeme sind ausschließlich gedankliche oder kommunikative Konstrukte, allerdings kann auch in Gedanken die „äußere Wirklichkeit“ gedacht oder kommuniziert werden.

Im Zentrum der Gesellschaftstheorie von Luhmann (1984) steht die Analyse des Zustandekommens und Funktionierens von sozialen Systemen, die er noch einmal in Interaktions-Systeme, Organisations-Systeme und Gesellschafts-Systeme unterscheidet (vgl. Luhmann 1975). Davon abgegrenzt werden psychische Systeme, ein Begriff, mit dem Luhmann das fasst, was ansonsten als „Mensch“, „Persönlichkeit“, „Individuum“ bezeichnet wird, und die in Luhmanns Theorie nur eine nachrangige Bedeutung haben. Von Maschinen-Systemen unterscheiden sich soziale und psychische Systeme dadurch, dass sie Sinn verwenden, dem innerhalb von Systemen nach Luhmann eine Selektionsaufgabe zukommt, nämlich Komplexität zu reduzieren (vgl. Treibel 1993, S. 30).

In seinen Arbeiten seit 1980 hat Luhmann eine Akzentverlagerung in seiner Systemtheorie vorgenommen. Systeme sind für ihn nicht mehr primär durch die System-Umwelt-Differenz, sondern durch eine sogenannte Selbstreferenz oder Autopoiesis charakterisiert (vgl. Kiss 1990). Systeme werden immer geschlossener, organisieren sich aus sich selbst heraus. Dies ist mit dem Begriff Autopoiesis oder Selbstreferenz gemeint, den Luhmann von den chilenischen Biologen Maturana und Varela (1987) übernommen hat, die die biologischen Grundlagen der Erkenntnis untersucht haben. (vgl. Reese-Schäfer 1992, S. 11). Das Gesellschaftssystem und seine Teilsysteme, wie z.B. das Wirtschafts- oder das Erziehungssystem, sind nach Auffassung von Luhmann (1984) im Verlaufe der historischen Entwicklung immer weiter ausdifferenziert worden. Die Folge ist, dass aus tendenziell offenen geschlossene Systeme werden, die sich nur noch auf sich selbst beziehen und sich selbst organisieren, somit autopoietisch sind.

Die autopoietische Wende

Schon die wenigen Begriffe, die bislang eingeführt worden sind, machen deutlich, dass Luhmann in der Sprache seiner Systemtheorie auf die traditionelle alteuropäische Begrifflichkeit verzichtet. Statt von Individuen spricht er von psychischen Systemen, Emanzipation oder der mündige Mensch ist kein Ziel dieser Theorie. Im Gegensatz etwa zur Kritischen Theorie will Luhmann nicht gesellschaftliche Verhältnisse entlarven, sondern übermäßige Komplexität reduzieren. Was er empfiehlt, ist nicht aktive Politik, vielmehr besteht für ihn die Aufgabe der Soziologie in einer Beobachtung zweiter Ordnung, im Beobachten des Beobachtens. Sein Hauptziel ist die Verbesserung der soziologischen Beschreibung der Gesellschaft und nicht die Verbesserung der Gesellschaft (vgl. Luhmann 1992).

Luhmann (1978) begreift Systemtheorie als Theorie mit Universalitätsanspruch, die wohl, wie jede Theorie, ihren Gegenstandsbereich selektiv erfasst, gleichwohl aber den Anspruch erhebt, über jeden Gegenstand ihres Bereichs Aussagen machen zu können. Und so hat Luhmann inzwischen die Erklärungskraft seiner universalen Theorie an einer Vielzahl von Themen und Gegenständen erprobt, deren Spektrum von der Verwaltung, Politik, Gesellschaft und Wissenschaft über die Ökologie und Religion bis hin zur Kunst und Liebe reicht.

Ein wichtiger Gegenstandsbereich seiner Untersuchungen umfasst auch Fragen der Erziehung und Erziehungsreflexion. Seit den späten 1970er Jahren hat sich Luhmann, oft in gemeinsam mit Karl-Eberhard Schorr verfassten Publikationen, kontinuierlich mit erziehungswissenschaftlichen Problemstellungen auseinandergesetzt. Besondere Aufmerksamkeit in der Erziehungswissenschaft fand bereits das 1979 von Luhmann und Schorr vorgelegte Opus magnum „Reflexionsprobleme im Erziehungssystem“, da es die klassischen pädagogischen Themen – Bildung und Autonomie, Technologieverbot und Handlungsmöglichkeiten, Identität und Erziehung – aufnimmt, aber nicht philosophisch, „substantiell“, sondern soziologisch, „funktional“, bearbeitet. In diesem Buch wird ein neues theoretisches Programm, historisch wie systematisch ambitioniert, vorgetragen, das dann in der Folgezeit in einer Vielzahl von Aufsätzen und Sammelbänden präzisiert und weiterentwickelt wird (vgl. Luhmann/Schorr 1982, 1986, 1990, 1992, 1996). Diese Studien befassen sich mit den von Luhmann und Schorr herausgearbeiteten Paradoxien und Defizitdiagnosen pädagogischen Handelns und pädagogischer Reflexion, mit dem Technologiedefizit in Erziehung und Unterricht, mit dem Verstehensdefizit in der Pädagogik oder mit dem strukturellen Defizit von Erziehung und Erziehungsreflexion und die in der posthum veröffentlichten Monographie von Luhmann „Das Erziehungssystem der Gesellschaft“ (2002) ihren Abschluss fanden.

Da die systemtheoretisch argumentierende Erziehungswissenschaft mit ihren vorgetragenen Defizitdiagnosen Grundlagen und Gewissheiten der alteuropäischen pädagogischen Tradition in Frage stellt, ist sie bei den Vertretern des Fachs Erziehungswissenschaft eher auf abwehrende Reaktionen gestoßen. Dennoch

Wirkungen

haben inzwischen eine Reihe von Erziehungswissenschaftlern, vor allem aus der jüngeren Generation, die Ansätze systemtheoretischen Denkens aufgegriffen und deren Relevanz für die Allgemeine bzw. Vergleichende Erziehungswissenschaft (vgl. Kade 1997, 2006; Tenorth 1990; Treml 1990; Schriewer 1987; Rustemeyer 1999), für die Schulpädagogik und Unterrichtstheorie (vgl. Diederich 1987; Markowitz 1986), für die Berufspädagogik (Harney 1981), für die Sozialarbeit (Harney 1975; Baecker 1994) sowie für die Bildungssoziologie (vgl. Hurrelmann 1975) und Bildungsökonomie (vgl. Becker/Wagner 1977) diskutiert.

I.4.6.2. *Systemtheorie und Erziehungswissenschaft nach Luhmann/Schorr*

Kennzeichnend für den Versuch von Luhmann/Schorr, Fragestellungen der Pädagogik systemtheoretisch zu rekonstruieren, ist eine Herangehensweise, die den Wandel des Erziehungssystems und der Erziehungsreflexion vor dem Hintergrund von Prozessen gesellschaftlicher Systemdifferenzierung verortet. Ihre sozialgeschichtliche Diagnose mündet in dem Fazit, dass sich seit dem 18. Jahrhundert bis zur Gegenwart das Erziehungssystem als autonomes Teilsystem sukzessive etabliert hat (vgl. Luhmann/Schorr 1979, S. 16). Nachdem die Ausdifferenzierung sich durchgesetzt hat und das Eigenrecht einer besonderen Funktionsperspektive Erziehung inzwischen selbstverständlich geworden ist, wird Lernfähigkeit zu der für die Autonomie des Erziehungssystems adäquaten Kontingenzformel, die das traditionelle Konzept von Bildung ablöst. „Das Konzept des zu lernenden Lernenkönnens passt sich in eine funktional differenzierte Gesellschaftsordnung ein. Es kann insofern als Korrelat evolutionärer Veränderungen des Gesellschaftssystems begriffen werden: Höhere Komplexität, die selektives Verhalten erzwingt, erfordert höhere Umstellungsfähigkeit auf der Ebene sozialer wie auf der Ebene psychischer Systeme“ (Luhmann/Schorr 1979, S. 87).

Die Herausbildung des Erziehungssystems als autonomes Teilsystem

Aus der Perspektive funktionaler Differenzierung unterscheiden Luhmann und Schorr (1979, S. 8) auch zwischen dem Erziehungssystem, das sich im Verlaufe der vergangenen drei Jahrhunderte als autonomes Teilsystem etabliert hat und der wissenschaftlichen Forschung über Erziehung im Fach Erziehungswissenschaft, das als akademische Disziplin im Hochschulsystem seinen Platz hat. Im Gegensatz zur Geisteswissenschaftlichen Pädagogik, die noch versucht hatte, diese sozialstrukturell bedingte Systemdifferenz durch Inflationierung des Wissenschaftsbegriffs zu übergreifen, plädieren sie dafür, künftig zwischen Pädagogik und Erziehungswissenschaft genauer zu differenzieren. Pädagogik sei ein Teil des Erziehungssystems, das sich selbst reflektiert und legitimiert, aber eine solche Pädagogik sei natürlich keine Wissenschaft. Als Wissenschaft müsste sie nämlich das Erziehungssystem von außen beobachten, und dies setzt notwendigerweise eine Distanz zum Beobachtungsgegenstand voraus (vgl. Luhmann/Schorr 1988, S. 368ff.). Eine „systemtheoretische Pädagogik“ kann es deshalb aus dieser Sicht nicht geben, sondern nur eine „systemtheoretische Erziehungswissenschaft.“ Sie ist nicht Handlungslehre, sondern ein sozialwissenschaftliches Forschungsprogramm, das durch Beobachtung von Erziehung und Erziehungsreflexion auf die Defizite im pädagogischen Handeln und die Grenzen der pädagogischen Ambitionen aufmerksam macht.

Die Differenz zwischen Pädagogik und Erziehungswissenschaft

Die Pädagogik sei nicht imstande, eine Technologie zu entwickeln, mit der sie prozessual kontrolliert und ergebnissicher anstreben könne, was sie anstrebt. Dies sei deshalb nicht möglich, weil die Struktur von Erziehung und Unterricht durch ein „Technologiedefizit“ gekennzeichnet sei (vgl. Luhmann/Schorr 1982, S. 14). Eine direkte Einflussnahme des Erziehers auf die Intentionen des Zöglings sei nicht möglich, da das menschliche Bewusstsein ein autopoietisches System ist, das keinen unmittelbaren Kontakt zu seiner Umwelt (also beispielsweise zu einem Lehrer) aufnehmen, sondern nur mit sich selbst kommunizieren kann (vgl. Treml 1992, S. 168). Wie raffiniert auch immer das pädagogische Arran-

Das Technologiedefizit in der Erziehung

gement sein mag, ein direkter Zugriff auf das Bewusstsein des Zöglings ist dem Erzieher nicht möglich. Es bleibt für ihn intransparent. Was beim Zögling ankommt, das vermag die Pädagogik auch deshalb nicht zu sagen, weil sie das Subjekt in seinem wahren Kern nicht verstehen kann, sondern vielmehr durch ein „Verstehensdefizit" (vgl. Luhmann/Schorr 1986) gekennzeichnet sei.

Das Verstehensdefizit der Pädagogik

Ziele und Mittel pädagogischen Handelns sind zudem nicht eindeutig und kontrolliert relationalisierbar. Deshalb sind die Kausalitätsannahmen der ErziehungstheoretikerInnen und die mit ihnen verbundenen Hoffnungen für die Orientierung pädagogischen Handelns aus der Sicht der Systemtheorie nicht nur korrekturbedürftig, sondern notwendig falsch (vgl. Luhmann/Schorr 1979, S. 229ff.). Das gesellschafts- und erziehungstheoretische Defizit der Pädagogik bestehe vielmehr genau darin, dass sie nicht nur dennoch das Unmögliche will, sondern sich zugleich reflexiv gegen die Analyse der Folgen dieser paradoxen Aufgabe – etwas zu wollen, was man nicht kann und zielbezogen anzustreben, was die Wirklichkeit zielkontrolliert nicht erlaubt, einen Prozess, nämlich Sozialisation, erzieherisch zu überformen, der selbst erzieht – immunisiere (vgl. Luhmann 1987). Dies geschieht dadurch, dass die Pädagogik ihre eigene Denkbarkeit vom alteuropäischen Anspruch der Einheit von Theorie und Praxis aus organisiert, ohne sich auf die Wirklichkeit einer Gesellschaft einzulassen, die durch die Folgen funktionaler Differenzierung, die Ausbildung eigenständiger Sozialsysteme und ihnen zurechenbarer Organisationen charakterisiert ist (vgl. Luhmann 2002, S. 111; Tenorth 1990, S. 108).

Das strukturelle Defizit der Pädagogik

I.4.6.3. Kritik

Die systemtheoretische Erziehungswissenschaft ist zunächst vor allem von Vertretern der Kritischen Erziehungswissenschaft attackiert worden. In Anlehnung an die von Habermas in der sog. Habermas-Luhmann-Kontroverse (vgl. Habermas/Luhmann 1971) vorgetragenen Argumente warfen sie der Systemtheorie vor, das handelnde Subjekt (den Erzieher, den Educandus), seine Intentionen und Freiheit zu einem bloßen Element im komplexen Systemgefüge gesellschaftlicher Teilsysteme abzuwerten und mit ihrer auf den Status einer neutralen Beobachtungswissenschaft reduzierten Gesellschaftstheorie letztlich zur Stabilisierung der gesellschaftlichen Verhältnisse beizutragen (vgl. Brunkhorst 1983, S. 210).

Daneben ist die systemtheoretische Erziehungswissenschaft aber auch von Vertretern anderer pädagogischer Positionen heftig angegriffen worden. Kritisiert wurde zum einen ihre Enthaltsamkeit in wertthematischen Fragen, dass sie zwar Sinnfragen funktional erklärt, aber nicht beantwortet. Die Diskussion und Klärung von moralischen und ethischen Prinzipien, von Wahrheits- und Adäquatheitsfragen, seien jedoch unaufgebbare Maximen pädagogischer Reflexion (vgl. Benner 1979; Schäfer 1983). Problematisiert wurde zweitens, dass Systemtheoretische Erziehungswissenschaft die Grenzlinien zwischen Pädagogik und Soziologie verwische, dass über pädagogische Fragestellungen nicht von sozialwissenschaftlichen Grundlagen her entschieden werden könne (vgl. Fauser/Schweizer 1981) und dass sie eine pädagogische durch eine soziologische oder sozialpsychologische Terminologie ersetze (vgl. Meinberg 1983). Kritisiert wurde drittens, dass Systemtheoretische Erziehungswissenschaft das überlieferte Konzept von Pädagogik als Wissenschaft von und für die pädagogische Praxis in Frage stelle (vgl. Schäfer 1983), da sie sich nur als Beobachtungswissenschaft, als Analyse von Technologiephantasien und nicht als Handlungslehre, die Orientierungshilfen für die Praxis liefert, begreift (vgl. Seiler/Meyer 1987).

Inzwischen sind die hitzigen metatheoretischen Debatten um das Pro und Kontra einer systemtheoretischen Erziehungswissenschaft etwas abgeklungen. Von den systemtheoretischen Reflexionen über das Erziehungssystem sind wichtige Impulse für die Weiterentwicklung des Theoriediskurses in der Erziehungswissenschaft ausgegangen, so etwa vor dem Hintergrund der Expansion des Erziehungssystems nicht mehr das Kind, sondern den Lebenslauf als das allgemeinste Kommunikationsmedium des Erziehungssystems zu betrachten (vgl. Lenzen/Luhmann 1997, S: 9) und Vermittlung als spezifische Aufgabe des Pädagogischen zu begründen (vgl. Kade 1997, S. 32; Luhmann 2002, S. 46). Zudem haben die Vertreter dieser Theorierichtung in konkreten sozialgeschichtlichen oder aktuellen Studien (vgl. z.B. Drewek/Harney 1986; Stichweh 1987, 1995; Olk 1993) deutlich gemacht, worin die große Anregungskapazität dieser Theorie vor allem steckt, nämlich für eine forschende Erziehungswissenschaft, die Beobachterwissen über die historische Entwicklung sowie die Paradoxien des Erziehungssystems, der Erziehungspraxis und der Erziehungsreflexion erzeugt, einen sozialwissenschaftlichen Bezugs- und Erklärungsrahmen bereitstellen zu können.

Literatur

Arnold, R./Siebert, H.: Konstruktivistische Erwachsenenbildung. Hohengehren 1997.

Baecker, D.: Soziale Hilfe als Funktionssystem der Gesellschaft. In: Zeitschrift für Soziologie 23 (1994), H. 1, S. 93-110.

Becker, E./Wagner, B.: Ökonomie der Bildung. Frankfurt a.M. 1977.

Berger, P./Luckmann, T.: Die gesellschaftliche Konstruktion der Wirklichkeit. Hamburg 1969.

Benner, D.: Läßt sich das Technologieproblem durch eine Technologieersatztechnologie lösen? In: Zeitschrift für Pädagogik 25 (1979), S. 967-375.

Brunkhorst, H.: Systemtheorie. In: Lenzen, D./Mollenhauer, K. (Hrsg.): Theorien und Grundbegriffe der Erziehung und Bildung. Bd. 1 der Enzyklopädie Erziehungswissenschaft. Stuttgart 1983, S. 193-213.

Cube, F. von: Kybernetische Grundlagen des Lehrens und Lernens. Stuttgart 1965.

Diederich, J.: Bemerkungen zum Begriff der didaktischen Entscheidung. In: Oelkers, J./Tenorth, H.E. (Hrsg.): Pädagogik, Erziehungswissenschaft und Systemtheorie. Weinheim/Basel 1987, S. 216-231.

Drewek, P./Harney, K.: Beteiligung und Ausschluß. Zur Sozialgeschichte von Bildungssystem und Karriere. In: Tenorth, H.E. (Hrsg.): Allgemeine Bildung. Weinheim/München 1986, S. 138-153.

Faulstich-Wieland, H./Faulstich, P.: BA-Studium Erziehungswissenschaft. Ein Lehrbuch. Reinbek 2006.

Fauser, P./Schweizer, F.: Pädagogische Vernunft als Systemrationalität. In: Zeitschrift für Pädagogik 27 (1981), S. 795-809.

Gerstenmaier, J./Mandl, H.: Wissenserwerb unter konstruktivischer Perspektive. In: Zeitschrift für Pädagogik 41 (1995), S. 867-888.

Glasersfeld, E. v.: Radikaler Konstruktivismus. Frankfurt a.M. 1996.

Glasersfeld, E. v.: Konstruktivismus und unterricht. In: Zeitschrift für Erziehungswissenschaft 2 (1999), S. 499-506.

Grundmann, M. (Hrsg.): Konstruktivistische Sozialisationsforschung. Frankfurt a.M. 1999.
Habermas, J./Luhmann, N.: Theorie der Gesellschaft oder Sozialtechnologie – Was leistet die Systemforschung? Frankfurt a.M. 1971.
Harney, K.: Sozialarbeit als System. In: Zeitschrift für Soziologie 4 (1975), S. 103-123.
Harney, K.: Zum Verhältnis von Berufspädagogik und Systemtheorie. In: Zeitschrift für Berufs- und Wirtschaftspädagogik 77 (1981), S. 779-784.
Hug, T.: Konstruktivistische Pädagogik. In: Krüger, H.-H./Grunert, C. (Hrsg.) Wörterbuch Erziehungswissenschaften. Opladen 2 2006, S. 358-364.
Hurrelmann, K.: Erziehungssystem und Gesellschaft. Reinbek 1975.
Huschke-Rhein, R.: Einführung in die systemische und konstruktivistische Pädagogik. Weinheim 2 2003.
Kade, J.: Vermittelbar/nicht-vermittelbar: Vermitteln: Aneignen. In: Lenzen, D./Luhmann, N. (Hrsg.): Bildung und Weiterbildung im Erziehungssystem. Frankfurt a.M. 1997, S. 30-70.
Kade, J.: Lebenslauf-Netzwerk-Selbstpädagogisierung. In: Ehrenspeck, I./Lenzen, D. (Hrsg.): Beobachtungen des Erziehungssystems. Wiesbaden 2006, S. 13-25.
Kiss, G.: Grundzüge und Entwicklung der Luhmannschen Systemtheorie. Stuttgart 1990.
Kösel, E.: Die Modellierung von Lernwelten. Etztal-Dallau 1995.
Krüger, H.-H.: Theorien der Erziehungs- und Bildungswissenschaft. In: Faulstich-Wieland, H./Faulstich, P.: Erziehungswissenschaft. Ein Grundkurs. Reinbek 2008, S. 237-264.
Lenzen, D./Luhmann, N.: Vorwort. In: Dies. (Hrsg.): Bildung und Weiterbildung im Erziehungssystem. Frankfurt a.M. 1997, S. 7-9.
Luhmann, N.: Die Selbstbeobachtung des Systems. Ein Gespräch mit Ingeborg Breuer. In: Frankfurter Rundschau vom 5.12.1992.
Luhmann, N.: Interaktion, Organisation, Gesellschaft. In: Luhmann, N.: Soziologische Aufklärung, Bd. 2, Opladen 1975, S. 9-20.
Luhmann, N.: Soziale Systeme. Grundriß einer allgemeinen Soziologie. Frankfurt a.M. 1984.
Luhmann, N.: Soziologische Aufklärung, Bd. 1, Opladen 2 1972.
Luhmann, N.: Soziologie der Moral. In: Luhmann, N./Pfürtner, St. H. (Hrsg.): Theorietechnik und Moral. Frankfurt a.M. 1978, S. 8-116.
Luhmann, N.: Strukturelle Defizite. Bemerkungen zur Systemtheoretischen Analyse des Erziehungswesens. In: Oelkers, J./Tenorth, H.-E. (Hrsg.): Pädagogik, Erziehungswissenschaft und Systemtheorie. Weinheim/Basel 1987, S. 57-75.
Luhmann, N.: Das Erziehungssystem der Gesellschaft. Hrsg. Von D. Lenzen. Frankfurt a.M. 2002.
Luhmann, N./Schorr, K.E.: Nachwort. In: Luhmann, N./Schorr, K.E.: Reflexionsprobleme im Erziehungssystem. Frankfurt a.M. 2 1988, S. 363-381.
Luhmann, N./Schorr, K.E.: Reflexionsprobleme im Erziehungssystem. Stuttgart 1979.
Luhmann, N./Schorr, K.E.: Das Technologiedefizit der Erziehung und der Pädagogik. In: Luhmann, N./Schorr, K.E. (Hrsg.): Zwischen Technologie und Selbstreferenz. Frankfurt a.M. 1982, S. 11-40.
Luhmann, N./Schorr, K.E. (Hrsg.): Zwischen Absicht und Person. Frankfurt a.M. 1992.
Luhmann, N./Schorr, K.E. (Hrsg.): Zwischen Anfang und Ende. Frankfurt a.M. 1990.
Luhmann, N./Schorr, K.E. (Hrsg.): Zwischen Intransparenz und Verstehen. Frankfurt a.M. 1986.
Luhmann, N./Schorr, K.E. (Hrsg.): Zwischen System und Umwelt. Frankfurt a.M. 1996.
Markowitz, J: Verhalten im Systemkontext. Zum Begriff des Soziologischen Epigramms. Frankfurt a.M. 1986.
Maturana, H./Varela, F.: Der Baum der Erkenntnis. München 1987.
Meinberg, E.: Systemtheorie – Herausforderung für die moderne Erziehungswissenschaft. In: Pädagogische Rundschau 37 (1983), S. 481-499.
Oelkers, J./Tenorth, H.-E.: Pädagogik, Erziehungswissenschaft und Systemtheorie. Eine nützliche Provokation. In: Oelkers, J./Tenorth, H.-E. (Hrsg.): Pädagogik, Erziehungswissenschaft und Systemtheorie. Weinheim/Basel 1987, S. 13-56.
Olk, Th.: Gesellschaftstheoretische Ansätze in der Jugendforschung. In: Krüger, H.-H. (Hrsg.): Handbuch der Jugendforschung. Opladen 2 1993, S. 179-200.
Reich, K.: Systemisch-konstruktivistische Pädagogik. Neuwied 1996.

Reese-Schäfer, W.: Luhmann zur Einführung. Hamburg 1992.
Rustemeier, D.: Stichwort: Konstruktivismus in der Erziehungswissenschaft. In: Zeitschrift für Erziehungswissenschaft 2 (1999), S. 467-484.
Schäfer, A.: Systemtheorie und Pädagogik: Konstitutionsprobleme von Erziehungstheorien. Königstein 1983.
Schriewer, J.: Funktionssymbiosen von Überschneidungsbereichen: Systemtheoretische Konstruktion vergleichender Erziehungsforschung. In: Oelkers, J./Tenorth, H.E. (Hrsg.): Pädagogik, Erziehungswissenschaft und Systemtheorie. Weinheim/Basel 1987, S. 76-101.
Seiler, H./Meyer, H.-P.: Latente Konstitution der Pädagogik – Fragen an die Lernfähigkeit der Disziplin. In: Oelkers, J. /Tenorth, H.E. (Hrsg.): Pädagogik, Erziehungswissenschaft und Systemtheorie. Weinheim/Basel 1987, S. 377-404.
Stichweh, R.: Akademische Freiheit, Professionalisierung der Hochschullehre und Politik. In: Oelkers, J./Tenorth, H.E. (Hrsg.): Pädagogik, Erziehungswissenschaft und Systemtheorie. Weinheim/Basel 1987, S. 125-145.
Stichweh, R.: Professionen in einer funktional differenzierten Gesellschaft. In: Combe, A./Helsper, W. (Hrsg.): Pädagogische Professionalität. Frankfurt a.M. 1996, S. 49-69.
Tenorth, H.-E.: Erziehungswissenschaft und Moderne – Systemtheoretische Provokationen und pädagogische Perspektiven. In: Krüger, H.-H. (Hrsg.): Abschied von der Aufklärung? Perspektiven der Erziehungswissenschaft. Opladen 1990, S. 105-122.
Treibel, A.: Theorie sozialer Systeme (Luhmann). In: Treibel, A.: Einführung in soziologische Theorien der Gegenwart. Opladen 1993, S. 45-66.
Treml, A.K.: Die Systemtheorie – Folgenloses Sprachspiel oder erfolgversprechendes Paradigma? In: Huschke-Rhein, R. (Hrsg.): Systemische Pädagogik, Bd. 4, Köln 1990, S. 150-153.
Treml, A.K.: Systemtheoretisch orientierte Pädagogik. In: Petersen, J./Reinert, G.B. (Hrsg.): Pädagogische Konzeptionen. Donauwörth 1992, S. 159-172.

I.4.7. Strukturalistische Ansätze in der Erziehungswissenschaft

Inhalt

I.4.7.1. Entstehungszusammenhang und Wirkung

Obwohl Ansätze strukturalistischen Denkens in den verschiedenen Disziplinen der Humanwissenschaften bereits seit dem ausgehenden 19. Jahrhundert eine Rolle spielen, setzten Versuche strukturalistischer Argumentation in der Erziehungswissenschaft erst in den 1970er Jahren in Westdeutschland ein. Dabei lassen sich in der Geschichte der Humanwissenschaften mindestens fünf Traditionslinien und Herkunftsbereiche unterscheiden.

Soziologische Traditionslinien

Ein erster Weg setzte bei dem englischen Philosophen Spencer (1876) ein, der den Strukturbegriff der Biologie entlehnte, um auf Unterschiede zwischen biologischen und sozialen Organisationen aufmerksam zu machen, eine Diskussion, die von dem französischen Soziologen Durkheim (1912) weitergeführt wurde. Fortgesetzt wurde diese sozialwissenschaftliche Tradition im deutschsprachigen Raum in den 1920er und 1930er Jahren von Tönnies (1925) mit seiner Unterscheidung in Gemeinde- und Gesellschaftsstrukturen und von Thurnwald (1931), der eine Klassifizierung von politischen Strukturen unternimmt (vgl. Lenzen 1983, S. 556). In der Nachkriegszeit nahm das strukturalistische Denken im Rahmen einer kritischen Gesellschaftstheorie vor allem in Frankreich einen breiteren Raum ein. Zu erwähnen sind in diesem Zusammenhang insbesondere Althussers (1973) Ansatz eines strukturalen Marxismus sowie Goldmanns (1966) Konzept eines genetischen Strukturalismus, das marxistische Theorieelemente mit der genetischen Epistemologie Piagets zu verbinden sucht.

Ein zweiter Traditionsstrang lässt sich in der Psychologie aufzeigen. Dieser beginnt mit der von Wertheimer (1964) um die Jahrhundertwende begründeten Gestaltpsychologie, die von Köhler (1947) und Lewin (1963) weiterentwickelt wurde. Ihren vorläufigen Höhepunkt findet diese Traditionslinie in Piagets (1973) genetischem Strukturalismus, den dieser in den 1950er Jahren als wissenschaftstheoretischen Bezugsrahmen für sein Konzept von Entwicklungspsychologie entwickelt hat, das darauf abzielt, die optimale Funktionsweise des operativen Denkens entwicklungslogisch zu rekonstruieren (vgl. Krüger/Lersch 1993, S. 112).

Psychologische Traditionslinien

Eine literaturwissenschaftlich-linguistische Tradition ist als dritte zu nennen. Hierzu gehören die russischen Formalisten, ein 1915 entstandener Linguistenkreis, sowie die, seit der Gründung des Prager Kreises im Jahre 1926, bedeutsam gewordene Gruppe tschechischer Strukturalisten. Besonders wichtig sind in diesem Zusammenhang auch die linguistischen Arbeiten von de Saussure (1949), der zwischen einem grundlegenden grammatikalischen Regelsystem von Sprache, der sog. „langue" und dem Sprachgebrauch, der sog. „parole", unterscheidet. Diese von de Saussure vorgenommene Differenzierung hat auch für die moderne linguistische Diskussion große Bedeutung. So unterscheidet Chomsky (1969) in der von ihm entwickelten generativen Transformationsgrammatik zwischen einer Sprachkompetenz, über die jeder Angehörige der Gattung Mensch aufgrund angeborener sprachlicher Universalien verfügt und der Sprachperformanz, die sich in konkreten Sprechakten manifestiert.

Linguistische Entwicklungslinien

Die strukturalistische Linguistik de Saussures und der Prager phonologischen Schule hatte auch entscheidenden Einfluss auf das theoretische Denken von Lévi-Strauss, der zusammen mit Barthes zu den bekanntesten Vertretern des französischen Strukturalismus der Nachkriegszeit gehört, die das strukturalistische Denken für einen vierten Forschungsstrang der Humanwissenschaften, die Ethnologie, fruchtbar gemacht haben. Lévi-Strauss entwickelt die strukturale Methode der Ethnologie nach dem Vorbild der Sprachwissenschaft. So wie der Linguist versucht, von den einzelnen Spracherscheinungen zu der dahinterliegenden Struktur zu gelangen, so zielt der Ethnologe bei der Analyse fremder Kulturen darauf ab, hinter den sekundären Rationalisierungen und Erklärungen eine unbewusste Grammatik sowie transhistorische und invariante Grundmuster des sozialen Lebens aufzudecken. Seine berühmte Studie über die elementaren Verwandschaftsstrukturen (1949) kennzeichnet gewissermaßen die kopernikanische Wende der neuzeitlichen Ethnologie. Ihr Ausgangspunkt ist die postulierte Strukturanalogie von ethnologischer und phonologischer Wirklichkeit. Lévi-Strauss betrachtet Heiratsregeln und Verwandschaftssysteme als eine Art Sprache, die zwischen Individuum und Gruppe einen bestimmten Kommunikationstypus aufrechterhalten. Seine Analyse mündet in dem Fazit, dass die fundamentale Struktur aller Verwandschaftssysteme der Tausch ist (vgl. Wiegerling 1991, S. 334). Während Lévi-Strauss sich in seinen Studien mit Verwandschaftssystemen, Esskulturen oder totemistischen Phänomenen fremder Völker beschäftigt, untersucht Barthes (1967) komplexe semiologische Strukturen westlicher Industrienationen, wie etwa das System der Mode. Seine strukturale Analyse des Modesystems liefert keine Interpretation individueller Stile, sondern eine Rekonstruktion von Modellen, von Regeln, die diesem System zugrundeliegen und nach denen es funktioniert (vgl. Pongratz 1986, S. 73).

Ethnologische Ursprünge

Eine fünfte Entwicklungslinie strukturalistischen Denkens wird durch die Arbeiten des französischen Philosophen Michel Foucault repräsentiert. Vom Strukturalismus übernimmt Foucault (1974b) den Gedanken des Verschwindens des Subjekts, weil dessen Erlebniswirklichkeit ganz den unbewusst determinierenden Strukturen unterworfen sei sowie den Gedanken der Auflösung des Sinns, dessen Analyse durch die Untersuchung der unbewussten Strukturen zu ersetzen sei. Vom Strukturalismus unterscheidet ihn jedoch, dass er nicht die universellen, invarianten Strukturen, sondern die geschichtlichen, diskontinuierlichen Bedingungen unmittelbar gelebter Bedeutungen untersucht und dass er das Modell der Sprache nicht verabsolutiert, sondern auch Bedeutungen und Praktiken berücksichtigt, die nicht-sprachlicher Natur sind. Aus diesen Gründen wird die Position von Foucault auch des öfteren als Poststrukturalismus charakterisiert (vgl. Fink-Eitel 1992, S. 64). Im Zentrum seines Werkes steht die Frage, auf welche Weise und mit welchem Effekt die Formierung von Verhalten und Wissen unter den Bedingungen von Machtstrukturen sich ereignen. Dabei geht es ihm nicht primär um die offen regulierten, legitimen Formen der Macht, sondern um die Macht an ihren äußersten Punkten, an ihren letzten Verästelungen, in ihren lokalsten Formen und Institutionen (vgl. Foucault 1978, S. 80).

Foucaults Theorie der Macht

In seinen um das historiographische Verfahren der „Archäologie" gruppierten Arbeiten aus den 1960er Jahren hat er sich vor allem mit den Ordnungsformen und Grenzen von Vernunft und Wissen in der europäischen Geschichte vom ausgehenden Mittelalter bis zur Moderne befasst. So untersucht Foucault z.B. in „Wahnsinn und Gesellschaft" (1973) die Geschichte des Wahnsinns, der im Zeitalter der Aufklärung als Anderes der Vernunft gesellschaftlich ausgegrenzt und zum Schweigen gebracht wird und in der Studie „Die Ordnung des Diskurses" (1974a) wird gezeigt, wie im Zeitalter der heraufziehenden bürgerlichen Gesellschaft neue Wissensgebiete und -apparate in Gestalt der Humanwissenschaften entstehen, die dem neuen Machttypus der Disziplinarmacht entsprechen.

In seinen auf das historiographische Verfahren der Genealogie sich stützenden Studien aus den 1970er und 1980er Jahren geht es Foucault vor allem um die Rekonstruktion der Genese moderner Machttechniken. In seinem Buch „Überwachen und Strafen" (1977) wird nicht nur die Geschichte der französischen Strafjustiz nachgezeichnet. Vielmehr wird dargestellt, wie seit dem 19. Jahrhundert in großem Stil eine politische Technologie des Körpers durchgesetzt wird. Neben dem Gefängnis sind Armee, Krankenhaus und Schule die auf ganz neue Weise expandierenden und arbeitenden Institutionen, die die neuen Mittel der Abrichtung, wie hierarchische Überwachung, normierende Sanktion und Prüfung, praktizieren (vgl. Zymek 1983, S. 72). Werden in „Überwachen und Strafen" noch eher die äußeren Mechanismen der Kontrolle und Abrichtung analysiert, so behandelt Foucault im ersten Band von „Sexualität und Wahrheit" (1979) die Strukturierung, Verwaltung, politische und ökonomische Funktionen des menschlichen Begehrens, der Sexualität. Sie ist für ihn der Knotenpunkt, das Dispositiv, an dem sich die machtstrategischen Verknüpfungen von Diskursen und Praktiken, von Wissen und Macht besonders gut aufzeigen lassen (vgl. Lauenburg 1991, S. 162).

Im Gegensatz zu dem breiten Spektrum strukturalistischer Theorieansätze in den verschiedenen Disziplinen der Humanwissenschaften ist die Zahl der Versuche strukturalistischer Argumentation in der Erziehungswissenschaft leicht überschaubar. Dabei lassen sich zwei thematisch-theoretisch unterschiedlich akzentuierte und zeitlich versetzt erfolgende Rezeptionslinien unterscheiden. In den 1970er Jahren bezogen sich diese erziehungswissenschaftlichen Studien auf den psychologischen sowie den linguistischen und punktuell auch auf den ethnologischen Traditionsstrang in der strukturalistischen Theoriediskussion und waren vorrangig im Bereich der Didaktik angesiedelt (vgl. Bruner 1973; Edelstein 1976; Geissler 1977; Nezel 1976; Sauer 1976).

Frühe Ansätze strukturalistischer Argumentation in der Erziehungswissenschaft

Wesentliche Impulse für diese Diskussion sind dabei von Dieter Lenzen ausgegangen. Lenzen (geb. 1947) hat von 1966 bis 1973 an der Universität Münster Erziehungswissenschaft, Philosophie und Philologie studiert und dort 1973 bei Herwig Blankertz promoviert. Nach Tätigkeiten als wissenschaftlicher Assistent bzw. als Mitarbeiter im Rahmen der wissenschaftlichen Begleitung des Kollegstufen-Schulversuchs in Nordrhein-Westfalen war er von 1975 bis 1977 Professor für Erziehungswissenschaft an der Universität Münster. Seit 1977 hat er einen Lehrstuhl für Philosophie der Erziehung an der Freien Universität Berlin. Bereits in seiner Dissertation „Didaktik und Kommunikation“ aus dem Jahre 1973 hat Lenzen versucht, Konturen für ein Konzept Strukturalistischer Pädagogik zu entwickeln. Unter Bezug auf die Theoreme des russischen Formalismus sowie des tschechischen und französischen Strukturalismus unterscheidet er zwischen den Oberflächen- und den Tiefenstrukturen erzieherischen Handelns und sieht die zentrale Aufgabe von Erziehungswissenschaft darin, diese Tiefenstrukturen zu untersuchen und zu rekonstruieren (vgl. Lenzen 1973, S. 33). In einem Sammelband hat Lenzen (1976) anschließend die wenigen Ansätze in Erziehungswissenschaft und Didaktik, die einer strukturalistischen Grundoption verpflichtet sind, gebündelt und in einem Überblicksartikel noch einmal resümierend diskutiert (vgl. Lenzen 1983). In den 1980er Jahren hat er dann die Enzyklopädie Erziehungswissenschaft herausgegeben (vgl. Lenzen 1983ff.) und neben einigen Studien, die an die Tradition einer strukturalen Anthropologie anknüpfen (vgl. z.B. Lenzen 1985), die Diskussion um die postmoderne Wende in der Erziehungswissenschaft mit initiiert (vgl. Lenzen 1987).

Dieter Lenzen

Im Zentrum der zweiten Rezeptionswelle strukturalistischen Denkens in der Erziehungswissenschaft in den 1980er Jahren standen vor allem Foucaults Arbeiten zur Analytik der Macht. Im Anschluss an Foucaults kultur- und wissenschaftsgeschichtliche Studien wurde in verschiedenen erziehungswissenschaftlichen Studien versucht, die Sozialgeschichte der Schule (vgl. Helsper 1990; Kost 1985; Rumpf 1981; Thiemann 1985) und vereinzelt auch die historische Entwicklung der Pädagogik (vgl. Gstettner 1981; Glantschnig 1987) im Rahmen einer Genealogie der Machtdispositive zu verorten.

Die Foucault-Rezeption in der Erziehungswissenschaft

Die systematisch umfassendste Studie hat in diesem Zusammenhang sicherlich Pongratz vorgelegt. Ludwig A. Pongratz (geb. 1948) hat von 1968 bis 1976 an den Universitäten in Siegen und Bielefeld Pädagogik, Soziologie und Theologie studiert und 1976 mit einer Arbeit „Zur Kritik kybernetischer Methodologie in der Pädagogik“ promoviert. Von 1978 bis 1987 war er wissenschaftlicher Assistent an der Technischen Universität Aachen, wo er sich 1984 auch habilitiert hat. Nach einer praktischen Tätigkeit als Bildungsreferent in der Lehrerfortbildung ist er seit 1992 Professor für Allgemeine Pädagogik und Erwachsenenbildung an der Technischen Hochschule in Darmstadt.

Ludwig A. Pongratz

In seinem Buch „Pädagogik im Prozeß der Moderne“ (1989) zeichnet Pongratz im Anschluss an Foucault die Sozialgeschichte der Schule und die historische Entwicklung der pädagogischen Theoriebildung vor dem Hintergrund der sich herausbildenden Disziplinargesellschaft nach. Pongratz war es auch, der in einer anderen Studie (1986) als einer der ersten die Relevanz der poststrukturalistischen Diagnose vom Verschwinden des Subjektes für die bildungstheoretische Diskussion thematisiert hat. Dabei folgt er jedoch nicht der Position Foucaults, sondern er hält in Anlehnung an die kritische Bildungstheorie von Heydorn und Adorno an einem Bildungskonzept fest, das das Subjekt instand setzen will, mit der Kraft des Denkens den gesellschaftlichen Trug zu sprengen (vgl. Pongratz 1986, S. 257f.; 1995).

Wirkungen

Fragt man nach den Wirkungen des strukturalistischen Denkens in der Erziehungswissenschaft, so lässt sich feststellen, dass eine nachhaltige und umfassende Rezeption solcher Ansätze im deutschsprachigen Raum bislang nicht stattgefunden hat. Die Versuche strukturalistischer Argumentation nahmen im Spektrum der erziehungswissenschaftlichen Theoriediskussion nur eine Randposition ein. Dies kann auch damit zusammenhängen, dass wesentliche Vertreter dieser Richtung sich nur phasenweise oder punktuell auf Ansätze strukturalistischen Denkens bezogen und dabei auch oft Verbindungslinien zu anderen erziehungswissenschaftlichen Positionen, insbesondere zur Kritischen Theorie und Erziehungswissenschaft, gesucht haben (vgl. Lenzen 1983; Pongratz 1986, 1989).

I.4.7.2. Lenzens Konzept einer strukturalen Erziehungswissenschaft und Didaktik

Dieter Lenzen (1994, S. 35) knüpft bei seiner Begründung einer strukturalen Erziehungswissenschaft und Didaktik an den Strukturbegriff aus der linguistischen Tradition an, indem er zwischen Oberflächen- und Tiefenstrukturen unterscheidet, die den Phänomenen erzieherischen Handelns zugrunde liegen. Da er diese Tiefenstrukturen im Gegensatz zum linguistischen Strukturalismus jedoch nicht als unhistorische Universalien, sondern als historisch vermittelte Strukturen fassen will, bezieht er sich auf die Gesellschaftstheorie Goldmanns, der in seinem genetischen Strukturalismus die Dialektik der Transformationen von Oberflächenstrukturen der Welt in Tiefenstrukturen sozialer Systeme thematisiert hat sowie auf einen psychologischen Entwurf mit historischer Perspektive, die genetische Epistemologie Piagets, der die Genese menschlicher Kompetenzen, neben der sprachlichen und sozialen vor allem die der kognitiven Kompetenzen, im Umgang mit der Wirklichkeit untersucht hat (vgl. Lenzen 1973, S. 4).

Lernen als Transformation von Oberflächen- in Tiefenstrukturen

Zentraler Bezugspunkt für Lenzens strukturalistische Sichtweise auf Lehr- und Lernzusammenhänge ist vor allem die Entwicklungstheorie von Piaget. Unter Tiefenstrukturen werden von Lenzen (1973, S. 26) vor allem die kognitiven Organisationen des Menschen gefasst. Lernprozesse werden als Transformationsprozesse von Oberflächen- in Tiefenstrukturen verstanden. „Das menschliche Individuum lernt also, indem es Oberflächenstrukturen in kognitive Strukturen transformiert und handelt aufgrund des umgekehrten Prozesses, wobei keiner der beiden Strukturtypen universal und geschichtslos ist, sondern sowohl kognitive

Strukturen aufgrund veränderter naturaler und sozialer Verhältnisse sich wandeln und die Realität sich unter dem aktiven Zugriff menschlicher Generate selbst ändert" (Lenzen 1973, S. 37f.). Da der Lernvorgang in diesem Konzept als ein eigener aktiver Transformationsprozess des Lernenden begriffen wird, kann Unterricht sich nicht bloß auf die Institutionalisierung dieses Transformationsprozesses beschränken. Vielmehr muss Unterricht nach Auffassung von Lenzen (1973, S. 37) die hohe Komplexität der Umwelt systematisiert und reduziert darbieten, damit der Transformationsprozess des Individuums optimiert werden kann.

Dem Lehrer kommt in diesem Zusammenhang die Aufgabe zu, spontan Transformationen von Oberflächenstrukturen vorzunehmen. Dabei soll er sich der strukturalen Methode bedienen. D.h., er interpretiert hermeneutisch die Äußerungen der Schüler und Schülerinnen als Generate aus deren Tiefenstruktur und transformiert Oberflächenstrukturen in Umweltstrukturen aufgrund der aus diesen gewonnenen Konkretisierungen von Sinn. Dazu benötigt er theoretische Kenntnisse über die zugrunde liegenden Regelsysteme, über die kognitiven, sprachlichen und moralischen Kompetenzen der Lernenden, und er ist auf didaktische Orientierungskriterien und Entscheidungshilfen angewiesen, die von Lenzen (1973) u.a. in sogenannten Didaktischen Strukturgittern konkretisiert worden sind.

I.4.7.3. Pädagogik und Schule im Prozess gesellschaftlicher Disziplinierung (Pongratz)

Im Gegensatz zu Lenzen, der sich bei der Entwicklung eines Konzeptes strukturalistischer Erziehungswissenschaft vor allem auf die psychologischen Begründungsansätze strukturalistischen Denkens stützt, hat Pongratz (1989) die machttheoretisch orientierten sozial- und wissenschaftsgeschichtlichen Arbeiten von Foucault aufgegriffen und vor diesem Hintergrund die Geschichte der Schule und der pädagogischen Theoriediskussion im Prozess gesellschaftlicher Disziplinierung rekonstruiert. Genauer gesagt, bezieht er sich vor allem auf Foucaults Genealogie der Macht, die dieser in seiner Studie „Überwachen und Strafen" (1977) entwickelt hat.

Foucault (1977, S. 9ff.) unterscheidet hier drei Typen der Macht, die unterschiedlichen historischen Entwicklungsepochen zugeordnet werden können. Der erste Machttyp ist die Regressionsmacht, die auf dem Mechanismus der Ausschließung basiert. Seine krasseste Form ist die physische Vernichtung, sowie sie in der Hexenverfolgung und in den absolutistischen Strafritualen praktiziert wurde. Dieser Machttypus lässt sich historisch dem Feudalismus zurechnen. Die Macht und ihre Ausübung in den feudalen Monarchien vollzog sich noch in sichtbaren Zeremonien, Hierachien und direkter Gewaltausübung. Der zweite Machttypus ist die normative Integrationsmacht, die auf dem Mechanismus der inneren Einschließung basiert. Dieser Machttypus bildete sich im Übergang zur bürgerlichen Gesellschaft heraus und entsprach den verstärkten Anforderungen der normativen Integration und innerpsychischen Formierung der Subjekte. Überschritten werden diese beiden Machtformen durch die produktive Disziplinarmacht, die spätestens seit dem 19. Jahrhundert entsteht und die auch noch das dominante Machtmuster der gegenwärtigen Gesellschaftsformation ist. Dieser Machttyp beruht nicht mehr wie seine Vorgänger auf der Liquidierung oder Internierung des Abweichenden und auch nicht allein auf der Umformung des Abweichenden durch Ausschluss und normative Reintegration, sondern er durchdringt die Individuen innerlich (vgl. Pongratz 1989, S. 140; Fink-Eitel 1992, S. 72ff.).

Schule im Stadium der Repressionsmacht

Pongratz (1989, S. 150ff.) untersucht nun vor diesem Hintergrund die historische Entwicklung der Schule verstanden als Dispositiv der Macht, d.h. als strategische Verknüpfung von Praktiken und theoretischen Diskursen. In ihren Anfängen, z.B. in den deutschen Schreib- und Leseschulen, die sich etwa ab dem 14. Jahrhundert in größeren Handelsstädten entwickelten, ist die Schule mit der Dominanz unmittelbarer physischer Gewalt, mit der Rute als Symbol der Herrschaftsgewalt des Schulmeisters im Stadium der Repressionsmacht verbunden. Im Integrationsdispositiv der Aufklärungsschulen des 18. Jahrhunderts werden „Norm“ und Moralerziehung leitend. Die Integrationsmacht des pädagogischen Jahrhunderts zielt nicht mehr auf den Körper, sondern auf den Innenraum, heiße er nun Seele, Einbildungskraft, Bewusstsein oder Vernunft (vgl. Pongratz 1989, S. 163). Wie dieser Innenraum im Sinne einer allgemeinen Sittlichkeit zu gestalten ist und wie dadurch eine effektive normative Integration aller in das gesellschaftliche Ganze möglich ist, damit beschäftigen sich die pädagogischen Theorien, ob bei Locke und Francke im 17. Jahrhundert oder bei den Philanthropen im 18. Jahrhundert (vgl. Pongratz 1989, S. 168ff.; Glantschnig 1987).

Schule im Zeitalter der Integrationsmacht

Der Übergang zum schulischen Disziplinardispositiv vollzieht sich dann erst im 19. Jahrhundert. Er setzt mit der Gymnasialreform ein und endet als sich gegen Ende dieses Jahrhunderts eine öffentliche Schulbildung für alle Bevölkerungsschichten etabliert hat. Am sich ausdifferenzierenden Schulsystem des 19. Jahrhunderts lassen sich nach Auffassung von Pongratz (1989, S. 203) all die Prozeduren aufschlüsseln, mit denen Menschen in „gelehrige Maschinen“ und Schulen in „pädagogische Maschinen“ transformiert werden. Das schulische Disziplinarpositiv wird durch eine komplexe Zeit-Raum-Struktur organisiert, etwa in Form einer Zergliederung der Zeit in Lern- und Pausentakte oder einer festen Verkopplung von Lerntätigkeit, Inhalt, Zeit und Raum nach dem Prinzip einer erschöpfenden Ausnutzung der Lernzeit, und durch die normierende Sanktion der Prüfung kontrolliert (vgl. auch Kost 1985; Mollenhauer 1986; Rumpf 1981).

Schule im Stadium der Disziplinarmacht

In den 1920er Jahren und noch deutlicher im Gefolge der Schulreformära der 1970er Jahre wurde zwar die alte Lern- und Paukschule durch eine neue, die Eigenaktivitäten der Lernenden betonende flexiblere Unterrichts- und Schulkultur abgelöst, für die die theoretischen Diskurse der Reformpädagogik wichtige Anregungspotentiale lieferten. Aber diese offensichtliche Lockerung äußerer Kontrollen und die Tendenz zur Nivellierung hierarchischer Machtbalancen hat nach Ansicht von Pongratz (1989, S. 210) lediglich die Intensivierung innerer Kontrollen forciert. In dieser modernisierten Form der pädagogisch angeleiteten Selbstregulierung geht es letztlich um die Vollendung des panoptischen Prinzips der Macht, weil dieses jetzt nicht mehr von außen wirkt, sondern sich als Selbsttechnik von innen entfaltet (vgl. auch Helsper 1990, S. 184; Thiemann 1985).

I.4.7.4. Kritik

Ebenso wie bislang keine breite Rezeption strukturalistischen Denkens in der Erziehungswissenschaft stattgefunden hat, gibt es bisher auch keine umfassende kritische Auseinandersetzung mit diesen Ansätzen, obgleich diese Konzepte ähnlich wie die systemtheoretische Erziehungswissenschaft ohne die Annahme eines Subjektes auskommen wollen (vgl. Lenzen 1994, S. 36) und sie damit basale Annahmen der alteuropäischen pädagogischen Tradition problematisieren. Anders stellte sich die Diskussion in den Nachbarwissenschaften, der Philosophie oder Soziologie, bereits in den 1970er Jahren dar. Hier wurde das strukturalistische Denken etwa eines Lévi-Strauss von einem streng erfahrungswissenschaftlichen Standpunkt aus kritisiert, weil die von ihm unterstellten Strukturen als Hypothesen empirisch nicht verifizierbar sind. Noch radikaler wurde das strukturalistische Denken von Marxisten kritisiert (vgl. Hund 1973), die dem Strukturalismus Ahistorizität und eine fehlende normative Perspektive für die Veränderung gesellschaftlicher Praxis vorwarfen. Lenzen (1973) versuchte in seiner frühen Fassung einer strukturalistisch orientierten Erziehungswissenschaft solche vermeintlichen Schwachpunkte zu umgehen, indem er sich auf den historisch angelegten genetischen Strukturalismus von Goldmann bezieht und er die normative Zielperspektive seiner Theorie in den kompetenztheoretischen Überlegungen von Piaget zu verankern sucht.

Foucaults Machttheorie ist nicht nur von Vertretern der Kritischen Theorie (vgl. Habermas 1985; Honneth 1985) vor allem deshalb kritisiert worden, weil sie von einer Allgegenwart dezentrierter Machtverhältnisse ausgeht und ein Jenseits der Macht nicht mehr denken kann. Dieses Problem, dass auch veränderte Beziehungsstrukturen, neue Formen von Subjektivität und Widerstand nur noch in Machtbegriffen gefasst werden können, dokumentiert sich auch in jenen erziehungswissenschaftlichen Arbeiten, die versuchen, Pädagogik- und Schulgeschichte im Anschluss an Foucault zu rekonstruieren. Trotz dieser berechtigten Einwände gegen diese machtmonistische Perspektive im Foucaultschen Denken, die dieser selber erst in seinen Spätschriften aufgebrochen hat (vgl. Fink-Eitel 1992, S. 103), sind von der Foucault-Rezeption in der Erziehungswissenschaft im letzten Jahrzehnt wichtige Impulse für eine kritische Sozialgeschichte von Erziehungstheorien und –praktiken, für bildungstheoretische Reflexionen, aber auch für machttheoretische Analysen aktueller bildungspolitischer Entwicklungstrends bis in die Gegenwart ausgegangen (vgl. Pongratz u.a. 2004; Weber/ Maurer 2006). Zudem sind die Arbeiten zur Machttheorie und Diskursanalyse von Foucault auch in den Begründungsansätzen einer feministischen Pädagogik und einer postmodernen Erziehungswissenschaft aufgegriffen worden.

Literatur

Althusser, L.: Marxismus und Ideologie. Berlin 1973.
Barthes, R.: Système de la Mode. Paris 1967.
Bruner, J.S.: Der Prozeß der Erziehung. Berlin/Düsseldorf 1973.

Chomsky, N.: Aspekte der Syntax-Theorie. Frankfurt a.M. 1969.
Durkheim, E.: Les formes élémentaires de la vie religieuse. Paris 1912.
Edelstein, W.: Struktur, Prozeß, Diskurs. In: Lenzen, D. (Hrsg.): Die Struktur der Erziehung und des Unterrichts. Frankfurt a.M. 1976, S. 153-172.
Fink-Eitel, H.: Foucault zur Einführung. Hamburg [2]1992.
Foucault, M.: Die Ordnung des Diskurses. München 1974a.
Foucault, M.: Von der Subversion des Wissens. München 1974b.
Foucault, M.: Überwachen und Strafen. Die Geburt des Gefängnisses. Frankfurt a.M. 1977.
Foucault, M.: Wahnsinn und Gesellschaft. Eine Geschichte des Wahns im Zeitalter der Vernunft. Frankfurt a.M. 1977.
Foucault, M.: Dispositive der Macht. Über Sexualität, Wissen und Wahrheit. Berlin 1978.
Foucault, M.: Sexualität und Wahrheit. Der Wille zum Wissen, Bd. 1, Frankfurt a.M. 1979.
Geissler, H.: Modelle der Unterrichtsmethode. Stuttgart 1977.
Glantschnig, H.: Liebe als Dressur. Kindererziehung in der Aufklärung. Frankfurt/New York 1987.
Goldmann, L.: Dialektische Untersuchungen. Neuwied/Darmstadt 1966.
Gstettner, P.: Die Eroberung des Kindes durch die Wissenschaft. Reinbek 1981.
Habermas, J.: Der philosophische Diskurs der Moderne. Frankfurt a.M. 1985.
Helsper, W.: Schule in den Antinomien der Moderne. In: Krüger, H.-H. (Hrsg.): Abschied von der Aufklärung? Perspektiven der Erziehungswissenschaft. Opladen 1990, S. 175-194.
Honneth, A.: Kritik der Macht. Reflexionsstufen einer kritischen Gesellschaftstheorie. Frankfurt a.M. 1985.
Hund, W.-D.: Der schamlose Idealismus. Polemik gegen eine reaktionäre Philosophie. In: Hund, W.-D. (Hrsg.): Strukturalismus. Ideologie und Dogmengeschichte. Darmstadt/Neuwied 1973, S. 11-61.
Köhler, W.: Gestaltpsychologie. o.O. 1947.
Kost, F.: Volksschule und Disziplin. Zürich 1985.
Krüger, H.-H./Lersch, R.: Lernen und Erfahrung. Perspektiven einer Theorie schulischen Handelns. Opladen [2]1993.
Lauenburg, J.: Foucault. In: Nida-Rümelin, J. (Hrsg.): Philosophie der Gegenwart. Stuttgart 1991, S. 155-164.
Lenzen, D.: Didaktik und Kommunikation. Frankfurt a.M. 1973.
Lenzen, D. (Hrsg.): Die Struktur der Erziehung und des Unterrichts. Strukturalismus in der Erziehungswissenschaft? Frankfurt a.M. 1976.
Lenzen, D. (Hrsg.): Enzyklopädie Erziehungswissenschaft, 12 Bde., Stuttgart 1983f.
Lenzen, D.: Erziehungswissenschaft – Pädagogik. In: Lenzen, D. (Hrsg.): Erziehungswissenschaft. Ein Grundkurs. Reinbek 1994, S. 11-41.
Lenzen, D.: Mythologie der Kindheit. Reinbek 1985.
Lenzen, D.: Mythos, Metapher und Simulation. Zu den Aussichten Systematischer Pädagogik in der Postmoderne. In: Zeitschrift für Pädagogik 33 (1987), H. 1, S. 41-60.
Lenzen, D.: Struktur. In: Lenzen, D./Mollenhauer, K. (Hrsg.): Theorien und Grundbegriffe der Erziehung und Bildung. Bd. 1 der Enzyklopädie Erziehungswissenschaft. Stuttgart 1983, S. 554-563.
Lewin, K.: Feldtheorie in den Sozialwissenschaften. Bern/Stuttgart 1963.
Lévi-Strauss, C.: Les structures élémentaires de la parenté. Paris 1949.
Mollenhauer, K.: Umwege. Über Bildung, Kunst und Interaktion. Weinheim/München 1986.
Nezel, I.: Strukturalistische Erziehungswissenschaft. Weinheim/Basel 1976.
Piaget, J.: Der Strukturalismus. Olten 1973.
Pongratz, L.A.: Aufklärung und Widerstand. Kritische Bildungstheorie bei Heinz-Joachim Heydorn. In: Euler, P./Pongratz, L.A. (Hrsg.): Kritische Bildungstheorie. Weinheim 1995, S. 11-38.
Pongratz, L.A. Bildung und Subjektivität. Weinheim/Basel 1986.
Pongratz, L.A. : Pädagogik im Prozeß der Moderne. Weinheim 1989.
Pongratz, L. u.a. (Hrsg.): Nach Foucault. Diskurs- und machtanalytische Perspektiven der Pädagogik. Wiesbaden 2004.

Rumpf, H.: Die übergangene Sinnlichkeit. München 1981.
Sauer, K.: Struktur – Zur Problematik eines didaktischen Modeworts. In: Lenzen, D. (Hrsg.): Die Struktur der Erziehung und des Unterrichts. Frankfurt a.M. 1976, S. 241-258.
Saussure, F. de: Cours de linguistique générale. Paris [4]1949.
Spencer, H.: Principles of sociology, Bd. 1, o.O. 1876.
Thiemann, F.: Schulszenen. Vom Herrschen und Leiden. Frankfurt a.M. 1985.
Thurnwald, R.: Die menschliche Gesellschaft, 5 Bde., o.O. 1931f.
Tönnies, F.: Soziologische Studien und Kritiken, 3 Bde., Jena 1925f.
Weber, S./Maurer, S. (Hrsg.): Gouvernementalität in der Erziehungswissenschaft. Wiesbaden 2006.
Wertheimer, U.: Produktives Denken. Frankfurt a.M. [2]1964.
Wiegerling, K.: Claude Lévi-Strauss. In: Nida-Rümelin, J. (Hrsg.): Philosophie der Gegenwart. Stuttgart 1991, S. 331-337.
Zymek, B.: Evolutionistische und strukturalistische Ansätze einer Geschichte der Erziehung. In: Lenzen, D./Mollenhauer, K. (Hrsg.): Theorien und Grundbegriffe der Erziehung und Bildung. Bd. 1 der Enzyklopädie Erziehungswissenschaft. Stuttgart 1983, S. 55-78.

I.4.8. Ökologische Ansätze in der Erziehungswissenschaft

Inhalt

I.4.8.1. Entstehungszusammenhang und Wirkung

In den erziehungswissenschaftlichen Veröffentlichungen findet man seit den 1970er Jahren zunehmend häufiger theoretische Entwürfe und Untersuchungen, die zur Kennzeichnung ihres Ansatzes den Ausdruck „ökologisch" verwenden. Obwohl sich diese Studien auf den gemeinsamen Leitbegriff „Ökologie" (von griechisch „oikos" = Haushalt, Wohnung) beziehen, der 1870 von Haekel in die Biologie als Bezeichnung für jene Teildisziplin eingeführt wurde, die sich mit der Beziehung eines lebenden Organismus zu seiner Umwelt beschäftigt, lassen sich jedoch de facto zwei theoretische Diskussionszusammenhänge unterscheiden, die nur wenige Berührungspunkte haben.

Ein erster Argumentationsstrang ökologischen Denkens in der Pädagogik thematisiert Fragen eines veränderten Mensch-Natur-Verhältnisses und ist in Reaktion auf jene ökologische Krise (Ressourcenverschleiß, Umweltzerstörung, globale Klimaveränderungen etc.) entstanden, die seit den 1970er Jahren durch die Studien des Club of Rome (vgl. Ehrlich/Ehrlich 1972) in breiterem Maße ins öffentliche Bewusstsein gedrungen ist (vgl. Paffrath 1996). Im Gefolge der Unesco-Konferenz zur Umwelterziehung wurde Anfang der 1980er Jahre von der Ständigen Konferenz der Kultusminister der Länder in der Bundesrepublik Deutschland die Umwelterziehung zum fächerübergreifenden Unterrichtsprinzip für alle Schulformen erklärt. In Anlehnung an die dort formulierten Rahmenvorgaben wurden dann eine Reihe didaktisch akzentuierter und eher traditionell orientierter Konzepte der Umwelterziehung entwickelt, die den einzelnen und seine Verantwortung für den Umweltschutz in den Vordergrund rücken und auf die Effektivierung der bestehenden Technik und Wissenschaft setzen, um die bestehende ökologische Krise bewältigen zu können (vgl. de Haan/Scholz 1989, S. 1535).

Umwelterziehung

Im Gegensatz dazu favorisiert das insbesondere von Dauber (1982) erarbeitete Modell des ökologischen Lernens die Entwicklung subsistenzorientierter, alternativer Lebensräume, in denen sich selbstbestimmtes Lernen ereignen und die Entwicklung neuer, umweltschonender Techniken, die eine Abkehr von der bestehenden Wissenschaft und Technik signalisieren sollen.

Ökologisches Lernen

Konzentrierten sich die Diskussionen im Bereich der Umweltpädagogik zunächst vornehmlich auf Fragen der Didaktik, so sind im Verlaufe der 1980er Jahre einige umfassendere Theorieentwürfe zur ökologischen Pädagogik entstanden, die sich jedoch in den Kontext der bereits vorgestellten erziehungswissenschaftlichen Theorieströmungen einordnen lassen und diese lediglich um eine ökologische Perspektive erweitern. So wurden von de Haan (1985) Konturen für ein Konzept einer „Ökopädagogik" entwickelt, das zwar einerseits das neutrale Verständnis von Naturwissenschaft und Technik in der Kritischen Theorie und Kritischen Erziehungswissenschaft bei Habermas bzw. Blankertz kritisiert, da es an der herrschenden Form der Naturerkenntnis und Naturbearbeitung festhält. Andererseits greift er jedoch mit dem Konzept des „Naturschönen", das für ihn das utopische Zielideal einer ökologischen Pädagogik markiert, Überlegungen auf, wie sie von Vertretern der älteren Kritischen Theorie, von Adorno und Marcuse, bereits angedacht worden sind (de Haan 1985, S. 177ff.).

Ökopädagogik

Lässt sich de Haans Variante einer „Ökopädagogik" in den Diskussionszusammenhang der Kritischen Erziehungswissenschaft einordnen, so knüpft Kleber (1993) bei der Begründung des theoretischen Bezugsrahmens seiner ökologischen Pädagogik, die planetarische, biozentrische und anthropozentrische Perspektiven zu verbinden sucht, explizit an die prinzipientheoretisch orientierte Pädagogik von Benner (1987) an. Dabei wird die Bennersche Matrix der Prinzipien pädagogischen Handelns um zwei Prinzipien erweitert, das Prinzip der Überführung der planetarisch/biologischen Determinanten in pädagogische Determination und das Prinzip der Konzentration der menschlichen Gesamtpraxis auf die Aufgaben des ökologischen Konzeptes des „Mitlebens", die die zentralen Bezugspunkte für Klebers Theorie einer ökologischen Pädagogik darstellen (vgl. Kleber 1993, S. 58; Kleber 2006, S. 372).

Ein zweiter zentraler Argumentationsstrang ökologischen Denkens in der Erziehungswissenschaft versucht seit den 1970er Jahren, die theoretischen Diskussionen und Studien zu Mensch-Umwelt-Beziehungen, wobei Umwelt hier als Geflecht materiell-räumlicher sowie sozialer und symbolischer Dimensionen gefasst wird, aus den Nachbardisziplinen, der Soziologie und der Psychologie, aufzugreifen und in ersten Ansätzen für die erziehungswissenschaftliche Theoriebildung, vor allem aber für die empirische Forschung fruchtbar zu machen. Innerhalb der Soziologie waren es Vertreter der sog. Chicagoer Schule, wie Park, Burgess und Mc Kenzie (1925), die bereits in den 1920er Jahren Konturen für ein Konzept von Humanökologie entwickelten und im Rahmen von Gemeindestudien die Beschreibung, Erklärung und Funktionsvoraussage sozialer Organisationen in Nachbarschaften und Städten mit sozialpolitischen Empfehlungen verbanden. In der westdeutschen Soziologie wurde vor allem seit den 1970er Jahren das von dem Amerikaner Barker (1968) entwickelte Konzept des Soziotops, bei dem es sich um regionale Einheiten (Gemeinden, Stadtteile) mit jeweils spezifischer demographischer Zusammensetzung und Infrastruktur handelt, in

Sozialökologische Traditionslinien

empirischen Untersuchungen aufgegriffen, um durch die Berücksichtigung regionaler oder lokaler Sozialisationsbedingungen die Aussagen einer ausschließlich schichtspezifisch orientierten Sozialisationsforschung präzisieren zu können (vgl. Walter 1980, S. 290).

In der Psychologie ist der Ökologie-Begriff in den 1930er Jahren von Kurt Lewin (vgl. 1963) eingeführt wurden, der eine äußerlich gegebene geographische Umwelt von einer psychologischen Umwelt unterscheidet, die lediglich indirekt aus Äußerungen und Verhaltensweisen von Menschen erschließbar ist. Angeregt durch amerikanische Entwicklungen ist dann das Programm einer Ökopsychologie seit den späten 1970er Jahren zu einer ausgedehnten und vielseitigen Forschungsrichtung in der westdeutschen Psychologie geworden (vgl. Graumann 1978; Kaminski 1976; Dreesmann 1986). Besonders wichtig für die Diskussion in der Sozialisationsforschung und Erziehungswissenschaft sind dabei auch die Arbeiten von Bronfenbrenner (1976, 1981), der Perspektiven der Sozialökologie und Entwicklungspsychologie miteinander verbindet. Bronfenbrenner (1981, S. 32ff.) fasst die ökologische Umwelt als eine verschachtelte Anordnung von Strukturen. Er unterscheidet vier sich einander umschließende Systeme: erstens ein Mikrosystem – das ist das Beziehungsgefüge zwischen der sich entwickelnden Person und der unmittelbar erlebten Umwelt; zweitens ein Mesosystem – es umfasst die Wechselbeziehungen zwischen den wichtigsten Lebensbereichen, in denen sich die in der Entwicklung begriffene Person zu einem bestimmten Zeitpunkt ihres Lebens befindet; drittens ein Exosystem, das von der heranwachsenden Person nicht mehr direkt erfahren und beeinflusst werden kann, gedacht ist an gesellschaftliche Institutionen wie Behörden oder Massenmedien; viertens ein Makrosystem, das ist das jeweils umfassende ökonomische, juristische und politische System, das der Heranwachsende in Gestalt von gesetzlichen Regelungen, der Verteilung von Ressourcen oder kulturellen Werten und Normen erfährt.

Sozialökologische Ansätze in der Erziehungswissenschaft

Obwohl es in der Pädagogik bereits in den 1920er und 1930er Jahren erste Studien gab, die sich mit der Umwelt als Bedingungsgefüge für Erziehungsverhalten und Sozialisationsprozesse befassten – beispielsweise Martha Muchows Studie zu den Streifräumen Hamburger Schüler (vgl. Muchow/Muchow 1978) –, setzte erst in den 1970er Jahren eine Rezeption explizit ökologischer Ansätze in der Erziehungswissenschaft ein (vgl. Schreiner 1973; Fatke 1977). Wesentliche Impulse für diese Diskussion sind einerseits von Baacke ausgegangen.

Dieter Baacke

Dieter Baacke (geb. 1933) hat von 1957 bis 1964 an den Universitäten in Marburg, Wien und Göttingen u.a. Germanistik, Pädagogik und Philosophie studiert und diese Studien mit dem ersten Staatsexamen für das Lehramt an Gymnasien sowie mit einer Promotion in Germanistik abgeschlossen. Von 1964 bis 1972 war er wissenschaftlicher Assistent bei Hartmut von Hentig an der Universität Bielefeld, wo er sich 1972 auch habilitiert hat. Seit 1973 bis zu seinem Tod im Jahr 1999 hatte er an dieser Universität eine Professur für außerschulische Pädagogik. Baacke hat ein eigenständiges Modell unterschiedlicher sozialökologischer Zonen entwickelt und die sozialökologische Perspektive für die Theoriediskussion in der erziehungswissenschaftlichen Kindheits- und Jugendforschung sowie in einer Vielzahl von in diesem Bereich durchgeführten empirischen Projekten fruchtbar gemacht (vgl. zusammenfassend Baacke 1993). Baacke (1985,

S. 48ff.) schlägt für das Kindes- und Jugendalter eine Gliederung der Gesamtumwelt des Heranwachsenden in vier Zonen vor, die dieser sich im Verlaufe seiner Entwicklung sukzessive aneignet: im Mittelpunkt ein ökologisches Zentrum, das ist der unmittelbare Nahraum, meistens die Familie, darum gelagert der ökologische Nahraum – das ist die Nachbarschaft, die eigene Wohngegend, darin eingelagert ökologische Ausschnitte, wie z.B. die Schule oder die Freizeitstätte, die nur vorübergehend und zu bestimmten Zwecken besucht werden, und in einzelne Strahlen ausgreifend die ökologische Peripherie – das sind beispielsweise entlegenere Orte, wie Ferienziele oder ein Theater, die nur gelegentlich aufgesucht werden.

Theodor Schulze

Anregungen für die sozialökologische Diskussion in der Erziehungswissenschaft sind andererseits auch von Schulze ausgegangen. Theodor Schulze (geb. 1926) hat von 1946 bis 1951 an den Universitäten Heidelberg und Göttingen Pädagogik, Philosophie, Germanistik und Geschichte studiert und das Studium mit dem Ersten Staatsexamen für das Lehramt an Gymnasien abgeschlossen. 1955 hat er mit einer Arbeit zum Thema „Die Dialektik in Schleiermachers Pädagogik“ bei Weniger in Göttingen promoviert, wo er bis 1961 auch als wissenschaftlicher Assistent gearbeitet hat. Nach der Tätigkeit als Professor für Allgemeine Pädagogik an der Pädagogischen Hochschule in Flensburg von 1961 bis 1971 wurde er 1971 auf einen Lehrstuhl für Pädagogik mit dem Schwerpunkt Didaktik an die Universität Bielefeld berufen, den er bis zu seiner Emeritierung im Jahre 1991 innehatte. Schulze kommt der Verdienst zu, die Implikationen des ökologischen Ansatzes für systematische Fragen der Erziehungswissenschaft erstmals ausführlicher thematisiert zu haben (vgl. Schulze 1983), wenngleich seine Forschungsinteressen eher im Bereich der erziehungswissenschaftlichen Biographieforschung liegen (vgl. Schulze 1993; Schulze 1995).

Übereinstimmend weisen Schulze (1983, S. 266) und Baacke (1993, S. 135f.) zwar darauf hin, dass sich die ökologische Orientierung eher als Bezugsrahmen für interdisziplinäre Forschungen eignet, da nur so die Komplexität der Wechselwirkung von Mensch und Umwelt in ihren objektiven und subjektiven Dimensionen angemessen analysiert werden kann. Gleichzeitig zeigen sie jedoch auch die hohe Affinität des sozialökologischen Approachs zur Erziehungswissenschaft auf, der mit seiner Ausrichtung an den Prinzipien von Ganzheitlichkeit, Anschaulichkeit und Plastizität eine Nähe zur pädagogischen Kasuistik und zu den Handlungsproblemen der pädagogischen PraktikerInnen hat und mit seinem Interventionsbezug sowie dem normativen Interesse an Verbesserung der sozialräumlichen Umweltbedingungen auch Lösungsansätze für die Schulentwicklungsplanung, die Planung der sozialen Versorgung von Familien oder die sozialpädagogische Stadtteilarbeit verspricht.

Wirkungen des sozialökologischen Ansatzes

Vor diesem Hintergrund ist es auch wenig überraschend, dass die Wirkungen des sozialökologischen Ansatzes in der Erziehungswissenschaft seit den 1970er Jahren vor allem im Bereich der erziehungswissenschaftlichen Forschung liegen. Forschungsschwerpunkte sind erstens das Feld der Schulforschung, vor allem im Hinblick auf die Komponenten Schulbau und Klassenraum (vgl. König/Schmittmann 1976), Schulumwelt und Schülerverhalten (vgl. Fatke 1977; Rutter u.a. 1980; Melzer 1987; Zinnecker 1982), Schul- und Klassenklima (vgl. Fend 1977; Fend u.a. 1980), aber auch das Verhältnis von schulischer und außerschulischer Lebenswelt bei Hauptschülern (vgl. Projektgruppe Jugendbüro 1977). Ein zweiter Forschungsschwerpunkt liegt im Bereich der Kindheitsforschung. Hier reicht das Themenspektrum von „subsettings" im Gruppenraum eines Kindergartens bis hin zu Alltagswelten und Umweltaneignung von Großstadtkindern (vgl. Jacob 1984; Zeiher/Zeiher 1994; Zinnecker 1995). Eine Vielzahl von sozioökologisch orientierten Studien sind drittens zudem im Bereich der Jugendforschung angesiedelt, so z.B. die Studie von Krauß und Tippelt (1986) über die „Bedeutung der Wohngemeinde und der Bildung für das Freizeitverhalten junger Menschen", die Untersuchung von Hübner-Funk/Müller/Gaiser (1983) zum Statusübergang von der Schule in die Berufsausbildung bei Hauptschülern in verschiedenen bayrischen Regionen oder die Studie von Baacke/Sander/Vollbrecht (1990), die die mediale Infrastruktur und deren Nutzung durch Jugendliche in einem Dorf, einer mittelgroßen Stadt und einer Großstadt in Nordrhein-Westfalen analysiert haben.

Von der sozialökologischen Orientierung sind jedoch nicht nur Impulse für die erziehungswissenschaftliche Forschung, sondern auch für schulpädagogische oder sozialpädagogische Konzeptualisierungsversuche und Reformdiskussionen ausgegangen. Exemplarisch erwähnt seien in diesem Zusammenhang die aktuellen Diskurse um die Öffnung der Schule hin zum Lebenszusammenhang der Lernenden (vgl. Holtappels 1994), die theoretischen Versuche, Konturen für eine sozialräumlich orientierte Jugendarbeit und Jugendbildung zu entwickeln (vgl. Böhnisch/Münchmeyer 1990) oder die Ansätze einer gemeinwesenorientierten sozialen Arbeit, die sich an alltäglichen Problemsituationen bestimmter, räumlich ausgegrenzter Bevölkerungsgruppen orientieren (vgl. Thiel 1983, S. 575).

I.4.8.2. Schulzes Konzept einer ökologisch orientierten Erziehungswissenschaft

Interdisziplinäre Bezüge

Ein ökologisches Konzept von Erziehungswissenschaft muss nach Auffassung von Schulze (1983, S. 270ff.) interdisziplinär angelegt sein, um die Komplexität und Mehrdimensionalität der Mensch-Umwelt-beziehungen adäquat fassen zu können. Es ist einerseits auf psychologische Ansätze und Erkenntnisse angewiesen, die die Umwelt aus der Sicht des Subjektes zu begreifen suchen und sich auf die Analyse der Entwicklung von umweltbezogenen Deutungsmustern, von kognitiven Landkarten oder lebensräumlichen Handlungsprogrammen konzentrieren. Umgekehrt liefern die soziologischen Erklärungsansätze und Untersuchungen andererseits wichtige Hinweise auf die verschiedenen Zonen und Systemebenen der objektiven Umweltbedingungen. Aus der Sicht der Erziehungswissenschaft müssten diese Umweltbedingungen nach Auffassung von Schulze (1983, S. 275) noch durch den Begriff der „Soziosphäre" als Inbegriff der Umweltbedingungen, die Erwachsenwerden als erstrebenswert erscheinen lassen, ergänzt werden. Dieser Begriff dient als normativer Maßstab, um die Beschaffenheit von Umwelten daraufhin zu prüfen, wieweit sie für einen Heranwachsenden als sozial anregend oder entwicklungsfreundlich angesehen werden können und sinnvolles Lernen begünstigen.

Um das Mensch-Umwelt-Verhältnis für die erziehungswissenschaftliche Nutzung des ökologischen Ansatzes weiter präzisieren zu können, greift Schulze (1983, S. 276) auf den Begriff der Situation zurück, da er den zeitlichen Aspekt der Beziehung zwischen Mensch und Umwelt zur Geltung bringt und das Prinzip der Handlungsorientierung. Dieses Prinzip besagt, dass Individuum und Umwelt nicht direkt interagieren, sondern dass ihre wechselseitigen Einflüsse durch Handlungen und Handlungsintentionen vermittelt sind. Indem Umwelt sich in einer bestimmten Situation und im Hinblick auf einen bestimmten Handlungszusammenhang aktualisiert, wird sie zu einer herausfordernden Aufgabe und damit sind Lernen und Bildung involviert.

Lernen wird von Schulze (1983, S. 277) im Zusammenhang ökologisch orientierter Überlegungen als ein Prozess definiert, in dem eine für den Lernenden neuartige Umwelt oder Situation zu bewältigen ist (vgl. auch Coelho 1974). Lernen wird hier somit als komplexer, vielseitiger und längerfristiger Prozess verstanden, der sich nicht auf isolierte Lerngegenstände, sondern auf umfangreiche Wissensgebiete bezieht. Diese aus der Beobachtung von Lernprozessen in alltäglichen Lebenszusammenhängen gewonnenen Vorstellungen müssten sich, so hofft Schulze, auch auf organisierte Lernprozesse übertragen lassen. Und aus den Ergebnissen der bislang vorliegenden ökologischen Untersuchungen zu pädagogischen Institutionen und settings leitet er für die Erziehungswissenschaft den Hinweis ab, dass es Erziehung heute weniger um die Optimierung von Lerneffekten gehen sollte als vielmehr um die Verbesserung und Kultivierung von Lernumwelten (vgl. Schulze 1983, S. 278).

Lernen als komplexer Prozess

I.4.8.3. Kritik

Ein zentrales Defizit der bislang vorliegenden Ansätze ökologischen Denkens in der Erziehungswissenschaft ist darin zu sehen, dass die theoretischen Konzepte aus dem Kontext der Umweltpädagogik und aus der sozialökologischen Tradition weitgehend unverbunden nebeneinander stehen und Fragen des Mensch-Natur- und des Mensch-Sozialraum-Verhältnisses bislang kaum in systematischen Reflexionen verbunden worden sind. Die erziehungswissenschaftlichen Arbeiten mit sozialökologischer Orientierung zeichnen sich zudem eher durch gemeinsame Interessenschwerpunkte, Postulate und Strategien aus, während hingegen umfassende theoretische Entwürfe bislang kaum zu finden sind. Die Stärke der sozialökologischen Untersuchungen liegt eher in interessanten Forschungsdesigns, in elaborierten naturalistischen Methoden und in anschaulichen Szene- und Milieubeschreibungen als in stringenten theoretischen Konstruktionen. Die vorliegenden Studien bleiben oft bei der Analyse der Mikro- oder Mesoebene pädagogischer Situationen und Lebenswelten stehen und blenden Zusammenhänge zu umfassenden sozialstrukturellen Bedingungen aus (vgl. Hurrelmann 1986, S. 38). Dies mag auch damit zusammenhängen, dass trotz einiger programmatischer Hinweise Bronfenbrenners eine explizite Gesellschaftstheorie in diesem Theoriekontext bislang nicht entwickelt worden ist.

Die erziehungswissenschaftlichen Konzepte und Forschungsarbeiten mit sozialökologischer Orientierung klammern zudem zumeist institutionalisierte Lernprozesse aus (vgl. Schulze 1983, S. 277). Sie erweisen sich dort als besonders leistungsfähig, wo Erziehung nicht institutionalisiert ist, wie beispielsweise bei der Analyse von Sozialisationsprozessen im Wohnumfeld, auf der Straße und öffentlichen Plätzen oder bei der Untersuchung von schulischen Hinterbühnen oder Beziehungsnetzen in der Schulklasse. Zur Erschließung solcher Bereiche haben pädagogisch-ökologische Forschungen wesentliche Beiträge geleistet (vgl. Engelbert/Herlth 2002).

Dass der sozialökologische Ansatz aber auch Anknüpfungspunkte und Anregungspotentiale für die erziehungswissenschaftliche Theoriebildung, für didaktische Überlegungen und für Planungsstrategien und Reformimpulse im Bildungs- und Sozialwesen bietet, haben gerade Studien aus den letzten Jahrzehnten deutlich gemacht.

Literatur

Baacke, D.: Die 13- bis 18jährigen. Einführung in Probleme des Jugendalters. Weinheim/Basel ^{4}1985.

Baacke, D.: Sozialökologische Ansätze in der Jugendforschung. In: Krüger, H.-H. (Hrsg.): Handbuch der Jugendforschung. Opladen ^{2}1993, S. 135-157.

Baacke, D./Sander, U./Vollbrecht, R.: Lebenswelten sind Medienwelten. Opladen 1990.

Barker, R.G.: Ecological psychology. Stanford 1968.

Benner, D.: Allgemeine Pädagogik. Weinheim/München 1987.

Böhnisch, L./Münchmeyer, R.: Pädagogik des Jugendraumes. Zur Begründung und Praxis einer sozialräumlichen Jugendpädagogik. Weinheim/München 1990.

Bronfenbrenner, U.: Ökologische Sozialisationsforschung. Stuttgart 1976.

Bronfenbrenner, U.: Die Ökologie menschlicher Entwicklung. Stuttgart 1981.

Coelho, G.V. u.a. (Hrsg.): Coping and Adaption. New York 1974.

Dauber, H.: Vom „Lebenlernen" zum „menschlichen Dilemma." In: Moser, H. (Hrsg.): Soziale Ökologie und pädagogische Alternativen. München 1982, S. 126-144.

Dreesmann, H.: Zur Psychologie der Lernumwelt. In: Weidenmann, B. u.a. (Hrsg.): Pädagogische Psychologie. München/Weinheim 1986, S. 447-469.

Engelbert, A./Herlth, A.: Sozialökologische Ansätze. In: Krüger, H.-H./Grunert, C. (Hrsg.): Handbuch Kindheits- und Jugendforschung. Opladen 2002, S. 99-116.

Ehrlich, P.R./Ehrlich, A.H.: Bevölkerungswachstum und Umweltkrise. Frankfurt a.M. 1972.

Fatke, R.: Schulumwelt und Schülerverhalten. Adaptionsprozesse in der Schule. München 1977.

Fend, H.: Schulklima: Soziale Einflußprozesse in der Schule. Weinheim/Basel 1977.

Fend, H. u.a.: Auswirkungen des Schulsystems auf Schulleistungen und soziales Lernen. In: Zeitschrift für Pädagogik 26 (1980), S. 673-692.

Graumann, C.F.: (Hrsg.): Ökologische Perspektiven in der Psychologie. Bern 1978.

Haan, G. de: Natur und Bildung. Perspektiven einer Pädagogik der Zukunft. Weinheim/Basel 1985.

Haan, G. de/Scholz, G.: Umwelterziehung. In: Lenzen, D. (Hrsg.): Pädagogische Grundbegriffe, Bd. 2, Reinbek 1989, S. 1533-1538.

Holtappels, H.G.: Ganztagsschule und Schulöffnung – Perspektiven für die Schulentwicklung. Weinheim/München 1994.

Hübner-Funk, S./Müller, H./Gaiser, W.: Sozialisation und Umwelt. München 1983.

Hurrelmann, K.: Einführung in die Sozialisationstheorie. Weinheim/Basel 1986.

Jacob, J.: Umweltaneignung von Stadtkindern. Wie nutzen Kinder öffentliche Räume. In: Zeitschrift für Pädagogik 30 (1984), H. 5, S. 687-697.

Kaminski, G. (Hrsg.): Umweltpsychologie. Stuttgart 1976.
Kleber, E.W.: Grundzüge ökologischer Pädagogik. Weinheim/München 1993.
Kleber, E.W.: Ökologische Pädagogik. In: Krüger, H.-H./Grunert, C. (Hrsg.): Wörterbuch Erziehungswissenschaft. Opladen [2]2006, S. 370-375.
König, H./Schmittmann, R.: Zur Ökologie der Schule. München 1976.
Krauß, J./Tippelt, R.: Die Bedeutung der Wohngemeinde und der Bildung für das Freizeitverhalten junger Menschen. In: Neue Praxis 16 (1986), H. 3, S. 43-53.
Lewin, K.: Feldtheorie in den Sozialwissenschaften. Bern 1963.
Melzer, W.: Familie und Schule als Lebenswelt. München 1987.
Muchow, M./Muchow, H.H.: Der Lebensraum des Großstadtkindes. Bensheim 1978.
Paffrath, F.H.: Umwelterziehung/Ökopädagogik. In: Hierdeis, H./Hug, T. (Hrsg.): Taschenbuch der Pädagogik, Bd. 4, Baltmannsweiler 1996, S. 1464-1472.
Park, R.E./Burgess, E.W./McKenzie, R.D.: The City. Chicago 1925.
Projektgruppe Jugendbüro: Subkultur und Familie als Orientierungsmuster. Zur Lebenswelt von Hauptschülern. München 1977.
Rutter, M. u.a.: Fünfzehntausend Stunden. Schule und ihre Wirkung auf die Kinder. Weinheim/Basel 1980.
Schreiner, G.: Schule als Erfahrungsraum. Frankfurt a.M. 1973.
Schulze, T.: Autobiographie und Lebensgeschichte. In: Baacke, D./Schulze, T. (Hrsg.): Aus Geschichten lernen. Weinheim/München 1993, S. 126-173.
Schulze, T.: Erziehungswissenschaftliche Biographieforschung. Anfänge, Fortschritte, Ausblicke. In: Krüger, H.-H./Marotzki, W. (Hrsg.): Erziehungswissenschaftliche Biographieforschung. Opladen 1995, S. 10-31.
Schulze, T.: Ökologie. In: Lenzen, D./Mollenhauer, K. (Hrsg.): Theorien und Grundbegriffe der Erziehung und Bildung, Bd. 1 der Enzyklopädie Erziehungswissenschaft. Stuttgart 1983, S. 262-279.
Thiel, H.-U.: Umwelt. In: Lenzen, D./Mollenhauer, K. (Hrsg.): Theorien und Grundbegriffe der Erziehung und Bildung, Bd. 1 der Enzyklopädie Erziehungswissenschaft. Stuttgart 1983, S. 572-575.
Walter, H.: Ökologische Ansätze in der Sozialisationsforschung. In: Hurrelmann, K./Ulich, D. (Hrsg.): Handbuch der Sozialisationsforschung. Weinheim/Basel 1980, S. 285-298.
Zeiher, H./Zeiher, H.: Orte und Zeiten der Kinder. Soziales Leben im Alltag von Großstadtkindern. Weinheim/München 1994.
Zinnecker, J. (Hrsg.): Schulegehen Tag für Tag. München 1982.
Zinnecker, J.: Kindheitsort Schule – Kindheitsort Straße. In: Reiß, G. (Hrsg.): Schule und Stadt. Weinheim/München 1995, S. 47-67.

I.4.9. Feministische Ansätze in der Erziehungswissenschaft

Inhalt

I.4.9.1. Entstehungszusammenhang und Wirkung

Charakteristika des Feministischen Diskurses

Im Gefolge der neuen Frauenbewegung hat sich seit den 1970er Jahren u.a. auch in der Erziehungswissenschaft ein feministischer Diskurs- und Forschungszusammenhang herausgebildet, der seinen Ausgangspunkt bei Frauendiskriminierungen und Ungleichheiten, die sich im Sinne hierarchischer gesellschaftlicher Zuweisungen auswirken, nahm. Kennzeichnend für diese Versuche ist die Einführung der Strukturkategorie „Geschlecht“ als zentrales diskursives Ordnungselement, die Favorisierung einer geschlechtsdifferenten Forschungsperspektive und der praxisorientierte gesellschaftskritische Impetus, der auf eine Veränderung geschlechtsspezifischer Reproduktionsstrukturen zielt. Ferner wird für eine interdisziplinäre Forschungsperspektive plädiert, damit das Leben der Menschen, das in der androzentrischen Wissenschaftsgeschichte in Einzelteile zerlegt wurde, als zusammengehörendes Ganzes erforscht und analysiert werden kann (vgl. Enders-Dragässer 1994, S. 448; Glumpler 1992, S. 10). Vor dem Hintergrund dieser interdisziplinären Orientierung ist es auch erklärbar, dass in den Veröffentlichungen seltener von feministischer Erziehungswissenschaft die Rede ist, sondern eher von Frauenforschung in der Erziehungswissenschaft gesprochen wird (vgl. Forum Grazer Pädagoginnen 1993; Kraul/Tenorth 1992). Zudem sind die verschiedenen Theorieansätze einer feministischen Wissenschaft in den Geistes- und Sozialwissenschaften auch entscheidende Bezugspunkte für feministische Theoriebildungsversuche und Forschungsunternehmungen in der Erziehungswissenschaft.

Innerhalb des feministischen Diskurses haben sich in kritischer Auseinandersetzung mit bestehenden und in diesem Buch bereits vorgestellten Theorietraditionen zwei divergierende Theorieströmungen herausgebildet, die man als empirisch-sozialwissenschaftlich-historische und als poststrukturalistisch orientierte Richtungen charakterisieren kann (vgl. Wolf 1996, S. 340). Im Rahmen der sozialwissenschaftlichen feministischen Ansätze lassen sich noch einmal zwei Gruppen von theoretischen Konzepten unterscheiden, die entweder eher makroanalytische oder eher mikroanalytische Sichtweisen auf Geschlechterverhältnisse und Geschlechterdifferenzen in den Vordergrund rücken. Zur makroanalytischen Gruppe gehören Arbeiten, die anknüpfend an historisch-materialistische Theorietraditionen auf die unlösbare Verbindung von Kapitalismus und Patriarchat hinweisen (vgl. Beer 1990) oder die die Entstehung einer hierarchisierten Arbeitsteilung, die den Männern produktive Arbeiten zuweist und die Frauen für reproduktive (gebärende, sorgende, emotionale) Arbeiten zuständig erklärt, im Zuge der Herausbildung der bürgerlich-kapitalistischen Gesellschaften analysieren (vgl. Bock/Duden 1977). Andere Ansätze zur Geschlechterforschung, die sich an der Kritischen Theorie orientieren, sprechen von der doppelten Vergesellschaftung von Frauen, die nicht nur als Arbeiterinnen und Angestellte in einem ökonomischen Abhängigkeitsverhältnis stehen, sondern auch im Bereich der Reproduktion als Hausfrau und Mutter ausgebeutet werden. Darüber hinaus hat die Vergesellschaftung von Frauen und Männern individuell-psychische Implikationen, mittels derer die Subjekte in die sozialen Austauschprozesse hineingenommen werden (vgl. Becker-Schmidt 1991, S. 387f.).

Makroanalytische feministische Ansätze

Zur zweiten Gruppe der mikroanalytischen Ansätze sind Theoriekonzepte zu zählen, die in kritischer Abgrenzung von dem Phallozentrismus der Psychoanalyse Freuds die Entwicklung einer weiblichen Geschlechtsidentität unter einem alternativen Blickwinkel zu erklären versuchen (Chasseguet-Smirgel 1976; Rohde-Dachser 1991; Nadig 1992) oder in Kritik an Kohlbergs Konzept der Moralstufenentwicklung ein Modell differenter geschlechtsspezifischer moralischer Orientierungen entwickeln, in dem der vermeintlich universellen Gerechtigkeitsethik der Männer die historisch und biographisch angeeignete „Ethik der Fürsorge“ von Frauen gegenübergestellt wird (vgl. Gilligan 1984). Ferner gehören in diesen Zusammenhang Ansätze, die anknüpfend an amerikanische ethnomethodologische Untersuchungen (vgl. Kessler/Mc Kenna 1978) davon ausgehen, dass es keine vorgeschriebene Zweigeschlechtlichkeit gibt, sondern dass Attribute wie Weiblichkeit oder Männlichkeit kulturelle Setzungen sind, die sozial konstruiert werden (vgl. Hagemann-White 1984; Wetterer 1992). Bilden (1991, S. 279) erweitert diese Perspektive der sozialen Konstruktion von Geschlechtlichkeit um den wichtigen makrosoziologischen Hinweis, dass diese Aushandlungsprozesse und Veränderungsprozesse von kulturellen Definitionen von Weiblichkeit und Männlichkeit immer auch eine Frage der Macht und der materiellen Ressourcen sind (vgl. auch Treibel 1993, S. 256).

Mikroanalytische feministische Ansätze

Die Theoriekonzepte der poststrukturalistischen Richtung knüpfen an die französischen Dekonstruktionstheorien an. In kritischer Anlehnung an die Arbeiten Lacans geht es Irigaray (1979) oder der Gruppe Diotima (1989) darum, die phallozentrische Logik der traditionellen Psychoanalyse zu überschreiten hin zum Vorsprachlichen und Vieldeutigen und an der Begründung einer weiblichen Ordnung zu arbeiten. Autorinnen wie Honnegger (1991) oder Butler (1991) versuchen hingegen, die Diskursanalyse und Machttheorie Foucaults für die feminis-

Poststrukturalistisch orientierte feministische Ansätze

tische Wissenschaftskritik und für die Analyse der Machtverhältnisse zwischen den Geschlechtern fruchtbar zu machen, die Macht nicht als Oben-Unten-Modell konzipiert, sondern als ein Kräfteverhältnis, das sich in den Formierungsprozess des Subjektes und somit auch in den Herausbildungsprozess von Geschlechtsidentität einschreibt (vgl. auch Seifert 1992).

Feministische Theorieansätze in der Erziehungswissenschaft

Feministische Argumentationsansätze in der Erziehungswissenschaft knüpfen in ihren Diskursen und Untersuchungen an diese sozialwissenschaftlichen Diskussionszusammenhänge an. Versucht man nun das Spektrum feministischer Begründungsversuche in der Erziehungswissenschaft zu klassifizieren, so lassen sich grob gesehen drei Argumentationslinien unterscheiden (vgl. Metz-Göckel 1994, S. 423).

Benachteiligungsansätze

Eine erste Position betont bei der Sicht auf das Geschlechterverhältnis das Ungleichheitsverhältnis, rückt die Benachteiligungen von Mädchen und Frauen in pädagogischen Handlungsfeldern ins Zentrum der Analyse und hat zumeist die Gleichstellung von Frauen und Männern in Bildungswesen, Beruf, Recht und Politik zum Ziel. Sie knüpfen an Forderungen an, die insbesondere von der proletarischen Frauenbewegung um die Jahrhundertwende erstmals nachdrücklich formuliert wurden (vgl. Glantschnig 1989, S. 638). Eine Variante dieser Position dokumentiert sich in den frühen Studien zur feministischen Sozialisations- und Schulforschung aus den späten 1970er Jahren (vgl. etwa Scheu 1977; Schultz 1978, 1979), in denen Mädchen und Frauen ausschließlich als Opfer des patriarchalen Systems charakterisiert und ihre Fähigkeiten aus der Sicht der Gleichstellung vornehmlich als Defizite wahrgenommen werden (vgl. Brehmer 1991, S. 21). Eine andere, kritische Variante dieser Position wird von Autorinnen vertreten (vgl. etwa Nyssen/Schön 1992a , 1992b), die anknüpfend an die Zielsetzungen einer emanzipatorischen Erziehungswissenschaft und ausgehend von den Schlüsselkategorien „hierarchische Geschlechterverhältnisse“ und „geschlechtsspezifische Arbeitsteilung“ neben schicht- vor allem geschlechtsspezifische soziale Ungleichheiten im Bildungswesen geleitet von dem Interesse aufdecken wollen, dass beide Geschlechter inhaltlich und formal gleichbehandelt werden.

Differenztheoretische Ansätze

Werden im Diskussionskontext der ersten Position vor allem Fragen der Gleichstellung betont, so werden im Rahmen der zweiten Position die Differenzen zwischen weiblichen und männlichen Lebensformen hervorgehoben, um den Lebensweisen von Frauen einen eigenen Wert zu verleihen. Solche Theoreme der Anerkennung von Weiblichkeit finden sich bereits in den „Querelles de femmes“ des frühen 18. Jahrhunderts und erlebten ihre erste Blütezeit im gemäßigten Flügel der ersten Frauenbewegung im letzten Drittel des 19. Jahrhunderts. So konnte Helene Lange zwar mit dem von ihr auf die außerhäusliche Sphäre übertragenen Prinzip der „geistigen Mütterlichkeit“ die professionelle Tätigkeit von Frauen im Bildungs- und Sozialwesen begründen (vgl. Jacobi 1990, S. 212). Das tradierte bürgerliche Geschlechterverhältnis mit seinen Aufgaben- und Charakterzuschreibungen wurde dadurch jedoch nicht in Frage gestellt (vgl. Rabe-Kleberg 1989, S. 238).

Im aktuellen Diskurs werden differenztheoretische Ansätze zum einen in ökofeministischen Diskussionszusammenhängen vertreten. Hedwig Ortmann (1985, S. 380f.) beispielsweise entwickelt in kritischer Abgrenzung von einem Konzept von Erziehung als „männlicher Erfindung“ das Programm einer „Feministischen Lebenswissenschaft", das nicht das Objekt Kind/Schüler in den Mittelpunkt stellt, sondern den sich selbst verwirklichenden Menschen im Kontakt mit anderen. Aufgrund ihrer Fähigkeit Leben zu geben, die auch die Fähigkeit des Erzeugens und Gebärens von Leben einschließt, wird Frauen eine spezifische Nähe zum Leben unterstellt, die sodann als Basis weiblicher Widerstandsformen gegen patriarchale Erziehung ausgeführt wird. Die Aufwertung von Weiblichkeit im Sinne ökologischer Maßstäbe zur natürlich Überlegenen führt jedoch zu einer Ontologisierung und Fixierung von Weiblichkeit auf statisch unveränderlich gedachte Naturkategorien (vgl. Wolf 1996, S. 344).

Ein anderer Ansatz differenztheoretischer Argumentation ist in feministisch-poststrukturalistischen Kontexten, z.B. von Luce Irigaray (1987) entwickelt worden, die in ihrer Philosophie der Differenz die symbolische und reale Erzeugung bzw. Wiederfindung des weiblichen Körpers herausgearbeitet hat. Anknüpfend an diese Überlegungen zur sexuellen Differenz ist von Mailänder Frauen das sog. „Affirmento-Konzept" formuliert worden (vgl. Libreria delle donne 1988), das eine Theorie und Praxis gegenseitiger Anerkennung und Wertschätzung unter Frauen betont. Eine Erziehungs- und Bildungspraxis im Zeichen der sexuellen Differenz soll die Bezogenheit und Solidarität unter Frauen stärken und zur Akzeptanz von Frauen als Autoritätsfiguren führen (vgl. Wolf 1996, S. 346). In Deutschland haben solche Überlegungen in dem Erwachsenenbildungskonzept der „Frankfurter Frauenschule" sowie in vereinzelten Initiativen zur Gründung feministischer Mädchenschulen ihr Pendant gefunden (vgl. Metz-Göckel 1994, S. 427).

In den aktuellen feministischen Debatten hat sich in den letzten Jahren eine dritte Position herausgebildet, die auch differenztheoretische Ansätze kritisiert, da diese die binäre Aufteilung der sozialen Welt in weiblich und männlich mit produzieren würden. In Theoriekonzepten, wie sie in den grundlagentheoretischen Diskussionen in den Sozialwissenschaften von Butler (1991) oder Wetterer (1992) und in der erziehungswissenschaftlichen Sozialisationsforschung von Bilden (1991), Gildemeister (1988), Hagemann-White (1988) oder Metz-Göckel (1994) entwickelt worden sind, haben Kategorien wie Frau oder Zweigeschlechtlichkeit den Status von sozialen Konstruktionen, die durch Prozesse der Zuschreibung (doing gender) entstehen. Mit dem Aufzeigen und Analysieren von Regeln dieses Konstruierens ist in diesen Ansätzen zugleich ein Prozess der Dekonstruktion verbunden. Dieser legt die Zweigeschlechtigkeit als ein kulturelles Konstrukt offen, das mit universalistischen Unterstellungen operiert: Frauen seien weiblich und Männer seien männlich, während es de facto in bestimmten historischen Phasen für bestimmte Gruppen von Frauen und Männern unterschiedliche Weiblichkeiten oder Männlichkeiten gibt. Aufgabe der feministischen Sozialisations- und Bildungsforschung sei es nun, diese Prozesse des „doing gender" im Kontext von Bildungsinstitutionen zu analysieren (vgl. Metz-Göckel/Kreienbaum 1991, S. 16; Faulstich-Wieland/Weber/Willems 2004). Favorisiert werden in diesen Ansätzen als Zielperspektive nicht die Vorstellungen von einem androgynen Einheitswesen, wie sie etwa Bast (1988) in ihrem Konzept einer feministischen Erziehungswissenschaft als Utopie ins Zentrum rückt, sondern die Vorstellung von einer Vervielfältigung der Geschlechter. Geschlecht wird nicht als Besitz konstruiert, sondern könne situativ konkretisiert oder auch gewechselt werden (vgl. Hagemann-White 1984; Löw 1995, S. 66).

Geschlecht als soziale Konstruktion

Prengel hat in einem der wenigen systematischen Theorieentwürfe feministischer Erziehungswissenschaft alle drei vorgestellten Positionen im feministischen pädagogischen Diskurs kritisiert und anknüpfend an die sozialphilosophische Theorietradition der Kritischen Theorie und die postmodernen Debatten um eine radikale Pluralität in einem Konzept der egalitären Differenz und Vielfalt neu zu verknüpfen versucht (vgl. Prengel 1992, 1993).

Annedore Prengel

Annedore Prengel (geb. 1944) hat an der Universität Gießen von 1964 bis 1967 das Lehramt für Grund-, Haupt-, und Realschulen studiert und nach Absolvierung der 1. und 2. Staatsprüfung Anfang der 1970er Jahre an der Universität Mainz noch ein Aufbaustudium für das Lehramt an Sonderschulen durchgeführt. Nach mehrjähriger Berufspraxis als Lehrerin war sie von 1978 bis 1989 wissenschaftliche Mitarbeiterin an der Universität Frankfurt, wo sie 1983 auch promoviert hat. 1989 hat sie sich an der Technischen Universität Berlin habilitiert und sie erhielt ein Jahr später eine Professur für Erziehungswissenschaft mit dem Schwerpunkt Grundschulpädagogik und weibliche Sozialisation an der Universität Paderborn. Von 1994 bis 2001 hatte sie einen Lehrstuhl für Grundschulpädagogik an der Universität Halle. Seitdem ist sie Professorin für Sonderpädagogik an der Universität Potsdam. Bereits Anfang der 1980er Jahre hat sich Prengel in verschiedenen Arbeiten mit empirischen und systematischen Fragen der feministischen Schulforschung befasst, etwa in ihrer als Buch veröffentlichten Dissertation zu „Schulversagerinnen – Versuch über diskursive, sozialhistorische und pädagogische Abgrenzungen des Weiblichen“ (Prengel 1984), die sie dann im Verlaufe der 1980er Jahre in verschiedenen programmatischen oder auch bildungspolitisch akzentuierten Studien zur feministischen Schulforschung (vgl. etwa Prengel 1984, 1990b; Prengel/Schmid/Sitals u.a. 1987) weiterentwickelt hat.

Ein zweiter Schwerpunkt ihrer Arbeiten aus den 1980er Jahren liegt in empirischen Studien zur Integration von SonderschülerInnen (vgl. Prengel 1990a) bzw. in systematischen Reflexionen zur Begründung einer Integrationspädagogik (vgl. z.B. Prengel 1988). In ihrer Habilitationsschrift zu „Verschiedenheit und Gleichberechtigung in der Bildung“ (1989), die in erweiterter und überarbeiteter Form auch als Monographie publiziert wurde (vgl. Prengel 1993, 1996), hat Prengel einerseits den systematischen Bezugsrahmen für eine feministische Pädagogik theoretisch weiter präzisiert, der im Spannungsfeld zwischen demokratietheoretischen Prämissen der Gleichheit und postmodernen Theoremen der Heterogenität und Differenz verortet wird. Andererseits hat sie davon ausgehend einen allgemeinpädagogischen Entwurf einer Pädagogik der Vielfalt begründet, der unter dem Schlüsselthema des Miteinanders der Verschiedenen auch Erkenntnisse aus der Interkulturellen Pädagogik und der Integrationspädagogik aufnimmt und von ihr in neueren Veröffentlichungen für Fragestellungen der Grundschulpädagogik, der Sonderpädagogik und Sozialpädagogik konkretisiert wird (vgl. etwa Prengel 1992; Prengel/van der Voort 1996).

Wirkungen

Versucht man eine Bilanz der pädagogischen Frauenforschung innerhalb der Erziehungswissenschaft zu ziehen, so lassen sich gut dreißig Jahre nach ihrer Entstehung im Umfeld autonomer Frauengruppen innerhalb und außerhalb der Hochschulen inzwischen auf den verschiedenen Ebenen beachtliche Erträge und Erfolge auflisten. Im Bereich der Forschung wurde eine Vielzahl neuer Themenfelder erschlossen, deren Spektrum von der historisch-pädagogischen Frauenforschung (vgl. etwa Schmid 1988, 1992), über die geschlechtsspezifische Sozialisationsforschung der gesamten Lebensspanne (vgl. Bilden 1991; Bilden/Diezinger 1993; Hagemann-White 1984; Faulstich-Wieland 2006b), die Schulforschung (vgl. z.B. Horstkemper 1987; Faulstich-Wieland/Dick 1989; Faulstich-Wieland/Horstkemper 1995; Flaake 1989), die Weiterbildungsforschung (vgl. zusammenfassend Schiersmann 1993) bis hin zu Forschungen in der Sozial- und Sonderpädagogik (vgl. etwa Fried 1990; Prengel 1990a; Sachverständigenkommission des 6. Jugendberichts 1984) reicht. Daneben wurden inzwischen eigene Zeitschriften für feministische Pädagogik gegründet und die kaum noch überschaubare Vielzahl an Publikationen aus dem Umfeld der pädagogischen Frauenforschung, die sich auch auf Fragen der Theoriebildung und der Konzeptentwürfe für alle Praxisfelder der Mädchen- und Frauenarbeit beziehen, wird in umfangreichen Bibliographien (vgl. Schultz/Weber/Klose/Schmid 1994) zusammengefasst.

Auch auf institutioneller Ebene lassen sich mittlerweile beachtliche Fortschritte verzeichnen. Seit 1985 hat sich in der Deutschen Gesellschaft für Erziehungswissenschaft nach anfänglichen Auseinandersetzungen eine Arbeitsgruppe Frauenforschung etabliert (vgl. Faulstich-Wieland 1989, S. 3). Im Rahmen der Deutschen Forschungsgemeinschaft wurde 1990 eine interdisziplinär zusammengesetzte Kommission für Frauenforschung eingerichtet (vgl. Heinzel/Jacobi/Prengel 1994, S. 116). An etwa 20 Universitäten wurden Koordinierungsstellen für Frauenforschung oder Frauenstudien institutionalisiert (vgl. Kleinau 1992, S. 35). In einer Vielzahl erziehungswissenschaftlicher Fachbereiche wurden Professorinnenstellen für Frauenforschung, manchmal kombiniert mit anderen Arbeitsschwerpunkten, z.B. Schulpädagogik oder historische Pädagogik, ausgeschrieben und besetzt (vgl. Faulstich-Wieland 2006a). Trotz dieser Aktivitäten liegt jedoch der Anteil der Frauen in der höchsten Professurengruppe im Fach Erziehungswissenschaft gegenwärtig immer noch nur bei 29 Prozent (vgl. Faulstich-Wieland/Horstkemper 2008, S. 150). Und auch die Rückwirkungen der Ansätze und Forschungsergebnisse der pädagogischen Frauenforschung auf die Theoriebildungs- und Forschungsprozesse im mainstream der Erziehungswissenschaft muss man eher skeptisch einschätzen. Dies dokumentiert sich u.a. in der Tatsache, dass Konzepte einer feministischen Erziehungswissenschaft auch in einigen Einführungstexten in die Pädagogik (vgl. Lenzen 1994, 1999; Weber 1995) nicht thematisiert werden. Trotz des Mangels einer wirklichen Rezeption ihrer Erkenntnisse in dem männlich dominierten mainstream der Erziehungswissenschaft hat es die Feministische Pädagogik geschafft, dass nach Jahren der Ausblendung Fragen der Geschlechterverhältnisse im pädagogischen Diskurs nunmehr wenigstens teilweise Aufmerksamkeit geschenkt wird.

I.4.9.2. Gleichberechtigung und Differenz als Bezugspunkte für eine feministische Pädagogik (Prengel)

Annedore Prengel knüpft bei der Begründung ihrer Position einer feministischen Pädagogik an die aktuelle Kontroverse um Gleichheit versus Differenz in der feministischen Diskussion an und grenzt sich zunächst kritisch von den drei zentralen theoretischen Argumentationslinien in der erziehungswissenschaftlichen Frauenforschung ab. Eine bildungspolitische Strategie und pädagogische Konzeptionen, die ausschließlich das Ziel der Gleichstellung von Frauen mit Männern ins Zentrum rücken, laufen aus ihrer Sicht Gefahr, zu einer Assimilationspädagogik zu werden, bei der die Mädchen an die herrschenden Normen männlicher Lebensentwürfe angepasst und die im weiblichen Lebenszusammenhang entwickelten Kompetenzen ignoriert werden (vgl. Prengel 1993, S. 115). Differenztheoretische Ansätze in der feministischen Pädagogik würden zwar umgekehrt den spezifischen Lebensweisen von Mädchen und Frauen Anerkennung verleihen, dies jedoch oft um den Preis, dass Weiblichkeit ontologisiert oder meist implizit überbewertet und idealisiert wird. Ein solches Denken bliebe jedoch in hierarchischen Strukturen verhaftet, in welchen es Über- und Unterlegenheit geben muss (vgl. Prengel 1993, S. 120). Postfeministische Positionen in der erziehungswissenschaftlichen Diskussion, die darauf hinweisen, dass Geschlechtszuschreibungen soziale Konstruktionen sind, werden von Prengel (1993, S. 135) deshalb kritisiert, weil die faktische gesellschaftliche Bedeutung und machtvolle Wirkung des symbolischen Systems der Zweigeschlechtlichkeit übersehen und die Notwendigkeit, eine spezifische Frauenpolitik zu machen, in Frage gestellt würde (vgl. Prengel 1993, S. 135).

Das Konzept einer egalitären Differenz als Bezugspunkt für eine feministische Pädagogik

Gleichheit und Differenz sind für Prengel hingegen keine sich ausschließenden Gegensätze, vielmehr versucht sie, ein egalitäres Differenzkonzept als zentralen Bezugspunkt für eine feministische Pädagogik zu entwickeln, das die unaufhebbare Dialektik von Gleichberechtigung und Verschiedenheit betont. Dabei bezieht sie sich einerseits auf Wolfgang Welsch (1987), der in seinem Begründungsansatz einer postmodernen Philosophie darauf hinweist, dass sich das Gleichheitsprinzip in der Wertschätzung des Heterogenen erst realisiert. Andererseits bezieht sie sich auf eine Theorie der egalitären Differenz, wie sie im Rahmen der Theorietradition der Kritischen Theorie von Adorno (1980) begründet und von Axel Honneth (1994), Ute Guzzoni (1981) oder Seyla Benhabib (1992) weiterentwickelt worden ist, die von der Prämisse ausgeht, das sich erst im angemessenen Umgang mit dem Anderen der Anspruch menschlicher Gerechtigkeit erfüllt. Differenz ohne Gleichheit bedeutet für Prengel (1992, S. 151) gesellschaftliche Hierarchie, kulturelle Entwertung und ökonomische Ausbeutung. Gleichheit ohne Differenz bedeutet Anpassung, Gleichschaltung, Ausgrenzung des „Anderen".

Für die Feministische Politik und Pädagogik resultieren aus diesem demokratischen Differenzansatz folgende Konsequenzen: Auf der einen Seite ist nach wie vor Gleichheit anzustreben im Hinblick auf die Verfügung über materielle Ressourcen und im Hinblick auf gesellschaftliche Macht- und Einflussmöglichkeiten sowie die Repräsentation von Frauen im kulturellen Wertsystem; auf der anderen Seite brauchen die vielfältigen Lebenswünsche und Potentiale von Frauen, mögen sie sich am Beruf, am Muttersein, vor allem aber an den Verbindungen zwischen beidem orientieren, alle Anerkennung, gesellschaftlichen Einfluss und Geld (vgl. Prengel 1992, S. 152). Feministische Pädagogik muss Mädchen und Frauen, die sich bilden wollen, deshalb Freiräume eröffnen, ihre eigenen Visionen des Geschlechterverhältnisses zu entwickeln. Aufgabe der Feministischen Pädagogik ist es nach Prengel (1993, S. 133) aber auch, intensiv über die Erziehung der Jungen nachzudenken. Es gelte an der Frage zu arbeiten, wie eine

Aufgaben feministischer Pädagogik

Pädagogik aussehen könnte, die auf Jungen als Jungen eingeht und sie so fördert, dass sie sich aus dem inneren Zwang, „überlegen" sein zu müssen, lösen können.

Ihre bildungstheoretische Option der Offenheit für eine vielfältig heterogene Geschlechterdifferenz, der wechselseitigen Anerkennung von Gleichheit, aber auch der wechselseitigen Anerkennung der Verschiedenartigkeit der Geschlechter (vgl. Prengel 1987, S. 31; Kaiser 1988, S. 367) hat Prengel (1992, S. 154) für das pädagogische Handeln in der Schule konkretisiert. Beide Mädchen und Jungen, müssen im Unterricht gleiche Anteile an Raum, Zeit, Erwachsenenaufmerksamkeit bekommen und gleiche Möglichkeiten, ihre Erfahrungen zu symbolisieren. Dafür müssen Pädagoginnen und Pädagogen Mädchen ermutigen und Jungen Grenzen setzen. Sie sorgen so für Freiräume, in denen beide Geschlechter ihre kulturellen Differenzen artikulieren und damit experimentieren können. Dies schließt auch nicht aus, dass Mädchen und Jungen zeitweise getrennt unterrichtet werden. In diesen Überlegungen sieht Prengel (1992, S. 154) erste Ansätze zur pädagogisch-praktischen Realisierung egalitärer Differenz in der Erziehung von Mädchen und Jungen.

I.4.9.3. Kritik

In Bilanzen zur pädagogischen Frauenforschung stellen Vertreterinnen einer feministisch orientierten Erziehungswissenschaft selbstkritisch fest, dass diese die Traditionen, Theorieansätze und Ergebnisse der allgemeinen Erziehungswissenschaft nicht hinreichend zur Kenntnis genommen habe (vgl. Nyssen/Schön 1992b, S. 867). Umgekehrt lässt sich jedoch auch kritisch anmerken, dass die Repräsentanten des mainstreams der Erziehungswissenschaft bislang den Diskurs oder die kritische Auseinandersetzung mit feministischen Positionen kaum gesucht haben (vgl. als Ausnahmen etwa Schäfer 1988; Preuss-Lausitz 1991). Mit dem von Prengel entwickelten Konzept einer Pädagogik der Vielfalt (1993, 1996), das das Prinzip der demokratischen Differenz ja nicht nur für den Umgang zwischen Mädchen und Jungen, sondern auch für den zwischen Angehörigen verschiedener Kulturen sowie zwischen behinderten und nichtbehinderten Heranwachsenden bildungstheoretisch zu konkretisieren sucht, liegt beispielsweise ein Ansatz vor, der auch der allgemeinpädagogischen Diskussion wichtige Impulse geben könnte.

Kritisiert wird von feministischen Erziehungswissenschaftlerinnen auch, dass in einigen Studien die weiblichen Heranwachsenden – manchmal auch die Pädagoginnen – nur als Opfer der Geschlechterverhältnisse erscheinen, während die aktive Auseinandersetzung und die spezifischen Widerstandsformen der Mädchen (und Jungen) mit ihrer Umwelt, mit ihrer eigenen Geschlechtszugehörigkeit und dem Geschlechterverhältnis übersehen wird (vgl. Metz-Göckel 1994, S. 423). Bemängelt wird ferner, dass noch zu oft zu pauschal von den benachteiligten Mädchen gesprochen wird, während es statt dessen notwendig sei, eine stärkere Differenzierung innerhalb der Gruppen der Mädchen (und Jungen) vorzunehmen (vgl. Nyssen/Schön 1992b, S. 866). Kritisch infrage gestellt wird zudem die methodische Qualität einiger Studien zur geschlechterspezifischen Sozialisation in pädagogischen Institutionen, wo auf der Basis qualitativer Daten unzulässige Verallgemeinerungen vorgenommen werden oder die methodischen Grundlagen insgesamt unklar bleiben (vgl. Preuss-Lausitz 1991, S. 5; Glumpler 1992, S. 17).

Diese kritischen Einwände treffen jedoch auf viele neuere Untersuchungen aus dem Umfeld der pädagogischen Geschlechterforschung nicht mehr zu. Defizitansätze und -diagnosen, die nur die randständige Rolle der Mädchen ins Blickfeld rücken, sind inzwischen von differenztheoretischen Ansätzen abgelöst worden, die die systematische Analyse der Sozialisations- und Erziehungsbedingungen und -prozesse von Mädchen und Jungen ins Zentrum stellen (vgl. Kraul/ Tenorth 1992, S. 834). Auf diese Weise sind von der pädagogischen Frauenforschung auch wichtige Impulse für die Jungenforschung ausgegangen, während hingegen die „Männerforschung" zur Sozialisation von Jungen sich erst in ersten Konturen abzuzeichnen beginnt (vgl. Tillmann 1992; Böhnisch/Winter 1993; Budde 2005). Fortschritte zeichnen sich inzwischen auch im Bereich der methodologischen Diskussion und der Forschungserträge ab. Nach hitzigen anfänglichen Debatten um eine parteiliche Mädchen- und Frauenforschung, die oft durch viel feministische Programmatik und wenig konkrete Forschungsresultate gekennzeichnet waren, sind im vergangenen Jahrzehnt eine Vielzahl von vor allem qualitativen, aber auch einige wichtige quantitative Studien zu Geschlechterfragen in verschiedenen erziehungswissenschaftlichen Forschungsfeldern durchgeführt worden. Diese Ausdifferenzierung der Forschungsthemen und die Steigerung der Forschungsleistungen fanden im Kontext von institutionellen Bedingungen statt, die bislang strukturell nur schwach entwickelt waren (vgl. Faulstich-Wieland 2006b; Glaser/Klicka/Prengel 2004; Prengel 2006).

Zukünftig wird es zum einen darum gehen, die materiellen und personellen Voraussetzungen für diese Art von Forschung noch weiter zu verbessern. Zum anderen gilt es, die Perspektiven für eine erziehungswissenschaftliche Geschlechterforschung weiter zu präzisieren, die die aktuellen gesellschaftlichen Entwicklungen der Geschlechterhierarchisierung und der gleichzeitig stattfindenden Prozesse der Entdifferenzierung von Geschlechtsrollen ebenso untersucht wie die Frage, welchen Stellenwert soziale Interaktionsprozesse in pädagogischen Institutionen bei der sozialen Konstruktion von Geschlechtlichkeit haben.

Literatur

Adorno, Th.W.: Negative Dialektik. Frankfurt a.M. 1980.

Bast, Ch.: Weibliche Autonomie und Identität. Weinheim/München 1988.

Becker-Schmidt, R.: Individuum, Klasse und Geschlecht aus der Perspektive der Kritischen Theorie. In: Zapf, W. (Hrsg.): Die Modernisierung moderner Gesellschaften. Frankfurt a.M./New York 1991, S. 383-394.

Beer, U.: Geschlecht, Struktur, Geschichte – soziale Konstituierung des Geschlechterverhältnisses. Frankfurt a.M. 1990.

Benhabib, S.: Die Debatte über Frauen und Moraltheorie. In: Kulke, Ch./Scheich, E. (Hrsg.): Zwielicht der Vernunft. Pfaffenweiler 1992, S. 138-148.

Bilden, H.: Geschlechtsspezifische Sozialisation. In: Hurrelmann, K./Ulich, D. (Hrsg.): Neues Handbuch der Sozialisationsforschung. Weinheim/Basel 1991, S. 279-301.

Bilden, H./Diezinger, A.: Historische Konstitution und besondere Gestalt weiblicher Jugend – Mädchen im Blick der Jugendforschung. In: Krüger, H.-H. (Hrsg.): Handbuch der Jugendforschung. Opladen ^{2}1993, S. 201-222.

Bock, G./Duden, B.: Arbeit aus Liebe – Liebe als Arbeit. Zur Entstehung der Hausarbeit im Kapitalismus. In: Frauen und Wissenschaft. Berlin 1977, S. 118-199.
Böhnisch, L./Winter, R.: Männliche Sozialisation. Weinheim/München 1993.
Brehmer, J.: Schule im Patriarchat. Weinheim/Basel 1991.
Budde, J.: Männlichkeit und gymnasialer Alltag. Bielefeld 2005.
Butler, J.: Das Unbehagen der Geschlechter. Frankfurt a.M. 1991.
Chasseguet-Smirgel, J.C. (Hrsg.): Psychoanalyse der weiblichen Sexualität. Frankfurt a.M. 1976.
Diotima (Philosophinnengruppe aus Verona): Der Mensch ist zwei. Das Denken der Geschlechterdifferenz. Wien 1989.
Enders-Dragässer, U.: Weibliche Erfahrung und Weibliches Erkenntnisinteresse als „Störfall“ und Herausforderung. In: Pollak, G./Heid, H. (Hrsg.): Von der Erziehungswissenschaft zur Pädagogik. Weinheim 1994, S. 445-465.
Faulstich-Wieland, H.: Die Arbeitsgruppe Frauenforschung in der Deutschen Gesellschaft für Erziehungswissenschaft. In: Faulstich-Wieland, H. (Hrsg.): Weibliche Identität. Bielefeld 1989, S. 3-12.
Faulstich-Wieland, H.: Einführung in Genderstudien [2]2006a.
Faulstich-Wieland, H./Dick, A.: Mädchenbildung und neue Technologien. Wiesbaden 1989.
Faulstich-Wieland, H./Horstkemper, M.: „Trennt uns bitte, bitte, nicht!“ Koedukation aus Mädchen- und Jungensicht. Opladen 1995.
Faulstich-Wieland, H.: Genderforschung. In: Krüger, H.-H./Grunert, C. (Hrsg.) Wörterbuch Erziehungswissenschaft. Opladen [2]2006, S. 210-215.
Faulstich-Wieland, H./Horstkemper, M.: Geschlechterverhältnisse. In: Tillmann, K.J. u.a. (Hrsg.): Datenreport Erziehungswissenschaft 2008. Opladen 2008, S. 139-152.
Faulstich-Wieland, H./Weber, M./Willems, K.: Doing Gender im heutigen Schulalltag. Weinheim 2004.
Flaake, K.: Berufliche Orientierungen von Lehrerinnen und Lehrern. Frankfurt a.M. /New York 1989.
Forum Grazer Pädagoginnen (Hrsg.): Lebenszeilen. Frauenforschung und Erziehungswissenschaften. München/Wien 1993.
Fried, L.: Ungleiche Behandlung schon im Kindergarten und zum Schulanfang? In: Horstkemper, M./Wagner-Winterhager, L. (Hrsg.): Mädchen und Jungen – Männer und Frauen in der Schule. 1. Beiheft zu Die Deutsche Schule (1990), S. 61-76.
Gildemeister, R.: Geschlechtsspezifische Sozialisation. In: Soziale Welt 39 (1988), S. 486-503.
Gilligan, C.: Die andere Stimme. Lebenskonflikte und Moral der Frau. München 1984.
Glantschnig, H.: Frauenbildung. In: Lenzen, D. (Hrsg.): Pädagogische Grundbegriffe, Bd. 1, Reinbek 1989, S. 632-648.
Glaser, E./Klika, D./Prengel, A. (Hrsg.) Handbuch Gender in der Erziehungswissenschaft. Bad Heilbrunn 2004.
Glumpler, E.: Frauenforschung in der LehrerInnenbildung. In: Glumpler, E.(Hrsg.): Mädchenbildung, Frauenbildung. Bad Heilbrunn 1992, S. 10-34.
Guzzoni, U.: Identität oder nicht. Freiburg/München 1981.
Hagemann-White, C.: Sozialisation. Weiblich – männlich? Opladen 1984.
Hagemann-White, C.: Wir werden nicht zweigeschlechtlich geboren. In: Hagemann-White, C./Rerrich, M.: FrauenMännerBilder. Männer und Männlichkeit in der feministischen Diskussion. Bielefeld 1988, S. 224-235.
Heinzel, F./Jacobi, J./Prengel, A.: Wie lange noch auf Nebengleisen? Zur Institutionalisierung der Erziehungswissenschaftlichen Frauenforschung. In: Erziehungswissenschaft 5 (1994), H. 9, S. 113-129.
Honnegger, C.: Die Ordnung der Geschlechter. Frankfurt a.M. 1991.
Honneth, A.: Pathologien des Sozialen. In: Honneth, A. (Hrg.): Pathologie des Sozialen. Die Aufgaben der Sozialphilosophie. Frankfurt a M. 1994, S. 9-69.
Horstkemper, M.: Schule, Geschlecht und Selbstvertrauen. Weinheim/München 1987.
Irigaray, L.: Das Geschlecht das nicht eins ist. Berlin 1979.
Irigaray, L.: Zur Geschlechterdifferenz. Wien 1987.

Jacobi, J.: „Geistige Mütterlichkeit". In: Horstkemper, M./Wagner-Winterhager, L. (Hrsg.): Mädchen und Jungen – Männer und Frauen der Schule. 1. Beiheft zu Die Deutsche Schule (1990), S. 209-224.

Kaiser, A.: Geschlechtsneutrale Bildungstheorie und Didaktik. In: Hansmann, O./Marotzki, W. (Hrsg.): Diskurs Bildungstheorie I, Weinheim 1988, S. 364-376.

Kessler, S./Mc Kenna, W.: Gender. An Ethnomethodological Approach. New York 1978.

Kleinau, E.: Frauenforschung in der Bundesrepublik. In: Glumpler, E. (Hrsg.): Mädchenbildung, Frauenbildung. Bad Heilbrunn 1992, S. 35-43.

Kraul, M./Tenorth, H.-E.: Frauenforschung: Perspektivenwechsel für die Erziehungswissenschaft? In: Zeitschrift für Pädagogik 38 (1992), H. 6, S. 833-837.

Libreria delle donne di Milano (Hrsg.): Wie weibliche Freiheit entsteht. Eine neue politische Praxis. Berlin 1988.

Lenzen, D. (Hrsg.): Erziehungswissenschaft. Ein Grundkurs. Reinbek 1994.

Lenzen, D.: Orientierung Erziehungswissenschaft. Reinbek 1999.

Löw, M.: Was wird aus Lippenstift und Puderdose? Geschlechtertheorie und Frauenpolitik im Wandel. In: Löw, M./Meister, D./Sander, U. (Hrsg.): Pädagogik im Umbruch. Opladen 1995, S. 59-68.

Metz-Göckel, S.: Zur Kritik der Geschlechtertheorie und Geschlechterbeziehungen in der Erziehungswissenschaft. In: Pollak, G./Heid, H. (Hrsg.): Von der Erziehungswissenschaft zur Pädagogik. Weinheim 1994, S. 407-443.

Metz-Göckel, S./Kreienbaum, M.-A.: Herkömmliche Geschlechter-Polarisierung und neue Differenzierungen. In: Päd. Extra 19 (1991), H. 12, S. 16-18.

Nadig, M.: Der ethnologische Weg zur Erkenntnis. In: Knapp, G.A./Wetterer, A. (Hrsg.): Traditionen – Brüche. Entwicklungen feministischer Theorie. Freiburg 1992, S. 151-201.

Nyssen, E./Schön, B.: Feministische Schulforschung. Bestandsaufnahme und Perspektiven. In: Glumpler, E. (Hrsg.): Mädchenbildung, Frauenbildung. Bad Heilbrunn 1992 (a), S. 156-170.

Nyssen, E./Schön, B.: Traditionen, Ergebnisse und Perspektiven feministischer Schulforschung. In: Zeitschrift für Pädagogik 38 (1992) (b), H. 6, S. 855-872.

Ortmann, H.: Plädoyer für eine „Feministische Lebenswissenschaft" – Entwurf eines Programms. In: Heid, H./Klafki, W. (Hrsg.): Arbeit – Bildung – Arbeitslosigkeit. 19. Beiheft der Zeitschrift für Pädagogik (1985), S. 380-385.

Prengel, A.: Gleichheit und Differenz der Geschlechter. Zur Kritik des falschen Universalismus in der Allgemeinbildung. In: 21. Beiheft der Zeitschrift für Pädagogik (1987), S. 221-230.

Prengel, A.: Mädchen und Jungen in Integrationsklassen an Grundschulen. In: Horstkemper, M./Wagner-Winterhager, L. (Hrsg.): Mädchen und Jungen – Männer und Frauen in der Schule. 1. Beiheft zu Die Deutsche Schule (1990) (a), S. 32-41.

Prengel, A.: Pädagogik der Vielfalt. Opladen 1993, [2]1996.

Prengel, A.: Schulversagerinnen. Gießen 1984.

Prengel, A.: Verschiedenartigkeit und Gleichberechtigung in der Sozial- und Sonderpädagogik. In: Sozialmagazin (1992), H. 10, S. 34-41.

Prengel, A.: Zum Geschlechterverhältnis in den Diskursen der Frauenforschung – Konsequenzen für die Bildungs- und Schulforschung. In: Heiliger, A./Funk, H. (Hrsg.): Neue Aspekte der Mädchenförderung. München 1990 (b), S. 90-119.

Prengel, A.: Zur Dialektik von Gleichheit und Differenz in der Integrationspädagogik. In: Eberwein, H. (Hrsg.): Behinderte und Nichtbehinderte lernen gemeinsam. Handbuch der Integrationspädagogik. Weinheim/Basel 1988, S. 70-74.

Prengel, A.: Was will die feministische Pädagogik? In: Glumpler, E. (Hrsg.): Mädchenbildung, Frauenbildung. Bad Heilbrunn 1992, S. 148-155.

Prengel, A.: Feministische Pädagogik. In: Krüger, H.-H./Grunert, C. (Hrsg.) Wörterbuch Erziehungswissenschaft. Opladen [2]2006, S. 342-347.

Prengel, A./Schmid, P./Sitals, G. u.a. (Hrsg.): Schulbildung und Gleichberechtigung. Frankfurt a.M. 1987.

Prengel, A./Voort, D. van de: Vom Anfang bis zum Abschluß. Vielfalt durch „Gute Ordnung". In: Helsper, W./Krüger, H.-H./Wenzel, H. (Hrsg.): Schule und Gesellschaft im Umbruch, Bd. 1, Weinheim 1996, S. 298-318.

Preuss-Lausitz, U.: Der Kaiserin neue Kleider? Fragen an die feministische Schulforschung. In: Päd. Extra 19 (1991), H. 12, S. 5-12.
Rabe-Kleberg, U.: Geschlechterverhältnis und Bildung. In: Rabe-Kleberg, U. (Hrsg.): Besser gebildet und doch nicht gleich. Bielefeld 1989, S. 235-250
Rohde-Dachser, Ch.: Expeditionen in den dunklen Kontinent. Weiblichkeit im Diskurs der Psychoanalyse. Hannover 1991.
Sachverständigenkommission 6. Jugendbericht (Hrsg.): Alltag und Biographie von Mädchen, 12. Bde. Opladen 1984f.
Schäfer, A.: Zur Kritik der weiblichen Pädagogik. Bericht über eine Arbeitsgruppe. In: Beck, K./Herrlitz, H.-G./Klafki, W. (Hrsg.): Erziehung und Bildung als öffentliche Aufgabe. 23. Beiheft der Zeitschrift für Pädagogik (1988), S. 139-147.
Scheu, U.: Wir werden nicht als Mädchen geboren – wir werden dazu gemacht. Frankfurt a.M. 1977.
Schiersmann, Ch.: Frauenbildung. Weinheim/München 1993.
Schmid, P.: Bürgerliche Theorien zur weiblichen Bildung. In: Hansmann, O./Marotzki, W. (Hrsg.): Diskurs Bildungstheorie II. Weinheim 1989, S. 537-559.
Schmid, P.: Rousseau Revisited. Geschlecht als Kategorie in der Geschichte der Erziehung. In: Zeitschrift für Pädagogik 38 (1992), H. 6, S. 838-854.
Schultz, D.: „Ein Mädchen ist fast so gut wie ein Junge“. Sexismus in der Erziehung, 2. Bde, Berlin 1978/1979.
Schultz, B./Weber, Ch./Klose, Ch./Schmid, P.: Frauen im pädagogischen Diskurs: eine interdisziplinäre Bibliographie 1989-1993. Frankfurt a.M. 1994.
Seifert, R.: Entwicklungslinien und Probleme der feministischen Theoriebildung. In Krapp, G.A./Wetterer, A. (Hrsg.): Traditionen, Brüche. Freiburg 1992, S. 255-286.
Tillmann, K.-J. (Hrsg.): Jugend weiblich, Jugend männlich. Opladen 1992.
Treibel, A.: Einführung in soziologische Theorien der Gegenwart. Opladen 1993.
Weber, E.: Pädagogik. Eine Einführung. Bd. 1, Donauwörth [8]1995.
Wetterer, A.: Die kulturelle Konstitution der Zweigeschlechtlichkeit und die Folgen. In: Wetterer, A. (Hrsg.): Profession und Geschlecht. Frankfurt a.M. 1992.
Wolf, M.: Feministische Erziehungswissenschaft. In: Hierdeis, H./Hug, Th. (Hrsg.): Taschenbuch der Pädagogik, Bd. 2, Baltmannsweiler 1996, S. 332-349.

I.4.10. Postmoderne Ansätze in der Erziehungswissenschaft

Inhalt

I.4.10.1. Entstehungszusammenhang und Wirkung

Der Begriff Postmoderne

Etwa Mitte der 1980er Jahre setzte in der westdeutschen Erziehungswissenschaft, ähnlich wie in den Nachbardisziplinen, die Diskussion um die sog. Postmoderne ein. Mit dem Begriff „Postmoderne“ werden ein tiefgreifender gesellschaftlicher Wandlungsprozess und eine Kritik an der Gesellschaft der „Moderne“ verbunden (vgl. Welsch 1987, S. 4). Bei dem Begriff handelt es sich eher um ein diffuses Modewort, das für das Unbehagen an großer Theorie, eine Ernüchterung über die Implikationen des sog. technischen Fortschritts, das Heraufziehen der Informationsgesellschaft und die zunehmende Pluralisierung der Lebensstile in den 1980er Jahren als Passepartout-Begriff fungierte (vgl. Lenzen 1992, S. 75).

Folgt man den Recherchen von Welsch (1988, S. 7f.), so taucht das Adjektiv „postmodern“ das erste Mal um 1870 beim englischen Salonmaler Chapmann zur Kennzeichnung progressiver Kritik an der impressionistischen Malerei und einige Jahrzehnte später in Pannwitz Rede vom „postmodernen Menschen“ (1917) auf, allerdings ohne erkennbaren Zusammenhang mit der heutigen Postmoderne-Diskussion. Diese geht vielmehr auf die nordamerikanischen Literaturdebatten der 1950er und 1960er Jahre sowie die amerikanischen und westeuropäischen Diskussionen um die Ausdrucksformen der aktuellen Architektur aus den 1970er Jahren zurück, in denen eine Verbindung von Elite- und Populärkultur gefordert und zu einer künstlerischen Doppel- bzw. Mehrsprachigkeit angeregt wurde. Für den Durchbruch und die weite Verbreitung des Ausdrucks „Postmoderne“ auch über philosophische Fachkreise hinaus war die zeit- und wissenschaftsdiagnostische Arbeit „Das postmoderne Wissen“ (1986/1979) von Jean-François Lyotard maßgebend.

Lyotard gehört zusammen mit dem in diesem Buch bereits vorgestellten Michel Foucault und Jean Baudrillard zu den zentralen Vertretern des französischen Poststrukturalismus, deren Theoreme die Diskussion um die Postmoderne in der deutschsprachigen Pädagogik entscheidend beeinflusst haben. Am Beispiel der Positionen von Baudrillard und Lyotard lässt sich zugleich das Spektrum gegensätzlicher Argumentationslinien in der aktuellen Postmoderne-Debatte aufzeigen. Die Arbeiten Baudrillards repräsentieren eher den katastrophischen Pol in der Diskussion um den Zustand der Moderne und sie variieren eine ältere Diagnose, die vom Ende der Geschichte (vgl. Welsch 1987, S. 152). Im Zeitalter der Informationsgesellschaft, wo Wirklichkeit durch Information erzeugt wird, ist es zunehmend sinnlos geworden, zwischen Realität und Simulation zu unterscheiden. Damit kommt es zugleich zu einer vollendeten Uniformierung und Entmächtigung des Subjektes. Die postmoderne Welt stellt Zeichen mit erloschener Bedeutung zur Schau, letzte Ausflüsse von Kultur, grenzenloses Wachstum, das sich gegen sich selbst richtet (vgl. Baudrillard 1978, 1982). Diese schwarzen Diagnosen Baudrillards vom Ende der Geschichte, von der Auflösung des Realen und von der Entmächtigung des Subjektes (vgl. ähnlich für den deutschsprachigen Raum Kamper 1988) dürfen allerdings nicht als bloße Affirmation verstanden werden, auch wenn in diesem hermetischen Katastrophendenken kaum noch begründbare Ansatzpunkte für Auswege aus der als Apokalypse beschriebenen Moderne erkennbar sind.

Die philosophische Debatte um die Postmoderne

Lyotards Bericht zum postmodernen Wissen (1986, S. 12ff.), in dem er den zunehmenden Einfluss der neuen Technologien analysiert, beginnt zwar auch mit einer Negativdiagnose vom Ende der großen Erzählungen der Moderne. Er meint damit die Metaerzählungen von der Emanzipation der Menschheit in der Tradition der Aufklärung, von der Teleologie des Geistes im Idealismus und von der Hermeneutik des Sinns, die seiner Ansicht nach ihre Glaubwürdigkeit eingebüßt und ihre allgemeine Verbindlichkeit verloren haben. In dieser Entwicklung sieht er jedoch keinen Verlust, sondern er kommt zu einer positiven Einschätzung der Pluralität und Vielfalt der Sprachspiele. Aufgrund des Endes der großen Erzählungen und der Unmöglichkeit einer „Metaregel" ist für Lyotard eine Philosophie der Gerechtigkeit neu zu formulieren, die er in seiner Studie der „Widerstreit" von 1987 auf sprachphilosophischer Grundlage konzipiert. Im Gegensatz zu Habermas (1985) hält Lyotard eine zuletzt auf Konsens setzende Theorie für ein veraltetes Konzept und er sucht eine letzten Dissensen Rechnung tragende Philosophie zu entwickeln. Lyotard plädiert im Anschluss an Kant und Wittgenstein, die er „Vorläufer einer ehrbaren Postmoderne" nennt, für die Beachtung der radikalen Pluralität, 'a Heterogenität und Unvereinbarkeit der einzelnen Diskursarten. Eine jede von ihnen hat ihre eigenen Regeln und ihr eigenes Recht und ihr Widerstreit kann nicht durch ein Globalkonzept geschlichtet werden. Kant bildet auch den Ausgangspunkt für die von Lyotard in Gang gesetzte Renaissance der Ästhetik des Erhabenen (1989), die dem Undarstellbaren und Unbestimmten verpflichtet ist, das im Zentrum des Widerstreits steht (vgl. Pries/Welsch 1991, S. 372).

Wolfgang Welsch (1987, S. 245f.) hat in seiner Interpretation darauf hingewiesen, dass es Lyotard nicht um eine pauschale Verabschiedung der Moderne gehe, sondern um eine radikalisierte Einlösung moderner Gehalte im Kontext einer entschieden rationalen Pluralitätskonzeption. Seine Kritik richtet sich jedoch gegen Überspitzungen des Heterogenitätspostulats. Mehr Gerechtigkeit sei erst dann zu erreichen, wenn neben den nicht zu leugnenden Unterschieden der einzelnen Diskursarten auch die Möglichkeiten von Übergängen zwischen verschiedenen Diskursarten und Rationalitätstypen mit berücksichtigt würden. Solche Übergänge und Verbindungen zwischen verschiedenen Rationalitätsformen auf dem Boden von Pluralität und Heterogenität herzustellen, ist für Welsch (1996, S. 50) die Aufgabe und Leistung einer transversalen Vernunft.

Die Rezeption postmoderner Ansätze in der Erziehungswissenschaft

Die Rezeption postmoderner Denkansätze in der Erziehungswissenschaft war in der ersten Phase seit Mitte der 1980er Jahre, sieht man einmal von den mit feuilletonischem Gestus auftretenden Beiträgen in dem von Baacke u.a. (1985) herausgegebenen Sammelband ab, eher von düsteren Lesarten von der Gesellschaft der Postmoderne und von Diagnosen um das Ende der Pädagogik bestimmt. So sehen beispielsweise die Herausgeber eines Readers zum Thema Erziehungswissenschaft und Moderne in den durch die Postmoderne bedingten Einschnitten, die das Ende des Sozialen, das Ende des Individuums, das Ende der Geschichte und das Ende des Humanen markierten, die zentralen Ursachen für das Ende des epochalen Aufklärungsparadigmas (vgl. Jung/Scheer/Schreiber 1986, S. 14). Und Wünsches (1985, 1986) Analyse der Geschichte des pädagogischen Diskurses seit dem 18. Jahrhundert, den er als Zirkel von Entdeckung und Destruktion deutet, mündet in dem Fazit, dass mit der Vergesellschaftung der Pädagogik und mit dem Verschwinden des modernen Generationenverhältnisses zugleich die pädagogische Bewegung zum Stillstand gekommen ist, weil ihr das spezifische Thema das Kind und mit ihm die entscheidende Bedingung für die Verwirklichung ihrer Ziele, der Unterschied zwischen Kind und Erwachsenen abhanden gekommen ist. Die Pädagogik der Moderne als Ideologie einer expansiven Entwicklung habe ihren Höhepunkt inzwischen überschritten und der pädagogische Bezug sei in die Sphären von Wissenschaft, Kunst und Produktion zurückgekehrt. Analogien zu Baudrillards Thesen vom explosiven Zeitalter und dessen Übergang zur Implosion sind in dieser Argumentation unübersehbar (vgl. Benner/Göstemeyer 1987, S. 76).

War die anfängliche und noch eher punktuelle Rezeption des postmodernen Diskurses in der Erziehungswissenschaft eher durch Endzeitdiagnosen und eine Verlustperspektive charakterisiert, so setzte seit den späten 1980er Jahren eine breite Diskussion ein, in der auch die positiven Einschätzungen der Postmoderne, die von Lyotard und Welsch entwickelten Konzepte der Favorisierung radikaler Pluralität und der Anerkennung des hochgradig Differenten stärker zur Geltung kommen (vgl. für den feministischen erziehungswissenschaftlichen Diskurs Prengel 1993). In den bildungstheoretischen Reflexionen von Koller (1993, 1999), Marotzki (1992) oder Ruhloff (1990) findet das Konzept des „Widerstreits“ von Lyotard eine besondere Berücksichtigung, indem sie dem harmonischen Bildungsbegriff der Moderne die Skizze eines widerstreitenden, die Dignität der Differenz betonenden Bildungskonzeptes entgegensetzen. Helsper (1990) oder Schirlbauer (1990) knüpfen in ihren bildungs- und schultheoretischen Überlegungen an das von Welsch entwickelte Konzept der transversalen Vernunft an und sie schreiben Bildungsprozessen die Aufgabe zu, in die inkonsistente Pluralität von Lebensformen und in die Übergänge zwischen historisch ausdifferenzierten Rationalitätsmustern einzuführen. Beck (1993) und Meder

(1987, 1996) arbeiten im Anschluss an Welsch bzw. Lyotard die zentrale Bedeutung einer Ästhetisierung des Denkens für die postmoderne Pädagogik heraus. Von ihnen, aber auch von anderen Autoren (vgl. Pazzini 1988; Koch/Marotzki/Peukert 1994), wird angesichts der postmodernen Bilderwelt die Einführung und Stärkung der ästhetischen Perspektive in der Bildungstheorie propagiert.

Am kontinuierlichsten und zumeist mit provokativen systematischen Entwürfen hat sich Dieter Lenzen seit Mitte der 1980er Jahre an der Diskussion um das Verhältnis von Erziehungswissenschaft und Postmoderne beteiligt. In seinen verschiedenen Arbeiten aus dem vergangenen Jahrzehnt spiegelt sich zugleich der Veränderungsprozess der Postmoderne – Rezeption in der Erziehungswissenschaft. In seiner Studie „Mythos, Metapher und Simulation, zu den Aussichten Systematischer Pädagogik in der Postmoderne" aus dem Jahre 1987 hat er seine in den 1970er Jahren entwickelte strukturalistische Position hin zum poststrukturalistischen Denken geöffnet. In Anlehnung an Baudrillards Simulationstheorem und an dessen Diagnose von der Agonie des Realen wird von ihm festgestellt, dass die Pädagogik Teil der Ordnung des Hyperrealen und der Simulation geworden ist. Da Zeichenwelten und Theorien nicht mehr zu unterscheiden seien, sei auch der Anspruch der modernen systematischen Pädagogik, mittels Theorie Wirklichkeit erklären zu wollen, hinfällig geworden. In neueren Arbeiten hat Lenzen (1992, 1996) dieses skeptische Konzept, das nur noch einen Ausweg in der Transformation der Pädagogik in eine Mythologie der Erziehung sieht, in einer Reihe von Punkten modifiziert und in ersten Konturen für eine „Reflexive Erziehungswissenschaft" konkretisiert, in der u.a. auch das Differenzdenken und die Ästhetik des Erhabenen von Lyotard einen wichtigen Stellenwert einnehmen.

Die Auswirkungen der postmodernen Denkanregungen in den letzten beiden Jahrzehnten bezogen sich jedoch nicht nur auf erziehungswissenschaftliche Konzeptentwürfe und bildungstheoretische Überlegungen (vgl. auch Schäfer 1992; Stross 1991, 1998; Meyer-Drawe 1990; Koller 1999) sowie auf Fragen der wissenschaftstheoretischen Grundlagenarbeit (vgl. Krüger 1990; Marotzki/Sünker 1992, 1993). Abgesehen von diesen abstrakten und allgemeinen Auseinandersetzungen, die auch Gegenstand des 13. Kongresses der Deutschen Gesellschaft für Erziehungswissenschaft im Jahre 1992 waren (vgl. Benner/Lenzen/Otto 1992), hat sich die Postmoderne-Debatte inzwischen auf verschiedenste Gegenstandsfelder der Erziehungswissenschaft ausgedehnt. Das Spektrum der Beiträge reicht von der pädagogischen Jugendforschung, in der gesamtgesellschaftliche Strukturveränderungen sowie jugendkulturelle Lebensstile unter postmodernen Auspizien beschrieben werden (vgl. Ferchhoff/Neubauer 1989; Helsper 1991), über die Familienforschung, wo die Pluralisierung möglicher familialer Lebensstile untersucht wird (vgl. z.B. Karsten/Otto 1990), bis hin zu Versuchen, die Geschichte der Pädagogik mit Hilfe postmoderner Denkansätze und unter Bezug auf diskursanalytische Verfahren zu rekonstruieren (vgl. etwa Wigger 1989). Aber auch in den Diskursen in den verschiedenen erziehungswissenschaftlichen Teildisziplinen, etwa in der Schulpädagogik (vgl. Helsper 1990), der Medienpädagogik (vgl. Krüger/von Wensierski 1990) oder der Erwachsenenbildung (vgl. Siebert 1993), haben postmoderne Argumentationsansätze in den letzten beiden Jahrzehnten Eingang gefunden.

Wirkungen

I.4.10.2. Von der Krise der Systematischen Pädagogik zur „Reflexiven Erziehungswissenschaft“ (Lenzen)

Die Bestandskrise der systematischen Pädagogik

In seinen Arbeiten aus den 1980er Jahren hat Dieter Lenzen (1987) die Aussichten für eine Systematische Pädagogik im Zeitalter der Postmoderne noch eher skeptisch eingeschätzt. Lenzen begründet seine These von der Bestandskrise der systematischen Pädagogik damit, dass es diese in einem wissenschaftlich haltbaren Sinne nie gegeben habe. Kants Forderung, die Pädagogik müsse „judiziös“ werden und eine theoriegeleitete praktische Urteilskraft begründen, wird nicht als Kritik an der pädagogischen Aufklärung des 18. Jahrhunderts, sondern als Plädoyer für eine Mischung empirischer und normativer Sätze gedeutet (vgl. Benner/Göstemeyer 1987, S. 73). Dies habe in der Folgezeit dazu geführt, dass sich anstelle wissenschaftlicher Forschung in der systematischen Pädagogik die Redeweise von der Vermittlung zwischen Theorie und Praxis als Metapher durchgesetzt hat, welche sich heute mit den Mitteln poststrukturalistischer Analyse als ein Mythos entlarven lasse. Lenzen (1987, S. 50) folgt hier Baudrillards (1982) Zeitdiagnose, der darauf hinweist, dass in der Gesellschaft der Postmoderne Wirklichkeit und Fiktion, Reales und Zeichen nicht mehr zu differenzieren seien, da simulierte Hyperwirklichkeiten in alle Lebensbereiche eindringen. Da auch die Erziehungswirklichkeit selber Teil dieser Hyperrealität geworden ist, haben pädagogische Theorien als Zeichenkomplexe ihre Referenz auf eine irgendwie geartete Wirklichkeit verloren. Mithin bringen Theorien systematischer Pädagogik gegenwärtig allenfalls noch Simulakren und Trugbilder hervor, die in sich selbst kreisen.

Greift Lenzen (1987, S. 52ff.) bei seiner Analyse der Bestandskrise der systematischen Pädagogik vor allem auf die düsteren Diagnosen der poststrukturalistischen Philosophie von Baudrillard zurück, so bezieht er sich bei der Skizzierung des programmatischen Ausweges aus der totalen Simulation, den er in einer Transformation der Pädagogik in eine Mythologie der Erziehung sieht, auf die philosophischen Arbeiten von Blumenberg (1979). Aufgabe der zukünftigen Erziehungswissenschaft sei es, in einer großen Mythologie der Erziehung jene Erzählungen zu rekonstruieren, die sich in der Geschichte der Pädagogik und der Erziehung entgegen allen Rationalisierungen, wenn auch nur als sehnsüchtige Erinnerungen erhalten haben, wie der Mythos von der ewigen Wiederkehr in dem Arrangement einer Klinikentbindung oder vom verlorenen Sohn in der Straßensozialisation (vgl. Lenzen 1985).

Das Konzept einer „Reflexiven Erziehungswissenschaft“

In seinen neueren Arbeiten hat Dieter Lenzen (1992, 1996, 1997, 1999) diese Perspektiven im Konzept einer „Reflexiven Erziehungswissenschaft“ partiell modifiziert und zugleich erheblich erweitert. Reflexive Erziehungswissenschaft ist für ihn ein Typus von Pädagogik im Zeitalter der „condition postmodern“, der sich rückbezüglich mit der Praxis und dem Wissen über Erziehung befasst und der drei Arten reflexiven Wissens, Risikowissen, Mythenwissen und poetisches Wissen, hervorzubringen hat. Bezogen auf reflexive pädagogische Tätigkeiten bedeutet dies für ihn in der ersten Dimension Pädagogik- und Erziehungsfolgenabschätzung. Damit ist die Produktion und systematische Sichtung von empirischem Wissen über die Implikationen der Verwissenschaftlichung fast aller erzieherischen Bezüge gemeint.

In ihrer zweiten Dimension ist „Reflexive Erziehungswissenschaft“ für Lenzen (1994, S. 20) historische Anthropologie der Erziehung. Das bedeutet, dass sie aufklären könnte über die in die laufenden erzieherischen normativen Forderungen und Tatsachenannahmen eingegangenen mythischen Orientierungen, die die Kultur über Jahrhunderte unerkannt mit sich herumträgt und entweder fälschlich für wahr hält oder ignoriert, obwohl sie weiter präsent sind. Als Vorbilder für eine solche Art von Geschichtsschreibung nennt Lenzen (1996, S. 125) in neueren Arbeiten auch die Studien von Foucault, der in seinen Diskursanalysen die Regelsysteme, die den Diskurs über Sexualität oder den von Überwachen und Strafen steuern, rekonstruiert hat.

Die dritte Dimension „Reflexiver Erziehungswissenschaft“ charakterisiert Lenzen (1996, S. 110ff.) als pädagogische Methexis. Hier geht es ihm darum, die Grenze zwischen Wissenschaft und Kunst zu transzendieren und die Frage zu diskutieren, was dann zu tun sei. Methexis, Teilhabe, nennt er in losem Bezug auf Platon die Beschreibung eines künftigen Zustands, innerhalb dessen Erziehung, verstanden als ästhetische Gestaltung, vermehrt wieder durch Teilhabe am Ganzen des Lebens sich vollzöge. Vor diesem Hintergrund dürfte die Aufgabe von Erziehung weniger darin liegen, von den Menschen etwas Bestimmtes zu wollen, als vielmehr zuzulassen, dass die Individuen, die Lenzen (1992, S. 83) im Anschluss an die Prämissen des radikalen Konstruktivismus (vgl. Maturana/Varela 1987) als sich selbstorganisierende Organismen fasst, Autopoiese durch Teilhabe an der Fülle der Wirklichkeiten erleben können und so den Raum der Individualisierungsmöglichkeiten erweitern. Spätestens in diesem Zusammenhang stellt sich für Lenzen jedoch die Frage nach den Grenzen dieses Selbsterschaffungsprozesses, nach Haltelinien für ein ja immerhin mögliches Expansionsstreben einzelner autopoietischer Systeme, das etwa zu Lasten anderer gehe. Diese sieht er in der von Lyotard begründeten und von Welsch aufgegriffenen Ästhetik des Erhabenen (vgl. Lyotard 1989; Welsch 1990), die auf Anerkennung des Differenten, auf Befähigung zu Übergängen ohne Gleichmacherei und auf ein Verbot von Übergriffen zielt. Aufgabe einer erzieherischen Methexis ist es für Lenzen (1992, S. 90), jene Bedingungen für eine Teilhabe in Freiheit bereitzustellen, die es den jungen Menschen erlaubt, ihre Selbstorganisation nach dem Bild des Erhabenen zu vollziehen, jenes Bild, das nicht konkret ausgefüllt werden kann, sondern das jeder für sich zu gestalten versuchen wird.

I.4.10.3. Kritik

Heftig umstritten waren in der erziehungswissenschaftlichen Diskussion insbesondere die frühen Entwürfe einer postmodernen Pädagogik, die durch pessimistische Gegenwartsdiagnosen und Metaphern vom Ende der Pädagogik gekennzeichnet waren. Im Zentrum der Kritik standen vor allem die ersten provokativen Entwürfe einer postmodernen Pädagogik von Lenzen. Benner und Göstemeyer (1987, S. 73) stellten das von Lenzen adaptierte Theorem Baudrillards von der Simulationsgesellschaft in Frage, da hier nicht hinreichend zwischen sprachlich vermittelter Wirklichkeit und unvermittelt vorausgesetzter gesellschaftlicher Wirklichkeit unterschieden wird. Sie charakterisierten Baudrillard als „sinnstiftenden

Simulanten", eine Kritik, die Weber (1995, S. 168) auch auf die Überlegungen von Lenzen ausweitet. Problematisiert wurde auch Lenzens Plädoyer für eine Erneuerung der Arbeit am Mythos und für die Wiederbelebung einer Mythologie der Erziehung, da der dabei zugrunde gelegte Mythos-Begriff schillernd, vielschichtig und dunkel bleibt, und Lenzen damit für eine antirationalistische und holistische Version postmoderner Pädagogik votiere (vgl. Beck 1993, S. 220).

Die Auseinandersetzungen um die verschiedenen Varianten postmoderner pädagogischer Argumentation, die sich stärker am philosophischen Denken von Lyotard oder Welsch orientieren, konzentrieren sich vor allem auf drei Themenbereiche: auf Fragen der Ästhetik, der Ethik und der Gesellschaftstheorie. Gegenüber den Versuchen in verschiedenen postmodernen pädagogischen Konzeptionen (vgl. z.B. Beck 1993; Lenzen 1990/1992), eine ästhetische Perspektive in Erziehungswissenschaft und Bildungstheorie einzuführen und die Verbindungslinien zwischen Pädagogik und Kunst stärker zu betonen, sind sowohl von erziehungswissenschaftlicher als auch von kunstwissenschaftlicher Seite Einwände vorgetragen worden. So plädiert Mollenhauer (1990, S. 3) dafür, die Grenzen zwischen Pädagogik und Kunst streng zu ziehen, um die Differenzen zwischen dem, was Kindern zugemutet werden darf, und dem, was sich Erwachsene abverlangen können, nicht zu verwischen. Und der Kunsthistoriker Boehm (1990, S. 469ff.) betont die Besonderheit der ästhetischen Erfahrung, die keine Erkenntnis sei und sich nicht kommunizieren lasse, was jedoch für herkömmliche pädagogische Settings, wie Schule und Unterricht, unverzichtbare Voraussetzungen wären.

Ein zweiter Einwand, der gegenüber der Akzentuierung des Differenz- und Heterogenitätsdenkens in der postmodernen Philosophie und Pädagogik vorgetragen wird, ist der Vorwurf eines ethischen Relativismusses. So weisen einige jüngere Vertreter der Kritischen Theorie darauf hin, dass Lyotards Insistieren auf der Unvereinbarkeit der Sprachspiele auch eine gewisse moralische und politische Gleichgültigkeit bewirken könne (vgl. Benhabib 1986, S. 120) bzw. dass sein Plädoyer für eine radikale Pluralität die übergreifenden universalen Wahrheits- und Geltungsansprüche der kulturellen Moderne in Frage stelle (vgl. Brunkhorst 1988, S. 96ff.). Und im erziehungswissenschaftlichen Diskurs wird von einigen Autoren (vgl. Beck 1993, S. 271; Weber 1995, S. 173) beklagt, dass die von Welsch angegebenen ethischen Maßstäbe für einen veritablen Postmodernismus höchst formal bleiben und inhaltlich nicht ausgefüllt seien, so dass sich daraus kein normativ orientierendes Konzept von Pädagogik ableiten lasse.

Ein dritter Kritikpunkt, der vor allem von Vertretern der Kritischen Theorie und der Kritischen Erziehungswissenschaft (vgl. Brunkhorst 1990; Kellner 1990; Mc Laren 1996) formuliert worden ist, ist der Hinweis darauf, dass das postmoderne Denken in Philosophie und Pädagogik sich zu einseitig nur auf die Analyse von kulturellen Entwicklungstendenzen konzentriere und Fragen der ökonomischen Entwicklung sowie der gesellschaftlichen Ungleichheit weitgehend ausblende.

So berechtigt auch einige der hier zusammengefassten Einwände gegen das postmoderne Denken in Philosophie und Erziehungswissenschaft sein mögen, so darf man nicht übersehen, dass primär vom aktuellen Diskurs um eine postmoderne Pädagogik wichtige Hinweise auf eingespielte Vereinseitigungen in der pädagogischen Tradition und Anregungen für die Weiterentwicklung der Erziehungswissenschaft ausgegangen sind. So hat die gegenwärtige erziehungswissenschaftliche Ästhetik-Debatte deutlich gemacht, dass das ästhetische Denken eine in der Geschichte der Pädagogik und der systematischen pädagogischen Theoriebildung bislang eher vernachlässigte Dimension gewesen ist (vgl. Beck 1993, S. 286; Koch/Marotzki/Peukert 1994). Insbesondere neuere Arbeiten aus dem feministischen erziehungswissenschaftlichen Diskurs (vgl. Prengel 1993, S. 50ff.), aber auch aus dem Umfeld der amerikanischen kritischen Erziehungswissenschaft (vgl. Giroux 1989, S. 125ff.), die sich mit pädagogischen Fragen der Anerkennung von Heterogenität sowie mit Problemen von Sexismus und Rassismus in pädagogischen Institutionen beschäftigten, haben gezeigt, dass die Anlehnung an Lyotards Ethik der Differenz und das Votum für eine demokratische politische Kultur, die sich an Gleichheit und Gerechtigkeit orientiert, keine Gegensätze sein müssen (vgl. auch Wellmer 1995; Reese-Schäfer 1988; Koller 2006). Und selbst die in eher pessimistisch argumentierenden postmodernen erziehungswissenschaftlichen Analysen vorgetragenen Diagnosen von der Rückkehr der Pädagogik in den Alltag oder von der Entdifferenzierung des pädagogischen Generationenverhältnisses verweisen, wenngleich in einer kulturpessimistischen Verlustperspektive oft einseitig verkürzt und wenig empirisch fundiert, auf reale Problemlagen gegenwärtiger Erziehungswirklichkeit, die sich aus einem anderen theoretischen Blickwinkel auch als Folgeeffekte einer reflexiven Modernisierung von Erziehungsverhältnissen interpretieren lassen sowie als Herausforderungen für die aktuelle Erziehungswissenschaft (vgl. Krüger 1990, S. 13; Krüger 1999).

Literatur

Baacke, D. u.a. (Hrsg.): Am Ende – Postmodern? Next Wave in der Pädagogik. Weinheim/München 1985.

Baudrillard, J.: Agonie des Realen. Bern 1978.

Baudrillard, J.: Der symbolische Tausch und der Tod. München 1982.

Beck, Ch.: Ästhetisierung des Denkens. Zur Postmoderne – Rezeption in der Pädagogik. Bad Heilbrunn 1993.

Benhabib, S.: Kritik des postmodernen Wissens. In: Huyssen, A./Scherpe, K.R. (Hrsg.): Postmoderne Zeichen eines kulturellen Wandels. Reinbek 1986, S. 103-127.

Benner, D./Göstemeyer, F.K.: Postmoderne Pädagogik: Analyse oder Affirmation eines gesellschaftlichen Wandels. In: Zeitschrift für Pädagogik 33 (1987), H. 1, S. 61-82.

Benner, D./Lenzen, D./Otto, H.U. (Hrsg.): Erziehungswissenschaft zwischen Modernisierung und Modernitätskrise. 29. Beiheft der Zeitschrift für Pädagogik. Weinheim/Basel 1992.

Blumenberg, H.: Arbeit am Mythos. Frankfurt a.M. 1979.

Boehm, G.: Über die Konsistenz ästhetischer Erfahrung. In: Zeitschrift für Pädagogik 36 (1990), H. 4, S. 469-480.

Brunkhorst, H.: Die hermeneutische Regression des emanzipatorischen Erkenntnisinteresses der Erziehungswissenschaften. In: Krüger, H.-H. (Hrsg.): Abschied von der Aufklärung? Perspektiven der Erziehungswissenschaft. Opladen 1990, S. 141-156.

Brunkhorst, H.: Die Komplexität der Kultur. Zum Wiedererwachen der Kulturkritik zwischen Moderne und Postmoderne. In: Soziologische Revue 11 (1988), S. 393-403.

Ferchhoff, W./Neubauer, G.: Jugend und Postmoderne. Weinheim/München 1989.

Giroux, H.A.: Schooling as a Form of cultural Politics: Toward a Pedagogy of and for Difference. In: Giroux, H.A./Mc Laren, P. (Hrsg.): Critical Pedagogy, the State and Cultural Struggle. Albany/New York 1989, S. 125-151.

Habermas, J.: Der philosophische Diskurs der Moderne. Frankfurt a.M. 1985.

Helsper, W. (Hrsg): Jugend zwischen Moderne und Postmoderne. Opladen 1991.
Helsper, W.: Schule in den Antinomien der Moderne. In: Krüger, H.-H. (Hrsg.): Abschied von der Aufklärung? Perspektiven der Erziehungswissenschaft. Opladen 1990, S. 175-194.
Jung, T./Scheer, K.-D./Schreiber, W.: Vom Weiterlesen der Moderne. In: Jung, T./Scheer, K.-D./Schreiber, W. (Hrsg.): Vom Weiterlesen der Moderne. Beiträge zur aktuellen Aufklärungsdebatte. Bielefeld 1986, S. 7-16.
Kamper, D.: Nach der Moderne. In: Welsch, W. (Hrsg.): Wege aus der Moderne. Weinheim 1988, S. 163-174.
Karsten, M.E./Otto, H.-U.: Die „postmoderne Familie". – Nur ein Zitat der Idee der bürgerlichen Familie? In: Krüger, H.-H. (Hrsg.): Abschied von der Aufklärung? Perspektiven der Erziehungswissenschaft. Opladen 1990, S. 159-174.
Kellner, D.: Postmodernismus als kritische Gesellschaftstheorie? In: Krüger, H.-H. (Hrsg.): Abschied von der Aufklärung? Perspektiven der Erziehungswissenschaft. Opladen 1990, S. 37-60.
Koch, L./Marotzki, W./Peukert, H. (Hrsg.): Pädagogik und Ästhetik. Weinheim 1994.
Koller, Ch.: Bildung im Widerstreit. In: Marotzki, W./Sünker, H. (Hrsg.): Kritische Erziehungswissenschaft – Moderne – Postmoderne, Bd. 2, Weinheim 1993, S. 80-104.
Koller, Ch.: Bildung und Widerstreit. Zur Struktur biographischer Bildungsprozesse in der (Post-)Moderne. München 1999.
Koller, Ch.: Erziehungswissenschaft und Postmoderne. In: Krüger, H.-H./Grunert, C. (Hrsg.): Wörterbuch Erziehungswissenschaft. Opladen ²2006, S. 188-193.
Krüger, H.-H. (Hrsg.): Abschied von der Aufklärung? Perspektiven der Erziehungswissenschaft. Opladen 1990.
Krüger, H.-H.: Erziehungswissenschaft im Spannungsfeld von Kontinuitäten und Zäsuren der Moderne. In: Krüger, H.-H. (Hrsg.): Abschied von der Aufklärung? Perspektiven der Erziehungswissenschaft. Opladen 1990, S. 7-22.
Krüger, H.-H.: Entwicklungslinien und aktuelle Perspektiven einer Kritischen Erziehungswissenschaft. In: Sünker, H./Krüger, H.-H. (Hrsg.): Kritische Erziehungswissenschaft am Neubeginn? Frankfurt a.M. 1999, S. 162-183.
Krüger, H.-H./von Wensierski, H.-J.: Wirklichkeit oder Simulation – Erziehungswissenschaft und Medienalltag. In: Krüger, H.-H. (Hrsg.): Abschied von der Aufklärung? Perspektiven der Erziehungswissenschaft. Opladen 1990, S. 195-210.
Lenzen, D.: Allgemeine Erziehungswissenschaft für Anfänger. In: Müller, D.K. (Hrsg.): Pädagogik, Erziehungswissenschaft, Bildung. Köln 1994, S. 3-22.
Lenzen, D.: Handlung und Reflexion. Vom pädagogischen Theoriedefizit zur Reflexiven Erziehungswissenschaft. Weinheim/Basel 1996.
Lenzen, D.: Mythologie der Kindheit. Reinbek 1985.
Lenzen, D.: Mythos, Metapher und Simulation. Zu den Aussichten Systematischer Pädagogik in der Postmoderne. In: Zeitschrift für Pädagogik 33 (1987), H. 1, S. 41-60.
Lenzen, D.: Reflexive Erziehungswissenschaft am Ausgang des postmodernen Jahrzehnts. In: Benner, D./Lenzen, D./Otto, H.-U. (Hrsg.): Erziehungswissenschaft zwischen Modernisierung und Modernitätskrise. 29. Beiheft der Zeitschrift für Pädagogik. Weinheim/Basel 1992, S. 75-92.
Lenzen, D.: Von der Erziehungswissenschaft zur Erziehungsästhetik? In: Lenzen, D. (Hrsg.): Kunst und Pädagogik. Darmstadt 1990, S. 171-186.
Lenzen, D.: Lösen die Begriffe Selbstorganisation, Autopoesis und Emergenz den Bildungsbegriff ab? In: Zeitschrift für Pädagogik 43 (1997), H. 6, S. 949-967.
Lenzen, D.: Orientierungen Erziehungswissenschaft. Reinbek 1999.
Lyotard, J.-F.: Das postmoderne Wissen. Ein Bericht. Graz/Wien 1986 (völlig überarb. Fassung des französischen Originals von 1979).
Lyotard, J.-F.: Das Undarstellbare – Wider das Vergessen. In: Pries, Ch. (Hrsg.): Das Erhabene. Zwischen Grenzerfahrung und Größenwahn. Weinheim 1989, S. 319-348.
Lyotard, J.-F.: Der Widerstreit. München 1987.
Maturana, H.R./Varela, F.-J.: Der Baum der Erkenntnis. Bern/München 1987.

Marotzki, W.: Grundlagenarbeit. Herausforderungen für die Kritische Erziehungswissenschaft durch die Philosophie J.-F. Lyotards. In: Marotzki, W./Sünker, H. (Hrsg.): Kritische Erziehungswissenschaft – Moderne – Postmoderne, Bd. 1, Weinheim 1992, S. 193-217.
Marotzki, W./Sünker, H. (Hrsg.): Kritische Erziehungswissenschaft – Moderne – Postmoderne, 2 Bde, Weinheim 1992/1993.
Mc Laren, P.: Kritische Erziehungswissenschaft im Zeitalter der Postmoderne. In: Helsper, W./Krüger, H.-H./Wenzel, H. (Hrsg.): Schule und Gesellschaft im Umbruch, Bd. 1, Weinheim 1996, S. 48-70.
Meder, N.: Der Sprachspieler. Ein Bildungskonzept für die Informationsgesellschaft. In: Vierteljahresschrift für wissenschaftliche Pädagogik 72 (1996), S. 145-162.
Meder, N.: Der Sprachspieler. Der postmoderne Mensch oder das Bildungsideal im Zeitalter der neuen Technologien. Köln 1987.
Meyer-Drawe, K.: Provokationen eingespielter Aufklärungsgewohneiten durch „postmodernes Denken". In: Krüger, H.-H. (Hrsg.): Abschied von der Aufklärung? Perspektiven der Erziehungswissenschaft. Opladen 1990, S. 81-90.
Mollenhauer, K.: Die vergessene Dimension des Ästhetischen in Erziehungs- und Bildungstheorie. In: Lenzen, D. (Hrsg.): Kunst und Pädagogik. Darmstadt 1990, S. 3-17.
Pannwitz, R.: Die Krisis der europäischen Kultur. In: Pannwitz, R.: Werke, Bd. 2. Nürnberg 1917.
Pazzini, K.J.: Bildung und Bilder. In: Hansmann, O./Marotzki, W. (Hrsg.): Diskurs Bildungstheorie I. Weinheim 1988, S. 334-363.
Pries, Ch./Welsch, W.: Jean-Francois Lyotard. In: Nida-Rümelin, J. (Hrsg.): Philosophie der Gegenwart. Stuttgart 1991, S. 369-375.
Prengel, A.: Pädagogik der Vielfalt. Opladen 1993.
Reese-Schäfer, W.: Lyotard zur Einführung. Hamburg 1988.
Ruhloff, J.: Widerstreitende statt harmonische Bildung. In: Bering, K./Hohmann, W.L. (Hrsg.): Wie postmodern ist die Postmoderne. Essen 1990, S. 25-37.
Schäfer, A.: Die Kritik der Erfahrung als Kritik des Subjektes. In: Marotzki, W./Sünker, H. (Hrsg.): Kritische Erziehungswissenschaft – Moderne – Postmoderne, Bd. 1, Weinheim 1992, S. 218-248.
Schirlbauer, A.: Konturen einer postmodernen Pädagogik. In: Vierteljahresschrift für wissenschaftliche Pädagogik 66 (1990), H. 1, S. 31-45.
Siebert, H.: Theorien für die Bildungspraxis. Bad Heilbrunn 1993.
Stross, A.M.: Ich-Identität. Zwischen Fiktion und Konstruktion. Berlin 1991.
Stross, A.M.: ‚Postmoderne' als Thema des deutschen pädagogischen Diskurses. Zur Konstruktion eines flüchtigen Phänomens. In: Stross, A.M./Thiel, F. (Hrsg.): Erziehungswissenschaft, Nachbardisziplinen und Öffentlichkeit. Weinheim 1998, S. 239-252.
Weber, E.: Pädagogik. Eine Einführung, Bd. 1. Donauwörth [8]1995.
Wellmer, A.: Zur Dialektik von Moderne und Postmoderne. Frankfurt a.M. 1995.
Welsch, W.: Ästhetisches Denken, Stuttgart 1990.
Welsch, W.: Einleitung. In: Welsch, W. (Hrsg.): Wege aus der Moderne. Weinheim 1988, S. 1-43.
Welsch, W.: Unsere postmoderne Moderne. Weinheim 1987.
Welsch, W.: Vernunft. Die zeitgenössische Vernunftkritik und das Konzept der transversalen Vernunft. Frankfurt a.M. 1996.
Wigger, L.: Pädagogikgeschichte im Spiegel postmodernen Philosophierens. In: Vierteljahresschrift für wissenschaftliche Pädagogik 65 (1989), S. 361-377.
Wünsche, K.: Die Endlichkeit der pädagogischen Bewegung. In: Neue Sammlung 25 (1985), S. 432-449.
Wünsche, K.: Was kann „Endlichkeit" der Pädagogik heißen? In: Jung, T./Scheer, K.-D./ Schreiber, W. (Hrsg.): Vom Weiterlesen der Moderne. Bielefeld 1986, S. 34-53

II. Forschungsmethoden der Erziehungswissenschaft

II.1. Was sind erziehungswissenschaftliche Forschungsmethoden?

In diesem Kapitel werden die zentralen Forschungsmethoden der Erziehungswissenschaft dargestellt. Der Begriff „Methode“ stammt von dem griechischen Wort „methodos“, das soviel wie das Entlanggehen eines Weges bedeutet (vgl. Danner 1989, S. 12). Die Methode ist somit das Verfahren, das einen bestimmten Weg aufzeigt, um ein gesetztes Ziel zu erreichen. Im Unterschied zu praktischen Methoden in der Pädagogik, die z.B. Wege und Mittel angeben, wie ein Lehrer seinen Schülern und Schülerinnen das Bruchrechnen beibringen kann, umfassen Forschungsmethoden ein System von Regeln, das einen intersubjektiv nachvollziehbaren Zugang zur sozialen Wirklichkeit sicherstellen soll. Forschungsmethoden bezeichnen also in der Erziehungswissenschaft den Weg, die Art und Weise, wie zu Erkenntnissen über die erzieherische Realität gelangt werden kann. Wichtige Forschungsmethoden der Erziehungswissenschaft sind z.B. die Befragung oder die Beobachtung.

Während Forschungsmethoden gezielte, planvolle wissenschaftliche Wege der Erkenntnisgewinnung beschreiben, beschäftigt sich die erziehungswissenschaftliche Methodologie mit der Reflexion des Zusammenhanges zwischen bestimmten Methodenrepertoires und spezifischen pädagogischen Theorieansätzen (vgl. Heinze/Krambrock 1996). Bei der Darstellung der verschiedenen pädagogischen Theorieströmungen wurde bereits aufgezeigt, dass es auf der einen Seite in der Erziehungswissenschaft eine enge Wechselbeziehung zwischen theoretischen Konzepten und methodischen Strategien gibt, so z.B. zwischen der Geisteswissenschaftlichen Pädagogik und den Methoden der traditionellen Hermeneutik. Auf der anderen Seite wurde aber auch deutlich, dass sich in der Erziehungswissenschaft nicht bestimmte Forschungsmethoden aus bestimmten wissenschaftstheoretischen Positionen einfach ableiten lassen, sondern dass es in einer Reihe von Konzeptionen oft auch nur eine lockere Beziehung zwischen Theorie und Methode gibt. Exemplarisch erinnert sei in diesem Zusammenhang etwa an das von Heinrich Roth (1965) begründete Konzept einer empirischen Pädagogik, in dem dieser für eine Verknüpfung von statistischen und hermeneutischen Methoden plädiert.

Kontrovers diskutiert wird in der Erziehungswissenschaft die Frage, ob in dieser Disziplin ein eigenständiges Methodenrepertoire entwickelt werden sollte, das sich von dem in anderen Kultur- und Sozialwissenschaften unterscheidet.

Insbesondere in den 1970er Jahren wurde diese Position von einer Reihe von Autoren vertreten, so z.B. von Benner (1972), der mit dem Konzept des pädagogischen Experiments ein methodologisches Programm für eine eigenständige erziehungswissenschaftliche Methodologie vorgelegt hat, das dem von ihm formulierten Selbstverständnis von Pädagogik als Handlungswissenschaft gerecht werden sollte (vgl. auch Haft/Kordes 1984). Inzwischen haben sich in der Erziehungswissenschaft jedoch eher programmatische Auffassungen und auch eine Forschungspraxis durchgesetzt, die hinsichtlich der Forschungsmethoden auf eine weitgehende Angleichung der Erziehungswissenschaft an die sozialwissenschaftlichen Nachbardisziplinen hinweisen (vgl. Kuckartz 1994, S. 549; Bos/Voss 2008). Die Erziehungswissenschaft hat die zumeist aus der Psychologie und Soziologie stammenden Forschungskonzepte und Forschungstechniken übernommen und nach eigenen Kriterien selektiert. Spezifisch ist hingegen der Gegenstandsbereich erziehungswissenschaftlicher Forschung. Erziehungswissenschaftliche Bildungsforschung untersucht die Voraussetzungen und Möglichkeiten von Bildungs- und Erziehungsprozessen im institutionellen und gesellschaftlichen Kontext und beschäftigt sich dabei sowohl mit der Erfassung von Lehr- und Lernprozessen in Schule und Unterricht als auch mit der Erforschung von Lehr- und Lernprozessen aller Altersstufen sowie in außerschulischen und nicht institutionalisierten Sozialisationsbereichen (vgl. Weißhaupt/Steinert/Baumert 1991, S. 2; Marotzki 2006, S. 113; Tippelt/Schmidt 2009, S. 11). Was die erziehungswissenschaftliche Forschung zudem von der Forschung in den Nachbardisziplinen unterscheidet ist die Tatsache, dass hier neben der grundlagenorientierten Forschung die entwicklungs- und anwendungsorientierte Forschung etwa in Gestalt einer prozess- oder einer wirkungsorientierten Evaluation von Reformmaßnahmen im Bildungs- und Sozialwesen eine zentrale Rolle spielt (vgl. Krüger 2006, S. 319). Insbesondere im Kontext der Diskussionen um eine stärkere Qualitätskontrolle und ein Qualitätsmanagement im Bildungssystem im letzten Jahrzehnt erlebte die Evaluationsforschung eine Renaissance, in der neben quantitativen zunehmend auch qualitative Methoden einen größeren Stellenwert einnehmen (vgl. Ditton 2009; Flick 2006).

Innerhalb der erziehungswissenschaftlichen Methodenlandschaft lassen sich relativ leicht vier Hauptrichtungen bestimmen, die die Entwicklung der letzten Jahrzehnte ausgemacht haben und die zugleich so etwas wie Grundmodelle erziehungswissenschaftlicher Forschungsmethoden bedeuten. Von den 1920er bis Anfang der 1960er Jahre dominierten die hermeneutischen Methoden der Geisteswissenschaften in unterschiedlichen Ausprägungen das methodische Vorgehen in der Pädagogik. Seit den späten 1960er Jahren befinden sich empirisch-quantitative Forschungskonzepte und Methodensettings auf dem Vormarsch und sind inzwischen zu einem festen Bestandteil im Normalbetrieb erziehungswissenschaftlicher Forschung geworden.

In den 1970er Jahren wurde das vor allem von Vertretern der Kritischen Erziehungswissenschaft (vgl. etwa Klafki 1974) favorisierte Modell der Aktionsbzw. Handlungsforschung, das Forschung und Praxisveränderung zu verknüpfen sucht, ausführlich diskutiert, das gegenwärtig jedoch nur noch im Bereich der erziehungswissenschaftlichen Praxisforschung eine Rolle spielt (vgl. Prengel 2003).

Im Verlaufe der 1980er Jahre sind qualitative Forschungsmethoden, die an die hermeneutische Tradition des Verstehens kritisch anknüpfen, zu einem normalen Segment im Spektrum erziehungswissenschaftlicher Forschungsmethoden geworden. Außerdem wird die gegenwärtige Methodendiskussion in der Erziehungswissenschaft nicht mehr wie noch in den 1970er und 1980er Jahren durch heftige Debatten um die Angemessenheit quantitativer oder qualitativer Forschungsmethoden bestimmt. Vielmehr wird in der methodologischen Diskussion, aber auch in komplexen Forschungsdesigns für konkrete erziehungswissenschaftliche Projekte im Bereich der historischen oder aktuellen Bildungsforschung versucht, quantitative und qualitative Verfahren zu verbinden.

Bei der folgenden Darstellung der verschiedenen methodischen Ansätze erziehungswissenschaftlicher Forschung wird zwar der hier skizzierten chronologischen Entwicklungslinie insofern gefolgt, als zunächst die klassische Hermeneutik als Methode der Geisteswissenschaften vorgestellt wird. Anschließend wird jedoch eine stärker systematisch orientierte Gliederungslogik gewählt, indem nach einem Abschnitt, der sich mit Aspekten der pädagogischen Handlungsforschung beschäftigt, die kritische Fortführung der hermeneutischen Traditionslinie in Gestalt der qualitativen Forschungsmethoden in der Erziehungswissenschaft beschrieben wird. In einem weiteren Kapitel werden dann die Forschungsansätze und methodischen Strategien der quantitativen erziehungswissenschaftlichen Forschung ausführlich dargestellt, ehe in einem abschließenden Ausblick Möglichkeiten und Grenzen der Verknüpfung von qualitativen und quantitativen Methoden und Daten in der erziehungswissenschaftlichen Bildungsforschung diskutiert werden.

Literatur

Benner, D.: Pädagogisches Experiment. In: Pädagogische Rundschau 26 (1972), S. 25-53.

Bos, W./Voss, A.: Empirisch-analytische Verfahren in der erziehungswissenschaftlichen Forschung. In: Faulstich-Wieland, H./Faulstich, P. (Hrsg.): Erziehungswissenschaft ein Grundkurs. Reinbek 2008, S. 216-236.

Danner, H.: Methoden geisteswissenschaftlicher Pädagogik. München/Basel ²1989.

Ditton, H.: Evaluation und Qualitätssicherung. In: Tippelt, R./Schmidt, B. (Hrsg.): Handbuch Bildungsforschung. Wiesbaden ²2009, S. 607-626.

Flick, U. (Hrsg.): Qualitative Evaluationsforschung. Reinbek 2006.

Haft, H./Kordes, H.: Empirisch-pädagogische Forschung am Ausgang ihrer „realistischen Phase“. In: Haft, H./Kordes, H. (Hrsg.): Methoden der Erziehungs- und Bildungsforschung. Bd. 2 der Enzyklopädie Erziehungswissenschaft. Stuttgart 1984, S. 13-39.

Heinze, Th./Krambrock, U.: Erziehungswissenschaft/Pädagogik: Methodologie. In: Hierdeis, H./Hug, T. (Hrsg.): Taschenbuch der Pädagogik. Bd. 2, Baltmannsweiler 1996, S. 507-520.

Klafki, W.: Handlungsforschung. In: Wulf, C. (Hrsg.): Wörterbuch der Erziehung. München/ Zürich 1974, S. 267-272.

Krüger, H.-H./Grunert, C.: Erziehungswissenschaftliche Forschung: Hochschulen, außeruniversitäre Forschungseinrichtungen, Praxisforschung. In: Krüger, H.-H./Rauschenbach, T. (Hrsg.): Einführung in die Arbeitsfelder des Bildungs- und Sozialwesens. Opladen ⁶2006, S. 317-322.

Kuckartz, U.: Methoden erziehungswissenschaftlicher Forschung 2: Empirische Methoden. In: Lenzen, D. (Hrsg.): Erziehungswissenschaft. Reinbek 1994, S. 543-567.

Marotzki, W.: Forschungsmethoden und -methodologie der Erziehungswissenschaftlichen Biographieforschung. In: Krüger, H.-H./Marotzki, W. (Hrsg.): Handbuch erziehungswissenschaftliche Biographieforschung Wiesbaden ²2006, S. 111-137.

Prengel, A.: Perspektivität anerkennen – Zur Bedeutung der Praxisforschung in der Erziehung und der Erziehungswissenschaft. In: Friebertshäuser, B./Prengel, A. (Hrsg.): Handbuch Qualitative Forschungsmethoden in der Erziehungswissenschaft. Weinheim/München 2003, S. 599-627.

Roth, H.: Empirische pädagogische Anthropologie. In: Zeitschrift für Pädagogik 13 (1965), S. 207-221.

Tippelt, R./Schmidt, B.: Einführung der Herausgeber. In: Tippelt, R./Schmidt, B. (Hrsg.): Handbuch der Bildungsforschung. Wiesbaden ²2009, S. 9-19.

Weißhaupt, H./Steinert, B./Baumert, J.: Bildungsforschung in der Bundesrepublik Deutschland. Bonn 1991.

II.2. Die geisteswissenschaftliche Hermeneutik

Inhalt

II.2.1. Historischer Entstehungskontext und Grundannahmen

Ein fester Bestandteil der erziehungswissenschaftlichen Methoden ist das hermeneutische Verfahren, das auch in anderen geistes- und sozialwissenschaftlichen Disziplinen zur Anwendung gelangt. Das Wort „Hermeneutik" kommt aus dem Griechischen. Das zugehörige Verb heißt „hermeneuein" und bedeutet soviel, wie den Sinn einer Aussage erklären, etwas soll zum Verstehen gebracht werden. Das Substantiv „hermeneia" heißt Auslegung, Erklärung. Mit Hermeneutik wird deshalb zumeist die Lehre von der Kunst der Auslegung von Texten bezeichnet (vgl. Klafki 1971, S. 128).

Definition von Hermeneutik

Erste Ansätze für eine solche Kunstlehre sind bereits in der Zeit der griechischen Antike im engen Zusammenhang mit den übrigen Kunstlehren von der Rede (z.B. Grammatik oder Rhetorik) entwickelt worden (vgl. Apel 1974, S. 277). Seit dem Mittelalter entfaltete sich Hermeneutik dann vor allem als juristische und theologische gelehrte Praxis, die sich auf die Auslegung der Bibel bzw. auf die Interpretation und Anwendung von vorgegebenen Gesetzen im Hinblick auf konkrete Fälle konzentrierte.

Die Wende zur philosophischen Hermeneutik wurde durch den Philosophen und Theologen Schleiermacher zu Beginn des 19. Jahrhunderts eingeleitet. Schleiermacher entwickelte eine allgemeine Hermeneutik als „Kunstlehre des Verstehens", die hinter die speziellen Hermeneutiken und deren Vielzahl von Regeln zurückging (Lübcke 1992, S. 201). Diese sollte „von der Tatsache des einfachen Verstehens ausgehend aus der Natur der Sprache und aus den Grundbedingungen des Verhältnisses zwischen dem Redenden und dem Vernehmenden ihre Regeln in geschlossenem Zusammenhang" entwickeln (Schleiermacher, zit. nach Ebeling 1959, S. 224). Schleiermacher, auf den auch der Begriff des hermeneutischen Zirkels zurückgeht, unterschied zwei Formen des Verstehens, das grammatische Verstehen als unmittelbare sprachliche Interpretation und das psychologische Verstehen als Identifikation mit dem Anderen, um aus der Kenntnis von dessen Lebensbezügen das Verstehende zu erfassen. Ziel der hermeneutischen Interpretation ist es für ihn, den Text ebensogut, nach Möglichkeit besser als ihre Produzenten zu verstehen. Dies gelingt nach Auffassung von Schleiermacher dadurch, dass die Situation des Autors durch eine grammatische und psychologische Rekonstruktion wiederhergestellt wird.

Schleiermachers Konzept einer allgemeinen Hermeneutik

Im ausgehenden 19. Jahrhundert knüpfte Dilthey, der nicht nur Philosoph sondern auch Begründer und Nestor der Geisteswissenschaftlichen Pädagogik war, an die Überlegungen Schleiermachers an und er machte die allgemeine Hermeneutik zur methodologischen Grundlage der Geisteswissenschaften. Im Gegensatz zu zeitgenössischen Vertretern einer positivistischen Wissenschaftstheorie, wie z.B. Auguste Comte, die das Modell exakt-naturwissenschaftlicher Erkenntnis zum Grundmuster aller objektiven menschlichen Erkenntnis erklärten, betonte Dilthey die Selbständigkeit der Geisteswissenschaften. Im Unterschied zu den Naturwissenschaften, die Gesetzes-Hypothesen formulieren und sie von außen an ihren Gegenstand, die Natur, herantragen, um z.B. physikalische Fallgesetze zu erklären, zielen für ihn die Geisteswissenschaften auf das Verstehen der Bedeutung von menschlichen Lebensäußerungen, von geschriebenen Texten,

Die Hermeneutik als methodologische Grundlage der Geisteswissenschaften nach Dilthey von Kunstwerken, kurz von Zeichen. Dilthey hat eine zentrale Definition von Verstehen gegeben, die die wesentlichen Momente des Verstehens benennt. „Wir nennen den Vorgang, in welchem wir aus Zeichen, die von außen sinnlich gegeben sind, ein Inneres erkennen, Verstehen" (Dilthey 1961, Bd. V, S. 318). Dilthey bringt im Anschluss an diese Definition als Beispiel das Lallen eines Kindes. Das Äußere des Lallens sind Laute, die wir als unartikuliert kennzeichnen würden, ihr Inneres kann Wohlbehagen bedeuten; das Lallen ist also nicht sinnlos – es ist Ausdruck von Etwas, es hat eine Bedeutung. Dilthey setzt mit dem Begriff des Zeichens voraus, dass dieses schon als solches verstanden ist. Dies ist wohl ein Vorgang, wie Verstehen faktisch geschieht (vgl. Danner 1989, S. 42). Verstehen ist für Dilthey zudem nicht primär psychologisches Einfühlen, sondern in erster Linie Sinn-Verstehen.

Insbesondere in seinen Spätschriften ist Dilthey von einem psychologisch begründeten Verstehenskonzept abgerückt und er hat das Sinnverstehen, bei dem ein Sachverhalt in einen übergeordneten Sinnzusammenhang eingeordnet wird, zur zentralen Aufgabe des hermeneutischen Verstehens erklärt (vgl. Lamnek 1988, S. 74; Betti 1980). Eine weitere Präzisierung des Verstehenskonzepts gelingt Dilthey, indem er zwischen elementaren und höheren Formen des Verstehens unterscheidet. Das elementare Verstehen ist für ihn eingebunden in die Interessen des praktischen Lebens. „Hier sind die Personen auf den Verkehr miteinander angewiesen. Sie müssen sich gegenseitig verständlich machen. Einer muss wissen, was der andere will" (Dilthey 1914, Bd. VII, S. 207). Im elementaren Verstehen wird das menschliche und darum geistige Geschehen um uns herum erfasst, ohne dass ein bewusstes Bemühen um Verstehen stattfindet. Ein solches elementares Verstehen reicht jedoch nicht aus, um das Leben als Zusammenhang von Leben, Erleben und Ausdruck, als Struktur zu erfassen (vgl. Thiersch 1978, S. 55). Über die Enge der jeweils individuellen Bezüge führt das höhere Verstehen hinaus, das an die Anstrengung methodisch geschulten hermeneutischen Denkens gebunden ist und das das zu Verstehende in einen größeren allgemeinmenschlichen Lebenszusammenhang einordnet.

Die Gemeinsamkeit aller Lebensbezüge nennt Dilthey auch den „objektiven Geist", zu dem die Sprache, Kunstwerke, Sitten und Bräuche, aber auch Institutionen gehören. Dieser ist Ausdruck einer bestimmten Kultur in einer bestimmten historischen Zeit. Und auch das hermeneutische Verstehen ist für Dilthey selber immer geschichtlich, da es auf das Herausarbeiten der Bedeutungs- und Wirkungszusammenhänge der geistigen Welt in ihrer historischen Gewordenheit abzielt (vgl. Apel 1974, S. 279). Hermeneutik muss somit den Verstehens-Horizont im Hinblick auf den jeweiligen Kulturraum und die geschichtliche Situation erhellen. Den Anspruch auf Allgemeingültigkeit im Sinne der Produktion von von Raum und Zeit unabhängigen wissenschaftlichen Aussagen, den die „positivistische" Wissenschaftstheorie formuliert, kann die geisteswissenschaftliche Hermeneutik nicht einlösen, da sie ja gerade auf die Kultur- und Zeitbedingtheit des Verstehens hinweist (vgl. Lamnek 1988, S. 79). Andererseits ist die hermeneutische Interpretation jedoch nicht gleichzusetzen mit der genialischen Sinnrekonstruktion einzelner herausragender Persönlichkeiten. So hat Krausser (1968, S. 197) überzeugend nachgewiesen, dass von Dilthey die Objektivität wissenschaftlicher Aussagen nicht primär von den Ergebnissen bestimmt wird, sondern vor allen Dingen als Prozess der ständigen intersubjektiven Selbstkontrolle und Selbstkorrektur zu sehen ist. Und der geisteswissenschaftliche Pädagoge Bollnow (1966) hat dafür plädiert, den Begriff „Allgemeingültigkeit" im Rahmen der Geisteswissenschaften fallen zulassen und durch den Begriff der „Objektivität" als Kriterium der Verbindlichkeit zu ersetzen, die er als Angemessenheit einer Erkenntnis an ihrem Gegenstand definiert. Zum damit im Zusammenhang stehenden Verhältnis von Realismus und Relativismus hermeneutischer Interpretationen bestehen in der internationalen Literatur durchaus verschiedene Positionen (vgl. Ricoer 1981; Rennie 2001).

II.2.2. Der Prozess des hermeneutischen Verstehens

(a) Der hermeneutische Zirkel

Die Frage des Vorverständnisses

Um nun erläutern zu können, wie man vom elementaren Verstehen zum höheren Verstehen gelangt und wie der Prozess der wissenschaftlich kontrollierten Interpretation genauer aussieht, hat Dilthey in Anlehnung an Schleiermacher das Modell des hermeneutischen Zirkels entwickelt. Dabei handelt es sich um eine kreisförmige Bewegung, eben um eine Zirkelbewegung, die zwei Aspekte des hermeneutischen Verstehens umfasst. Die erste Dimension betrifft die Frage des Vorverständnis. Man kann nämlich nicht voraussetzungslos an einen Text herangehen, sondern muss das eigene Vorverständnis in seiner Geschichtlichkeit erkennen. Mit dem Verstehen des Textes erfährt das zugehörige Vorverständnis eine Modifikation und Erweiterung, so dass wiederum ein besseres Textverständnis möglich wird. Dieser hermeneutische Zirkel lässt sich in nachfolgender Abbildung veranschaulichen.

Abbildung 3: Der hermeneutische Zirkel

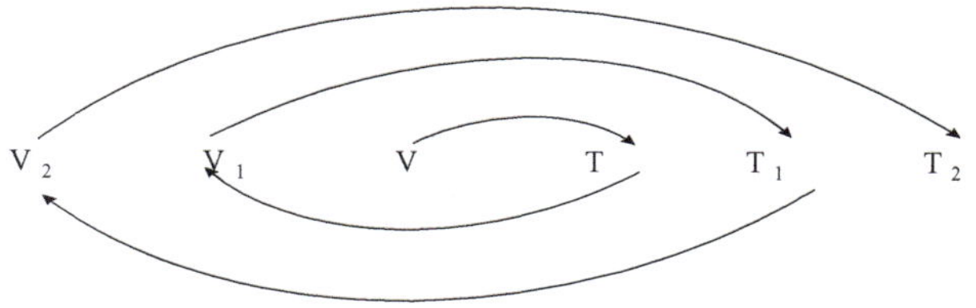

Quelle: Danner 1989, S. 57

Anhand des Schemas wird die zirkulierende Bewegung des hermeneutischen Verstehens augenscheinlich. Das ursprüngliche, noch so bruchstückhafte Vorverständnis ist eine notwendige Voraussetzung für das Verstehen eines Textes. Durch die Interpretation des Textes eignet man sich ein Wissen über das behandelte Gebiet an, mit dem das ursprüngliche Vorverständnis erweitert und in einem zweiten Schritt auch das ursprüngliche Textverständnis korrigiert wird. Die Differenz zwischen dem anfänglichen und dem erweiterten Textverständnis bzw. dem Verständnis des Autors wird durch die dargestellte zirkelförmige Bewegung überwunden (vgl. Lamnek 1988, S. 69). Eine absolute Übereinstimmung zwischen dem Verstehenden und dem Produzenten des Textes ist kaum herzustellen. Wie oft müssen wir feststellen, dass wir nach der Lektüre eines pädagogischen Klassikers den Autor immer noch nicht richtig verstanden haben, obwohl wir uns vielleicht schon ganz sicher waren? Selbstverständlich wird der Abstand zwischen dem Verstehen des Lesers und den Intentionen des Autors geringer. Doch die hermeneutische Differenz gehört als Strukturmoment zu jeder hermeneutischen Situation (vgl. Ebeling 1959, S. 246).

Das Verhältnis von einzelnen Elementen und Textganzem

Eine zweite Dimension des hermeneutischen Zirkels bezieht sich auf den Tatbestand, das sich Einzelelemente eines Textes nur aus dem ganzen Text erschließen lassen sowie umgekehrt das Ganze eines Textes nur auf der Grundlage der einzelnen Elemente zu verstehen ist. So lassen sich beispielsweise einzelne, wichtige Begriffe häufig nur aus dem Textganzen erschließen, während das vollständige Verstehen des Gesamttextes das Verstehen dieser Begriffe zur Voraussetzung hat. Die hermeneutische Spirale besteht also auch darin, dass der Teil vom Ganzen her verstanden, modifiziert und erweitert wird und sich umgekehrt das Ganze von den Teilen her bestimmt (vgl. Danner 1989, S. 59). Hermeneutisches Verstehen ist somit nie vollständig abgeschlossen, denn Verstehen als Ziel hermeneutischer Bemühung hat nicht Produkt-, sondern Prozesscharakter (vgl. Roth 1991, S. 38).

(b) Regeln der Textinterpretation

Die Hermeneutik hat zwar keine geschlossene Regel-Lehre für die Textinterpretation im Sinne einer Technologie formuliert (vgl. Betti 1972), doch bietet sie Orientierungshilfen, die beim höheren Verstehen von Texten beachtet werden sollen. So unterscheidet Danner (1989, S. 94f.) drei Phasen der Textinterpretation.

Drei Phasen der Textinterpretation

In der Phase der vorbereitenden Interpretation gilt es zu prüfen, ob der zu interpretierende Text authentisch ist. Gleichzeitig muss der Interpret sich sein persönliches Vorverständnis, sein Vorwissen und seine Fragestellung bewusst machen und er muss in einem ersten Schritt den allgemeinen Sinn des Textes, seine Kernaussage, herausarbeiten, damit sich das Einzelne von ihm aus aufschließt. In der Phase der textimmanenten Interpretation stehen semantische und syntaktische Untersuchungen, die auf Wortbedeutungen und grammatische Zusammenhänge eingehen sowie logische Analysen im Zentrum, die versuchen, den Textsinn als Ganzes herauszuarbeiten. In der Phase der koordinierenden Interpretation können auch andere Werke des Autors herangezogen und auch die Stellung des interpretierten Textes im biographischen Werdegang des Autors berücksichtigt werden. Ebenso sollte versucht werden, die bewussten und unbewussten Voraussetzungen des Autors aufzudecken.

Regeln verstehender Textauslegung

Wolfgang Klafki (1971, S. 134ff.) hat solche globalen Hinweise im Hinblick auf das hermeneutische Vorgehen konkretisiert, in dem er am Beispiel der Interpretation eines Textes von Wilhelm von Humboldt aus dem Jahre 1809 elf Regeln verstehender Textauslegung entwickelt.

1. Zunächst hat der Interpret sich sein eigenes Vorverständnis über Humboldts Bildungstheorie bewusst zu machen, das er aufgrund seiner Lektüre der Sekundärliteratur gewonnen hat. Werden von ihm Humboldts Vorstellungen von akademischer Bildung eher als elitär eingeschätzt oder hält er Humboldt eher für einen fortschrittlichen Denker des 19. Jahrhunderts? Nach dem Studium der Sekundärliteratur muss der Forscher seine Fragestellung präzisieren. Verfolgt er mit seiner Untersuchung primär ein problemgeschichtliches Interesse oder ist er vor allem an den tatsächlichen Wirkungen der Bildungstheorie auf die Erziehungswirklichkeit interessiert oder will er beide Fragestellungen verbinden?
2. Diese vorgängige Fragestellung und das sich darin ausdrückende Vorverständnis müssen am Text selbst immer wieder überprüft und eventuell modifiziert werden.
3. Eine weitere wichtige Voraussetzung für eine wissenschaftliche Auseinandersetzung mit Texten ist die Quellen- bzw. Textkritik. Textausgaben, die auf einer solchen Quellenkritik beruhen, nennt man „Kritische Ausgaben“. Sie geben den Text, soweit man auf Handschriften oder Erstdrucke zurückgreifen kann, entweder in der ursprünglichen sprachlichen Form oder aber nach der letzten vom Autor selbst genehmigten Ausgabe seiner Werke wieder, wobei dann Änderungen gegenüber früheren Ausgaben in Anmerkungen angegeben werden.
4. Ein weiterer notwendiger Schritt der hermeneutischen Interpretation ist die Frage nach der Bedeutung einzelner Worte oder Formen eines Textes, die sog. semantische Analyse. Wenn Humboldt z.B. in seinem Text die Worte „ästhetisch“ oder „allgemeine Menschenbildung“ verwendet, so ist es eine Voraussetzung wissenschaftlicher Interpretation, dass man die naive Gleichsetzung dieser Worte mit dem heutigen Sprachgebrauch in Frage stellt und den spezifischen Sinn herausarbeitet, in dem Humboldt diese Worte im Sprachgebrauch seiner Zeit verwendet.
5. Hermeneutische Interpretationen müssen auch die Entstehungssituation eines Textes mit berücksichtigen. Handelt es sich z.B. um eine bildungspolitische Streitschrift, so ist diese nur zu verstehen, wenn auch die pädagogischen Positionen der jeweiligen Gegenspieler in die Interpretation mit einbezogen werden.
6. Zur Interpretation eines einzelnen Textes ist es oft notwendig, ergänzende Quellen (z.B. sozialgeschichtliche Befunde) herauszuziehen, um nicht bei der rein textimmanenten Interpretation stehenzubleiben.
7. Bei der Ermittlung des Argumentationszusammenhanges eines Textes müssen auch die syntaktischen Mittel mit berücksichtigt werden. Bedeutet der Einsatz des Wortes „aber“ im einleitenden Satzabschnitt z.B. den Beginn einer Gegenargumentation?
8. Was die Ermittlung der syntaktischen Beziehungen zwischen Sätzen und Satzgliedern im Kleinen zu leisten vermag, muss vom Interpreten auch für den gesamten Text systematisch geleistet werden. Er muss die gedankliche Gliederung eines Textes, Hauptthesen, Begründungen und beispielhafte Erläuterungen systematisch herausarbeiten.
9. Der Interpret muss zudem die Herleitungen, die gedanklichen Schlussfolgerungen des Autors kritisch überprüfen. Ist die Argumentation logisch stringent, wo sind Brüche oder Widersprüche?

10. Die Interpretation bewegt sich ständig im hermeneutischen Zirkel. Die einzelne Aussage wird im Gang der Interpretation immer wieder im Zusammenhang größerer Aussagenzusammenhänge ausgelegt. Zugleich gilt aber auch, dass der jeweils umfassende Zusammenhang nicht ohne seine einzelnen Elemente verstanden werden kann.
11. Die Aussagen eines Autors müssen ständig in den gesellschaftlichen und kulturellen Kontext der jeweiligen historischen Zeit eingeordnet werden, da es grundsätzlich immer möglich ist, dass die Auffassungen und Argumentationen, die in einem Text von einem Autor geäußert werden, entscheidend durch die gesellschaftliche Situation oder Position, in der sich der Autor befand bzw. befindet, bestimmt sind.

II.2.3. Kritik und Weiterentwicklungen

Gegenüber der Hermeneutik als Methode des Verstehens, wie sie von Schleiermacher und Dilthey begründet und im Rahmen der Geisteswissenschaftlichen Pädagogik zu der zentralen Forschungsmethode wurde, sind im erziehungswissenschaftlichen Diskurs in den vergangenen Jahrzehnten von verschiedenen Positionen vor allem drei Vorwürfe erhoben worden. Erstens sei das Verstehen subjektiv und spekulativ, eine Methode der Intuition, die empirisch nicht nachprüfbar sei. Trotz gewisser Regeln seien unterschiedliche Deutungen möglich (vgl. Gudjons 1995, S. 62). Zweitens habe sich Hermeneutik in der Tradition der Geisteswissenschaftlichen Pädagogik auf die Exegese von Texten, vorrangig von Klassikertexten beschränkt und habe den selbst formulierten Anspruch, eine hermeneutische Analyse der Erziehungswirklichkeit leisten zu wollen, weitgehend nicht eingelöst (vgl. Dieckmann/Wulf 1996, S. 591). Drittens habe die geisteswissenschaftliche Hermeneutik konservative bzw. traditionalistische Implikationen, da sie sich vornehmlich auf die Auslegung historischer Überlieferungszusammenhänge konzentriert und der von ihr dabei zugrundegelegte Gesellschaftsbegriff die komplexe soziale Wirklichkeit auf geistige Phänomene reduziert.

Spätestens durch die Weiterentwicklung der traditionellen Hermeneutik in Richtung auf die qualitative erziehungswissenschaftliche Forschung seit den 1970er Jahren ist ein großer Teil dieser Kritik gegenstandslos geworden. Im Zuge dieser Entwicklung wurden die Regeln und Schritte hermeneutischer Sinnauslegung weiter präzisiert und die strengen Maßstäbe der intersubjektiven Nachvollziehbarkeit und Prüfbarkeit noch stärker berücksichtigt. Außerdem wird in neueren qualitativen Forschungsarbeiten das Verstehen als Methode auch auf die vielfältigen Phänomene der Erziehungswirklichkeit bezogen (vgl. Uhle 1989; Bleicher 1980). Ferner wird in aktuellen Forschungsansätzen, z.B. in der sog. objektiven Hermeneutik von Oevermann, die gesellschaftliche Wirklichkeit nicht nur als Welt der geistigen Objektivationen gefasst, sondern als historisch bedingter gesamtgesellschaftlicher Strukturzusammenhang (vgl. Reichertz 2000, S. 518).

Die Hermeneutik spielt somit auch in der aktuellen erziehungs- und sozialwissenschaftlichen Methodendiskussion in mehrfacher Hinsicht noch eine zentrale Rolle. Sie stellt als philosophische Hermeneutik, die sich für die verstehende Erfahrung von Welt insgesamt interessiert, gleichsam den metatheoretischen Bezugsrahmen für die qualitative Sozialforschung dar (vgl. Uhle 1995, S. 33). Sie nimmt als Methode des Sinnverstehens in weiterentwickelter Form im Kontext der qualitativen erziehungswissenschaftlichen Forschung einen zentralen Platz ein. Zudem haben hermeneutische Verfahren auch im Rahmen quantitativer empirischer Untersuchungen – dies wird häufig übersehen – eine wichtige Bedeutung, da weder die Formulierung von forschungsleitenden Hypothesen noch die Auswertung statistischer Tabellen ohne hermeneutische Analysen möglich sind.

Literatur

Apel, K.-O.: Hermeneutik. In: Wulf, Ch. (Hrsg.): Wörterbuch der Erziehung. München/Zürich 1974, S. 277-283.

Betti, E.: Die Hermeneutik als allgemeine Methodik der Geisteswissenschaften. Tübingen 1972.

Betti, E.: Hermeneutics as the general method of the Geisteswissenschaften. In: Bleicher, J.: Contemporary hermeneutics: Hermeneutics as a method, philosophy and critique. London/Boston 1980, S. 51-95.

Bleicher, J.: Contemporary hermeneutics: Hermeneutics as a method, philosophy and critique. London/Boston 1980.

Bollnow, O.F.: Zur Frage nach der Objektivität der Geisteswissenschaften. In: Oppholzer, S. (Hrsg.): Denkformen und Forschungsmethoden in der Erziehungswissenschaft. Bd. 1, München 1966, S. 53-79.

Danner, H.: Methoden der geisteswissenschaftlichen Pädagogik. München/Basel [2]1989.

Dieckmann, B./Wulf, Ch.: Hermeneutische Methoden. In: Hierdeis, H./Hug, T. (Hrsg.): Taschenbuch der Pädagogik, Bd. 2, Baltmannsweiler [4]1996, S. 590-602.

Dilthey, W.: Gesammelte Schriften, Bd. V, Stuttgart [3]1961.

Dilthey, W.: Gesammelte Schriften. Bd. VII, Göttingen/Stuttgart 1914.

Ebeling, G.: Hermeneutik. In: Die Religion in Geschichte und Gegenwart, Bd. 3, Tübingen [3]1959.

Gudjons, H.: Pädagogisches Grundwissen. Bad Heilbrunn [4]1995.

Klafki, W.: Hermeneutische Verfahren in der Erziehungswissenschaft. In: Klafki, W. u.a. (Hrsg.): Erziehungswissenschaft 3. Frankfurt a.M. 1971, S. 126-153.

Krausser, P.: Kritik der endlichen Vernunft. Diltheys Revolution der allgemeinen Wissenschafts- und Handlungstheorie. Frankfurt a.M. 1968.

Lamnek, S.: Qualitative Sozialforschung, Bd. 1, München/Weinheim 1988.

Lübcke, P.: Hans-Georg Gadamer. In: Hügli, A./Lübcke, P. (Hrsg.): Philosophie im 20. Jahrhundert, Bd. 1, Reinbek 1992, S. 200-214.

Reichertz, J.: Objektive Hermeneutik und hermeneutische Wissenssoziologie. In: Flick, U./ Kardoff, E. v./Steinke, J. (Hrsg.): Qualitative Forschung. Ein Handbuch. Reinbek 2000, S. 514-523.

Rennie, D.: Grounded theory methodology as methodocial hermeneutics: reconciling realism and relativism. In: Theory and Psychology (2001), Volume 10, S. 481-502.

Ricoeur, P.: Hermeneutics and the Human Sciences. Cambridge 1981.

Roth, L.: Forschungsmethoden der Erziehungswissenschaft. In: Roth, L. (Hrsg.): Pädagogik. München 1991, S. 32-67.

Thiersch, H.: Die hermeneutisch-pragmatische Tradition der Erziehungswissenschaft. In: Thiersch, H./Ruprecht, H./Herrmann, U.: Die Entwicklung der Erziehungswissenschaft. München 1978, S. 11-102.

Uhle, R.: Qualitative Sozialforschung und Hermeneutik. In: König, E./Zedler, P. (Hrsg.): Bilanz qualitativer Forschung. Bd. I, Weinheim 1995, S. 33-74.

Uhle, R.: Verstehen und Pädagogik. Weinheim 1989.

II.3. Pädagogische Handlungs- und Praxisforschung

Inhalt

II.3.1. Historischer Entstehungskontext und Grundannahmen

Die Weiterentwicklung der geisteswissenschaftlichen Hermeneutik hin zur qualitativen erziehungswissenschaftlichen Forschung in den vergangenen vier Jahrzehnten vollzog sich jedoch nicht geradlinig, sondern über den Zwischenschritt der sog. pädagogischen Handlungsforschung, ein Forschungskonzept, das die Methodendiskussion in der Erziehungswissenschaft in den 1970er Jahren entscheidend bestimmte (vgl. Wiesner 1996, S. 579). Bei dem Begriff Handlungsforschung handelt es sich um die Übersetzung des aus dem Angloamerikanischen stammenden Terminus „action research". Handlungs- oder auch Aktionsforschung zielt darauf ab, als Forschung und nicht erst nach vollzogenem Forschungsprozess in die pädagogische Praxis verändernd einzugreifen (vgl. Haag/ Krüger/ Schwärzel/Wildt 1972; Mc Niff 1988).

Definition von Handlungsforschung

Die Anfänge des action research reichen bereits in die 1940er Jahre zurück, wo in den USA und England im Rahmen der Human-Relation-Bewegung action-research-Projekte mit dem Ziel durchgeführt wurden, das soziale Klima in Industriebetrieben zu verbessern. Auch im Bereich der pädagogischen Forschung stammen die ersten Aktionsforschungsansätze aus den USA. Ein entscheidender Impuls ging von der sozialpsychologischen Schule Kurt Lewins aus, der 1946 in einem programmatischen Aufsatz über „Tatforschung und Minoritätenprobleme" für die Förderung von action research plädierte (vgl. Lewin 1946). Lewin und seine Schüler (vgl. Fox/Lippit 1964) haben Projekte zur Veränderung des sozialen Klimas in Schulen und anderen pädagogischen Institutionen, vor allem zur Entwicklung eines demokratischen Erziehungs- und Unterrichtsstils von LehrerInnen, durchgeführt (vgl. Klafki 1974). Ein zweiter Ansatz zur pädagogischen action research entstand seit den 1960er Jahren in England, wo als Alternative zu einer administrativ von oben gesteuerten, „teacher proof" orientierten Curriculumentwicklung Konzepte einer schul- und praxisnahen Curriculumentwicklung und LehrerInnenforschung begründet wurden (vgl. Altrichter/Lobenwein/Welte 2003).

Historische Vorläufer

Im Gegensatz zu den angloamerikanischen Diskussionszusammenhängen, in denen ein eher technologisches oder pragmatisches Verständnis von Aktionsforschung dominierte, war für die Anfang der 1970er Jahre in der Bundesrepublik einsetzende Handlungsforschungsdebatte charakteristisch, das hier versucht wurde, Handungsforschung mit einem gesellschaftskritischen Erkenntnisinteresse zu verbinden. Es waren insbesondere die Vertreter einer Kritischen Erziehungswissenschaft, wie Klafki (1976), Mollenhauer (1972) oder Blankertz zusammen mit Gruschka (1975), die sich bemühten, Handlungsforschung als eine sozialkritische Forschungsstrategie theoretisch zu begründen und im Rahmen von Begleituntersuchungen zu bildungspolitischen Reformvorhaben praktisch umzusetzen. Ausgangspunkt der Bemühungen um die Entwicklung einer Methodologie erziehungswissenschaftlicher Handlungsforschung war dabei zumeist eine kritische Abgrenzung von der empirisch-analytischen Erziehungswissenschaft. Dieser wurde vorgehalten, dass sie die Erkenntnisziele ihrer Untersuchungen ausschließlich aus den Bedürfnissen der Theorie bzw. administrativer Auftraggeber herleite. Ferner wurde kritisiert, dass sie durch die Verwendungsweise empirischer Methoden die Versuchspersonen in einem Status hält, der ihnen Lern-

Handlungsforschung und Kritische Erziehungswissenschaft

möglichkeiten verbietet und dass sie die untersuchten Individuen weder an der Auswertung der Ergebnisse beteiligt noch sie über die Forschungsresultate informiert (vgl. Krüger 1975, S. 163).

Im Gegensatz dazu geht ein Konzept von Handlungsforschung, das Praxisrelevanz und kritische Intentionen zu verbinden und empirische Forschung als eingreifende Praxis zu entwerfen sucht, von drei alternativen Grundannahmen aus, die Klafki (1974, S. 267f.) wie folgt charakterisiert: Erstens ist Handlungsforschung in ihrem Erkenntnisinteresse und damit ihren Fragestellungen von Anfang an auf gesellschaftliche bzw. pädagogische Praxis bezogen, sie will zur Lösung gesellschaftlicher bzw. praktisch-pädagogischer Probleme dienen. Zweitens greift Handlungsforschung unmittelbar in die Praxis ein, und sie muss sich daher für Rückwirkungen aus dieser von ihr selbst mitbeeinflussten Praxis auf die Fragestellungen und die Forschungsmethoden im Forschungsprozess selbst offenhalten. Drittens hebt Handlungsforschung in irgendeinem Grade bewusst und gezielt die Scheidung zwischen Forscher und pädagogischem Praktiker auf zugunsten eines möglichst direkten Zusammenwirkens von Forschern und Praktikern im Handlungs- und Forschungsprozess.

Grundannahmen von Handlungsforschung

Pädagogische Handlungsforschung wurde im Kontext Kritischer Erziehungswissenschaft somit als Innovationsforschung verstanden, als Forschung im Zusammenhang mit und zum Zwecke von Reformen im Erziehungs- und Bildungswesen. Wissenschaftstheoretisch wurde dabei nicht nur von Klafki (1976, S. 78), sondern auch von anderen, jüngeren Vertretern der Kritischen Erziehungswissenschaft (vgl. Heinze/Müller/Stickelmann/Zinnecker 1975, S. 21f.; Schäfer 1977, S. 314) auf das Habermassche Modell der Erkenntnisinteressen (vgl. Habermas 1968) zurückgegriffen und es wurde postuliert, dass der Forschungstypus der Handlungsforschung dem Erkenntnis leitenden Interesse an Emanzipation folgen sollte. Ziel einer emanzipatorischen erziehungswissenschaftlichen Sozialforschung sollte es sein, wenigstens vorübergehend stabilisierte Lernmöglichkeiten zu schaffen, „um das verfestigte Alltagsbewusstsein und die verfestigte Alltagskommunikation im Medium der Reflexion aufzubrechen und damit die Überführung des habitualisierten institutionellen Verhaltens in eine bessere Praxis zu ermöglichen“ (Heinze/Müller/Stickelmann/Zinnecker 1975, S. 35). Einen zentralen Stellenwert nahm in den methodologischen Konzeptualisierungsversuchen für eine kritische Handlungsforschung auch das diskurstheoretische Modell von Habermas (1971) ein (vgl. Krüger 1977, S. 172; Mollenhauer 1972, S. 15; Wulf 1982, S. 230). Der Diskurs sollte jene Instanz repräsentieren, wo in gleichberechtigter Kommunikation zwischen ForscherInnen und PraktikerInnen, die Wahrheit und Rechtmäßigkeit von wissenschaftlichen Aussagen und Erkenntnissen argumentativ überprüft und zugleich eine Vermittlung zwischen Theorie und Praxis hergestellt werden sollte. Begründet wurde damit ein diskursiv angelegtes Modell von Forschung, das auf einem dialogischen Wahrheitsbegriff basiert (vgl. Moser 1995, S. 44).

Da Handlungsforschung auf das Prinzip der kommunikativen Beteiligung der Betroffenen an Forschungsprozessen setzte und zugleich die Komplexität des jeweiligen Forschungsfeldes umfassend untersuchen wollte, wurden kommunikationsfördernde, qualitative Forschungsmethoden, wie z.B. Gruppendiskussionsverfahren oder teilnehmende Beobachtung, in Aktionsforschungsprojek-

Methoden der Handlungsforschung

ten bevorzugt (vgl. Gstettner 1991, S. 267). Strittig war in den methodologischen Diskussionen allerdings die Frage, welche Bedeutung die quantitativen Methoden im Kontext von Handlungsforschung haben sollten. Einige Autoren, wie z.B. Ratke (1975, S. 23), vertraten die Auffassung, dass Aktionsforschung und empirische Forschung aus wissenschaftstheoretischen und praktischen Gründen nicht zu vereinbaren seien, da die Forschungslogik und die Methoden klassisch-empirischer Forschung den Prinzipien der kommunikativen Erfahrung und Beteiligung widersprechen. Andere Autoren, wie etwa Klafki (1976, S. 75ff.), plädierten hingegen dafür, in Handlungsforschungsprojekten neben hermeneutischen Methoden auch quantitative Untersuchungsinstrumente, wie Fragebögen oder Tests, einzusetzen (vgl. auch Kordes 1984). Wichtig sei jedoch, dass die verwendeten Forschungsmethoden den angestrebten Innovationsprozess nicht verhindern, dass die erzielten Forschungsergebnisse möglichst kurzfristig an die pädagogischen PraktikerInnen rückgemeldet werden und dass die Forschungsinstrumente, soweit möglich, zu Hilfen für die Selbstaufklärung und Selbststeuerung der in dem betreffenden Praxisfeld tätigen Personen werden.

Gütekritierien von Handlungsforschung

Neu formuliert wurden von den Vertretern des Handlungsforschungsansatzes auch die Gütekriterien von Forschung. Die klassischen Gütekriterien der empirischen Forschung, Objektivität, Validität und Reliabilität, wie sie insbesondere von der Mess- und Testtheorie innerhalb der Psychologie entwickelt worden sind, wurden durch neue Gütekriterien ersetzt. So hat z.B. Moser (1977) drei Gütekriterien für Aktionsforschung zu formulieren versucht: Transparenz, die die Nachvollziehbarkeit des Forschungsprozesses für alle Beteiligten durch Offenlegen von Funktionen, Zielen und Methoden der Forschungsarbeit anspricht; Stimmigkeit, die auf die Vereinbarkeit von Zielen und Methoden der Forschungsarbeit hinweist und Einfluss des Forschers, der bei der Datensammlung nicht verzerrend auf den Forschungsprozess Einfluss nehmen soll. Diese Gütekriterien werden im Kontext von Aktionsforschung nicht messtechnisch verstanden. Vielmehr handelt es sich um leitende Gesichtspunkte, die bei der Durchführung von Aktionsforschungsprojekten argumentativ zu berücksichtigen sind.

II.3.2. Merkmale und Praxis von Handlungsforschung

Die vorab skizzierten methodischen Prinzipien stellten den programmatischen Bezugsrahmen für eine Vielzahl von Aktionsforschungsprojekten dar, die vor allem in den 1970er Jahren in der Bundesrepublik im Rahmen der Schulbegleitforschung, der praxisnahen Curriculumentwicklung, der projektorientierten LehrerInnenausbildung sowie in sozialpädagogischen Handlungsfeldern realisiert wurden (vgl. Moser 1995, S. 33ff.). Eine Durchsicht dieser Projektberichte macht deutlich, dass die Praxis der Aktionsforschung vor allem durch vier Grundmerkmale bestimmt war, die im weiteren erläutert und jeweils an Beispielen aus konkreten Handlungsforschungsprojekten verdeutlicht werden sollen.

a) *Offenheit der Zielsetzungen und der forschungsmethodischen Realisierungsformen*

Ein zentrales Charakteristikum der Praxis von Handlungsforschung ist die Offenheit der pädagogischen Zielsetzungen und des Innovationskonzeptes. Das bedeutet, dass weder ForscherInnen noch PraktikerInnen mit fertigen, von der anderen Seite kritiklos zu akzeptierenden Konzepten in die Zusammenarbeit eintreten dürfen. Diese Maxime gilt sowohl für Handlungsforschungsprojekte, die von PraktikerInnengruppen angeregt worden sind als auch umgekehrt für Projekte, die zunächst auf die Initiative von ForscherInnengruppen zurückgehen. So wurden beispielsweise in dem von Wolfgang Klafki (1976, S. 90) geleiteten Marburger Grundschulprojekt zwar die beiden übergreifenden Zieldimensionen dieses Schulversuches, „Selbststeuerung“ und „soziales Lernen“, von der ForscherInnengruppe ausführlich diskutiert und festgelegt. Eine inhaltliche Konkretisierung dieser zunächst noch sehr vagen Leitvorstellungen wurde dann jedoch erst zusammen mit den an dem Handlungsforschungsprojekt beteiligten Lehrern und Lehrerinnen vorgenommen.

Offenheit des Innovationskonzeptes

Der schrittweisen Präzisierung von Zielen und Inhalten entspricht auf der Forschungsseite der Tatbestand, dass auch die zu untersuchenden Fragestellungen und die einzusetzenden Forschungsmethoden zu einem erheblichen Teil erst im Projektverlauf festgelegt werden können. So stellten etwa die am Marburger Grundschulprojekt beteiligten ForscherInnen fest, dass die gängigen Unterrichtsbeobachtungsverfahren nicht geeignet waren, Modelle eines offenen Unterrichts zu untersuchen, da sie einen von einem Lehrer geleiteten Unterricht als Grundform voraussetzen. Deshalb waren sie gezwungen, neue Beobachtungsverfahren zu entwickeln, die der aufgelockerten Unterrichtsform angemessen waren (vgl. Klafki 1976, S. 92).

b) *Gleichberechtigte Kooperation und pragmatische Aufgabendifferenzierung*

Handlungsforschung geht zwar von der Zielvorstellung einer gleichberechtigten Kooperation zwischen ForscherInnen und PraktikerInnen in einem gemeinsam verantworteten Innovations- und Forschungsprojekt aus. Und so wurden auch in einer Reihe von Projekten z.B. neue Curriculumelemente oder Unterrichtsprojekte in Zusammenarbeit zwischen ForscherInnen und LehrerInnen entwickelt (vgl. etwa Krüger 1977, S. 194ff.). Gleichzeitig zeigte sich bei der Realisierung von Handlungsforschungsprojekten aber auch, dass eine pragmatische und flexible Aufgabendifferenzierung der an dem betreffenden Projekt beteiligten Personen erforderlich war (vgl. Klafki 1976, S. 83).

Die Notwendigkeit, Rollendifferenzierungen in Handlungsforschungsprojekten anzuerkennen, ergab sich vor allem aus zwei Gründen. Zum einen brachten ForscherInnen und pädagogische PraktikerInnen aufgrund ihrer Ausbildung unterschiedliche Qualifikationen in die Projekte mit ein. Pädagogische PraktikerInnen hatten in der Regel keine umfassende Methodenausbildung und kaum eigene Forschungserfahrungen. Umgekehrt besaßen die Mitglieder von Forschungsgruppen oft keine langjährigen Praxiserfahrungen in dem entsprechenden Unter-

Rollendifferenzierungen in Projekten

suchungsfeld. Der zweite Grund lag in den ganz unterschiedlichen Arbeitsbedingungen während der Projektrealisierung. Konnten ForscherInnen ihre Arbeitskapazität in der praktischen Phase der Projekte weitestgehend auf die Innovationsarbeit und die damit zusammenhängenden Dokumentations- und Forschungsarbeiten konzentrieren, so konnten die PraktikerInnen immer nur recht begrenzte Ausschnitte ihrer Arbeit den Projekten widmen; sie blieben gezwungen, ihre berufsspezifischen Aufgaben auch außerhalb der Innovation zu erfüllen (vgl. Liebau 1979, S. 80f.).

Zudem trugen die PraktikerInnen bei der Realisierung etwa von schulischen Reformmaßnahmen die Verantwortung auch gegenüber KollegInnen oder Eltern für die getroffenen Entscheidungen. Sie waren direkt dem Handlungsdruck ausgesetzt und konnten die damit gegebene praktische Verbindlichkeit von Entscheidungen nicht an den Forscher abgeben, selbst wenn der Forscher z.B. als Beobachter im Unterricht anwesend war. Umgekehrt musste der Forscher von der konkreten Notwendigkeit, selbst zu entscheiden und praktisch zu handeln, in den Phasen, in denen er Forschungsverfahren einsetzte, entlastet werden, da wissenschaftliche Forschung eine Distanz zum pädagogischen Geschehen voraussetzt. Nur auf diese Weise konnte den innovationsbereiten PraktikerInnen die von ihnen erwartete Hilfe geboten werden, nämlich eine objektivierte, überprüfbare Rückmeldung darüber, ob und inwieweit z.B. das Unterrichtsverhalten des Praktikers seinen eigenen Zielen entsprach (vgl. Klafki 1976, S. 85).

c) Handlungsforschung als komplexer Forschungs- und Lernprozess

Komplexität des Untersuchungsfeldes

Ein weiteres Merkmal der Praxis von Handlungsforschung ist ihr komplexer und dynamischer Charakter. Das Merkmal der Komplexität bezieht sich zum einen auf das ausgewählte Untersuchungsfeld, das als ein komplexes und zugleich veränderbares Feld verstanden wird (vgl. Wiesner 1996, S. 577). Handlungsforschung geht dementsprechend davon aus, dass Reformen im pädagogischen Feld nicht durch die Veränderung eines isolierten Faktors bewirkt werden können, sondern mindestens einige, hypothetisch als für bestimmte Innovationsziele besonders wichtig angenommene, Faktoren und ihre Beziehungen zueinander verändert werden können und dass eben dieser komplexe Veränderungsprozess Gegenstand der Forschung ist (vgl. Klafki 1976, S. 88). Dies schließt allerdings nicht aus, dass Handlungsforschung die Komplexität wünschenswerter Innovationen und die Komplexität des Feldes, das sie untersucht, reduziert, um die praktische Innovationsfähigkeit der Beteiligten sowie die Möglichkeit einer noch überschaubaren Forschung nicht zu überfordern. So lag beispielsweise der Schwerpunkt des von Klafki (1976, S. 89) geleiteten Marburger Grundschulprojektes auf der Entwicklung von Curriculumteilstücken für den Sprach- und den Sozialkundeunterricht und auf der Förderung der Fähigkeiten der LehrerInnen, die curricularen Zielsetzungen im Unterricht zu realisieren, während andere Dimensionen, wie die Elternarbeit oder die Einwirkung weiterer Teilgruppen im Schulfeld nur punktuell mit berücksichtigt wurden.

Das Merkmal der Komplexität bezieht sich zum anderen auf den Interaktionsprozess der an einem Handlungsforschungsprojekt beteiligten Gruppen, der als komplexer, offener und reflektierter Lernprozess verstanden wird (vgl. Wiesner 1996, S. 577). Das bedeutet, dass dieser Forschungsansatz nicht nur Lernprozesse der in pädagogischen Feldern agierenden Personen ermöglichen will. Vielmehr wird die Forschung selber als im praktischen Reformprozess lernende interpretiert. Diese Bereitschaft zur ständigen Überprüfung und Veränderung der anfänglichen Fragestellungen durch die Forschung betrifft auch die Art und den Zeitpunkt des Einsatzes der vorgesehenen Forschungsinstrumente, die mit den angestrebten Innovationszielen des Gesamtprojektes übereinstimmen müssen. Oder anders formuliert: Ein wissenschaftliches Untersuchungsinstrument darf grundsätzlich nur eingesetzt werden, wenn es den angestrebten Innovationsprozess nicht zu behindern droht. So wurde beispielsweise ein am Anfang des Marburger Grundschulprojektes eingesetzter LehrerInnenfragebogen, der die Innovationsbereitschaft von LehrerInnen untersuchen sollte, von der ForscherInnengruppe wieder zurückgezogen, da er auf emotionale Widerstände der LehrerInnen stieß und nur von 10 Prozent der Befragten ausgefüllt wurde. Die ForscherInnen verzichteten auf den Einsatz einer revidierten Fragebogenfassung, um gerade in der Anfangsphase ihres Projektes nicht ihre anspruchsvollen Innovationsziele zu gefährden (vgl. Klafki 1976, S. 76).

Komplexität des Interaktionsprozesses

d) Rückkopplung von Forschungsergebnissen und Verbesserung der pädagogischen Praxis

Ein weiteres Kennzeichen der Praxis von Handlungsforschung ist das Ziel, durch wiederholte Rückmeldung von kurzfristig auswertbaren Teilergebnissen an die TeilnehmerInnen bereits während des Projektablaufes die pädagogischen Interaktionen sowie die Handlungskompetenzen der pädagogischen PraktikerInnen zu verbessern (vgl. Gstettner 1991, S. 268). In dem bereits mehrfach erwähnten Marburger Grundschulprojekt wurden etwa informelle Kinderbeobachtungsprotokolle, die von den Mitgliedern der Forschergruppe angefertigt worden sind, kurzfristig den LehrerInnen zur Verfügung gestellt, die wichtige diagnostische Hinweise zur Einschätzung einzelner Kinder und zur Einstellung des Lehrers zu diesen Kindern gaben (vgl. Klafki 1976, S. 93).

In einigen pädagogischen Handlungsforschungprojekten wurde zudem der Anspruch formuliert, die Betroffenen an der Auswertung zu beteiligen. Mindestens sollten die Ergebnisse den Betroffenen persönlich mitgeteilt und zusammen mit ihnen validiert werden (vgl. Wiesner 1996, S. 576). Zogen sich hingegen HandlungsforscherInnen, wie etwa in dem am Bildungstechnologischen Zentrum in Wiesbaden durchgeführten Projekt zur Lebenswelt von Hauptschülern, für einige Zeit aus der Praxis zurück, um die erhobenen Daten in Ruhe auszuwerten, so war dies oft mit gruppendynamischen Problemen mit den LehrerInnen verbunden, die sich angesichts dieses Tatbestandes von den WissenschaftlerInnen ausgebeutet fühlten (vgl. Zinnecker/Stickelmann/Müller/Heinze 1975, S. 131).

Beteiligung der Betroffenen an der Auswertung

(e) Weitere Charakteristika und Problemzonen von Handlungsforschung

Neben gruppendynamischen Konflikten zwischen ForscherInnen und PraktikerInnen werden in den Projektberichten zur Praxis von Handlungsforschung noch folgende Schwierigkeiten erwähnt:

- Kommunikationsprobleme zwischen WissenschaftlerInnen und PraktikerInnen, die ausgehend von unterschiedlichen Ausgangspositionen und Sichtweisen erst eine gemeinsame Sprache jenseits eines wissenschaftlichen „Fachjargons“ finden müssen (vgl. Heinze 1995, S. 62);
- Probleme mit der Anonymität, die etwa in einem Aktionsforschungsprojekt an einer Einzelschule nur schwer gewährleistet werden kann (vgl. Wiesner 1996, S. 584);
- Schwierigkeiten, die sich durch Einflüsse von Außengruppen, z.B. Elterngruppierungen oder politische Parteien, ergeben, wenn etwa die Innovationsziele eines Aktionsforschungsprojektes in der Schule sich zu weit von der durchschnittlichen Schulpraxis entfernen (vgl. Klafki 1976, S. 94);
- Probleme der zeitlichen und psychischen Überlastung von ForscherInnen und PraktikerInnen, die aus der Komplexität der geplanten Innovationsziele sowie der damit verbundenen Forschungsaufgaben resultieren (vgl. Wiesner 1996, S. 584);
- Ein zentrales Problem im Kontext von Handlungsforschungsprojekten stellt schließlich auch die Ablösung der PraktikerInnen von den ForscherInnen dar, die in der Lage sein müssen, den eingeleiteten Innovationsprozess auch ohne Hilfe der Forscher zu realisieren (vgl. Heinze 1995, S. 61).

II.3.3. Kritik und Weiterentwicklungen

Kritik an dem Konzept von Handlungsforschung ist in den 1970er Jahren zunächst vor allem von Vertretern der empirisch-analytischen Erziehungswissenschaft (vgl. Eichner/Schmid 1974; Haeberlin 1975) vorgetragen worden. Die schärfste kam von Lukesch und Zecha (1978, S. 40ff.), die behaupteten, dass die Grundbegriffe, Ziele und Methoden der Aktionsforschung vage und ungeklärt wären und dass Handlungsforschung nicht als neue Forschungsstrategie angesehen werden könnte, sondern als verkleidete Methode der politisch-pädagogischen Manipulation, da wissenschaftliche Forschung und präskriptives pädagogisch-politisches Handeln in unzulässiger Weise vermischt würden.

In den letzten Jahren mehren sich aber auch die kritischen Stimmen aus den eigenen Reihen der Aktionsforscher (vgl. als Überblick Altrichter/Gstettner 1993). Insbesondere Moser (1995), der in den 1970er Jahren das Konzept einer kritischen Handlungsforschung mit begründet hat, zeigt in einem bilanzierenden Rückblick einige Schwachpunkte dieses Forschungsansatzes auf, die sich in drei Punkten zusammenfassen lassen.

Erstens stellt sich für ihn die Frage, inwieweit der emanzipatorische Anspruch, eine Praxis aufklären zu wollen, deren eigene Modelle der Welterklärung von vornherein als defizitär erschienen, und die ihrerseits keine Chancen hatte, die Forschenden aufzuklären, nicht eine Anmaßung darstellt. Zweitens wird von ihm kritisiert, dass Handlungsforschung von einem zu simplen Modell der Theorie-Praxis-Beziehung ausgeht, das, wie die neuere Verwendungsforschung gezeigt habe, nicht als ein einfaches Wirkungsverhältnis, sondern nur als ein mehrfach gebrochenes Wechselwirkungsverhältnis betrachtet werden kann (vgl. Moser 1995, S. 13f.). Drittens weist er darauf hin, dass Handlungsforschung die fundamentale Differenz zwischen dem Wissenschafts- und dem Praxissystem vorschnell eingeebnet habe. Damit bestehe allerdings die Gefahr, dass ein wesentlicher Aspekt, der für Wissenschaft als System der Erkenntnis konstitutiv ist, aufgegeben wird: nämlich die distanzierte Haltung zur Alltagspraxis (vgl. Moser 1995, S. 56; Soeffner 1983, S. 35; Krüger 1997, S. 80).

Praxisforschung

Bei der Weiterentwicklung der Handlungsforschung in Richtung auf ein Konzept der Praxisforschung, das gegenwärtig im Bereich der Evaluationsforschung oder der Organisationsentwicklung einen verstärkten Stellenwert bekommen hat, plädiert Moser (1995, S. 73f.) deshalb dafür, die Ebene des Wissenschaftssystems, in dem Wissen generiert wird, das über den einzelnen Fall hinaus Gültigkeit beansprucht und die Ebene des Praxissystems, in dem es stärker um praktisch-konstruktive Intentionen geht, deutlich auseinanderzuhalten.

Das klassische Konzept der Handlungsforschung spielt hingegen in der aktuellen erziehungswissenschaftlichen Methodendiskussion in Deutschland so gut wie keine Rolle mehr. Lediglich in Österreich werden seit Mitte der 1980er Jahre noch Aktionsforschungsprojekte in der LehrerInnenaus- und fortbildung (vgl. Altrichter 1988; Altrichter/Posch 1990) oder der hochschuldidaktischen Entwicklung (vgl. Schratz 1990) durchgeführt, die an das Vorbild der englischen Lehrerforschungs-Bewegung (vgl. Elliott 1985) anknüpfen. Im Mittelpunkt stehen dabei die Lehrer und Lehrerinnen als selbstbewusste Erforscher ihrer Praxis, während „outsider" (z.B. WissenschaftlerInnen oder LehrerfortbildnerInnen) nur Partner im Beratungsprozess sind. In dem Fall liegt die Kontrolle über Beginn, Steuerung und Beendigung eines Forschungsprozesses beim forschenden Lehrer (vgl. Altrichter/Posch 1990, S. 270; Prengel 2003). Auf die Kritik der mangelnden Wissenschaftlichkeit, die bereits gegenüber der klassischen Aktionsforschung erhoben wurde, gibt jedoch auch diese neue LehrerInnenforschung keine hinreichenden Antworten. Vielmehr scheint sie noch pragmatischer orientiert zu sein als ihre Vorgänger, da sie von der Annahme ausgeht, dass sich produktive Entwicklungen allein aus dem alltäglichen Wissen und der Praxis reflektierender Praktiker ergeben können (vgl. Altrichter/Gstettner 1993, S. 75). Unklar bleibt auch, was diese neue Aktionsforschung von Ansätzen der Institutionenberatung, Supervision oder der Fortbildung von LehrerInnen unterscheidet (vgl. Moser 1995, S. 212). Nützlich erscheint dieser pragmatische Ansatz einer forschenden Praxisreflexion jedoch für die Arbeit in der Hochschulausbildung sowie in der Weiter- und Fortbildung für LehrerInnen und SozialpädagogInnen zu sein (vgl. Sagor 2004).

Im Spektrum der erziehungswissenschaftlichen Forschungsmethoden wird jedoch auch diese neue Variante von Aktionsforschung nur eine randständige Bedeutung erhalten. Der Mainstream der ForscherInnen, die ein alternatives Konzept zur traditionellen Empirie entwickeln wollten, wandte sich seit den 1980er Jahren hingegen der qualitativen Forschung zu. Das Interesse an qualitativen Forschungsmethoden sowie der Anspruch, dass Forschung an die Interpretationsmuster und das Alltagswissen der Untersuchten anzuknüpfen habe, das waren jedoch Impulse, die aus der Aktionsforschungdebatte im Kontext der Diskussion um die qualitative erziehungswissenschaftliche Forschung aufgegriffen und weiterentwickelt wurden. Darüber hinaus findet das Konzept der Rückmeldung von Forschungsergebnissen an Akteure im untersuchten Feld inzwischen auch über

Studien aus der Handlungsforschung hinaus Anwendung. In qualitativen und quantitativen Studien insbesondere auf dem Gebiet der Schulforschung, aber auch in anderen erziehungswissenschaftlichen Forschungsfeldern, ist inzwischen eine zeitnahe Information der Akteure über die institutionenbezogenen Untersuchungsergebnisse üblich (vgl. z.B. Baumert u.a. 2001; Helsper/Krüger u.a. 2006).

Literatur

Altrichter, H.: Ist das noch Wissenschaft? Darstellung und wissenschaftstheoretische Diskussion einer von Lehrern betriebenen Aktionsforschung. München 1990.

Altrichter, H./Gstettner, P.: Aktionsforschung – ein abgeschlossenes Kapitel in der Geschichte der deutschen Sozialwissenschaft. In: Sozialwissenschaftliche Literaturrundschau 16 (1993), H. 26, S. 67-83.

Altrichter, H./Lobenwein, W./Welte, H.: PraktikerInnen als ForscherInnen. In: Friebertshäuser, B./Prengel, A. (Hrsg.): Handbuch qualitative Forschungsmethoden in der Erziehungswissenschaft. Weinheim/München 2003, S. 640-660.

Altrichter, H./Posch, P.: Lehrer erforschen ihren Unterricht. Bad Heilbrunn 1990.

Baumert, J. u.a.: PISA 2000. Basiskompetenzen von Schülerinnen und Schülern im internationalen Vergleich. Opladen 2001.

Blankertz, H./Gruschka, A.: Handlungsforschung: Rückfall, in die Empiriefeindlichkeit oder neue Erfahrungsdimension. In: Zeitschrift für Pädagogik 21 (1975), H. 5, S. 677-686.

Eichner, K./Schmid, P.: Aktionsforschung eine neue Methode. In: Soziale Welt 25 (1974), S. 145-168.

Elliott, J.: Educational Action-Research. In: Nisbet, J. u.a. (Hrsg.): World Yearbook of Education. London 1985, S. 231-250.

Fox, R.S./Lippit, R.: The Innovation of classroom mental health practices. In: Miles, M. (Hrsg.): Innovation in education. New York 1964, S. 271-297.

Gstettner, P.: Handlungsforschung. In: Flick, U./Kardoff, E.V./Keupp, H. u.a. (Hrsg.): Handbuch Qualitative Sozialforschung. München 1991, S. 266-268.

Haag, F./Krüger, H./Schwärzel, W./Wildt, J. (Hrsg.): Aktionsforschung. Forschungsstrategien, Forschungsfelder und Forschungspläne. München 1972.

Habermas, J.: Technik und Wissenschaft als Ideologie. Frankfurt a.M. 1968.

Habermas, J.: Vorbereitende Bemerkungen zu einer Theorie der kommunikativen Kompetenz. In: Habermas, J./Luhmann, N.: Theorie der Gesellschaft oder Sozialtechnologie. Frankfurt a.M. 1971, S. 101-170.

Haeberlin, U. Empirische Analyse und pädagogische Handlungsforschung. In: Zeitschrift für Pädagogik 21 (1975), H. 5, S. 653-676.

Heinze, T.: Qualitative Sozialforschung. Opladen ^{3}1995.

Heinze, T./Müller, E./Stickelmann, B./Zinnecker, J.: Handlungsforschung im pädagogischen Feld. München 1975.

Helsper, W./Krüger, H.-H. u.a.: Unpolitische Jugend? Eine Studie zum Verhältnis von Schule, Anerkennung und Politik. Wiesbaden 2006.

Klafki, W.: Handlungsforschung. In Wulf, Ch. (Hrsg.): Wörterbuch der Erziehung. München 1974, S. 267-272.

Klafki, W.: Handlungsforschung im Schulfeld. In: Klafki, W.: Aspekte kritisch-konstruktiver Erziehungswissenschaft. Weinheim/Basel 1976, S. 59-96.

Kordes, H.: Pädagogische Aktionsforschung. In: Haft, H./Kordes, H. (Hrsg.): Methoden der Erziehungs- und Bildungsforschung. Bd. 2 der Enzyklopädie Erziehungswissenschaft. Stuttgart 1984, S. 185-222.

Krüger, H.-H.: Curriculumreform in der Bundesrepublik Deutschland. Perspektiven einer handlungsorientierten Alternative. Meisenheim 1977.

Krüger, H.-H.: Handlungsforschung. In: Speichert, H. (Hrsg.): Kritisches Lexikon der Erziehungswissenschaft und Bildungspolitik. Reinbek 1975, S. 163-164.

Krüger, H.-H. (Hrsg.): Von der pädagogischen Handlungsforschung zur kritischen Bildungsforschung. In Braun, K.-H./Krüger, H.-H. (Hrsg.): Pädagogische Zukunftsentwürfe. Opladen 1997, S. 71-84.

Lewin, K.: Tatsachenforschung und Minoritätenprobleme (1946). In: Lewin, K.: Die Lösung sozialer Konflikte. Bad Nauheim 1968, S. 278-304.

Liebau, E.: Untersuchungen zur Realität schulbezogener Handlungsforschung. Göttingen (Dissertation) 1979.

Lukesch, H./Zecha, G.: Neue Handlungsforschung? Programm und Praxis gesellschaftskritischer Sozialforschung. In: Soziale Welt 29 (1978), H. 1, S. 26-43.

Mc Niff, J.: Action Research. Principles and practice. London 1988.

Mollenhauer, K.: Diskussionsbeitrag zur Frage pädagogischer Handlungsforschung. In: Beiträge zur Bildungstechnologie (1972), H. 3, S. 12-16.

Moser, H.: Methoden der Aktionsforschung. München 1977.

Moser, H.: Grundlagen der Praxisforschung. Freiburg 1995.

Prengel, A.: Perspektivität anerkennen – zur Bedeutung von Praxisforschung in der Erziehung und Erziehungswissenschaft. In: Prengel, A./Friebertshäuser, B. (Hrsg.): Handbuch Qualitative Forschungsmethoden in der Erziehungswissenschaft. Weinheim 2003, S. 599-627.

Ratke, F.O.: Wider ein restringiertes Verständnis von Aktionsforschung. In: Beiträge zur Bildungstechnologie (1975), H. 1, S. 11-25.

Sagor, R.: The Action Research Guidebook. A Four-Step Prozess for Educators. London 2004.

Schäfer, K.-H.: Forschungsmethoden in der Pädagogik. In: Rombach, H. (Hrsg.): Wörterbuch der Pädagogik, Bd. 1, Freiburg/Basel/Wien 1977, S. 308-316.

Schratz, M.: Researching While Teaching. In: Journal on Excellence in College Teaching (1990), H. 1, S. 98-108.

Soeffner, H.-G.: Alltagsverständnis und Wissenschaft – Anmerkungen zu einem alltäglichen Mißverständnis. In: Zedler, P./Moser, H. (Hrsg.): Aspekte qualitativer Sozialforschung. Opladen 1983, S. 13-28.

Wiesner, J.: Handlungs- und Aktionsforschung. In: Hierdeis, H./Hug, T. (Hrsg.): Taschenbuch der Pädagogik, Bd. 2, Baltmannsweiler 1996, S. 575-589.

Wulf, Ch.: Theorien und Konzepte der Erziehungswissenschaft. Weinheim/München [3]1982.

Zinnecker,J./Stickelmann, B./Müller, E./Heinze, T.: Die Praxis von Handlungsforschung. Berichte aus einem Schulprojekt. München 1975.

II.4. Qualitative Methoden erziehungswissenschaftlicher Forschung

Inhalt

II.4.1. Entstehungskontext, Grundannahmen und Forschungsfelder

Qualitative Methoden zielen darauf ab, Lebenswelten, soziales Handeln oder Lebensgeschichten in den verschiedensten Bereichen von Erziehung und Bildung zu untersuchen. Die neuere Diskussion um qualitative Forschungsmethoden in der Erziehungswissenschaft setzte in den 1970er Jahren ein. Die Orientierung an qualitativen Methoden bot zum einen die Möglichkeit, an die eigene hermeneutische Tradition in der Erziehungswissenschaft anzuknüpfen, zum anderen durch die Rezeption entsprechender Theorien und Forschungsansätze aus den Sozialwissenschaften Modernität und Internationalität zu dokumentieren. Inzwischen sind qualitative Methoden zu einem wichtigen Segment im Spektrum der Forschungsmethoden der Erziehungswissenschaft, aber auch der Nachbardisziplinen, wie der Soziologie, der Psychologie oder der Geschichtswissenschaft, geworden (vgl. Flick/Kardoff/Keupp u.a. 1991; Flick/Kardoff/Steinke 2000; Packer/Addison 1989).

Definition von qualitativen Forschungsmethoden

Die Bezeichnung „qualitative" Methoden hat selbstverständlich nichts mit der Qualität von Forschungsprojekten oder der Qualifikation des Forschungspersonals zu tun. Kennzeichen qualitativ-empirischer Forschung ist vielmehr, dass sie sich am Ziel einer möglichst gegenstandsnahen Erfassung der ganzheitlichen Eigenschaften (qualia) sozialer Felder orientiert (vgl. Terhart 2003). Charakteristisch für qualitative empirische Forschung ist zudem, dass sie versucht, durch einen möglichst unvoreingenommenen, unmittelbaren Zugang zum jeweiligen sozialen Feld und unter Berücksichtigung der Weltsicht der dort Handelnden, ausgehend von dieser unmittelbaren Erfahrung, Beschreibungen, Rekonstruktionen oder Strukturgeneralisierungen vorzunehmen. Das bedeutet auch, dass sie im Gegensatz zu dem streng theorie- und hypothesengeleiteten Vorgehen der quantitativen empirischen Forschung bemüht ist, Abstraktionen aus Erfahrung zu generieren und dabei einen Rückbezug auf diese Erfahrungen kontinuierlich aufrechtzuerhalten (vgl. Girtler 1984, S. 38; Strauss 1994, S. 13).

Die Anfänge qualitativer Forschung

Obwohl Diskussionen um eine Wiederbelebung der qualitativen Forschung in der Erziehungswissenschaft erst Mitte der 1970er Jahre dieses Jahrhunderts einsetzten, haben qualitative Forschungsansätze, etwa in Gestalt der Biographieforschung oder der Ethnographie, in der Geschichte der Pädagogik bereits eine lange Tradition. So betonten bereits die Aufklärungspädagogen Trapp und Niemeyer bei ihren Bemühungen, eine moderne wissenschaftliche Pädagogik zu begründen, die grundlegende Bedeutung biographischer und ethnographischer Ansätze für eine Theorie und Praxis der Erziehung. Lebensläufe und Autobiographien bilden daher ebenso wie die Beobachtung von Kindern die empirischen Grundlagen modernen pädagogischen Denkens, die im 18. Jahrhundert formuliert werden (vgl. Krüger 1995, S. 32). Allerdings ging die pädagogische Theoriebildung im 19. Jahrhundert als Bildungsphilosophie und Unterrichtswissenschaft bei Humboldt und Herbart und ihren Nachfolgern dann andere Wege (vgl. Herrmann 1991, S. 44ff.).

Qualitative Forschung in den 1920er Jahren

Eine erste Blütezeit erlebte die qualitative Forschung in der Pädagogik und Psychologie im deutschsprachigen Raum in den 1920er Jahren dieses Jahrhunderts, während sie in der deutschen Soziologie anders als in den USA, wo die qualitative Forschung im Umkreis der Studien der Chigago-Schule einen enormen Aufschwung erlebte, keine Rolle spielte (vgl. Fischer-Rosenthal 1991, S. 115ff.). In der Pädagogik waren es jedoch nicht die Vertreter der Geisteswissenschaftlichen Pädagogik, die zu einer Renaissance der qualitativen Forschung, etwa in Form der Biographieforschung, beitrugen. Dies ist um so erstaunlicher, als das Erleben und die Selbstbiographie für Wilhelm Dilthey geradezu den Angelpunkt zum „Aufbau der geschichtlichen Welt in den Geisteswissenschaften" (1910) bilden und einer seiner Schüler, Georg Misch, die erste umfassendere Darstellung einer „Geschichte der Autobiographie" (1900) vorgelegt hat (vgl. Schulze 1991, S. 157). Vielmehr waren es die VertreterInnen der Pädagogischen Psychologie und Entwicklungspsychologie, wie Clara und William Stern sowie Karl und Charlotte Bühler, denen es gelang, biographische und ethnographische Methoden für die Psychologie und Pädagogik fruchtbar zu machen. So legte z.B. Charlotte Bühler eine umfangreiche Sammlung von Tagebüchern an und sie untersuchte diese Quellen unter generationsvergleichender Perspektive sowie im Kontext einer Psychologie des Lebenslaufes (vgl. Bühler 1932, 1934). Im Kontext des von William Stern geleiteten Hamburger Instituts für Jugendkunde wurde von Martha Muchow und Hans Heinrich Muchow (1935/1978) eine Studie zum „Lebensraum des Großstadtkindes" durchgeführt, die als einer der ersten fundierten Beiträge für eine ökologisch orientierte Lebensweltforschung zur Straßensozialisation von Kindern und Jugendlichen angesehen werden kann. Wichtige Anstöße für eine qualitativ orientierte Jugendforschung gingen auch von dem österreichischen Pädagogen und Psychoanalytiker Siegfried Bernfeld aus, der das Tagebuch als Quelle kultureller Selbstdarstellungen Jugendlicher interpretierte sowie von deutschen Jugendpädagogen, wie Dehn oder Dinse, die in den 1920er Jahren Schüler und Schülerinnen Aufsätze schreiben ließen, um auf der Basis dieser Materialien die Lebenswelten und Lebensvorstellungen von Arbeiterjugendlichen untersuchen zu können (vgl. Dudek 1990, S. 288f.).

Im Bereich der Schul- und Unterrichtsforschung entwickelten zudem Peter und Else Petersen seit den 1920er Jahren mit dem phänomenologisch inspirierten Konzept der pädagogischen Tatsachenforschung erste Ansätze für eine Methode pädagogischer Ethnographie, die sich vor allem auf die Beobachtung von pädagogischen Situationen in der Jena-Plan-Schule stützte (vgl. Ruprecht 1978, S. 128f.).

In der Nachkriegszeit spielte die qualitative Forschung weder in der Pädagogik noch in den Nachbardisziplinen, der Psychologie und Soziologie, die sich an quantitativ ausgerichteten amerikanischen Vorbildern orientierten, in Westdeutschland eine große Rolle. Erneut waren es Vertreter der pädagogischen Jugendforschung, wie Roeßler (1957) und Bertlein (1960), die an Traditionen qualitativer Forschung der 1920er Jahre anknüpften, indem sie auf der Basis der Analyse von Schüleraufsätzen das Selbstverständnis und die Mentalität der westdeutschen Jugendgeneration herauszuarbeiten suchten. Oder es waren pädagogische Praktiker, wie der Lehrer Stückrath, der zusammen mit dem Hochschullehrer Wetzel Anfang der 1960er Jahre eine von der Tradition der psychologischen Phänomenologie beeinflusste Studie „Vom Ausdruck des Kindes" (1962) veröffentlichte, bei der es sich um das seltene Beispiel einer in Photos dokumentierten Ethnographie von Kindern im Unterricht handelt (vgl. Zinnecker 1995, S. 24).

Die Renaissance qualitativer Forschung seit den 1970er Jahren

Erst Anfang der 1970er Jahre kam es in mehreren Disziplinen zugleich und zeitgleich auch in mehreren westeuropäischen Ländern sowie in den USA und Kanada zu einer Renaissance der qualitativen Forschung. Wichtige Impulse für dieses Revival der qualitativen Forschung gingen zum einen von der von der Studentenbewegung wiederendeckten Psychoanalyse sowie von dem neu erwachten Interesse an den Traditionen von Phänomenologie (Husserl) und verstehender Soziologie (Weber, Schütz) aus. Vor allem aber die breite Rezeption der amerikanischen Theorietraditionen des Symbolischen Interaktionismus (Mead, Goffmann, Blumer), der Ethnomethodologie (Garfinkel, Cicourel) und der naturalistischen Sozialwissenschaft (Schatzmann, Strauss) zunächst in der westdeutschen Soziologie (vgl. Habermas 1967; Arbeitsgruppe Bielefelder Soziologen 1972; Hopf/Weingarten 1979), dann in der Erziehungswissenschaft (vgl. Mollenhauer 1972; Brumlik 1973, 1983; Parmentier 1983) und mit einiger Verzögerung in der Psychologie (vgl. Jüttemann 1985) beeinflusste in entscheidender Weise die methodologischen Begründungsversuche für das Konzept eines qualitativen Forschungsansatzes.

Grundannahmen der qualitativen Forschung

Terhart (2003) hat in einem Überblicksartikel die zentralen methodologischen Grundannahmen der qualitativen Forschung noch einmal systematisch zusammengefasst. Dabei unterscheidet er zwischen Gegenstandsannahmen, daraus resultierenden forschungsmethodischen Konsequenzen sowie Vorstellungen über den pragmatischen Nutzen qualitativer Methoden, die ich noch um Fragen der Geltungsbegründung qualitativ erhobener Daten und Auswertungsresultate ergänzen möchte. Qualitative Forschung geht von einem Gegenstandsverständnis aus, das die soziale Welt als eine durch interaktives Handeln konstituierte Welt begreift, die für den Einzelnen, aber auch für Kollektive sinnhaft strukturiert ist. Wenn die soziale Welt als sinnhaft strukturierte, immer schon gedeutete erlebt wird, so ist es im Rahmen von Sozialforschung, die sich am Handeln der Menschen orientiert, zunächst wichtig, die soziale Welt aus der Perspektive der Handelnden selbst zu sehen, d.h. subjektive Sinnstrukturen nachzuzeichnen. Manche Formen qualitativer Forschung beschränken sich hierauf, andere wiederum überschreiten die Ebene dieses Nachvollzuges, indem sie Regeln, Muster oder Strukturen zu erkennen suchen, die die Ebene des subjektiven Sinns überschreiten und insofern dem Handelnden nicht mehr bewusst sind, gleichwohl aber folgenreiche Bedeutung für sein Handeln haben (vgl. Lamnek 1988, S. 32; Krüger 2000; Terhart 2003).

Zielt der qualitative Forschungsansatz auf eine möglichst authentische und komplexe Erfassung der Perspektiven der Handelnden, so ist zweitens die Offenheit des Feldzuganges eine zentrale Voraussetzung. Qualitative Forschung will dem jeweiligen Gegenstandsbereich keine vorab formulierten Theoriekonzepte überstülpen, sondern Verallgemeinerungen und Modelle aus der möglichst unverstellten Erfahrung des Forschers im Untersuchungsfeld selbst gewinnen. Der Forschungsprozess ist zwar durch Fragestellungen angeleitet, diese werden jedoch im Verlauf des Untersuchungsprozesses ständig modifiziert und erweitert. Theorien sind aus dem Erfahrungsprozess, aus dem Material sich entwickelnde Konstruktionen, und somit gegenstandsbezogene Theorien (vgl. Strauss/Corbin 1996, S. 8).

Hinsichtlich der pragmatischen Dimensionen, d.h. der praktischen Bedeutung qualitativer Forschung, gehen die Meinungen sehr weit auseinander: Ansätze bewusster ethnographischer „Indifferenz", die nur verstehen und beschreiben wollen, wie es da draußen wirklich ist oder rekonstruktive Verfahren, die latente objektive Sinnstrukturen zu dechiffrieren suchen, stehen kommunikativ-dialogischen Verfahren diametral gegenüber, die im Sinne aktivierender Sozialforschung Lernprozesse bei Forschern und Erforschten auszulösen suchen und die im Sinne einer kommunikativen Validierung (vgl. Heinze 1987) die beforschten Subjekte in die Interpretation der Daten mit einbeziehen wollen (vgl. Terhart 2003). In den aktuellen Diskussionen um die qualitative Forschung bzw. in den Überlegungen um die Weiterentwicklung der Gütekriterien qualitativer Forschung nimmt die zuletzt genannte Position jedoch nur noch eine eher randständige Bedeutung ein.

Gütekriterien qualitativer Forschung

Neben Versuchen, die klassischen Gütekriterien der empirisch-quantitativen Forschung, vor allem die Kriterien der Gültigkeit (Validität) und der Zuverlässigkeit (Reliabilität), auf die qualitative Forschung anzuwenden bzw. zu diesem Zweck zu modifizieren (vgl. Lamneck 1988, S. 140ff.), wurden in den letzten Jahren in einigen Ansätzen methodenangemessene Gütekriterien für die qualitative Forschung entwickelt, die die klassischen quantitativen Gütekriterien ersetzen sollen. Die bekanntesten sind das Konzept der analytischen Induktion, bei der nach der Entwicklung einer vorläufigen Theorie auf der Basis von Fallanalysen solange nach von den bis dahin gewonnenen Erkenntnissen abweichenden Fällen gesucht wird, bis eine universelle Annahme etabliert ist (vgl. Bühler-Niederberger 1991, S. 446). Ein anderer Ansatz ist das Verfahren der Triangulation. Unter diesem Stichwort wird die Kombination verschiedener Datenmaterialien, verschiedener Forscher bzw. Untersuchungsgruppen, die Verknüpfung verschiedener Theorieansätze oder die Kombination verschiedener Methoden bei der Analyse des gleichen Phänomens verstanden (vgl. Denzin 1989, S. 237f.). Triangulation lässt sich als Ansatz der Geltungsbegründung der Erkenntnisse, die mit qualitativen Methoden gewonnen wurden, verwenden, wobei die Geltungsbegründung nicht allein in der Überprüfung von Resultaten, sondern auch in der systematischen Erweiterung und Vervollständigung von Erkenntnismöglichkeiten liegt (vgl. Flick 2004, S. 25ff.).

Die hier skizzierten Grundannahmen und Prinzipien qualitativer Forschung gelten für Forschungsprozesse im Bereich der Erziehungswissenschaft ebenso wie in den sozialwissenschaftlichen Nachbardisziplinen. Was die qualitative Forschung in der Erziehungswissenschaft von den Nachbarwissenschaften unterscheidet, ist eine Präferierung bestimmter qualitativer Forschungstypen sowie selbstverständlich ein spezifisch eigenständiges Gegenstands- und Untersuchungsfeld. Ein Schwerpunkt der qualitativen erziehungswissenschaftlichen Forschung in den beiden vergangenen Jahrzehnten lag in der Durchführung von Lebensweltstudien, die an sozialphänomenologische und interaktionistische Theorietraditionen anknüpfen und die sich mit der kritischen Analyse des Alltags in pädagogischen Institutionen, wie der Schule, dem Heim oder der Jugendgerichtsbarkeit ebenso beschäftigen wie mit der außerschulischen Lebenswelt von HauptschülerInnen, StudentInnen, Fußballfans oder Obdachlosen (vgl. zusammenfassend Brumlik 1983, S. 242f.; Krüger 1993, S. 25ff.).

Forschungsschwerpunkte der qualitativen erziehungswissenschaftlichen Forschung

Ein zweiter Forschungsschwerpunkt umfasst eher mikroskopisch orientierte Interaktionsstudien, die ethnomethodologische Betrachtungsweisen, das Konzept des „labeling approach“ oder neuerdings auch Auswertungsstrategien der Objektiven Hermeneutik aufgreifen, um Stigmatisierungsprozesse in der Schule, in sozialpädagogischen Institutionen, Schülertaktiken im Unterricht, Interaktionskonflikte zwischen Kindern und Jugendlichen in der Schulklasse und auf dem Schulhof oder z.B. die Sozialarbeiter-Klientel-Interaktionen in der Familienfürsorge eines städtischen Jugendamtes untersuchen zu können (vgl. Combe/Helsper 1994; Helsper/Krüger u.a. 2006; zusammenfassend Parmentier 1983, S. 253ff.).

Ein dritter zentraler Forschungstypus der qualitativen erziehungswissenschaftlichen Forschung ist die Biographieforschung. In diesem Feld werden in Anlehnung an Traditionen der „oral history“ oder an sozialisationstheoretische bzw. phänomenologisch-anthropologische Ansätze vergangene Sozialisationsbedingungen und Verlaufsformen des Erwachsenenwerdens, Statuspassagen vom Kindes- ins Jugendalter bzw. Erwachsenenalter, bestimmte biographische Übergangsphasen, z.B. von der Schule in den Beruf oder etwa Biographien von LehrerInnen, SozialarbeiterInnen oder KursleiterInnen in der Erwachsenenbildung analysiert (vgl. zusammenfassend Krüger 2006).

Ein weiteres qualitatives Forschungsdesign, das im Rahmen der Erziehungswissenschaft einen festen Platz einnimmt, ist die qualitative Inhaltsanalyse, die sich mit der Interpretation von sinnhaltigen Dokumenten, z.B. Schüleraufsätzen, Jugendzeitschriften, Schülerzeichnungen, Fotos, Filmsequenzen oder Videos beschäftigt (vgl. Merkens 1984; Garz/Kraimer 1991; Groeben/Rustemeyer 1995; Ehrenspeck/Schäffer 2003; Bohnsack 2008).

Die in jüngster Zeit veröffentlichten Bilanzen und Lehrbücher zur qualitativen Forschung in der Erziehungswissenschaft (vgl. Friebertshäuser/Prengel 2003; König/Zedler 1995; Krüger/Marotzki 2006) machen zudem deutlich, dass die qualitative Forschung in der Erziehungswissenschaft inzwischen über ein breites Anwendungsfeld verfügt. Forschungsprojekte mit qualitativer Orientierung werden gegenwärtig in fast allen erziehungswissenschaftlichen Teildisziplinen und Forschungsfeldern von der historischen Bildungs- und Sozialisationsforschung, über die Kindheits-; Jugend-; Schul- und Hochschulforschung, die Geschlechter- und Frauenforschung bis hin zur Schul- und Berufspädagogik, Medienpädagogik, Erwachsenen- und Altenbildung und Sozialpädagogik durchgeführt.

II.4.2. Schritte und Methoden qualitativer erziehungswissenschaftlicher Forschung

(a) Forschungsarrangement, Fragestellungen, Auswahlkriterien

Im Gegensatz zur quantitativen Forschung, deren Forschungslogik durch ein lineares Modell des Forschungsprozesses gekennzeichnet ist, orientiert sich qualitative Forschung an einem zirkulären Modell der Abfolge der Forschungsschritte. Die klassische Variante der quantitativen Sozialforschung setzt mit der Modellbildung über die vermuteten Bedingungen und Zusammenhänge ein. Dabei wird auf Wissensbestände aus der Literatur oder zuvor festgelegte empirische

Zusammenhänge zurückgegriffen. Daraus werden Hypothesen abgeleitet, die in operationalisierter Form in empirischen Zusammenhängen überprüft werden (vgl. Flick 1991, S. 150).

Demgegenüber wird in qualitativen Forschungsansätzen, die sich am Konzept einer gegenstandsbezogenen Theoriebildung (vgl. Glaser/Strauss 1967; Strauss 1994) orientieren, den Daten und dem untersuchten Feld Priorität gegenüber den theoretischen Annahmen eingeräumt. Dabei beginnt auch der qualitative Forschungsprozess nicht als tabula rasa, sondern orientiert sich an einem Vorverständnis über das zu untersuchende Feld. Aber dieses Vorverständnis, in das auch aus der Fachliteratur gewonnene theoretische Annahmen einfließen können, wird als vorläufig angesehen und muss im Verlauf des Forschungsprozesses ständig reformuliert werden. Ziel ist es, eine neue Theorie zu entwickeln, die auf einem wirklichen Austausch zwischen der bereits bestehenden und der sich entfaltenden Theorie beruht (vgl. Strauss 1994, S. 40). Qualitative Forschung als entdeckende Form der Theoriebildung folgt somit einem Prozessmodell des Forschungsprozesses, bei dem Datenerhebung, Interpretation und die daraus resultierende theoretische Erkenntnisfindung eng miteinander verzahnt sind und die Suche nach weiteren Daten erst dann als abgeschlossen angesehen wird, wenn eine theoretische Sättigung der Erkenntnisse über das jeweilige Forschungsfeld erreicht ist (vgl. Strauss/Corbin 1996, S. 159).

Das Prozessmodell qualitativer Forschung

Entsprechend dem Prinzip der Offenheit, an dem sich qualitative Forschung orientiert, wird auf die Formulierung von Vorab-Hypothesen verzichtet (vgl. Hoffmann-Riem 1980, S. 343). Das bedeutet jedoch keineswegs, dass zu Beginn eines Forschungsprozesses nicht eindeutige Fragestellungen festgelegt werden sollen. Je weniger klar die Fragestellung formuliert ist, um so größer ist die Gefahr, dass hinterher Berge von Texten entstehen, vor denen der Forscher und die Forscherin bei der Interpretation hilflos stehen. Die Festlegung der Fragestellung impliziert auch die Eingrenzung des als wesentlich erachteten und besonders interessierenden Ausschnittes eines mehr oder minder komplexen Forschungsfeldes. Interessieren den Forscher in einer Beratungsinstitution z.B. eher die Interaktionsprozesse zwischen Berater und Klienten oder eher die Organisation und Aufrechterhaltung einer bestimmten beruflichen Identität des Helfers unter schwierigen Umständen oder eher die subjekiven oder objektiven Erscheinungsformen der Karriere des Klienten. All dies sind wichtige Aspekte, aus denen sich die Komplexität des Alltags in einer Beratungsinstitution zusammensetzt. In den seltensten Fällen ist es jedoch realistisch und sinnvoll, im Rahmen qualitativer Forschung diese Aspektvielfalt vollständig berücksichtigen zu wollen (vgl. Flick 1991, S. 152). Die Entscheidung für eine genau gefasste Fragestellung im Rahmen qualitativer Forschungsprojekte ist auch deshalb sehr wichtig, weil alle weiteren Forschungsschritte, die Auswahl und Zusammensetzung des empirischen Materials, die Entscheidung für die Instrumente der Datenerhebung sowie die Entscheidung für das bevorzugte Verfahren der Auswertung davon abhängen.

Festlegung der Fragestellungen

Im Gegensatz zur quantitativen Sozialforschung orientiert sich die qualitative Forschung bei der Auswahl der Fälle oder Fallgruppen nicht an einer Vorab-Quotierung nach äußeren sozialstrukturellen Merkmalen (Schicht, Region o.ä.). Aussagen über quantitative Relationen können nicht das Ziel von qualitativer Forschung sein, die sich in der Regel auf geringe Fallzahlen stützt (vgl. Fuchs-

Auswahl der Fälle

Heinritz/Krüger 1991, S. 23). Eine im Rahmen der qualitativen Forschung weit verbreitete Auswahlstrategie ist das sog. „theoretische Sampling", das von Glaser und Strauss (1967) entwickelt wurde. Dabei werden Entscheidungen über die Auswahl und Zusammensetzung des empirischen Materials (Fälle, Untersuchungsgruppen, Institutionen) erst im Prozess der Datenerhebung und -auswertung gefällt. Die Auswahl der konkreten Personen, Gruppen oder Felder orientiert sich am Leitkriterium der aus den empirischen Analysen zu entwickelnden Theorie. Beginnend mit einem entsprechend den forschungsleitenden Fragestellungen ersten Fall entwirft der Forscher nach vollzogener Fallinterpretation für die weitere Theoriebildung interessante hypothetische Kontrastfälle, die sich jeweils von den bis dahin gefundenen Fällen gravierend unterscheiden. Die Auswahl und Einbeziehung weiteren Materials wird abgeschlossen, wenn die „theoretische Sättigung" einer Untersuchungsgruppe erreicht ist, d.h. sich nichts Neues mehr ergibt (vgl. Krüger/von Wensierski 1995, S. 196).

Das theoretische Sampling

Eine andere Auswahlstrategie ist die auf Znaniecki (1936) zurückgehende „Analytische Induktion". Diese Konzeption setzt nach der Entwicklung einer vorläufigen Theorie an der Suche und Analyse von speziell abweichenden Fällen (oder Gruppen) an. Während theoretisches Sampling vor allem auf eine Anreicherung der sich entwickelnden Theorie abzielt, ist die Analytische Induktion an der Absicherung der Theorie durch die Analyse abweichender Fälle orientiert (vgl. Flick 1995, S. 86).

Die analytische Induktion

Manchmal werden in qualitativen Forschungsprojekten auch beide Suchstrategien miteinander kombiniert. So haben wir in einer von Fuchs-Heinritz und mir durchgeführten Studie, in der wir untersuchen wollten, welche biographische Bedeutung Altersnormen als zeitliche Fahrpläne durch die Jugendphase haben, zunächst nach interessanten Fällen gesucht, bei denen wir aufgrund von Vorwissen über die Person der Befragten oder aufgrund theoretischen Vorwissens über die wahrscheinliche Strukturiertheit des Alters- und Zeitbezugs in der Lebensgeschichte besondere, von der Normalität abweichende Muster erwarteten. Nachdem sich nach der Interpretation der ersten Fälle herausstellte, dass abweichende Muster keineswegs unbedingt mit einer ausführlichen Thematisierung von Konflikten um Altersrechte einhergehen, haben wir nach weiteren Fällen gesucht, diesmal jedoch nach Kriterien, die zu unseren ersten theoretischen Annahmen über die interne Struktur des Feldes in Kontrast standen mit dem Ziel, ein breites Spektrum unterschiedlicher Fallstrukturen zu finden (vgl. Fuchs-Heinritz/Krüger 1991, S. 23f.).

(b) Ausgewählte Methoden der qualitativen Datenerhebung

Das kaum noch überschaubare Spektrum an qualitativen Methoden der Datensammlung und -erhebung lässt sich hinsichtlich der jeweils unterschiedlichen Aktivitäten des Forschers in drei methodische Formen unterscheiden: in verschiedene Befragungstechniken, bei der der Forscher auf die intensive Kooperation mit einer oder mehreren erforschten Personen angewiesen ist, in unterschiedliche Beobachtungsverfahren, die eine materialerzeugende Eigenaktivität des Forschers verlangen sowie in nichtreaktive Verfahren, bei der der Forscher das Material in Gestalt von Dokumenten bereits vorfindet und interpretiert (vgl.

Wolcott 1992; Terhart 2003). Bei den verschiedenen Techniken der Befragung muss man noch einmal zwischen dem Einzelinterview und dem Gruppendiskussionsverfahren differenzieren.

Interviewverfahren

Die verschiedenen Formen des Interviews innerhalb der qualitativen Forschung lassen sich am besten nach dem Grad der Strukturiertheit unterscheiden. Die gegenwärtig in der erziehungswissenschaftlichen qualitativen Forschung am meisten verwendete Form des offenen Interviews ist das narrative Interview. Dieses wurde von Fritz Schütze (1976) im Rahmen eines Projektes zur Analyse kommunaler Entscheidungsprozesse und Machtstrukturen entwickelt und ist inzwischen in der erziehungs- und sozialwissenschaftlichen Biographieforschung zum Standard geworden. Im narrativen Interview soll der Befragte die Möglichkeit erhalten, seine gesamte Lebensgeschichte oder einen bestimmten zeitlichen und theoretischen Ausschnitt aus seiner Biographie zu erzählen. Eröffnet wird das narrative Interview durch eine Erzählaufforderung, z.B. „dann würde ich Sie bitten, einfach mal mit ihrer Lebensgeschichte anzufangen" (Riemann 1987, S. 46). In dieser Phase geht es darum, ohne weitere thematische Intervention des Interviewers lebensgeschichtliche Erzählungen zu generieren und aufrechtzuerhalten. Im anschließenden narrativen Nachfrageteil werden Ansätze zur Erzählung, die bis dahin nicht weiter ausgeführt wurden, oder unklar gebliebene Passagen durch erneute Erzählaufforderungen vom Interviewer aufgegriffen. In der abschließenden Bilanzierungsphase werden vom Interviewer dann zunehmend auch abstraktere, auf Beschreibungen und Argumentationen ausgerichtete Fragen gestellt, die auf theoretische Erklärungen für das Geschehene abzielen. In diesem Teil wird der Interviewte als Experte und Theoretiker seiner selbst genommen (vgl. Schütze 1983, S. 285; Jakob 2003).

Das narrative Interview

Ein Beispiel für halbstrukturierte Formen des Interviews ist das problemzentrierte Interview, das Witzel (1982) im Rahmen einer Studie zur Berufsfindung von Jugendlichen entwickelt hat. Wie im narrativen Interview wird zwar auch hier das Erzählprinzip herausgestellt. Allerdings wird gleichzeitig dem Interviewer ein offener Leitfaden als Orientierungshilfe zur Verfügung gestellt. Der Leitfaden soll dazu beitragen, den vom Befragten selbst entwickelten Erzählstrang zum Tragen kommen zu lassen. Jedoch ist er vor allem die Grundlage dafür, bei stockendem Gespräch oder thematischer Abweichung dem Gespräch eine neue Wendung zu geben. Der Interviewer soll anhand des Leitfadens entscheiden, wann er zur Ausdifferenzierung der Thematik sein problemzentriertes Interesse in Form von exmanenten Fragen einbringen will (vgl. Witzel 1982, S. 237f.). Als zentrale Kommunikationsstrategien im problemzentrierten Interview werden der Gesprächseinstieg, allgemeine und spezifische Sondierungsfragen sowie Ad-hoc-Fragen genannt, die zum Abschluss des Interviews vom Interviewer zu Themenbereichen gestellt werden dürfen, die der Befragte bislang noch nicht angesprochen hatte (vgl. Lamnek 1988, S. 76).

Das problemzentrierte Interview

Relativ geschlossene Varianten des Interviews sind stark strukturierte, thematisch orientierte Leitfadeninterviews, wie sie etwa im Rahmen von Experten-Interviews verwendet werden, um Inhalte des Expertenwissens herauszuarbeiten.

Das Leitfadeninterview

Wenn konkrete Aussagen über einen Gegenstand Ziel der Datenerhebung sind, ist ein Leitfaden-Interview sicherlich der effektivste Weg. Allerdings besteht hier auch am ehesten die Gefahr einer Leitfadenbürokratie (Hopf 1978, 2000), wenn der Interviewer zu stark am Leitfaden klebt und dadurch den auch in solchen Interviews möglichen Gewinn an Kontextinformationen verschenkt (vgl. Flick 1995, S. 112f.).

Gruppendiskussionsverfahren

Gruppendiskussionsverfahren sind im deutschsprachigen Raum zum ersten Mal von Pollock (1955) im Rahmen des Frankfurter Instituts für Sozialforschung in den 1950er Jahren zur Untersuchung von Phänomenen des politischen Bewusstseins der westdeutschen Bevölkerung eingesetzt, von Mangold (1960) in den 1960er Jahren ausführlich methodologisch diskutiert und in den letzten Jahren vor allem von Bohnsack (1991, 1996; vgl. auch Bohnsack u.a. 2001, 2006) weiterentwickelt und zunächst in der Jugendforschung praktisch erprobt worden. Nach Mangold (1960) ersetzt die Gruppendiskussion nicht das Einzelinterview, sondern ist vielmehr dazu geeignet, informelle Gruppenmeinungen zu untersuchen. Dabei kann das Ziel darin bestehen, situationsbezogene Orientierungen und konkrete Aushandlungsprozesse in Realgruppen zu analysieren (vgl. Nießen 1977). Oder es wird versucht, auf der Basis von Diskussionen mit homogenen Gruppen aus gemeinschaftlichen sozialen Milieus, die für Großgruppen spezifischen kollektiven Deutungsmuster zu erschließen (vgl. Bohnsack 1991, S. 112).

Der Ablauf von Gruppendiskussionen

Der Ablauf von Gruppendiskussionen ist nicht in einem einheitlichen Schema darstellbar, da er von der Dynamik in der Gruppe und ihrer Zusammensetzung wesentlich bestimmt wird. Zwar wird in den meisten Fällen die Gruppendiskussion durch einen Forscher geleitet, der die Diskussion durch einen thematischen Diskussionsanreiz eröffnet und das weitere Gespräch entweder formal leiten oder thematisch steuern oder auch auf die Dynamik der Interaktion Einfluss nehmen kann (vgl. Loos/Schäffer 2001). Welche Wendungen die Diskussion in ihrem weiteren Verlauf nimmt, ist dennoch kaum vorhersagbar, weshalb die methodischen Interventionen zur Steuerung der Gruppe nur annäherungsweise geplant und ein großer Teil der Entscheidungen in der Datenerhebung nur aus der Situation heraus getroffen werden können (vgl. Flick 1995, S. 135). Gruppendiskussionen werden ebenso wie Interviews auf Tonband aufgezeichnet und dann nach bestimmten Regeln verschriftlicht. Sie stellen Material bereit, das sowohl die soziale Dynamik der Meinungsbildung in Gruppen als auch kollektive Erfahrungsräume von Gruppen erschließen kann. Im letzten Jahrzehnt hat das Gruppendiskussionsvefahren eine erstaunliche Karriere gemacht und wird inzwischen in einer Vielzahl von erziehungs- und sozialwissenschaftlichen Fachgebieten angewandt (vgl. Bohnsack u.a. 2001; Bohnsack u.a. 2006; Krüger/Köhler/Zschach/Pfaff 2008)

Beobachtungsverfahren

Beobachtungsverfahren als Methoden der Datenerhebung haben in der Ethnologie und Kulturanthropologie im Zusammenhang der Erforschung fremder Kulturen eine lange Tradition, die bis ins späte 19. Jahrhundert zurückreicht. In der Soziologie nahmen diese Methoden erstmals im Rahmen der Feldstudien der Chicagoer Schule in den 1920er Jahren über Obdachlose, Cliquen krimineller Jugendlicher oder Tanzhallen einen zentralen Platz ein (vgl. Leggewie 1991, S. 190). Auch gegenwärtig werden mit diesen Methoden im Kontext der qualitativen Feldforschung in der Soziologie vor allem die Lebenswelten von Randgruppen, wie z.B. Drogenabhängige, Obdachlose oder Phänomene abweichenden Verhaltens (vgl. Girtler 1984; Goffman 1991) analysiert. Untersuchungsschwerpunkte von erziehungswissenschaftlichen Studien, die mit diesem Verfahren arbeiten, sind Interaktionen im Unterrichts- und Schulalltag (vgl. Merkens 1984; Krappmann/Oswald 1995; Breidenstein/Kelle 1998) oder etwa Alltagsszenen in unterschiedlichen studentischen Fachkulturen (vgl. Apel/Engler/Friebertshäuser u.a. 1995).

Unterschiedliche Arten von Beobachtungsverfahren

Die verschiedenen Beobachtungsverfahren lassen sich zum einen hinsichtlich des Grades an Vorstrukturierung des Beobachtungsprozesses unterscheiden. Dabei werden im Rahmen der qualitativen Forschung eher unstrukturierte, offene und flexible Formen der Beobachtung bevorzugt, bei denen nicht mit einem vorher detailliert ausgearbeiteten Beobachtungsschema Alltagssituationen im zu untersuchenden Feld festgehalten werden (vgl. Lamnek 1988, S. 275). Beobachtungsverfahren kann man zum zweiten nach dem unterschiedlichen Grad der Involviertheit des Forschers ins Feld in nicht teilnehmende Formen der Beobachtung, bei der Forschungsfelder aus einer distanzierten Außenperspektive betrachtet werden sollen und in Formen der teilnehmenden Beobachtung differenzieren, bei der der Forscher in das zu untersuchende Feld eintaucht. Eine dritte Dimension, nach denen man Beobachtungsverfahren klassifizieren kann, ist die Frage, ob man den Beobachteten den Vorgang der Beobachtung mitteilt, also eine offene Form der Beobachtung wählt oder ob man verdeckt beobachtet, eine Beobachtungsstrategie, die jedoch unter forschungsethischen Gesichtspunkten höchst fragwürdig ist (vgl. Flick 1995, S. 157).

Ein zentrales Problem, das sich bei allen Formen der Beobachtung stellt, ist der epistemologische Status der Beobachtungsnotizen und -protokolle oder anders formuliert die Frage, ob in diesen Protokollen die beobachteten Alltagssituationen festgehalten worden sind oder nur die Sichtweise des Beobachters auf das zu untersuchende Feld. Um diese Schwäche wirkungsvoll begrenzen und kontrollieren zu können, wird in neueren Arbeiten zur ethnographischen Feldforschung zumeist auf das Konzept der Methoden-Triangulation zurückgegriffen, d.h., Verfahren der teilnehmenden Beobachtung werden durch andere Methoden der Datenerhebung, wie Dokumentenanalyse, biographische Interviews, Photointerviews, Videoaufnahmen etc. ergänzt (vgl. etwa Hitzler/Honer 1991; Apel/ Engler/Friebertshäuser u.a. 1995; Honer 2000).

Nichtreaktive Verfahren

Dokumentenanalyse

Nichtreaktive Verfahren sind solche, bei denen der Forscher nicht Teilhaber an oder Akteur in sozialen Situationen zum Zwecke der Materialerhebung ist, sondern mit Material arbeitet, das er vorfindet. In der inzwischen schon klassischen Publikation von Webb, Campbell, Schwartz und Sechrest (1966) zu nichtreaktiven Verfahren werden eine Fülle von Forschungsmöglichkeiten zu bereits vorliegenden Materialien vorgestellt, z.B. die Analyse von Spuren etwa in Gestalt von Graffitis, die Inhaltsanalyse von Dokumenten oder die Auswertung von Archivdaten. In der Erziehungswissenschaft hat die Sammlung und Analyse von Tagebüchern, Autobiographien oder Schüleraufsätzen eine Tradition, die bis in die 1920er Jahre zurückgeht. In der sozialgeschichtlich orientierten Bildungs- und Sozialforschung nimmt inzwischen die Auswertung von Archivdaten, Kirchenkonventsprotokollen, Zeugnissen, Hausordnungen, schulischen Kleiderordnungen etc. einen breiten Raum ein (vgl. Krüger 2002, S. 296). Eine zunehmende Bedeutung als Quellen und Datenbereiche im Rahmen der qualitativen Forschung in der Erziehungswissenschaft und ihren Nachbardisziplinen haben neuerdings auch visuelle Dokumente wie Bilder, Zeichnungen und Photos oder auch audiovisuelle Dokumente in Gestalt von Filmen oder Videoaufzeichnungen (vgl. etwa Mollenhauer 1995; Heinze-Prause/Heinze 1996; Ehrenspeck/Schäffer 2003).

Auswertung von Archivdaten

(c) Ausgewählte Methoden der qualitativen Datenauswertung

Angesichts der enormen Expansion und Ausdifferenzierung der Auswertungsstrategien qualitativer erziehungs- und sozialwissenschaftlicher Forschung in den letzten beiden Jahrzehnten ist eine Bündelung und Systematisierung von unterschiedlichen Typen interpretativer Datenauswertung nicht gerade einfach. Dennoch habe ich versucht, in Abbildung 4 einen solchen Ordnungsversuch vorzulegen, der durch die Überlegungen von Lüders/Reichertz (1986) und vor allem durch die Vorschläge von Marotzki (1995) angeregt worden ist und der nicht den Anspruch auf Vollständigkeit erhebt. Dabei unterscheide ich grob drei Richtungen der qualitativen Datenauswertung, nämlich erstens solche, die zunächst einmal das Material ordnen, vor allem auf einen Nachvollzug des subjektiv gemeinten Sinns ausgerichtet sind und teilweise auch zu einer Typenbildung gelangen, zweitens solche, die aus qualitativen Daten eine gegenstandsbezogene Theorie entwickeln wollen und die auf eine Rekonstruktion sozialen Handelns abzielen und drittens jene Ansätze, die solche Strukturen zu dechiffrieren versuchen, die sich unabhängig vom Wissen und Wollen der Handelnden als generative Muster durchsetzten.

Abbildung 4: Qualitative Methoden der Datenauswertung

deskriptiv-analytisch-typologisch	theoriebildend	tiefenstrukturell
Sozialwissenschaftliche Paraphrasierung Analyse subjektiver Theorien Qualitative Inhaltsanalyse Textstrukturelle Analyse	grounded theory Narrationsanalyse Dokumentarische Methode	Psychoanalytische Textinterpretation Objektive Hermeneutik Diskursanalyse

Deskriptiv-analytisch-typologische Konzepte

Das Konzept der sozialwissenschaftlichen Paraphrasierung ist Ende der 1970er Jahre von Heinze/Klusemann (1979) begründet und von Heinze (1987) in den 1980er Jahren weiterentwickelt worden. Es handelt sich hierbei um ein eher deskriptives Verfahren der Textinterpretation. In Anlehnung an interaktionistische bzw. wissenssoziologisch beeinflusste Konzepte wird versucht, Realitätsinterpretationen der Befragten in ihren aktuellen Ausdrucksformen und biographischen Verlaufsformen nachzuzeichnen (vgl. ähnlich Kieper 1980). Der erste Schritt der Interpretation besteht darin, durch ein virtuelles Sich-Hinein-Versetzen die handlungsleitenden Alltagstheorien der Interviewten angemessen zu erfassen. Der zweite Schritt der Auswertung ist die metakommunikative Rekonstruktionsphase der Interpretation. In dieser Phase werden die von den Interpreten bereits herausgearbeiteten Erklärungsmuster kritisch überprüft und gegebenenfalls revidiert. Der dritte Schritt der Interpretation ist die Herausarbeitung einer Kernaussage, die gleichsam die Quintessenz und der handlungsleitende Bezugspunkt der Alltagstheorien der Interviewten ist (vg. Heinze 1995). So mündet beispielsweise die von Heinze vorgenommene Interpretation der Lebensgeschichte einer Fernstudentin in dem Fazit, dass diese das Studium an einer Fernuniversität aufgenommen hat, weil sie diese Form des Studiums mit ihrem Lebenskonzept, einerseits intellektuell etwas leisten zu wollen, andererseits aber für die Familie da sein zu wollen, vereinbaren kann (vgl. Heinze 1995, S. 104).

Das Konzept der sozialwissenschaftlichen Paraphrasierung

Die Konzentration auf die Sicht des Subjektes und den Sinn, den es mit den Ereignissen und Erfahrungen verbindet, steht auch im Zentrum der Forschungen über subjektive Theorien, wie sie in der Psychologie vor allem von Groeben u.a. (1988) und in der Erziehungswissenschaft von König (1995) und Fromm (1995) durchgeführt worden sind. Die Erforschung subjektiver Theorien setzt ein Menschenbild voraus, das im Gegensatz zum Behaviorismus menschliches Tun nicht als Verhalten, sondern als aktives und kreatives Handeln deutet. Ziel der Forschung ist es, subjektive Theorien der Befragten zu rekonstruieren, wofür auch eigene Interviewverfahren entwickelt werden. Um dem Ziel der möglichst subjektnahen Rekonstruktion der Konstrukte und Beschreibungen der Befragten zu entsprechen, wurden auch eigene Ansätze zur kommunikativen Validierung der herausgearbeiteten subjektiven Sichtweisen entwickelt. So hat etwa Fromm (1987) als Grundlage für die kommunikative Validierung eine schriftliche Zusammenfassung der subjektiven Theorien der von ihm befragten Schüler und Schülerinnen erstellt, die dann von den InterviewpartnerInnen gegebenenfalls ergänzt oder abgeändert werden konnten.

Die Analyse subjektiver Theorien

Ein weiteres eher deskriptiv orientiertes Konzept der qualitativen Datenauswertung, das sich zur Analyse von Textmaterial gleich welcher Herkunft – von schriftlichen Dokumenten, über Filmsequenzen bis hin zu Interviewmaterial – eignet, ist die qualitative Inhaltsanalyse. Die Inhaltsanalyse ist eine Technik, die zunächst in den Kommunikationswissenschaften in den USA in den 1920er Jahren als quantitative Methode entwickelt wurde, um das enorme Datenmaterial der sich entfaltenden Massenmedien systematisch auswerten zu können. (vgl. Mayring 1991, S. 209). Im deutschsprachigen Raum hat im Rahmen der Soziologie Ritsert (1972) als einer der Ersten versucht, als Alternative dazu eine quali-

Qualitative Inhaltsanalyse

tative Inhaltsanalyse zur Untersuchung von Popularliteratur über den Zweiten Weltkrieg zu entwickeln. In der Erziehungswissenschaft waren es zunächst Mühlfeld u.a. (1981) und in den letzten Jahren vor allem Mayring (1994, 2000), die das Konzept der qualitativen Inhaltsanalyse weiterentwickelt und zur Auswertung von Interviews verwendet haben.

Mayring (1991, S. 210) geht bei der Begründung seines Konzeptes einer qualitativen Inhaltsanalyse von der Grundannahme aus, dass er die Systematik der qualitativen Inhaltsanalyse ohne vorschnelle Quantifizierungen beibehalten will, aber auch ohne den Weg zu Quantifizierungen zu verbauen. Bei der inhaltsanalytischen Auswertung von Interviews, die im Kontext eines Projektes zur subjektiven Verarbeitung von Arbeitslosigkeit von Lehrern und Lehrerinnen erhoben wurden, sichtet er in einer ersten explorativen Phase das vorliegende Material und legt danach ein System von Kategorien fest, auf die das Material untersucht werden soll. Im Zentrum der Auswertung steht dann die Analyse der Aussagen der befragten Personen, die unter Bezug auf drei interpretative Techniken herausgearbeitet und den Kategorien zugeordnet werden. Das konkrete methodische Vorgehen umfasst somit drei Techniken qualitativer Inhaltsanalyse. In der zusammenfassenden Inhaltsanalyse wird das Material so zu reduzieren versucht, dass die wesentlichen Inhalte erhalten bleiben, aber ein überschaubarer Kurztext entsteht. Die explizierende Inhaltsanalyse zielt in die entgegengesetzte Richtung. Sie klärt diffuse, mehrdeutige und widersprüchliche Textstellen durch die Einbeziehung von Kontextmaterial. Die strukturierende Inhaltsanalyse sucht Typen („Ankerbeispiele“) oder formale Strukturen im Material. Dabei werden formale, inhaltliche, typisierende oder skalierende Strukturierungen unterschieden (vgl. Mayring 1994, S. 52ff.). Das von Mayring entwickelte Auswertungskonzept eignet sich zur Rekonstruktion subjektiver Sichtweisen und zur an der Oberfläche von Texten orientierten Analyse von großen Textmengen. Der Nachteil dieses Ansatzes ist jedoch, dass er in der Art der Ausformulierung der einzelnen methodischen Schritte noch sehr stark vom Ideal der quantitativen Forschungslogik geprägt ist und dass er bei der Auswertung die Ebene der Einzelfallinterpretation relativ rasch zugunsten einer kategoriengeleiteten Querschnittsauswertung verlässt.

Textstrukturelle Ansätze

Während im Zentrum der qualitativen Inhaltsanalyse vor allem die semantischen Analysen von Texten stehen, beziehen sich textstrukturelle Ansätze, die in der Regel mit textlinguistischen und konversationsanalytischen Mitteln arbeiten, vor allem auf die formalen Konstitutionsmerkmale von Texten (vgl. Marotzki 1995, S. 70). So hat bereits Mahl (1959) in den 1950er Jahren Gesprächsprotokolle mit psychotherapeutischen Patienten untersucht und aufgrund formaler Eigenschaften (z.B. Sprachkorrekturen, Satzabbrüche, Redundanzen) Indizes für Angst beim Patienten entwickelt. In der Erziehungswissenschaft haben in jüngster Zeit Kokemohr und Koller (1995) diese Art des Zugangs für die Biographieforschung fruchtbar gemacht. Biographien werden mit Hilfe der Rhetorik analysiert, die versucht, die Verfasstheit menschlicher Rede zu begreifen. Dadurch wird erreicht, dass der Prozess der Sinnproduktion in autobiographischen Erzählungen als rhetorischer Prozess aufgefasst und untersucht werden kann.

Theoriebildende Konzepte, die sich an der Grundidee einer engen Verzahnung von Datenerhebung und Datenauswertung orientieren, sind in den USA vor allem von Glaser und Strauss in ihrem Buch „The Discovery of Grounded Theory“ (1967) theoretisch begründet, im letzten Jahrzehnt von Strauss (1994) sowie Strauss/ Corbin (1996) methodologisch weiterentwickelt und beeinflusst von dieser Forschungstradition von Schütze (1976, 1983, 1989, 2006) in einem eigenständigen Auswertungsmodell, der sogenannten Narrationsanalyse, konkretisiert worden. Den Anspruch auf Theoriegenerierung vertritt auch die von Ralf Bohnsack und MitarbeiterInnen wiederbelebte Dokumentarische Methode der Interpretation (1991, 2001, 2003), aus der z.B. mit dem Konzept des aktionistischen Handelns ein für die Erziehungswissenschaft und Soziologie bedeutsames Handlungsmodell hervorgegangen ist.

Anknüpfend an die Theorietraditionen des amerikanischen Pragmatismus (Dewey, Mead) haben Glaser und Strauss seit den 1960er Jahren das Konzept einer gegenstandsbezogenen Theoriebildung entwickelt, das von drei Grundannahmen ausgeht. In der grounded theory wird Wirklichkeit theoriebildend rekonstruiert. Dabei wird eine Kontinuität von alltagsweltlichem und wissenschaftlichem Denken vorausgesetzt. Die im Forschungsstil der grounded theory entwickelten Begriffe, Konzepte und Kategorien sind zudem durch Offenheit charakterisiert. D.h., sie müssen ihre Tauglichkeit zum wissenschaftlichen Erschließen alltäglicher Wirklichkeit in jeder Untersuchung neu erweisen (vgl. Hildenbrand 1994, S. 12ff.). Aus diesen Grundannahmen resultieren vor allem zwei methodologische Prinzipien, die für die qualitative Forschungsarbeit von Glaser und Strauss richtungsweisend sind: die Gleichzeitigkeit von Datenerhebung und Datenauswertung sowie die vergleichende Analyse als Methode der Theoriegewinnung (vgl. Lamnek 1988, S. 109ff.).

grounded theory

Wie nun die einzelnen methodischen Arbeitsschritte im Rahmen einer qualitativen Datenanalyse gestaltet werden müssen, dies hat Strauss (1994, S. 44ff.) in einer neueren Publikation genauer erläutert und an Beispielen aus eigenen Untersuchungen, etwa zu den Auswirkungen des Gebrauchs von Apparaten in Krankenhäusern auf die Interaktion zwischen Klinikpersonal und Patienten, illustriert. Bei der Auswertung von qualitativen Daten ist zunächst einmal von entscheidender Bedeutung, dass der Forscher generative Fragen stellt. Diese ergeben sich, wenn er über das Datenmaterial nachdenkt, und zwar oft in Verbindung mit Kontextwissen. Auf der Basis erster Analysen werden erste noch sehr vorläufige Konzepte entdeckt, die kodiert werden müssen. In den danach folgenden Untersuchungsphasen werden diese an neuen Daten und neuen kodierten Dimensionen überprüft. Im weiteren gilt es dann herauszufinden, welche herausgearbeiteten Dimensionen, Unterscheidungen und Kategorien am wichtigsten sind, gleichsam den Kern, die Schlüsselkonzepte der entstehenden Theorie ausmachen. Diese theoretischen Gedanken werden kontinuierlich in sogenannten Theorie-Memos festgehalten. Codes und Memos können dann die Suche nach weiteren neuen Daten leiten. Selbst beim Schreiben des Forschungsberichtes kann sich noch herausstellen, dass die bis dahin erreichte theoretische Integration nicht ausreicht. Dann geht der Forscher manchmal zurück zu seinen Datenmaterial, erhebt neue Daten oder denkt die sortierten Memos und Codes noch einmal durch, um Lücken zu schließen und erreicht so die erforderliche theoretische Integration (vgl. Strauss 1994).

Die Analyse von Prozessstrukturen

An dieses Modell einer gegenstandsbezogenen Theoriebildung knüpft auch Schütze in seinem Konzept der Auswertung narrativer Interviews an. Schütze hat sein Instrumentarium in einer Interaktionsfeldstudie über Gemeindezusammenlegungen (1976) entwickelt, hat dieses Instrumentarium dann in einer zweiten Phase zur Biographieanalyse (1983) weiterentwickelt und konzentriert sich in neueren Arbeiten (1989) auch auf die Analyse kollektiver Prozessstrukturen. Die eigentliche Leistung des narrativen Interviews, das Schütze und seine Mitarbeiter konzeptionell entwickelt haben, liegt darin, dass Material erhoben wird, aus dem nach bestimmten Auswertungsprozeduren erschlossen werden kann, welche elementaren Prozessstrukturen für Biographieverläufe konstitutiv sind.

Die formulierten Vorschläge zur Auswertung narrativer Interviews sehen im Einzelnen wie folgt aus: In einem ersten Analyseschritt, der sog. formalen Textanalyse, werden zunächst alle kommentierenden und argumentierenden Textpassagen ausgeklammert und der bereinigte Erzähltext wird auf seine formalen Abschnitte hin segmentiert. Es schließt sich eine strukturelle inhaltliche Beschreibung an, bei der innerhalb der einzelnen Erzählsegmente thematische Kreise herausgearbeitet und über die Segmente hinweg zu einer Erzählkette verknüpft werden. Die analytische Abstraktion als dritter Schritt löst sich von den jeweiligen Einzeldetails der Lebensabschnitte, um die biographische Gesamtformung, d.h. die lebensgeschichtliche Abfolge der erfahrungsdominanten Prozessstrukturen in den einzelnen Lebensabschnitten bis hin zur gegenwärtig dominanten Prozessstruktur herauszuarbeiten. Erst im Anschluss an diese Rekonstruktion von Verlaufsmustern werden die anderen, nicht-narrativen Bestandteile des Interviews in der Auswertung berücksichtigt. Schließlich werden die auf diesem Wege entstandenen Fallanalysen kontrastierend miteinander verglichen. Ziel ist es dabei, nicht primär die subjektiven Deutungen des Erzählers über sein Leben, sondern den Zusammenhang faktischer biographischer Prozessstrukturen zu rekonstruieren (vgl. Schütze 1983, S. 284ff.).

Auf der Basis der Auswertung einer Vielzahl von narrativen Interviews mit Alkoholabhängigen, PsychiatriepatientInnen, SozialarbeiterInnen oder LehrerInnen hat Schütze vor allem vier zentrale Prozessstrukturen herausgearbeitet. Im Groben unterscheidet er zwischen Prozessen, in denen man sich institutionellen Ablaufmustern überlässt, Verlaufskurven als Vorgänge des Erleidens, intentional getragenen Prozessstrukturen und biographischen Wandlungsprozessen. Marotzki (1995, S. 72) hat auf die Fruchtbarkeit dieses Konzeptes für die Bearbeitung von bildungstheoretischen Fragestellungen in der Erziehungswissenschaft aufmerksam gemacht, da es erlaubt, anhand des empirischen Materials von lebensgeschichtlichen Stegreiferzählungen, Phasen individueller Bildungsprozesse zu bestimmen und Verlaufsformen zu untersuchen. Dass sich dieses Verfahren nicht nur zur Analyse individueller, sondern zudem auch zur Erschließung kollektiver Erfahrungsverarbeitungsräume eignet, hat Schütze (1989) in einer weiteren Studie gezeigt, die sich mit den Erfahrungen amerikanischer und deutscher Soldaten im Zweiten Weltkrieg befasst.

Ein weiteres Interpretationsverfahren ist die Dokumentarische Methode, wie sie insbesondere Bohnsack (1991) in Weiterführung der wissenssoziologischen

Arbeiten von Karl Mannheim entwickelt hat. Ralf Bohnsack (1989) hat dieses Verfahren im Kontext eines Projektes, das die kollektiven Erfahrungshorizonte von männlichen und weiblichen Lehrlingen und GymnasiastInnen in einer bayrischen Kleinstadt und einem Dorfmilieu untersucht hat, erprobt, um die in diesem Rahmen durchgeführten Gruppendiskussionen auszuwerten. Inzwischen findet die dokumentarische Interpretation über Gruppendiskussionsstudien hinaus auch bei der Analyse anderer empirischer Materialien Anwendung, wie z.B. bei biographischen Interviews (vgl. auch Bohnsack/Nohl 2001, Nohl 2006) oder auch bei Bildmaterialien (vgl. Bohnsack 2003, 2008).

Die Dokumentarische Methode

Die Dokumentarische Methode unterscheidet drei Schritte der Interpretation (vgl. Bohnsack/Nohl 2001; Bohnsack/Schäffer 2001). In einer ersten Stufe, die Formulierende Interpretation genannt wird, geht es darum, die thematische Struktur des Diskussionsverlaufes in Themen und Unterthemen herauszuarbeiten. Diese formulierenden Zusammenfassungen verbleiben innerhalb des Kommunikations- und Sinnhorizonts der Gruppe. Im Zentrum der in einem zweiten Schritt durchgeführten reflektierenden Interpretation steht dann die Rekonstruktion des Rahmens, in dem die identifizierten Inhalte abgehandelt werden. Im Falle von Gruppendiskussionen enthält diese zwei analytisch trennbare, im Interpretationsprozess jedoch verschränkt realisierte Arbeitsschritte. Der Schwerpunkt jeder reflektierenden Interpretation liegt auf der Herausarbeitung des Orientierungsrahmens bzw. Habitus, des modus operandi, in dem ein Thema behandelt wird. Dabei wird erfasst, was sich in dem Gesagten über die konkrete Gruppe dokumentiert (Bohnsack/Nohl 2001, S. 303). Bei Gruppendiskussionen kommt dazu noch die Rekonstruktion der formalen Diskursorganisation, in der der kollektive Charakter des Diskurses zum Ausdruck kommt (vgl. Bohnsack/Schäffer 2001, S. 309). In einem dritten Schritt, der Diskursbeschreibung, wird der Diskursverlauf einer Gruppendiskussion in seinem Zusammenhang rekonstruiert. Gerade in Passagen, wo die Diskussion dramatische Höhepunkte erreicht, kommen kollektive Orientierungsmuster besonders deutlich zum Ausdruck (vgl. Bohnsack 1991, S. 137). Auf der Basis des kontrastiven Gruppenvergleichs wird im letzten Schritt eine Typologie entwickelt, die im Wesentlichen zwischen einer Entwicklungstypik, einer Bildungsmilieutypik, einer Geschlechtstypik, einer Generationstypik und einer Typik sozialräumlicher Milieus unterscheidet

Tiefenstrukturelle Konzepte

Das Konzept der psychoanalytischen Textinterpretation ist im Zuge der Weiterentwicklung der Psychoanalyse zu einer kritischen Sozialwissenschaft von Lorenzer (1972) theoretisch begründet, von Leithäuser/Volmerg (1988) in verschiedenen arbeits- und sozialpsychologischen Projektzusammenhängen methodisch konkretisiert und erprobt sowie von Trescher (1992) für die erziehungswissenschaftliche Methodendiskussion fruchtbar gemacht worden. Die psychoanalytische Tiefenhermeneutik zielt darauf ab, das latent Unbewusste in sozialen Interaktionsformen und Lebensgeschichten herauszuarbeiten. Dabei handelt es sich nicht nur um individuelle unbewusste Gehalte, sondern auch um die unbewusste Struktur der verwendeten Sprachspiele. Systematisch wird hier also der verschriftlichte Text von Interviews oder Gruppendiskussionen als Oberfläche

Die psychoanalytische Tiefenhermeneutik

behandelt und auf die zugrundeliegenden Strukturen hin untersucht, die als Resultate psychischer Vorgänge aufgefasst werden.

Die Techniken der Auswertung haben Leithäuser und Volmerg (1979, S. 184ff.) genauer beschrieben. In einem ersten Schritt geht es um die Erfassung des manifesten Sinns eines Textes. Dabei wird insbesondere nach Inkonsistenzen als ersten Indikatoren für verborgenen Sinn gesucht. In einem zweiten Schritt erfolgt das psychologische Verstehen, das danach fragt, wie Verständigung, z.B. in der Interviewsituation, hergestellt wurde. Daran schließt sich das szenische Verstehen an, das die Sprachfiguren des Textes als Interaktionsfiguren fasst. Das szenische Verstehen geht in tiefenhermeneutisches Verstehen über, wenn die Interaktionsfiguren eines Textes als Abwehrfiguren, als desymbolisierte und ausgeschlossene Interaktionsformen begriffen werden. Der Interpret konzentriert sich hier auf die Rekonstruktion der unbewussten Übertragungsbeziehungen und versucht, die unbewusste Szene zu entschlüsseln (vgl. auch König 2000).

Das Konzept der Objektiven Hermeneutik

Ein weiteres qualitatives Auswertungsverfahren, das auf die Rekonstruktion von Tiefenstrukturen abzielt, ist das von Oevermann (1979, 1988, 1996) in den letzten beiden Jahrzehnten entwickelte Konzept der Objektiven Hermeneutik. Im Gegensatz zur psychoanalytischen Textinterpretation steht im Zentrum dieses Verfahrens jedoch nicht die Rekonstruktion der psychisch unbewussten Strukturen eines Falles. Vielmehr sollen objektive, d.h., unabhängig von den subjektiven Intentionen der Beteiligten sich durchsetzende gesellschaftliche Strukturen herausgearbeitet werden. Theoretischer Hintergrund für dieses Konzept sind strukturalistische Modelle, wie sie von Piaget und Chomsky entwickelt worden sind sowie Meads Theorie der objektiven Bedeutung sozialen Handelns (vgl. Heinze-Prause 1995, S. 115ff.). Empirisch hat Oevermann dieses Konzept erstmals im Rahmen einer familiensoziologischen Studie zur Auswertung transkribierter Interaktionsprotokolle erprobt. Mittlerweile wurden damit auch alle möglichen anderen Materialien von Interviews, über Photos bis hin zu Kunstwerken analysiert (vgl. Müller-Doohm 1993). Auch in erziehungswissenschaftlichen Forschungsprojekten zu SchülerInnenbiographien, schulischen Interaktionsprozessen oder zur Aneignung der Erwachsenenbildung durch die TeilnehmerInnen wird dieses Verfahren in den letzten Jahrzehnten zunehmend eingesetzt (vgl. z.B. Garz 1994; Helsper u.a. 2001).

Die Objektive Hermeneutik ist nicht ausschließlich ein Verfahren für die inhaltsanalytische Auswertung von Texten, vielmehr lassen sich aus ihm auch Anleitungen über die Charakteristika der InterpretInnen oder die Auswahl der Untersuchungseinheiten ableiten. So sollen Interpretationen grundsätzlich in Gruppen durchgeführt werden, um interpretative Angemessenheitsurteile zu optimieren. Dabei ist sicherzustellen, dass neurotische oder ideologische Verblendungen bei den InterpretInnen nicht vorhanden sind. Außerdem soll darauf geachtet werden, dass die InterpretInnen kompetente Mitglieder der untersuchten Sprach- und Interaktionsgemeinschaft sind (vgl. Reichertz 1991, S. 222).

Im Zentrum des methodischen Vorgehens der Objektiven Hermeneutik steht dann die Sequenzanalyse. D.h., dass zunächst die erste Sequenz eines Textes im Rahmen der Interpretationsgruppe möglichst extensiv gedeutet wird. Dabei sollen die InterpretInnen auch unwahrscheinliche Lesarten entwickeln, ohne dabei Kontextwissen vorab mit einzubeziehen. Die entwickelten Lesarten werden anschließend mit dem faktischen Text konfrontiert. Die an der ersten Sequenz aufgestellten Lesarten werden nun an die zweite Sequenz herangetragen und auf ihre Verträglichkeit überprüft. Auf diese Weise werden die Lesarten von Sequenz zu Sequenz immer weiter eingeschränkt, differenziert, neue Lesarten werden aufgenommen, bis eine Fallstruktur sichtbar wird. Die rekonstruierte latente Sinnstruktur des Falles wird dann an späteren Sequenzen des Textes überprüft und es wird versucht, sie zu falsifizieren. Die Sequenzanalyse wird in dieser Weise so lange durchgeführt, bis eine Lesart gefunden ist, die die objektive, latente Bedeutungsstruktur des gesamten Textes sinnvoll erschließt. Von der singulären Einzelfallrekonstruktion zur allgemeinen Aussage in Gestalt einer Strukturgeneralisierung gelangt die Objektive Hermeneutik somit mit Hilfe des Falsifikationsprinzips. Findet sich bei der weiteren Analyse eines Textes kein gegenteiliger Textbeleg, der der zuvor explizierten Strukturanalyse widerspricht, gilt die Rekonstruktion als gültig (vgl. Reichertz 1991, S. 226).

Andere Interpretationsansätze, die ebenfalls die Rekonstruktion der gesellschaftlichen oder kulturellen Tiefenstrukturen sozialen Handelns ins Zentrum rücken, sind in der strukturalistisch orientierten Ethnologie (Lévi-Strauss, Barthes) oder der Textlinguistik (vgl. Jäger 1996) oder in neueren Diskussionen zum Verhältnis von Poststrukturalismus und qualitativer Sozialforschung (vgl. Flick 1995, S. 37) entwickelt worden. In erziehungswissenschaftlichen Studien zur Sozialgeschichte pädagogischer Diskurse oder in der feministischen Wissenschaftskritik ist insbesondere das von Foucault (1974) formulierte Konzept der Diskursanalyse aufgegriffen worden, das die Wissenschaftsentwicklung vor dem Hintergrund der Genese moderner Machttechniken rekonstruiert. Allerdings sind in diesen diskursanalytischen Arbeiten die methodologischen Grundlagen oft wenig expliziert und es handelt sich oft noch eher um anspruchsvolle Theorieprogramme als um qualitativ vorgehende empirische Untersuchungen (vgl. Jäger 1996, S. 545; Keller u.a. 2001).

Das Konzept der Diskursanalyse

II.4.3. Kritik und Weiterentwicklungen

Die qualitative Forschung in der Erziehungswissenschaft und den anderen Sozialwissenschaften verfügt somit inzwischen über ein breites Spektrum an elaborierten Methoden der Datenerhebung und Datenauswertung. Im Gegensatz zu den späten 1970er Jahren, wo noch programmatische Vorschläge und methodologische Begründungen dominierten, hat sich gegenwärtig eine breite Forschungspraxis in einer Vielzahl erziehungswissenschaftlicher Projekte etabliert, die zumeist auch den Standards qualitativer Forschung und den Kriterien einer qualitativen Forschungslogik gerecht zu werden suchen.

Allerdings findet man immer noch vereinzelt qualitative Studien, die durch zwei zentrale methodologische Unzulänglichkeiten gekennzeichnet sind. Erstens wird die Ebene einer intensiven Einzelfallanalyse vorschnell verlassen und ohne die innere Sequenziertheit eines Interviewtextes zu berücksichtigen, das Interviewmaterial orientiert an einer themenbezogenen Querschnittsauswertung rasch in Synopsen oder zentralen Kernaussagen zusammengefasst. Ein zweites zentrales Defizit, das immer noch eine Reihe von Studien charakterisiert, lässt sich mit dem Stichwort Verwechslung qualitativer und quantitativer Forschungslogiken charakterisieren. So versuchen einige Studien durch eine Samplebildung, die sich an äußeren sozialstrukturellen Merkmalen, also an quantitativen Quotierungskriterien orientiert, gleich zwei Fragen auf einmal zu lösen. Zum einen will man an der methodischen Option für qualitatives Vorgehen festhalten, gleichzeitig will man jedoch durch die Auswahl der Untersuchungsgruppe typische Erfahrungskonstellationen abbilden und quantitative Verteilungsaussagen machen. Repräsentative Ergebnisse im Sinne von Verteilungsaussagen über eine Grundgesamtheit können jedoch nicht das Ergebnis von qualitativen Studien sein, die nicht auf das Gesetz der großen Zahl setzen.

Die Leistung qualitativer Forschung kann vielmehr darin bestehen, über eine kontrastive Fallauswahl das Feld von Lebensentwürfen, Biographieverläufen oder Interaktionskonstellationen als soziokulturelles Repertoire herauszuarbeiten und auf diesem Wege zu einer gegenstandsbezogenen Theoriebildung zu kommen (vgl. Fuchs-Heinritz 1993, S. 255). Wenn man wissen will, wie häufig diese qualitativ herausgearbeiteten Varianten in der Realität vorkommen, so muss man dies in einem zweiten Schritt in einer ergänzenden repräsentativen quantitativen Studie untersuchen. Ansätze einer Triangulation unterschiedlicher methodischer Zugriffe und Datenbereiche, wie sie auch in den neueren Überlegungen zu den Gütekriterien qualitativer Forschung verstärkt diskutiert werden (vgl. Denzin 1989; Seale 1999), sind jedoch in der erziehungswissenschaftlichen Forschungspraxis bislang immer noch eher die Ausnahme. Waren die Diskussionen in der Vergangenheit vor allem durch Kontroversen über die Angemessenheit sowie Vor- bzw. Nachteile qualitativer oder quantitativer Forschung bestimmt (vgl. Wolf 1995), so wird es zukünftig eher sinnvoll und notwendig sein, verstärkt qualitative Fallstudien und quantitative Surveystudien zu kombinieren, um die verschiedenen Ebenen und Dimensionen der pädagogischen Realität in ihrer Komplexität umfassend empirisch untersuchen zu können.

Literatur

Apel, H./Engler, S./Friebertshäuser, B. u.a.: Kulturanalyse und Ethnographie. In: König, E./ Zedler, P. (Hrsg.): Bilanz qualitativer Forschung, Bd. II. Weinheim 1995, S. 343-375.

Arbeitsgruppe Bielefelder Soziologen (Hrsg.): Alltagswissen, Interaktion und gesellschaftliche Wirklichkeit, 2 Bde. Reinbek 1973.

Bertlein, H.: Das Selbstverständnis der Jugend heute. Hannover/Berlin/Darmstadt u.a. 1960.

Bohnsack, R.: Auf der Suche nach habitueller Übereinstimmung. In: Krüger, H.-H./Marotzki, W. (Hrsg.): Erziehungswissenschaftliche Biographieforschung. Opladen 1995, S. 258-275.

Bohnsack, R.: Generation, Milieu und Geschlecht – Ergebnisse aus Gruppendiskussionen mit Jugendlichen. Opladen 1989.

Bohnsack, R.: Qualitative Bild- und Videointerpretation. Opladen 2008.

Bohnsack, R.: Rekonstruktive Sozialforschung. Einführung in die Methodologie und Praxis qualitativer Forschung. Opladen ^{3}2003.

Bohnsack, R.: Rekonstruktive Sozialforschung. Einführung in Methodologie und Praxis qualitativer Sozialforschung. Opladen 1991.

Bohnsack, R./Nentwig-Gesemann, I./Nohl, A.-M. (Hrsg.): Die Dokumentarische Methode und ihre Forschungspraxis. Opladen 2001.

Bohnsack, R./Nohl, A.-M.: Exemplarische Textinterpretation: Die Sequenzanalyse der Dokumentarischen Methode. In: Bohnsack, R. u.a. (Hrsg.): Die Dokumentarische Methode und ihre Forschungspraxis. Opladen 2001, S. 303-308.
Bohnsack, R./Przyborski, A./Schäffer, B. (Hrsg.): Das Gruppendiskussionsverfahren in der Forschungspraxis. Opladen 2006.
Bohnsack, R./Schäffer, B.: Exemplarische Textinterpretation: Diskursorganisation und Dokumentarische Methode. In: Bohnsack, R. u.a. (Hrsg.): Die Dokumentarische Methode und ihre Forschungspraxis. Opladen 2001, S. 309-322.
Breidenstein, G./Kelle, H.: Geschlechteralltag in der Schulklasse. Ethnographische Studien zur Gleichaltrigenkultur. Weinheim/München 1998
Brumlik, M.: Der Symbolische Interaktionismus und seine pädagogische Bedeutung. Frankfurt a.M. 1973.
Brumlik, M.: Symbolischer Interaktionismus. In: Lenzen, D./Mollenhauer, K. (Hrsg.): Theorien und Grundbegriffe der Erziehung und Bildung. Bd. 1 der Enzyklopädie Erziehungswissenschaft. Stuttgart 1983, S. 232-245.
Bühler, C. (Hrsg.): Jugendtagebuch und Lebenslauf. Jena 1932.
Bühler, C.: Drei Generationen im Jugendtagebuch. Jena 1934.
Bühler-Niederberger, D.: Analytische Induktion. In: Flick, U./Kardoff, E. v./Keupp, H. u.a. (Hrsg.): Handbuch Qualitative Sozialforschung. München 1991, S. 446-450.
Combe, A./Helsper, W.: Was geschieht im Klassenzimmer. Perspektiven einer hermeneutischen Schul- und Unterrichtsforschung. Weinheim 1994.
Denzin, N.K.: Interpretative Biography. London 1989.
Dilthey, W.: Der Aufbau der geschichtlichen Welt in den Geisteswissenschaften (1910). In: Dilthey, W.: Gesammelte Schriften, Bd. 7. Stuttgart/Göttingen [3]1961, S. 79-291.
Dreher, M./Dreher, E.: Gruppendiskussionsverfahren. In: Flick, U./Kardoff, E. v. /Keupp, H. u.a. (Hrsg.): Handbuch Qualitative Sozialforschung. München 1991, S. 186-188.
Dudek, P.: Jugend als Objekt der Wissenschaften. Opladen 1990.
Ehrenspeck, I./Schäffer, B. (Hrsg.): Film- und Fotoanalyse in der Erziehungswissenschaft. Ein Handbuch. Opladen 2003.
Fischer-Rosenthal, W.: William J. Thomas/Florian Znaniecki: „The Polish Peasant in Europe and America." In: Flick, U./Kardoff, E. v. /Keupp, H. u.a. (Hrsg.): Handbuch Qualitative Sozialforschung. München 1991, S. 115-118.
Flick, U./Kardoff, E. v./Steinke, I. (Hrsg.): Qualitative Forschung. Ein Handbuch. Reinbek 2000.
Flick, U.: Der qualitative Forschungsprozeß als Abfolge von Entscheidungen. In: Flick, U./ Kardoff, E. v. /Keupp, H. u.a. (Hrsg.): Handbuch Qualitative Sozialforschung. München 1991, S. 148-176.
Flick, U.: Qualitative Forschung. Reinbek 1995.
Flick, U.: Triangulation. Eine Einführung. Wiesbaden 2004.
Foucault, M.: Die Ordnung des Diskurses. München 1974.
Friebertshäuser, B./Prengel, A. (Hrsg.): Handbuch Qualitative Forschungsmethoden in der Erziehungswissenschaft. Weinheim/München 1997.
Friebertshäuser, B./Prengel, A. (Hrsg.): Handbuch Qualitative Forschungsmethoden in der Erziehungswissenschaft. Weinheim/München 2003.
Fromm, M.: Die Sicht der Schüler in der Pädagogik. Weinheim 1987.
Fromm, M.: Repertory Grid Technique. Netzinterview. In: König, E./Zedler, P. (Hrsg.): Bilanz qualitativer Forschung, Bd. II. Weinheim 1995, S. 133-158.
Fuchs-Heinritz, W./Krüger, H.-H. : Feste Fahrpläne durch die Jugendphase? Opladen 1991.
Fuchs-Heinritz, W.: Qualitative Methoden in der Jugendforschung. In: Krüger, H.-H. (Hrsg.): Handbuch der Jugendforschung. Opladen [2]1993, S. 249-276.
Garz, D. (Hrsg.): Die Welt als Text. Frankfurt a.M. 1994.
Garz, D./Kraimer, K. (Hrsg.): Qualitativ-empirische Sozialforschung. Wien 1984.
Girtler, R.: Methoden der qualitativen Sozialforschung. Wien/Köln/Graz 1984.
Glaser, B.G./Strauss, A.L.: The Discovery of Grounded Theory. Strategies for Qualitative Research. Chicago 1967.

Goffman, E.: Asyle. Über die Situation psychiatrischer Patienten und andere Insassen. Frankfurt a.M. [4]1991.
Groeben, N./Rustemeyer, R.: Inhaltsanalyse. In: König, E./Zedler, P. (Hrsg.): Bilanz qualitativer Forschung, Bd. II. Weinheim 1995, S. 523-554.
Groeben, N./Wahl, D./Schlee, J. u.a.: Das Forschungsprogramm Subjektive Theorien. Eine Einführung in die Psychologie des reflexiven Subjekts. Tübingen 1988.
Habermas, J.: Zur Logik der Sozialwissenschaften. Frankfurt a.M. 1967.
Heinze, T./Klusemann, H.W.: Ein biographisches Interview als Zugang zu einer Bildungsgeschichte. In: Baacke, D./Schulze, T. (Hrsg.): Aus Geschichten lernen. München 1979, S. 182-224.
Heinze, T.: Qualitative Sozialforschung. 3. überarbeitete und erweiterte Auflage. Opladen 1995.
Heinze, T.: Qualitative Sozialforschung. Opladen 1987.
Heinze-Prause, R./Heinze, T.: Kulturwissenschaftliche Hermeneutik. Opladen 1996.
Heinze-Prause, R.: Das Konzept der Objektiven (strukturalen) Hermeneutik. In: Heinze, T.: Qualitative Sozialforschung. Opladen [3]1995, S. 110-165.
Helsper, W. u.a.: Schulkultur und Schulmythos. Opladen 2001.
Helsper, W./Krüger, H.-H. u.a.: Unpolitische Jugend? Eine Studie zu Schule, Anerkennung und Politik. Wiesbaden 2006.
Herrmann, U.: „Innenansichten". Erinnerte Lebensgeschichte. In: Berg, C. (Hrsg.): Kinderwelten. Frankfurt a.M. 1991, S. 41-67.
Hildenbrand, B.: Vorwort. In: Strauss, A. L.: Grundlagen qualitativer Sozialforschung. München 1994, S. 11-18.
Hitzler, R./Honer, A.: Qualitative Verfahren zur Lebensweltanalyse. In: Flick, U./Kardoff, E. v./ Keupp, H. u.a. (Hrsg.): Handbuch Qualitative Sozialforschung. München 1991, S. 382-384.
Hoffmann-Riem, C.: Die Sozialforschung einer interpretativen Soziologie. In: Kölner Zeitschrift für Soziologie und Sozialpsychologie 32 (1980), S. 339-372.
Honer, A.: Lebensweltanalyse und Ethnographie. In: Flick, U./Kardoff, E. v./Steinke, I. (Hrsg.): Qualitative Forschung. Ein Handbuch. Reinbek 2000, S. 194-213.
Hopf, C./Weingarten, E. (Hrsg.): Qualitative Sozialforschung. Stuttgart 1978.
Hopf, C.: Die Pseudo-Exploration. Überlegungen zur Technik qualitativer Interviews in der Sozialforschung. In: Zeitschrift für Soziologie 7 (1978), S. 97-115.
Hopf, C.: Qualitative Interviews – ein Überblick. In: Flick, U./Kardoff, E. v./Steinke, I. (Hrsg.): Qualitative Forschung. Ein Handbuch. Reinbek 2000, S. 349-359
Jäger, S.: Diskursanalytische Methoden. In: Hierdeis, H./Hug, T. (Hrsg.): Taschenbuch der Pädagogik, Bd. 2, Baltmannsweiler 1996, S. 544-554.
Jakob, G.: Das narrative Interview in der Biographieforschung. Friebertshäuser, B./Prengel, A. (Hrsg.) Handbuch Qualitative Forschungsmethoden in der Erziehungswissenschaft. Weinheim/München 2003, S. 445-458.
Jüttemann, G. (Hrsg.): Qualitative Forschung in der Psychologie. Weinheim 1985.
Keller, R./Hirseland, A./Schneider, W./Viehöver, A. (Hrsg.) Handbuch Sozialwissenschaftliche Diskursanalyse. Bd. 1 Theorien und Methoden. Opladen 2001.
Kieper, M.: Lebenswelten verwahrloster Mädchen. München 1980.
Kokemohr, R./Koller, C.: Die rhetorische Artikulation von Bildungsprozessen. In: Krüger, H.-H./Marotzki, W. (Hrsg.): Erziehungswissenschaftliche Biographieforschung. Opladen 1995, S. 90-102.
König, E./Zedler, P. (Hrsg.): Bilanz qualitativer Forschung. Bd. I, Weinheim 1995.
König, E.: Qualitative Forschung subjektiver Theorien. In: König, E./Zedler, P. (Hrsg.): Bilanz quantitativer Forschung. Bd. II, Weinheim 1995, S. 11-30.
König, H.-G.:Tiefenhermeneutik. In: Flick, U./Kardoff, E. v./Steinke, I. (Hrsg.): Qualitative Forschung. Ein Handbuch. Reinbek 2000, S. 556-568
Krappmann, L./Oswald, H.: Alltag der Schulkinder. Weinheim/München 1995.
Krüger, H.-H.: Bilanz und Zukunft erziehungswissenschaftlicher Biographieforschung. In: Krüger, H.-H./Marotzki, W. (Hrsg.): Erziehungswissenschaftliche Biographieforschung. Opladen 1995, S. 32-54.

Krüger, H.-H.: Geschichte und Perspektiven der Jugendforschung. In: Krüger, H.-H (Hrsg.): Handbuch der Jugendforschung. Opladen ²1993. S. 17-30.
Krüger, H.-H.: Methoden und Ergebnisse der historischen Jugendforschung. In: Krüger, H.-H./Grunert, C. (Hrsg.) Handbuch Kindheits- und Jugendforschung. Opladen 2002, S. 283-308.
Krüger, H.-H.: Stichwort: Qualitative Forschung in der Erziehungswissenschaft. In: Zeitschrift für Erziehungswissenschaft 3 (2000), S. 323-342.
Krüger, H.-H./Deinert, A./Zschach, M.: Jugendliche und ihre Peers. Opladen/Berlin/Toronto 2012.
Krüger, H.-H./Köhler, S.-M./Zschach, M./Pfaff, N.: Kinder und ihre Peers. Opladen 2008
Krüger, H.-H./Marotzki, W. (Hrsg.): Erziehungswissenschaftliche Biographieforschung. Opladen 1995.
Krüger, H.-H./Marotzki, W. (Hrsg.): Handbuch erziehungswissenschaftliche Biographieforschung. Wiesbaden ²2006.
Krüger, H.-H./Wensierski, H. J. v.: Biographieforschung. In: König, E./Zedler, P. (Hrsg.): Bilanz qualitativer Forschung. Bd. II, Weinheim 1995, S. 183-224.
Lamnek, S.: Qualitative Sozialforschung. Bd. 1: Methodologie. München 1988.
Lamnek, S.: Qualitative Sozialforschung. Bd. 2: Methoden und Techniken. München 1988.
Leggewie, H.: Feldforschung und teilnehmende Beobachtung. In: Flick, u./Kardorff, E.v./Keupp, H. u.a. (Hrsg.): Handbuch Qualitative Sozialforschung. München 1991, S. 189-192.
Leithäuser, T./Volmerg, B.: Anleitung zur empirischen Hermeneutik. Psychoanalytische Textinterpretation als Sozialwissenschaftliches Verfahren. Frankfurt a.M. 1979.
Leithäuser, T./Volmerg, B.: Psychoanalyse in der Sozialforschung. Opladen 1988.
Loos, P./Schäffer, B.: Das Gruppendiskussionsverfahren. Opladen 2001.
Lorenzer, A.: Zur Begründung einer materialistischen Sozialisationstheorie. Frankfurt a.M. 1972.
Lüders, C./Reichertz, J.: Wissenschaftliche Praxis ist, wenn alles funktioniert und keiner weiß warum. Bemerkungen zur Entwicklung qualitativer Sozialforschung. In: Sozialwissenschaftliche Literaturrundschau (1986), H. 12, S. 90-102.
Mahl, G.F.: Exploring Emotional States by Content Analysis. In: Pool (Hrsg.): Trends in Content Analysis. Urbana 1959.
Mangold, W.: Gegenstand und Methode des Gruppendiskussionsverfahrens. Frankfurt a.M. 1960.
Marotzki, W.: Methoden der erziehungswissenschaftlichen Biographieforschung. In: Krüger, H.-H./Marotzki, W. (Hrsg.): Erziehungswissenschaftliche Biographieforschung. Opladen 1995, S. 55-89.
Mayring, P.: Qualitative Inhaltsanalyse. In: Flick, U./Kardoff, E. v./Keupp, H. u.a. (Hrsg.): Handbuch Qualitative Sozialforschung. München 1991, S. 209-213.
Mayring, P.: Qualitative Inhaltsanalyse. In: Flick, U./Kardoff, E. v./Steinke, I. (Hrsg.): Qualitative Forschung. Ein Handbuch. Reinbek 2000, S. 468-478.
Mayring, P.: Qualitative Inhaltsanalyse. Weinheim ⁵1994.
Merkens, H.: Teilnehmende Beobachtung und Inhaltsanalyse in der erziehungswissenschaftlichen Forschung. Weinheim/Basel 1984.
Misch, G.: Geschichte der Autobiographie (1900), 4 Bde., Frankfurt a.M. 1949.
Mollenhauer, K.: Grundfragen ästhetischer Bildung. Weinheim/München 1995.
Mollenhauer, K.: Theorien zum Erziehungsprozeß. München 1972.
Mühlfeld, C. u.a.: Auswertungsprobleme offener Interviews. In: Soziale Welt 32 (1981), S. 325-352.
Müller-Doohm, S.: Visuelles Verstehen. Konzepte kultursoziologischer Bildhermeneutik. In: Jung, T./Müller-Doohm, S. (Hrsg.): „Wirklichkeit im Deutungsprozeß“. Frankfurt a.M. 1993, S.438-456.
Nießen, M.: Gruppendiskussion. Interpretative Methodologie, Methodenbegründung, Anwendung. München 1977.
Nohl, A.-M.: Interviews in dokumentarischer Interpretation. Wiesbaden 2006.

Oevermann, U. u.a.: Die Methodologie einer objektiven Hermeneutik und ihre allgemeine forschungslogische Bedeutung in den Sozialwissenschaften. In: Soeffner, H.-G. (Hrsg.): Interpretative Verfahren in den Sozial- und Textwissenschaften. Stuttgart 1979, S. 352-433.

Oevermann, U.: Eine exemplarische Fallrekonstruktion zum Typus versozialwissenschaftlichter Identitätsformation. In: Brose, H.-G./Hildenbrand, B. (Hrsg.): Vom Ende des Individuums zur Individualität ohne Ende. Opladen 1988, S. 234-286.

Oevermann, U.: Theoretische Skizze einer revidierten Theorie professionalisierten Handelns. In: Combe, A./Helsper, W. (Hrsg.): Pädagogische Professionalität. Frankfurt a.M. 1996, S. 70-182.

Packer, M.J./Addison, R.B. (Eds.): Entering the circle: Hermeneutic investigation in psychologie. Albany 1989.

Parmentier, M.: Ethnomethodologie. In: Lenzen, D./Mollenhauer, K. (Hrsg.): Theorien und Grundbegriffe der Erziehung und Bildung. Bd. 1 der Enzyklopädie Erziehungswissenschaft. Stuttgart 1983, S. 246-261.

Pollock, F.: Gruppenexperiment – Ein Studienbericht. Frankfurt a.M. 1955.

Reichertz, J.: Objektive Hermeneutik. In: Flick, U./Kardoff, E. v./Keupp, H. u.a. (Hrsg.): Handbuch Qualitative Sozialforschung. München 1991, S. 223-227.

Riemann, G.: Das Fremdverstehen der eigenen Biographie. München 1987.

Ritsert, J.: Inhaltsanalyse und Ideologiekritik. Frankfurt a.M. 1972.

Roeßler, W.: Jugend im Erziehungsfeld. Düsseldorf 1957.

Ruprecht, H.: Die erfahrungswissenschaftliche Tradition der Erziehungswissenschaft. In: Thiersch, H./Ruprecht, H./Herrmann, U.: Die Entwicklung der Erziehungswissenschaft. München 1978, S. 109-172.

Schulze, T.: Pädagogische Dimensionen der Biographieforschung. In: Hoerning, E. u.a.: Biographieforschung und Erwachsenenbildung. Bad Heilbrunn 1991, S. 135-181.

Schütze, F.: Biographieforschung und narratives Interview. In: Neue Praxis (1983), H. 3, S 283-293.

Schütze, F.: Kollektive Verlaufskurve oder kollektiver Wandlungsprozeß. In: BIOS 2(1989), H. 1, S. 31-109.

Schütze, F.: Verlaufskurven des Erleidens als Forschungsgegenstand der interpretativen Soziologie. In: Krüger, H.-H./Marotzki, W. (Hrsg.): Handbuch erziehungswissenschaftliche Biographieforschung. Wiesbaden [2]2006, S. 205-238.

Schütze, F.: Zur Hervorlockung und Analyse thematisch relevanter Geschichten im Rahmen soziologischer Feldforschung. In: Arbeitsgruppe Bielefelder Soziologen (Hrsg.): Kommunikative Sozialforschung. München 1976, S. 159-260.

Seale, C.: The Quality of Qualitative Research. London 1999.

Strauss, A./Corbin, J.: Grounded Theory: Grundlagen qualitativer Sozialforschung. München 1996.

Strauss, A.L.: Grundlagen qualitativer Sozialforschung. München 1994.

Stückrath, F./Welzel, E.: Vom Ausdruck des Kindes. Lübeck/Hamburg 1962.

Terhart, E.: Entwicklung und Situation des qualitativen Forschungsansatzes in der Erziehungswissenschaft. In: Friebertshäuser, B./Prengel, A. (Hrsg.): Handbuch Qualitative Forschungsmethoden in der Erziehungswissenschaft. Weinheim/München 2003, S. 27-42.

Trescher, H.-G.: Psychoanalytisch orientierte Pädagogik. In: Petersen, P./Reinert, G.-P. (Hrsg.): Pädagogische Konzeptionen. Donauwörth 1992, S. 204-221.

Webb, E. J./Campbell, D. T./Schwartz, R. D./Sechrest, L.: Unobtrusive measure. Chicago 1966.

Witzel, A.: Verfahren der qualitativen Sozialforschung. Überblick und Alternativen. Frankfurt a.M./New York 1982.

Wolcott, H.S.: Posturing in Qualitative Inquity. In: Lecompte, M. u.a. (Hrsg.): Handbook of Qualitative Research in Education. San Diego 1992, S. 3-52.

Wolf, W.: Qualitative versus quantitative Forschung. In: König, E./Zedler, P. (Hrsg.): Bilanz qualitativer Forschung, Bd. I, Weinheim 1995, S. 309-330.

Zinnecker, J.: Pädagogische Ethnographie. Ein Plädoyer. In: Behnken, I./Jaumann, O. (Hrsg.): Kindheit und Schule. Weinheim/München 1995, S. 21-38.

Znaniecki, F.: Social actions. New York 1936.

II.5. Quantitative Methoden erziehungswissenschaftlicher Forschung

Inhalt

II.5.1. Entstehungskontext, Grundannahmen und Forschungsdesigns

Im Zentrum der quantitativ orientierten erziehungswissenschaftlichen Forschung steht die Prüfung von Hypothesen an der Realität, um Zusammenhänge, Bedingungen, Wechselwirkungen und Abhängigkeiten von Variablen im Bereich von Bildung und Erziehung konkret erklären zu können (vgl. Roth 1991, S. 45).

Solche forschungsleitenden Hypothesen müssen, um empirisch überprüft werden zu können, in Messvorgänge übersetzt, d.h. operational definiert werden. Diese Forschungslogik ist untrennbar mit dem Vorgang des Messens und der anschließenden Auswertung der Messungen mit Hilfe mathematischer und statistischer Verfahren verbunden. Im Begriff der Messung kommt die Orientierung am Wissenschaftsmodell der Naturwissenschaften zum Ausdruck. Forschungsobjekten und deren Eigenschaften werden auf der Basis von Messanweisungen Zahlen zugeordnet. Die Gegebenheiten und Relationen der pädagogischen Lebenswelt werden in symbolischen, zahlenmäßigen Repräsentationen abgebildet. Daraus resultiert auch die Bezeichnung quantitative Forschungsmethoden (vgl. Kuckartz 1994, S. 551; Bos/Voss 2008).

Definition von quantitativen Forschungsmethoden

Obwohl die quantitative Forschung in der Erziehungswissenschaft erst im Gefolge der Bildungsreform seit den späten 1960er Jahren einen enormen Aufschwung erlebte, hat sie in der Pädagogik bereits eine lange Vorgeschichte. Schon Kant und Trapp forderten im ausgehenden 18. Jahrhundert Experimente und Versuche in der Pädagogik, besonders im Zusammenhang von schul- und unterrichtsreformerischen Untersuchungen. Ein Jahrhundert später entwickelt Stein (1896) unter Bezug auf Spencer und Mill einen ersten systematischen Begründungsansatz für die empirische Pädagogik, indem er vorschlägt die Pädagogik, ähnlich wie die Psychologie, naturwissenschaftlich zu fundieren (vgl. Roth 1978, S. 66f.). In den ersten Jahrzehnten des 20. Jahrhunderts kam es dann, beeinflusst durch den szientifischen Flügel der Reformpädagogik, in einer Reihe deutscher Städte zur Gründung von Instituten, die sich der empirisch-pädagogischen Forschung widmeten, während hingegen empirisch orientierte Erziehungswissenschaftler, wie Wilhelm Meumann, Aloys Fischer oder Rudolf Lochner, an den Universitäten noch eher eine Außenseiterrolle einnahmen (vgl. Krüger 1997, S. 291).

Historische Traditionslinien

Auch in der Nachkriegszeit waren empirisch orientierte Pädagogen in der westdeutschen Universitätspädagogik nur eine kleine Minderheit. Ebenso gab es in den 1950er Jahren nur wenige außeruniversitäre Forschungsinstitute. Das bekannteste unter diesen war sicherlich die 1951 in Frankfurt gegründete Hochschule für Internationale Pädagogische Forschung (seit 1964 Deutsches Institut für Internationale Pädagogische Forschung). Erst mit den vielfältigen Bemühungen um eine organisatorische Reform des Bildungswesens sowie mit den Debatten um die Einführung des programmierten Unterrichts in den ausgehenden 1960er Jahren verbesserten sich die bildungspolitischen, institutionellen und finanziellen Voraussetzungen für empirische Untersuchungen im pädagogischen Bereich fast schlagartig. Hinzu kam, dass im Gefolge der Stellenexpansion im Fach Erziehungswissenschaft in den 1970er Jahren WissenschaftlerInnen, die quantitative Methoden der erziehungswissenschaftlichen Forschung favorisierten, in nicht unbeträchtlicher Zahl erziehungswissenschaftliche Professuren besetzten, so dass seitdem das gesamte Spektrum der modernen empirischen Methoden auch in der Erziehungswissenschaft genutzt wird (vgl. Baumert u.a. 1992, S. 7).

Grundannahmen quantitativer Forschung

Wissenschaftstheoretisch orientiert sich die quantitative erziehungswissenschaftliche Forschung an einem deduktiv-nomologischen Forschungsmodell, das in der Tradition des Kritischen Rationalismus entwickelt worden ist (vgl. Popper 1973). Zentral für diese Methodologie ist das Ziel, durch geeignete Forschungsmethoden zu gesetzesartigen (nomologischen) Aussagen zu gelangen (vgl. Schnell/Hill/Esser 1992, S. 37ff.). Solche Gesetze sind prinzipiell nicht verifizierbar, sondern können immer nur als vorläufig bestätigt gelten. Empirische Theorien und die aus ihnen deduzierten Hypothesen sind vorläufige Erklärungen, die versuchsweise Relationen zwischen begrifflich gefassten Tatsachen oder Variablen beschreiben. Empirische Begriffe bezeichnen in der Regel Merkmale von Objekten. Merkmale mit mindestens zwei Ausprägungen werden Variable genannt. Theoretische Annahmen über Merkmale von Objekten und Relationen zwischen ihnen können empirisch überprüft werden, wenn die Begriffe operational definiert und die sich daraus ergebenden Messoperationen festgelegt werden (vgl. Schäfer 1977, S. 311).

Skalenniveaus quantitativer Forschung

Bei der Messung werden in der erziehungs- und sozialwissenschaftlichen Forschung am häufigsten drei Skalenniveaus verwendet: Nominal-, Ordinal- und Intervallskalen. Die Nominalskala erfasst allein die Relation gleich oder ungleich, z.B. Konfession, Geschlecht, Beruf usw. Bei der Ordinalskala geben die Skalenwerte eine Rangordnung wieder (z.B. Schulnoten), und bei der Intervallskala besitzen zudem die Abstände zwischen den einzelnen Skalenstufen (Intervalle) die gleiche Größe (z.B. Temperaturskala).

Gütekriterien quantitativer Forschung

Zur Beurteilung der Qualität sozialwissenschaftlicher Messungen existieren Gütekriterien, die als Objektivität, Reliabilität und Validität bezeichnet werden. Der Grad der Objektivität eines Messinstruments bringt zum Ausdruck, in welchem Ausmaß die Ergebnisse unabhängig sind von der jeweiligen Person, die die Messinstrumente anwendet. Dabei wird noch einmal zwischen der Durchführungs- und der Auswertungsobjektivität unterschieden (vgl. Diekmann 1995, S. 216). Die Reliabilität bezeichnet das Ausmaß der Übereinstimmung von wiederholten Messungen am gleichen Gegenstand, etwa die Übereinstimmung von wiederholt durchgeführten Schulleistungstests. Das Kriterium der Validität thematisiert die Korrespondenz von Messergebnissen und dem zu erfassenden theoretischen Sachverhalt. Es wird hier also gefragt, ob tatsächlich das gemessen wird, was gemessen werden soll, z.B. ob ein bestimmter Intelligenztest überhaupt Intelligenz misst (vgl. Kötters 2006).

Im Rahmen der quantitativen Forschung werden die Ergebnisse der Messungen mit statistischen Verfahren ausgewertet. Es sind zwar grundsätzlich alle Formen von Zusammenhängen zwischen Merkmalen möglich, doch wird in der Praxis fast ausschließlich mit Je-desto- oder Wenn-dann-Beziehungen gearbeitet (vgl. Kuckartz 1994, S. 551).

Entsprechend der unterschiedlichen methodischen Anlagen eines Gesamtdesigns kann man in der erziehungs- und sozialwissenschaftlichen quantitativen Forschung verschiedene Forschungstypen unterscheiden. Ein in der empirischen Erziehungswissenschaft weit verbreiteter Forschungstypus ist die sog. Querschnittsuntersuchung, bei der zu einem bestimmten Zeitpunkt eine einmalige Erhebung der Eigenschaften bei einer ausgewählten Stichprobe vorgenommen wird (vgl. z.B. Baumert u.a. 2001). Beispiele für diesen Typus von Forschung sind etwa repräsentative Befragungen von LehrerInnen zu ihren didaktischen Vorstellungen oder ihrem professionellen Selbstverständnis. Im Gegensatz zum Querschnittdesign sehen Trend- und Paneldesigns dagegen wiederholte Erhebungen zu mehreren Zeitpunkten vor. Beim Trenddesign werden die Werte der gleichen Variablen zu mehreren Zeitpunkten mit jeweils unterschiedlichen Stichproben erhoben, beim Paneldesign ist hingegen die Stichprobe identisch (vgl. Diekmann 1995, S. 267).

Quer- und Längsschnittdesign

Dieser kleine Unterschied ist jedoch recht bedeutsam. So ermöglichen Panelstudien Aussagen über altersbezogene Veränderungen von Individuen und Gruppen und werden dementsprechend vor allem im Bereich der Kindheits- und Jugendforschung eingesetzt (vgl. Krüger 1993, S. 27). Trendstudien etwa in Gestalt von Replikationsstudien, bei denen z.B. eine vergleichbare Stichprobe von Jugendlichen in den 1980er Jahren mit dem gleichen Instrumentarium wie Jugendliche in den 1950er oder 1960er Jahren befragt wurden (vgl. Allerbeck/Hoag 1985; Fischer/Fuchs/Zinnecker 1985), liefern hingegen wichtige Informationen zum historischen Wandel von Einstellungen bei verschiedenen Jugendgenerationen. Kohorten-Sequenz-Analysen, die in den letzten Jahren zunehmend in der Lebenslaufforschung durchgeführt werden und die Querschnitts- und Längsschnittuntersuchungen kombinieren, bieten darüber hinaus die Möglichkeit, den unterschiedlichen Einfluss von Periodeneffekten, d.h. die Auswirkungen des historischen Wandels auf den Lebenslauf, von Kohorteneffekten, d.h. die Nachwirkungen der spezifisch früheren Erfahrungen auf den weiteren Sozialisationsprozess einer Alterskohorte und von Alterseffekten, d.h. Veränderungen durch den Lebenslauf als Altersprozess, empirisch herauszuarbeiten (vgl. Walper/Tippelt 2002, S. 205).

Das Experiment

Ein weiterer Forschungstypus quantitativer Forschung ist das Experiment, das in der Erziehungswissenschaft eher selten und dann zumeist im Rahmen der Unterrichtsforschung verwendet wird (vgl. Baumert u.a. 1992, S. 31). Während die Entscheidung für ein Querschnitt- oder Längsschnittdesign sich auf die zeitliche Dimension der Datenerhebung bezieht, steht in einem experimentellen Design die Varianzkontrolle im Zentrum. Es handelt sich dabei um die Bestimmung von Vergleichsgruppen und den Modus der Aufteilung von Untersuchungspersonen auf die Vergleichsgruppen. Die Bildung von Vergleichsgruppen ist nichts anderes als die Zuweisung von Untersuchungseinheiten zu den Kategorien der unabhängigen Variable einer zu prüfenden Hypothese. Mit der Vorabbestimmung von Vergleichsgruppen wird die Varianz der unabhängigen Variable als Teil des Untersuchungsplanes bereits vor der Datenerhebung kontrolliert (vgl. Diekmann 1995, S. 289).

Dazu ein Beispiel: Einer Gruppe von Kindern wird eine Geschichte von Meerschweinchen erzählt, wobei gleichzeitig Bildmaterial dargeboten wird (Versuchsgruppe). Einer zweiten Gruppe wird nur die Geschichte erzählt (Kontrollgruppe). Anschließend werden die Behaltensleistungen beider Gruppen gemessen und verglichen (vgl. Düker/Tausch 1957). Es wird also mit einer Versuchs- und einer Kontrollgruppe sowie mit einem Testverfahren gearbeitet. Unabhängige Variable ist die Art der Informationsdarbietung, abhängige Variable ist die Behaltensleistung (vgl. Gudjons 1995, S. 64).

Jedes Experiment birgt wegen der in der Regel komplexen Struktur des Forschungsfeldes zahlreiche Fehlerquellen und spezifische Effekte. So können beispielsweise Unterschiede in den Behaltensleistungen der Kinder auch darauf zurückzuführen sein, dass der Versuchsleiter in der einen Gruppe etwas hastiger und lustloser gesprochen hat, in der anderen Gruppe aber ruhig und eindringlich. Solche und andere Störvariablen auszuschalten, bedarf es eines großen Aufwandes. Je genauer ein Laborexperiment unter Laborbedingungen ausgefeilt wird, desto eher ist zwar eine weitgehende Variablenkontrolle gesichert, desto begrenzter ist aber auch dessen Übertragbarkeit auf die Realität. Für die Erziehungswissenschaft bieten sich daher eher Feldexperimente an. Sie machen jedoch große Schwierigkeiten hinsichtlich der Kontrolle intervenierender Variablen und deren Organisation (vgl. Roth 1991, S. 47).

Weitere komplexere Forschungsdesigns der empirisch-analytisch orientierten erziehungswissenschaftlichen Forschung sind die quantitative Inhaltsanalyse, die auf die objektive, systematische und quantitative Beschreibung des manifesten Inhalts von Kommunikation abzielt und die sich methodisch auf Häufigkeitsanalysen, Intensitätsanalysen und Kontingenzanalysen von Textelementen stützt (vgl. Atteslander 1991, S. 236; Bos/Tarnai 1989) sowie die quantitative Sekundäranalyse von bereits vorliegenden amtlichen Statistiken.

Quantitative Inhaltsanalyse

Vor allem die amtlichen Fachserien des Statistischen Bundesamtes, insbesondere die Bildungs- und Jugendhilfestatistik, liefern wichtige Hinweise auf institutionelle Entwicklungen im Bildungs- und Sozialwesen, weil großenteils aus den statistischen Daten Zeitreihen gebildet werden können (vgl. Böttcher/Klemm 1995; Autorengruppe Bildungsberichterstattung 2008). Auch im Bereich der historischen Bildungsforschung wird der umfangreiche Fundus statistischen Quellenmaterials zur Bevölkerungsentwicklung, zur Familiengröße, zum Schulbesuch, zur Erwerbstätigkeit etc. in den letzten Jahrzehnten zunehmend genutzt, der für einzelne deutsche Staaten etwa seit Anfang des 19. Jahrhunderts, für Gesamtdeutschland etwa ab 1880 vorliegt (vgl. Krüger 2002, S. 293). Neben der amtlichen Statistik sind für die Beantwortung verschiedener Fragestellungen auch die Sammlung und sekundäranalytische Auswertung sogenannter prozessgebundener Daten sinnvoll, also solcher Daten, die im sozialen Prozess selber entstehen. So können z.B. die Karteien der Arbeitsämter wichtige Informationen über Berufswahl- und Berufsfindungsprozesse enthalten oder die Lesekarteien von Bibliotheken Rückschlüsse auf das Leseverhalten von Jugendlichen zulassen (vgl. Tippelt 1993, S. 237).

Quantitative Sekundäranalyse

Im Gegensatz zu den 1950er Jahren sind quantitative Forschungsansätze und Methoden in den letzten Jahrzehnten zu einem wichtigen und festen Bestandteil im Normalbetrieb erziehungswissenschaftlicher Forschung geworden. Forschungsprojekte mit quantitativer empirischer Orientierung werden inzwischen in fast allen erziehungswissenschaftlichen Teildisziplinen, von der Schul- und Berufspädagogik über die historische Bildungsforschung bis hin zur Erwachsenenbildung und Sozialpädagogik, durchgeführt. Dabei darf allerdings nicht übersehen werden, dass nur ganz wenige Teildisziplinen vorrangig empirisch-quantitativ orientiert sind und mit diesen Methoden arbeiten. Das sind in erster Linie die Pädagogische Psychologie, die Schul- und Jugendforschung sowie die Bildungssoziologie (vgl. Baumert u.a. 1992, S. 23).

II.5.2. Schritte und Methoden quantitativer erziehungswissenschaftlicher Forschung

(a) Forschungsarrangement und Stichprobenziehung

Der Ablauf eines empirischen Forschungsvorhabens

Der Ablauf eines empirischen Forschungsvorhabens weist trotz einer Fülle unterschiedlicher Möglichkeiten ein gewisses formales Grundmuster auf. Die erste Entscheidung betrifft die Auswahl des Forschungsproblems. Sofern es sich nicht um eine explorative Studie handelt, empfiehlt es sich, eine empirische Arbeit mit einem klar definierten Forschungsproblem zu beginnen. Manche Studie krankt daran, dass irgendetwas im pädagogischen Bereich untersucht werden soll, ohne dass das Forschungsziel auch nur annähernd klar umrissen wird. Ein Forschungsproblem klar zu definieren heißt bei einer hypothesenprüfenden Untersuchung, dass die aus der theoretischen Diskussion abgeleitete Forschungshypothese präzise angegeben werden muss (vgl. Lehner 1996, S. 557). In einem nächsten Schritt geht es dann darum, die in den Forschungshypothesen auftauchenden Begriffe zu definieren und zu operationalisieren, d.h. einer Messung zugänglich zu machen. Zur Messung der Einzeldimensionen oder Variablen bieten sich verschiedene Mess- oder Skalierungsmethoden an. Die Zusammenstellung der Messoperationen für sämtliche Variablen, die in die Datenerhebung miteinbezogen werden sollen, bildet das Erhebungsinstrument. Bei einer Befragung z.B. ist dies der Fragebogen (vgl. Diekmann 1995, S. 168). Nach der Festlegung des Forschungsproblems und der Präzisierung der Hypothesen muss in einem weiteren Schritt geklärt werden, welche Forschungsform man wählen will, um seine Hypothesen zu testen oder Fragen an die Wirklichkeit zu beantworten (z.B. Fragen nach den Lehrmethoden, die LehrerInnen anwenden, um SchülerInnen zur Mitarbeit zu bewegen). Die wichtigsten Optionen sind hier, ob man ein experimentelles oder nicht-experimentelles Design wählen will oder ob man die ausgewählten Untersuchungseinheiten im Querschnitt- oder im zeitlichen Längsschnitt analysieren will.

Verschiedene Typen von Stichproben

In einem nächsten Schritt ist dann der Typ und die Größe der Stichprobe festzulegen. In der quantitativen Forschung werden in der Regel drei Typen von Stichproben unterschieden: die Zufallsstichprobe (random samples), die auf verschiedenen Arten der Wahrscheinlichkeitsauswahl basiert, die Quotenauswahl, die bereits ein Wissen über die zu untersuchende Grundgesamtheit voraussetzt, da die Stichprobe nach vorgegebenen Quoten (z.B. 50 Prozent Frauen, 50 Prozent Männer) gezogen wird oder sog. „willkürliche Stichproben", die häufig in hypothesenprüfenden experimentellen Untersuchungen herangezogen werden, die nicht auf die Schätzung von Merkmalen einer Population abzielen, sondern in deren Zentrum die Zufallsaufteilung auf die Experimental- und Kontrollgruppe steht (vgl. Friedrich 1985, S. 123ff.).

In einem weiteren Schritt gilt es dann, das Erhebungsinstrument festzulegen. Dabei sollte auch ein nur in Teilen neu konstruiertes Erhebungsinstrument – sei es ein Fragebogen oder ein Beobachtungsschema – einem Pretest unterzogen werden mit dem Ziel, ein adäquates Instrument zu entwickeln. Im Zentrum der nächsten Forschungsphase steht die Feldarbeit, d.h. die Erhebung der Daten mit der in einer Untersuchung jeweils gewählten Methode. Anschließend werden die erhobenen Daten codiert, auf Fehler kontrolliert, in einen maschinenlesbaren Datenfile übertragen und in den Computer eingegeben.

Grundlage der Auswertung und Interpretation der Daten ist dann die statistische Datenanalyse. Die Art der erhobenen Daten (dies betrifft insbesondere das Skalenniveau) und das konkrete Vorgehen bei der Untersuchung (u.a. die Art der Stichproben, die Anzahl der Variablen), sind wesentlich für die Entscheidung über die bei der Auswertung anzuwendenden statistischen Verfahren (vgl. Heller/ Rosemann 1974, S. 12ff.). Abschließend werden die empirischen Resultate in einem Forschungsbericht festgehalten. Der Forschungsbericht sollte aber nicht nur die Ergebnisse zur Diskussion stellen, sondern auch die einzelnen methodischen Schritte in nachvollziehbarer Weise dokumentieren. Dazu gehört auch, dass in der Regel im Anhang des Forschungsberichts das Erhebungsinstrument aufgeführt wird (vgl. Diekmann 1995, S. 171).

(b) Ausgewählte Methoden der quantitativen Datenerhebung

Zentrale Methoden der Datenerhebung im Zusammenhang empirisch-quantitativer erziehungswissenschaftlicher Forschung sind die zumeist standardisierte mündliche oder schriftliche Befragung, die strukturierte Beobachtung sowie verschiedene Testverfahren.

Befragung

Hinter dieser Sammelbezeichnung stehen eine Fülle einzelner Techniken, die von der mündlichen Befragung (Interview) bis zur schriftlichen Befragung (meist Fragebögen) reichen. Eine Spezialform des mündlichen Interviews ist das Telefoninterview, das aufgrund seiner geringen Kosten und der Schnelligkeit der Datengewinnung in der Meinungs- und Marktforschung in den letzten Jahren immer häufiger eingesetzt wird (vgl. Diekmann 1995, S. 429f.). Das klassische Instrument der quantitativen Sozialforschung ist das mündliche Interview mit Hilfe eines standardisierten Fragebogens. Es handelt sich hierbei um ein hochgradig strukturiertes Instrument, das nicht nur allen Befragten die gleichen Fragen in der gleichen Reihenfolge stellt, sondern ihnen auch eine festgelegte Auswahl von Antworten vorgibt. Durch Schulung der Interviewer versucht man, ein möglichst standardisiertes, also immer gleichwertiges Verhalten auf der Interviewerseite zu erreichen, wozu auch die Forderung nach Neutralität der Interviewer zählt (vgl. Kuckartz 1994, S. 555). Forschungen zum Interview zeigen allerdings, dass die soziale Realität kaum aus dem Interview verbannt werden kann und die Neutralitätsforderung möglicherweise kaum vollkommen eingelöst werden kann (vgl. Meulemann/Reuband 1988).

Das mündliche Interview

Vor allem aus personal- und zeitökonomischen Gründen wird bei größeren Untersuchungen auch im Rahmen der erziehungswissenschaftlichen Forschung die schriftliche Befragung bevorzugt. Sie erlaubt zwar einerseits, eine große Stichprobe zu erfassen, muss aber andererseits davon ausgehen, dass vor allem bei postalischer Befragung nur ein Teil der Fragebögen beantwortet zurückgeschickt wird (vgl. Roth 1991, S. 51). Mit relativ hohen Rücklaufquoten kann man hingegen bei schriftlichen Befragungen im Klassenverband rechnen, wie sie im

Die schriftliche Befragung

Rahmen der Jugend- und Schulforschung gegenwärtig häufig durchgeführt werden (vgl. z.B. Büchner/Fuhs/Krüger 1996; Helsper/Krüger u.a. 2006). Für umfangreiche Fragebogenerhebungen empfiehlt es sich, die Fragebogen bereits Scannertauglich zu gestalten und weitgehend standardisiert anzulegen. Solche Ausrichtung schränkt allerdings die Fragebogenformulierung weitgehend auf geschlossene Fragen ein. Offene Fragen sind aufgrund wenig strukturierter Antworten mit Auswertungsschwierigkeiten verbunden, weil erst einmal Kategorien für die Zuordnung unterschiedlichster Antworten gebildet werden müssen. Bei der Entwicklung eines Fragebogens, der zweckmäßiger Weise an kleinen Gruppen vorher erprobt werden sollte, muss auf die Verständlichkeit der Fragen und auf die Genauigkeit der Frageformulierung geachtet werden. Berücksichtigt werden muss beim Aufbau eines Fragebogens auch die Ermüdungstendenz des Beantworters, seine Neigung, Extreme zu vermeiden und zur Mitte zu tendieren, seine Tendenz zur sozialen Erwünschtheit von Antworten und anderes mehr (vgl. Gudjons 1995, S. 66). Die Methodologie dieses Verfahrens hat sich inzwischen so ausgeweitet und perfektioniert, dass Sozialwissenschaftler von einer eigenen „Lehre vom Fragebogen" sprechen (vgl. Scheuch 1973). Berücksichtigt werden muss bei dem Einsatz von Fragebögen auch, dass mit diesem Instrumentarium nur Einstellungen und Meinungen der Befragten, nicht aber deren tatsächliches Verhalten erfasst werden kann.

Die Soziometrie

Eine besondere, in der Erziehungswissenschaft häufig verwendete Form der Befragung ist die Soziometrie. Die Soziometrie ist die quantitative Untersuchung zwischenmenschlicher Beziehungen unter dem Aspekt der Bevorzugung, Gleichgültigkeit oder Ablehnung in einer Wahlsituation (vgl. Bjerstedt 1956, S. 105). Die Ergebnisse einer Befragung über Beziehungen von Gruppenmitgliedern werden in eine Netzgraphik mit verschiedenen Symbolen eingetragen. So können z.B. in einer Schulklasse mit Hilfe bestimmter Fragen (Wen würdest Du zu Deinem Geburtstag einladen?) Sympathien bzw. Antipathien zwischen SchülerInnen ermittelt und Aufschlüsse über die Gruppenstruktur gewonnen werden (vgl. Dollase 1973; Rubin/Bukowski/Parker 1998).

Beobachtung

Werden Methoden der Beobachtung im Rahmen der quantitativen erziehungswissenschaftlichen Forschung eingesetzt, so handelt es sich in der Regel um eine klar strukturierte Form der Beobachtung, die sich an einem systematisch entwickelten Kategoriensystem orientiert und das Verhalten in künstlichen Laborsituationen oder in natürlichen Situationen festhält. Bei einem hochstrukturierten Beobachtungsschema werden nicht nur allgemein die zu beobachtenden Merkmale, sondern präzise und operational definiert die Kategorien der einzelnen Merkmalsdimensionen vorgegeben. Ähnlich wie im Interview können auch Skalen zur Anwendung gelangen, auf denen die Beobachter quantitativ ihre Einschätzung einer beobachteten Aktivität markieren. Durch den Einsatz von klar strukturierten Beobachtungsbögen soll dem Problem der Verzerrung durch selektive Wahrnehmung sowie dem Problem der Fehlinterpretation des beobachteten sozialen Geschehens entgegengewirkt werden. Weitere Möglichkeiten das Risiko einer selektiven Verzerrung von Beobachtungsdaten zu vermindern, sind detaillierte Instruktionen an die Beobachter, die Schulung von Beobachtern, der

Strukturierte Formen der Beobachtung

Einsatz mehrerer Beobachter sowie die Verwendung technischer Hilfsmittel, z.B. Videoaufnahmen (vgl. Diekmann 1995, S. 458; Klieme/Bos 2000).

In der erziehungswissenschaftlichen Forschung wird die Methode der strukturierten Beobachtung vor allem im Bereich der Unterrichtsforschung eingesetzt. Dort erfolgt die Kategorienbildung unter sozialpsychologischem oder didaktisch-methodischem Aspekt. Versuche, sowohl sozialpsychologische als auch didaktisch-methodische Gesichtspunkte zu verbinden, sind hingegen relativ selten (vgl. Roth 1991, S. 50). Bei der Unterrichtsforschung kann man grob zwischen deskriptiven (z.B. der Schüler meldet sich) und interpretativen Kategorien (z.B. der Schüler hört zu) unterscheiden. Ein weiteres Problem ist die Bestimmung der Beobachtungseinheit, wobei man sich auf Zeiteinheiten oder natürliche Einheiten festlegen kann. Erstere werden willkürlich gewählt, letztere sind im Prinzip erst im Rahmen einer ausdifferenzierten Theorie des Unterrichts-Handelns bestimmbar. Nach Auffassung von Roth (1991, S. 50) sind die in den bisherigen Studien zur Unterrichtsbeobachtung erhobenen Daten oft wenig exakt und somit ist deren statistische Analyse oft problematisch.

Tests

Tests spielen außer in der im engeren Sinne klinischen und diagnostischen Psychologie auch in pädagogischen Arbeitsfeldern, wie der Erziehungsberatung, der Heimerziehung oder der Schule, in diagnostischer und prognostischer Hinsicht eine wichtige Rolle. Dabei kann man zwischen Intelligenztests, Persönlichkeitstests, Schulreifetests, Tests für Lern- und Geistigbehinderte oder Schulleistungstests unterscheiden (vgl. Schmidtchen/Probst 1995, S. 626). Tests gelten als wissenschaftliche Routineverfahren zur Untersuchung eines oder mehrerer empirisch abgrenzbarer Persönlichkeitsmerkmale mit dem Ziel einer möglichst quantitativen Aussage über den Grad der individuellen Merkmalsausprägung (vgl. Lienert 1969, S. 7). Die Merkmalsausprägung kann dabei entweder am Mittelwert einer definierten Grundgesamtheit (z.B. Schüler und Schülerinnen des 7. Schuljahrganges in der Realschule) orientiert sein oder aber auf ein von einer konkreten Bezugsgruppe abgehobenes Kriterium (z.B. festgelegte Lernziele) bezogen werden. Der Unterschied zwischen solchen normorientierten und den lernzielorientierten Tests ist gravierend. Die ersteren weisen dem Probanden einen Platz in einer Rangreihe einer vergleichbaren Bezugsgruppe, etwa hinsichtlich des Merkmals Intelligenz oder Neurotizismus zu. Ist ein Test hingegen kriteriumsorientiert, dann stellt er fest, ob ein Proband z.B. ein bestimmtes Lernziel erreicht hat, unabhängig davon, ob andere dieses Ziel ebenfalls erreichen oder nicht (vgl. Roth 1991, S. 52).

Normorientierte und lernzielorientierte Tests

Von großer Bedeutung sind die klassischen Gütekriterien bei Tests. Die Objektivität eines Tests kann als Maß dafür betrachtet werden, wie weit die Testergebnisse vom Versuchsleiter unabhängig sind. Die Validität ist das Maß dafür, ob ein Test tatsächlich die Variable misst, die er zu messen vorgibt (z.B. bei einem Lese-Rechtschreibtest nicht etwa Intelligenz, sondern bestimmte Wahrnehmungsschwächen). Über den Grad der Genauigkeit, mit dem Persönlichkeits- oder Verhaltensmerkmale gemessen werden, gibt die Reliabilität Auskunft.

Kritisch diskutiert wird in der testtheoretischen Literatur vor allem das Gaussche Konzept der Normalverteilung, das die klassische Testtheorie als Grundlage ihrer Messungen wählt. Bildet die Gaussche Kurve die Verteilungen in der Natur in bestimmten Bereichen relativ gut ab, so hat sie für die Verteilung der Intelligenz nicht unbedingt Gültigkeit. Für viele Forschungsprobleme im pädagogischen Bereich bleiben normorientierte Tests dennoch nach wie vor die am sorgfältigsten abgesicherten Instrumente der Variablenkontrolle und Datenerhebung. Allerdings ist es bei ihrer Verwendung unerlässlich, auch die problematischen Implikationen dieser Tests zu kennen, damit man ihre Leistungen angemessen einschätzen kann.

(c) Ausgewählte Methoden der quantitativen Datenanalyse

Die Auswertung der erhobenen quantitativen Daten vollzieht sich in drei Schritten. Da statistische Berechnungen heute nahezu ausschließlich mit Hilfe des Computers durchgeführt werden, ist dazu eine bestimmte Aufbereitung der Daten erforderlich. Zunächst werden alle Daten codiert, auch solche, die mit offenen Fragen ohne feste Antwortvorgaben erhoben worden sind. Das bedeutet, dass die gesammelten Daten in numerische oder alphanumerische Symbole übertragen werden. Nach der Datenprüfung und eventuell der Datenkorrektur folgt die Plausibilitätsprüfung, mit der Datenfehler entdeckt werden sollen, z.B. zweifelhaft erscheinende Altersangaben oder unlogische Datenverbindungen (vgl. Kuckartz 1994, S. 558). Im Anschluss daran werden bei anspruchsvollen Operationalisierungen, z.B. im Bereich der Einstellungsforschung Skalen gebildet und dokumentiert, die komplexe Einstellungsdimensionen, wie z.B. Schulfreude, oder lebensweltliche Bedingungen, wie etwa das Familienklima, erfassen.

Dateneingabe und Datenkorrektur

Nach der Phase der Datenbereinigung setzt in einem zweiten Schritt die Phase der deskriptiven Datenauswertung ein, bei der in univariaten Analysen zunächst Häufigkeitsauszählungen der einzelnen Variablen durchgeführt und anschließend in bivariaten Analysen Zusammenhänge zwischen zwei Variablen geprüft werden.

Um die Zusammenhänge zwischen mehreren Variablen untersuchen und Hypothesen testen zu können, werden in einem dritten Schritt verschiedene komplexe Analysetechniken eingesetzt, die die schließende Statistik oder Interferenzstatistik für die multivariate Datenanalyse zur Verfügung stellt (vgl. Bortz 1989; Bortz/Döring 1995). Die Verfahren der Datenanalyse setzen neben technischem Wissen jedoch vor allem klare inhaltliche theoretische Vorstellungen voraus, da die erhobenen Daten von sich aus überhaupt nichts aussagen, sondern erst vor dem Hintergrund theoretischer Annahmen sinnvoll interpretiert werden können.

Univariate und bivariate Analysen

Die quantitative Datenanalyse beginnt mit der Erstellung einer Grundauszählung, die das Ergebnis der Berechnung der Häufigkeitsverteilung für jede Variable im Datensatz ist. So hat z.B. die Variable Schulbildung mehrere diskrete Ausprägungen (etwa kein Abschluss, Hauptschulabschluss, Mittlere Reife, Abitur), deren relative Häufigkeiten oder auch Prozentanteile je Kategorie sich in einem Stabdiagramm oder Histogramm graphisch darstellen lassen. Weitere Techniken der univariaten Datenanalyse sind die Berechnung der Maßzahlen der

Techniken der univariaten Datenanalyse

zentralen Tendenz – gebräuchlicherweise als Mittelwerte bzw. umgangssprachlich als „Durchschnitt“ bezeichnet – sowie die Berechnung des Streuungsmaßes, das die Differenz zwischen dem maximalen und dem minimalen Wert einer Verteilung angibt (vgl. Kromrey 1983, S. 235ff.).

Handelt es sich bei univariaten Analysen um Verfahren, die sich auf die Charakterisierung der Verteilung einer einzigen Variable durch Häufigkeitsauszählungen, Mittelwerte und Streuungsmaße beschränken, so zielen bivariate Analysen auf die Erforschung von Zusammenhängen zwischen zwei Variablen. Bei der Auswertung von Surveydaten auf der Basis nicht-experimenteller Designs ist dabei zu berücksichtigen, dass die bivariate Analyse möglicherweise verzerrenden Einflüssen durch Drittvariablen keine Rechnung trägt (vgl. Diekmann 1995, S. 571). was jedoch nur unter bestimmten Voraussetzungen mit multivariaten Analysemethoden geprüft werden kann.

Multivariate Datenanalyse

Bieten die Verfahren der deskriptiven Statistik nur die Möglichkeit, die Verteilung zwischen zwei Variablen zu untersuchen, so stellt die Interferenzstatistik eine Vielzahl von Analysetechniken zur Verfügung, die die gleichzeitige Berücksichtigung mehrerer Variablen, d.h. multivariate Auswertungen, erlauben. Die angemessene Verwendung solcher Verfahren setzt voraus, dass die Variablen eine möglichst hohe Skalenqualität besitzen und dass sich die Untersuchung auf ein konsistentes theoretisches Modell bezieht (vgl. Friedrich 1985, S. 392).

Faktoranalyse

Wichtige Techniken der multivariaten Datenanalyse sind z.B. die Faktoranalyse, die es ermöglicht, aus der Matrix der Korrelation aller Variablen Dimensionen (Faktoren) zu extrahieren, die einen engen Zusammenhang zwischen mehreren Variablen beschreiben. Dieses Verfahren wird forschungspraktisch oft bei bereits in der Phase der Datenaufbereitung genutzt, um komplexe Operationalisierungen statistisch zu verdichten. Ein weiteres Verfahren zur Identifikation von Mustern in der Struktur der Daten ist die Clusteranalyse, die es erlaubt, aus der Gesamtzahl einer Untersuchungsgruppe Teilgruppen herauszufiltern, die im Hinblick auf eine ausgewählte Zielvariable ein homogenes Muster zeigen. Manchmal werden in quantitativen Untersuchungen auch beide Auswertungsstrategien miteinander kombiniert. So wurden in einer Studie zum Wandel von Eltern-Kind-Beziehungen aus einer Vielzahl von Einzelitems mit Hilfe einer Faktorenanalyse fünf Faktoren (z.B. Elternzentriertheit des Familienalltags, Elterliches Strafverhalten, kindliche Durchsetzungsstrategien) gebildet, die unterschiedliche Facetten der Eltern-Kind-Beziehungen ausleuchten und anschließend mit Hilfe einer Clusteranalyse untersucht, wie sich die Qualitätsmerkmale der Eltern-Kind-Beziehungen in verschiedenen Teilgruppen unterschieden (vgl. Büchner/Fuhs/Krüger 1997).

Clusteranalyse

Korrelationsanalyse

Schließlich existieren inzwischen eine ganze Reihe von Verfahren, die die Zusammenhänge zwischen einzelnen, aber auch zwischen ganzen Sets von Merkmalen näher bestimmen helfen. So zielt die Korrelationsanalyse auf die Frage nach der Stärke des Zusammenhangs zwischen zwei Variablen und beschreibt diese mit Hilfe von sog. Korrelationskoeffizienten in numerischer Form. Dagegen untersuchen Regressionsanalysen die Art des Zusammenhanges zwischen zwei Variablen. Während bei der Korrelationsanalyse die Richtung des Zusammenhangs unbestimmt bleibt, gilt bei der Regressionsanalyse wechselweise eine Variable als abhängig, die andere als unabhängig. Wichtigstes Einsatzgebiet der Regressionsanalyse ist die Prognose. Will man beispielsweise aufgrund von Abiturnoten den wahrscheinlichen Studienerfolg einschätzen, so kann dies auf der Basis von vorliegenden Untersuchungen über den Zusammenhang zwischen beiden Merkmalsgruppen mit Hilfe der Regressionsanalyse geschehen (vgl. Rollett 1978, S. 110). Darüber hinaus hat sich die Regressionsanalyse vor allem bei der Prüfung von Bedingungsmodellen als besonders fruchtbar erwiesen. So kann man unter Bezug auf dieses Verfahren z.B. prüfen, wie stark Variablen wie Geschlecht, soziale Herkunft, Wohnbedingungen und Freizeitinteressen das politische Interesse von Jugendlichen beeinflussen (vgl. Walper/Tippelt 2002, S. 216).

Regressionsanalyse

Um kausale Abhängigkeiten von Beziehungen zwischen ganz verschiedenen Merkmalen empirisch analysieren und dabei komplexe Bedingungsmodelle prüfen zu können, entstanden den letzten Jahrzehnten eine Reihe von Verfahren, die auf dem Ansatz der Regressionsanalyse basieren, diesen aber in verschiedene Richtungen weiterentwickelt haben (vgl. Krüger/Pfaff 2006). So bieten sich Pfad- und Strukturgleichungsmodelle (vgl. z.B. Diamantopopulus/Siguaw 2000) vor allem dann als Analysemethoden an, wenn neben unabhängigen und abhängigen auch vermittelnde Variablen unterschieden werden sollen. Ein Beispiel dafür ist die Modellierung der Schulleistung als abhängig von der schulbezogenen Unterstützungsleistung der Eltern, die jedoch wiederum abhängig ist von deren Bildungsniveau oder beruflicher Einbindung (vgl. z.B. Cuttans/Ecob 1987). Strukturgleichungsmodelle haben dabei gegenüber Pfadmodellen den weiteren Vorteil, dass sie Merkmalsgruppen in der Analyse zu sog. ‚latenten Faktoren' zusammenfassen können, wie bspw. verschiedene Facetten von Einstellungen zur Schule oder unterschiedliche Belastungsindikatoren (z.B. Böhm-Kasper 2004). Ein neuer Ansatz in der quantitativen Schulforschung, die meist mit Lehrer- und Schülerbefragungen arbeitet, dient der Bearbeitung des Problems des hohen Aggregationsgrades der bei der Befragung von Schulklassen bzw. Lehrerkollegien produzierten Daten. Mit Hilfe des mehrebenenanalytischen Ansatzes, der auf einer hierarchisch-linearen Regression basiert, kann in Bedingungsanalysen zwischen Individual- und Kontexteinflüssen unterschieden werden, d.h., es können Aussagen darüber getroffen werden, welche Einflüsse Individualmerkmalen im Vergleich zu Einflüssen in der Lebenswelt der Befragten zukommen (vgl. Ditton 1998; Raudenbush/Bryk 2002; Krüger 2004). So untersuchten z.B. die deutschen Forscher bei der PISA-Studie 2000 mittels Mehrebenenanalysen die Selektivität der nationalen Bildungssysteme und konnten dabei für die relativen Bildungsausgaben von Ländern bzw. Regionen, die spätere Selektion in Bildungssystemen und die Anteile von Lernenden mit Migrationshintergrund eine Bedeutung auf die Reproduktion sozialer Ungleichheit durch Schulsysteme ausmachen, nicht jedoch für schulspezifische Faktoren (Baumert u.a. 2001, S. 393).

Strukturgleichungsmodelle

Mehrebenenanalyse

II.5.3. Kritik und Weiterentwicklungen

Die quantitative empirische Forschung in der Erziehungswissenschaft sowie in den Nachbardisziplinen verfügt gegenwärtig somit über ein breites Spektrum von ausgefeilten Verfahren der Datenerhebung und Datenauswertung. Und ein Blick in die Datenbank SOFIS zeigt, dass die Anzahl der quantitativen Projekte in der Erziehungswissenschaft im Gefolge der internationalen Schulleistungsuntersuchungen, wie TIMMS, IGLU oder PISA, in den Jahren 2000 bis 2005 deutlich angestiegen ist (Zedler/Döbert 2009, S. 28ff.). Zudem sind mit der seit 2003 kontinuierlich durchgeführten indikatorengestützten nationalen Bildungsberichterstattung neue Formen des quantitativen Bildungsmonitoring eingeführt worden (vgl. z.B. Autorengruppe Bildungsberichterstattung 2008; Krüger/Rauschenbach/Sander 2006). Dennoch gibt es auch in der aktuellen quantitativen Forschung noch Defizite. Themenfelder wie die elterliche Erziehung oder die Verwendungstauglichkeit schulisch erworbener Qualifikationen ebenso wie die längerfristige Entwicklung von Qualifikationsbedarfen finden kaum Berücksichtigung (vgl. Zedler/Döbert 2009, S. 40) Auch sind Studien mit repräsentativen Stichproben im Bereich der vor- und außerschulischen Bildung immer noch die seltene Ausnahme. Zudem fehlen in der Erziehungswissenschaft als einer entwicklungsorientierten Wissenschaft Längsschnittstudien, die auch unter dem Einsatz objektiver Testverfahren individuelle Bildungs- und Entwicklungsverläufe längerfristig verfolgen. Erst das ab 2010 realisierte nationale Bildungspanel wird vermutlich diesem Defizit begegnen können (vgl. Blossfeld u.a. 2009).

Wünschenswert ist darüber hinaus die Entwicklung und praktische Realisierung von theoretisch anspruchsvollen und komplexen Forschungsdesigns, die quantitative Survey- und qualitative Fallstudien verbinden. Denn die Mikrowelt des Alltags und die Biographieverläufe der in pädagogischen Feldern Handelnden können noch so umfassende Surveyuntersuchungen nicht im Detail empirisch fassen. Dazu sind sie vielmehr auf die Ergänzung durch qualitative Studien angewiesen.

Literatur

Allerbeck, K./Hoag, W.: Jugend ohne Zukunft? Einstellungen, Umwelt, Lebensperspektiven. München 1985.

Atteslander, P.: Methoden der empirischen Sozialforschung. Berlin/New York [6]1991.

Autorengruppe Bildungsberichterstattung: Bildung in Deutschland 2008. Bielefeld 2008.

Baumert, J. u.a.: PISA 2000. Basiskompetenzen von Schülerinnen und Schülern im internationalen Vergleich. Opladen 2001.

Baumert, J. u.a.: Zum Status der empirisch-analytischen Pädagogik in der deutschen Erziehungswissenschaft. In: Ingenkamp, Kh./Jäger, R.S./Petillon, H. u.a. (Hrsg.): Empirische Pädagogik 1970-1990, Bd. I, Weinheim 1992, S. 1-90.

Bjerstedt, A.: Interpretations of sociometric choice status. Lund 1956.

Blossfeld, P. u.a.: Projekt Nationaler Bildungspanel (NEPS). http://www.uni-bamberg.de/neps.

Böhm-Kasper, O.: Schulische Belastung und Beanspruchung. Eine Untersuchung von Lehrern und Schülern an Gymnasien. Münster 2004.

Bortz, J.: Lehrbuch der Statistik für Sozialwissenschaftler. Berlin [3]1989.
Bortz, J./Döring, N.: Forschungsmethoden und Evaluation. Berlin/New York 1995.
Bos, W./Tarnai, C. (Hrsg.): Angewandte Inhaltsanalyse in Empirischer Pädagogik und Psychologie. Münster 1989.
Bos, W./Voss, A.: Empirisch-analytische Verfahren in der erziehungswissenschaftlichen Forschung. In: Faulstich-Wieland, H./Faulstich, P. (Hrsg.) Erziehungswissenschaft. Ein Grundkurs. Reinbek 2008, S. 577-605.
Böttcher, W./Klemm, K. (Hrsg.): Bildung in Zahlen. Statistisches Handbuch zu Daten und Trends im Bildungsbereich. Weinheim/München 1995.
Büchner, P./Fuhs, B./Krüger, H.-H. (Hrsg.): Vom Teddybär zum ersten Kuß. Wege aus der Kindheit in Ost- und Westdeutschland. Opladen 1996.
Büchner, P./Fuhs, B./Krüger, H.-H.: Transformation der Eltern-Kind-Beziehungen? In: Tenorth, H.-E. (Hrsg.): Kindheit, Jugend und Bildungsarbeit im Wandel. 37. Beiheft der Zeitschrift für Pädagogik. Weinheim 1997, S. 35-52.
Cuttance, P./Ecob, R. (Eds.): Structural modelling by example: Applications in educational and behavioural research. New York 1987.
Diamantopoulus, A./Siguaw, J.A.: Introducing Lisrel. A Guide for the Uninitiated. London/New Delhi 2000.
Diekmann, A.: Empirische Sozialforschung. Reinbek 1995.
Ditton, H.: Mehrebenenanalyse. Opladen 1998.
Dollase, R.: Soziometrische Techniken. Weinheim/Basel 1973.
Düker, H./Tausch, R.: Über die Wirkung der Veranschaulichung von Unterrichtsstoffen und das Behalten. In: Zeitschrift für experimentelle und angewandte Psychologie (1957), S. 384-400.
Fischer, A./Fuhs, W./Zinnecker, J.: Jugendliche und Erwachsene '85, 5 Bde., Opladen 1985.
Friedrich, J.: Methoden der empirischen Sozialforschung. Opladen [13]1985.
Gudjons, J.: Pädagogisches Grundwissen. Bad Heilbrunn [4]1995.
Heller, K./Rosemann, B.: Planung und Auswertung empirischer Untersuchungen. Stuttgart 1974.
Helsper, W./Krüger, H.-H. u.a.: Unpolitische Jugend? Eine Studie zum Verhältnis von Schule, Anerkennung und Politik. Wiesbaden 2006.
Klieme, E./Bos, W.: Mathematikleistung und mathematischer Unterricht in Deutschland und Japan. Triangulation qualitativer und quantitativer Analysen am Beispiel der TIMMS-Studie. In: Zeitschrift für Erziehungswissenschaft 3 (2000), S. 259-380.
Kötters, C.: Quantitative Methoden. In: Krüger, H.-H./Grunert, C. (Hrsg.): Wörterbuch Erziehungswissenschaft. Wiesbaden [2]2006, S. 314-320.
Kromrey, H.: Empirische Sozialforschung. Opladen [2]1983.
Krüger, H.-H.: Einflüsse von Einzelhochschulen – oder: Was besagen Rankings im Fach Erziehungswissenschaft? In: Krüger, H.-H./Rauschenbach, T. (Hrsg.): Pädagogen in Studium und Beruf. Wiesbaden 2004, S. 205-226.
Krüger, H.-H.: Erziehungswissenschaftliche Forschung: Hochschulen, außeruniversitäre Forschungseinrichtungen, Praxisforschung. In: Krüger, H.-H./Rauschenbach, T. (Hrsg.): Einführung in die Arbeitsfelder der Erziehungswissenschaft. Opladen [2]1997, S. 287-302.
Krüger, H.-H.: Methoden und Ergebnisse der historischen Kindheits- und Jugendforschung. In: Krüger, H.-H./Grunert, C. (Hrsg.): Handbuch der Kindheits- und Jugendforschung. Opladen 2002, S. 283-308.
Krüger, H.-H./Pfaff, N.: Metody badan pedagogicznych. In: Sliwerski, B. (Hrsg.): pedagogika. Tom 2, Gdansk 2006, S. 1-46.
Krüger, H.-H./Rauschenbach, T./Sander, U. (Hrsg.): Bildungs- und Sozialberichterstattung. 6. Beiheft der Zeitschrift für Erziehungswissenschaft. Wiesbaden 2006.
Kuckartz, U. : Methoden der erziehungswissenschaftlichen Forschung 2: Empirische Methoden. In: Lenzen, D. (Hrsg.): Erziehungswissenschaft. Ein Grundkurs. Reinbek 1994, S. 543-567.
Lehner, H.: Empirisch-analytische Methoden. In: Hierdeis, H./Hug, T. (Hrsg.): Taschenbuch der Pädagogik, Bd. 2, Baltmannsweiler 1996, S. 555-565.

Lienert, G.A.: Testaufbau und Testanalyse. Weinheim/Basel [3]1969.
Meulemann, H./Reuband, K.-H. (Hrsg.): Soziale Realität im Interview. Empirische Analyse methodischer Probleme. Frankfurt/New York 1988.
Popper, K.: Logik der Forschung. Tübingen [3]1973.
Raudenbush, S.W./Bryk, A.S.: Hierarchical Linear Models: Applications and Data Analysis Methods. Newburg Park/London/New Dehli [2]2002.
Rollett, B.: Forschungsplanung – Versuchsplan – Design. In: Roth, L. (Hrsg.): Methoden erziehungswissenschaftlicher Forschung. Stuttgart/Berlin/Köln u.a. 1978, S. 91-114.
Roth, L.: Empirische Forschungsmethoden. In: Roth, L. (Hrsg.): Methoden erziehungswissenschaftlicher Forschung. Stuttgart/Berlin/Köln u.a. 1978, S. 65-89.
Roth, L.: Forschungsmethoden in der Erziehungswissenschaft. In: Roth, L. (Hrsg.): Pädagogik. Handbuch für Studium und Praxis. München 1991, S. 32-67.
Rubin, K.H./Bukowsky, W./Parker, J.G: Peerinteractions, relationships and groups. In: Eisenberg, M. (Ed): Social, emotional and personality development. New York 1998. S. 619-700
Schäfer, K.-H.: Forschungsmethoden in der Pädagogik. In: Rombach, H. (Hrsg.): Wörterbuch der Pädagogik, Bd. 1, Freiburg/Basel/Wien 1977, S. 308-316.
Scheuch, E.: Der Interviewer in der Sozialforschung. In: König, R. (Hrsg.): Handbuch der empirischen Sozialforschung, Bd. 2, Stuttgart 1973, S. 66-190.
Schmidtchen, S./Probst, P.: Objektive Tests. In: Haft, H./Kordes, H. (Hrsg.): Methoden der Erziehungs- und Bildungsforschung. Bd. 2 der Enzyklopädie Erziehungswissenschaft. Stuttgart/Dresden 1995, S. 625-631.
Schnell, R./Hill, P. B./Esser, E.: Methoden der empirischen Sozialforschung. München/Wien [3]1992.
Stein, L.: Experimentelle Pädagogik. In: Deutsche Rundschau 88 (1896), S. 240-250.
Tippelt, R.: Quantitative Methoden in der Jugendforschung. In: Krüger, H.-H. (Hrsg.): Handbuch der Jugendforschung. Opladen [2]1993, S. 225-247.
Walper, S./Tippelt, R.: Methoden und Ergebnisse der quantitativen Kindheits- und Jugendforschung. In: Krüger, H.-H./Grunert, C. (Hrsg.): Handbuch Kindheits- und Jugendforschung. Opladen 2002, S. 189-224.
Zedler, P./Döbert, H.: Erziehungswissenschaftliche Bildungsforschung. In: Tippelt, R./Schmidt, B. (Hrsg.): Handbuch Bildungsforschung. Wiesbaden [2]2009, S. 23-46.

II.6. Möglichkeiten und Grenzen der Verbindung quantitativer und qualitativer Methoden in der erziehungswissenschaftlichen Forschung

Waren die methodologischen Diskussionen in der Erziehungswissenschaft in den 1970er Jahren noch durch heftige wissenschaftstheoretische Kontroversen zwischen den Repräsentanten quantitativer und qualitativer Forschungsansätze bestimmt, so haben sich im Verlaufe der beiden letzten Jahrzehnte die Wogen geglättet. Vertreter beider Richtungen plädieren inzwischen dafür, quantitative und qualitative methodische Zugriffe zu kombinieren, und in einer Reihe von Forschungsprojekten wurden diese Vorschläge auch schon praktisch realisiert (vgl. z.B. Wolf 1995; Krüger 1993; Helsper/Krüger u.a. 2006). Damit knüpft die aktuelle erziehungswissenschaftliche Methodendiskussion an Argumentationslinien und Forschungspraktiken an, wie sie in den 1920er Jahren von Meumann und Petersen in ersten Ansätzen erprobt oder in den 1960er Jahren in Roths (1965) Forderung nach einer Verknüpfung von hermeneutischen und empirischen Verfahren bereits programmatisch formuliert worden waren.

Historische Bildungs- und Sozialisationsforschung

Ein Forschungsfeld, in dem die strikte Trennung in qualitativ-verstehende und quantitativ-analytische Zugriffe zunehmend überwunden wird, ist insbesondere der Bereich der historischen Bildungs- und Sozialisationsforschung. Diese Entwicklung hat vor allem zwei Gründe. Zum einen ist im Unterschied zum gegenwartsbezogenen arbeitenden Forscher, der sich seine Materialbasis durch Interviews, Beobachtung oder Experiment selber schaffen kann, der historisch forschende Wissenschaftler oft allein auf Quellen angewiesen, die seinerzeit von anderen und zu anderen Zwecken produziert und mehr oder weniger zufällig übrig geblieben sind. Zum anderen hat sich in der historischen Erziehungswissenschaft die Auffassung durchgesetzt, dass man die Komplexität der objektiven Bedingungen und subjektiven Dimensionen der vergangenen Erziehungswirklichkeit am besten dann umfassend analysieren kann, wenn man ideengeschichtliche Zugänge, die sich mit staatlich-gesellschaftlichen Absichten und pädagogischen Programmen befassen, sozialgeschichtliche Zugänge, die die tatsächliche historische Entwicklung im Bildungs- und Sozialisationsbereich unter Bezug auf quantitative Methoden und statistische Zeitreihen untersuchen sowie alltagsgeschichtliche und biographische Zugänge, die sich auf die Auswertung von alltagskulturellen Materialien und erzählten Lebensgeschichten stützen, miteinander verbindet (vgl. Tenorth/Lüders 1994, S. 535ff.; Krüger 2002).

Zwar haben gerade die Forschungsrichtungen einer strukturorientierten Sozialgeschichte eher eine Affinität zu quantitativen Verfahren und Daten (z.B. eine quantitative Sekundäranalyse von statistischen Materialien zur Expansion des Schulbesuchs seit Beginn des 20. Jahrhunderts), während die Ansätze einer erfahrungsorientierten Alltagsgeschichte eher qualitative Methoden und Materialien (etwa oral history Interviews oder Tagebücher) bevorzugen (vgl. Apel 1996; Böhme/Tenorth 1990). Insbesondere jedoch im Umfeld der historischen Sozialisationsforschung wurden in den vergangenen Jahrzehnten eine ganze Reihe von historischen Regionalstudien durchgeführt (vgl. etwa Behnken/du Bois-Reymond/Zinnecker 1989; Herrmann 1991, S. 161ff.; Safrian/Sieder 1985; Lutz/Behnken/Zinnecker 2003), die quantitative und qualitative Daten sowie sozialgeschichtliche und biographische Zugänge verknüpfen. Um ein möglichst komplexes Bild vom vergangenen Lebensalltag von Kindern und Jugendlichen in einem städtischen Quartier oder einer dörflichen Lebenswelt zeichnen zu können, stützten sich diese Arbeiten auf demographische Daten zu Familienstrukturen, auf überlieferte amtliche Dokumente (z.B. Erlasse und Zeugnisse), auf Quellen der Sachkultur des Alltagslebens (z.B. Kleiderordnungen, Grundrisse, Reiseführer) und auf lebensgeschichtliche Interviews mit Zeitzeugen, in denen sich vergangene Sozialisationserfahrungen, Mentalitäten und Prozesse der Identitätsformierung dokumentieren (vgl. Krüger 2002, S. 299).

Aktuelle Bildungsforschung

Nicht nur in der historischen, auch in der aktuellen Bildungsforschung wird in den letzten Jahren verstärkt darüber diskutiert, wie man quantitative und qualitative methodische Zugriffe sinnvoll und Erkenntnis erweiternd miteinander kombinieren kann. Insbesondere Treumann (1986), Wolf (1995) sowie neuerdings Prein/Erzberger (2000), Kelle (2007) und Krüger/Pfaff (2008) haben eine Reihe von Möglichkeiten aufgezeigt, wie Methoden der Umfrageforschung und der Feldforschung in erziehungswissenschaftlichen Forschungsprojekten auf verschiedene Art und Weise verbunden werden können. Eine nicht nur in der Jugendforschung häufig verwendete Variante der Methodentriangulation ist es, einer repräsentativen Befragung eine qualitative Studie voranzustellen, aus der die theoretische Struktur sowie Anregungen für die Konstruktion von Indizes und Skalen für die anschließende quantitative Studie abgeleitet werden. Dieses Verfahren wurde beispielsweise in den Shell-Studien Jugend '81, Jugend '85 und Jugend '92 gewählt, in der sich die Themen und Skalen des Fragebogens der Haupterhebung jeweils auf qualitatives Material (Aufsatzsammlungen, explorative Tiefeninterviews usw.) stützten (vgl. Fischer/Fuchs/Zinnecker 1981, 1985; Fischer/Zinnecker 1992).

Eine zweite Möglichkeit der Kombination von Survey- und Fallstudien besteht darin, eine in einer quantitativen Untersuchung herausgefundene Problemgruppe, z.B. eine Risikogruppe der Intensivnutzer von Fernsehen, Video- oder Computerspielen, in einer anschließenden qualitativen Studie mit ethnographischen und biographischen Methoden genauer zu untersuchen. Man kann die Blickrichtung genauso gut umkehren und fragen, inwieweit die quantitativen Methoden einen Beitrag zur Verallgemeinerung qualitativ gewonnener Ergebnisse leisten können. So haben wir z.B. mit Hilfe einer repräsentativen Befragung untersucht, ob und wie häufig die in einer qualitativen Untersuchung herausgearbeiteten unterschiedlichen Typen von Eltern-Kind-Beziehungen in der sozialen Realität vorkommen (vgl. du Bois-Reymond/Büchner/Krüger u.a. 1994; Büchner/Fuhs/Krüger 1996, 1997).

Um einen mehrperspektivischen Zugang zur Erziehungswirklichkeit gewinnen zu können, werden in der erziehungswissenschaftlichen Forschung nicht nur verschiedene methodische Zugriffe, sondern auch unterschiedliche Datenbereiche in Beziehung gesetzt. Vor allem eine Reihe von ökologisch orientierten Untersuchungen in der Sozialisations- und Jugendforschung haben gezeigt, dass durch eine Verbindung von Sekundäranalysen von statistischen Daten über Gesellschaft und Umwelt, Fragebogenerhebungen und ethnographischen Methoden der teilnehmenden Beobachtung eine differenzierte Analyse von Lebensräumen und subjektiven Situationsdefinitionen von Heranwachsenden geleistet werden kann.

Bei dem Einsatz solcher Verfahren der Daten- oder Methodentriangulation gibt es zu berücksichtigen, dass dadurch eine Erhöhung der Validität der Ergebnisse nicht erreicht werden kann, da die Wahl anderer Methoden zu einer anderen Perspektivwahl und damit auch zu einer anderen Konstitution des Forschungsgegenstandes führt. Durch die Kombination verschiedener Methoden erhält man kein „objektiveres", wohl aber ein vollständigeres Bild von seinem Untersuchungsgegenstand (vgl. Marotzki 1995, S. 79; Flick 2004).

Computergestützte Analysen von qualitativem Material

Wichtig bei der Realisierung von Forschungsprojekten, die qualitative und quantitative Methoden kombinieren, ist es auch zu beachten, dass man die beiden Forschungslogiken nicht in unzulässiger Weise vermengt und Methoden der qualitativen und der quantitativen Forschung in jeweils gesonderten Untersuchungsschritten anwendet. Gerade die in den letzten beiden Jahrzehnten entwickelten Verfahren einer computergestützten Analyse von qualitativem Material (vgl. Huber 1991; Kuckartz 1988; Kelle 2000) werden jedoch genau diesen Ansprüchen oft nicht gerecht. So hilfreich der Einsatz des Computers für die Eingabe großer Textmengen auch ist, so werden aber die Standards qualitativer Forschung, die ein maximales Eingehen auf die im Text sich zeigende Einzigartigkeit und Eigenperspektive der untersuchten Personen erfordern, unterlaufen, wenn das erhobene qualitative Material vorschnell vorgegebenen Codier-Dateien zugeordnet oder der Logik einer Programmiersprache unterworfen wird (vgl. Niedermair 1996, S. 541).

Nicht in der Vermischung beider Forschungslogiken, sondern nur in der komplementären Ergänzung ist der Einsatz quantitativer und qualitativer Methoden in empirischen Untersuchungen sinnvoll und können die Erkenntnischancen beider Forschungsstrategien optimal genutzt werden. Gerade in der verstärkten Realisierung von solchen komplexen Forschungsdesigns, die das Konzept eines Verbundes von quantitativen und qualitativen Verfahren methodologisch weiterentwickeln und forschungspraktisch umsetzen, liegt eine der zentralen Herausforderungen für die zukünftige erziehungswissenschaftliche Forschung.

Literatur

Apel, H.-J.: Historische Methoden. In: Hierdeis, H./Hug, T. (Hrsg.): Taschenbuch der Pädagogik, Bd. 2, Baltmannsweiler 1996, S. 603-615.

Behnken, I./Bois-Reymond, M. du/Zinnecker, J.: Stadtgeschichte als Kindheitsgeschichte. Opladen 1989.

Böhme, G./Tenorth, H.-E.: Einführung in die Historische Pädagogik. Darmstadt 1990.
Bois-Reymond, M. du/Büchner, P./Krüger, H.-H. u.a.: Kinderleben. Modernisierung von Kindheit im interkulturellen Vergleich. Opladen 1994.
Büchner, P./Fuhs, B./Krüger, H.-H. (Hrsg.): Vom Teddybär zum ersten Kuß. Wege aus der Kindheit in Ost- und Westdeutschland. Opladen 1996.
Büchner, P./Fuhs, B./Krüger, H.-H.: Transformation der Eltern-Kind-Beziehungen? In: 37. Beiheft der Zeitschrift für Pädagogik (1997), S. 35-52.
Fischer, A./Fuchs, W./Zinnecker, J.: Jugend '81. Lebensentwürfe, Alltagskulturen, Zukunftsbilder. Hamburg 1981.
Fischer, A./Fuchs, W./Zinnecker, J.: Jugendliche und Erwachsene '85. Generationen im Vergleich. Opladen 1985.
Fischer, A./Zinnecker, J.: Jugend '92. Lebenslagen, Orientierungen und Entwicklungsperspektiven im vereinigten Deutschland. Opladen 1992.
Flick, U.: Triangulation. Eine Einführung. Wiesbaden 2004.
Helsper, W./Krüger, H.-H. u.a.: Unpolitische Jugend? Eine Studie zum Verhältnis von Schule, Anerkennung und Politik. Wiesbaden 2006.
Herrmann, U.: Historische Bildungsforschung und Sozialgeschichte der Bildung. Weinheim 1991.
Huber, G. L.: Computerunterstützte Auswertung qualitativer Daten. In: Flick, U./Kardoff, E. v./ Keupp, H. u.a. (Hrsg.): Handbuch Qualitative Sozialforschung. München 1991, S. 243-248.
Kelle, U. Computergestützte Analyse qualitativer Daten. In: Flick, Kardoff, E.v./Steinke, I. (Hrsg.) Qualitative Forschung. Ein Handbuch. Reinbek 2000, S. 485-501.
Kelle, U.: Die Integration qualitativer und quantitativer Methoden in der empirischen Sozialforschung. Wiesbaden 2007.
Krüger, H.-H.: Geschichte und Perspektiven der Jugendforschung. In: Krüger, H.-H. (Hrsg.): Handbuch der Jugendforschung. Opladen ²1993(a), S. 17-30.
Krüger, H.-H.: Methoden und Ergebnisse der historischen Kindheits- und Jugendforschung. In: Krüger, H.-H./Grunert, C. (Hrsg.): Handbuch der Kindheits- und Jugendforschung. Opladen 2002, S. 283-308.
Krüger, H.-H./Pfaff, N.: Triangulation quantitativer und qualitativer Zugänge in der Schulforschung. In: Helsper, W./Böhme, J. (Hrsg.): Handbuch der Schulforschung. Wiesbaden ²2008, S. 159-182.
Kuckartz, U.: Computer und verbale Daten: Chancen zur Innovation sozialwissenschaftlicher Forschungstechniken. Frankfurt/Bern/New York u.a. 1988.
Lutz, M./Behnken, I./Zinnecker, J.: Narrative Landkarten. In: Friebertshäuser, B./Prengel, A. (Hrsg.): Handbuch Qualitative Forschungsmethoden in der Erziehungswissenschaft. Weinheim/München 2003, S. 51-73.
Marotzki, W.: Forschungsmethoden der erziehungswissenschaftlichen Biographieforschung. In: Krüger, H.-H./Marotzki, W. (Hrsg.): Erziehungswissenschaftliche Biographieforschung. Opladen 1995, S. 55-89.
Niedermair, K.: Computerunterstützte qualitative Analyse. In: Hierdeis, H./Hug, T. (Hrsg.): Taschenbuch der Pädagogik, Bd. 2, Baltmannsweiler 1996, S. 533-543.
Prein, G./Erzberger, M.: Integration statt Konfrontation. In: Zeitschrift für Erziehungswissenschaft 3 (2000), S. 343-358.
Roth, H.: Empirische pädagogische Anthropologie. In: Zeitschrift für Pädagogik 13 (1965), S. 207-221.
Safrian, H./Sieder, R.: Gassenkinder – Straßenkämpfer. Zur politischen Sozialisation einer Arbeitergeneration in Wien 1900-1938. In: Niethammer, L./Plato, A. v. (Hrsg.): Wir kriegen jetzt andere Zeiten. Berlin/Bonn 1985, S. 117-151.
Tenorth, H.-E./Lüders, C.: Methoden erziehungswissenschaftlicher Forschung 1: Hermeneutische Methoden. In: Lenzen, D. (Hrsg.): Erziehungswissenschaft. Ein Grundkurs. Reinbek 1994, S. 519-542.
Treumann, K.: Zum Verhältnis von qualitativer und quantitativer Forschung. In: Heitmeyer, W. (Hrsg.): Interdisziplinäre Jugendforschung. Weinheim/München 1986,S. 193-214.
Wolf, W.: Qualitative versus quantitative Forschung. In: König, E./Zedler, P. (Hrsg.): Bilanz qualitativer Forschung. Bd. I, Weinheim 1995, S. 309-329.

III. Reflexive Erziehungswissenschaft und kritische Bildungsforschung – ein Ausblick

Inhalt

III.1. Theoretische Bezugspunkte

Der Begriff „Reflexive Erziehungswissenschaft" ist im erziehungswissenschaftlichen Diskurs von Dieter Lenzen (1992, 1996, 1999) in den 1990er Jahren eingeführt worden. Lenzen bezieht sich dabei vor allem auf poststrukturalistische Theoriezusammenhänge. Da Wissenschaft im Zeitalter der „condition postmodern" ihren Bezug zur Wirklichkeit verloren habe, könne Reflexive Erziehungswissenschaft diesen Referenzverlust nicht durch Wirklichkeitsanreicherung der Theorie als Handlungstheorie kompensieren, vielmehr müsse sie umgekehrt die Wirksamkeit des Pädagogischen ernst nehmen und der Erziehungswissenschaft die Aufgabe zuweisen, die Implikationen des pädagogischen Zusammenhanges für ein Leben in der so pädagogisierten Kultur empirisch, historisch-anthropologisch und kritisch zu analysieren (vgl. Lenzen 1996, S. 193). Reflexive Erziehungswissenschaft ist für ihn ein Konzept von Pädagogik, das sich rückbezüglich mit der Praxis und dem Wissen über Erziehung befasst und das drei Typen reflexiven Wissens, Risikowissen, Mythenwissen und poetisches Wissen, hervorzubringen habe.

Daraus resultieren für eine reflexive Erziehungswissenschaft nach Auffassung von Lenzen drei Aufgabenbereiche. Sie ist in einer ersten Dimension empirisch orientierte Pädagogik- und Erziehungsfolgenabschätzung. In einer zweiten Dimension ist sie historische Anthropologie der Erziehung, die über die mythischen Orientierungen aufklärt, die die Kultur über Jahrhunderte unerkannt mit sich herumträgt. In einer dritten Dimension wendet sich Reflexivität um in die Frage, was denn zu tun sei. Hier greift Lenzen (1992, S. 81f.) die Idee der Bildung auf und transformiert sie in ein Modell autopoetischer Selbsterschaffung, bei dem die Grenzen zwischen Wissenschaft und Kunst fließend werden. Die ethischen Haltelinien für ein mögliches Expansionsstreben autopoetischer Systeme macht er in der von Lyotard (1989) begründeten Ästhetik des Erhabenen fest, die auf Anerkennung des Differenten, auf Befähigung zu Übergängen und auf ein Verbot von Übergriffen zielt (vgl. Lenzen 1999, S. 162; Ehrenspeck/Rustemeyer 1996, S. 381).

Eine andere Variante eines Konzeptes von Reflexiver Erziehungswissenschaft ist neuerdings in einem von Friebertshäuser/Rieger-Ladlich und Wigger (2006) herausgegebenen Sammelband vorgestellt worden. Dabei knüpfen die Autoren an das von Bourdieu (1993) in seinen Spätschriften formulierte Konzept einer reflexiven Soziologie an. Reflexive Soziologie heißt für Bourdieu nicht nur, dass der Forschende den sozialen und kulturellen Standort des Erforschten im sozialen Raum reflektieren muss, um deren Äußerungen und auch das Nicht-Gesagte vor dem Hintergrund ihrer sozialen Lage und Prägungen einordnen zu können. Vielmehr muss auch das soziale und wissenschaftliche Feld, in dem sich der Forschende befindet und das wissenschaftliche Denken selber zum Gegenstand einer reflexiven Analyse gemacht werden, um die kollektiven und unbewussten Vorurteile, die bereits in die Fragestellungen und das Wissenschaftsverständnis miteingehen, aufklären zu können (vgl. Friebertshäuser 2006, S. 237). In verschiedenen forschungsprogrammatischen und methodologischen, aber auch in eigenen empirischen Beiträgen wird in diesem Band versucht, die Relevanz des Bourdieuschen Denkens und Forschungsstils für verschiedene erziehungswissenschaftliche Forschungsfelder aufzuzeigen.

Reflexive Erziehungswissenschaft

Mit diesen beiden knapp skizzierten Varianten einer Reflexiven Erziehungswissenschaft teile ich die Auffassung, dass eine kritische und interdisziplinär orientierte Erziehungswissenschaft sich gegenwärtig nicht mehr als Handlungswissenschaft sondern nur noch als reflexiver Wissenschaftstypus und als forschende Disziplin begründen lässt. Angesichts der Dissemination des pädagogischen Wissens in den Alltag und in den Horizont biographischer Selbstkonzepte muss sich die Erziehungswissenschaft der Differenz ihrer Handlungskontexte und Wissenssysteme bewusst werden und sich auf die empirische bzw. historische Erforschung stattgehabter Erziehung und den mit ihr korrespondierenden Wissenselementen sowie auf Fragen der bildungstheoretischen Reflexion beschränken und sich von dem im Verlauf der pädagogischen Theoriegeschichte ständig aufs neue formulierten Anspruch, direkt umsetzbare Orientierungshilfen für die pädagogische Praxis zu liefern, verabschieden. Im Gegensatz zu Lenzen (1996) oder Friebertshäuser (2006) wähle ich jedoch für die Begründung des hier favorisierten Konzeptes einer reflexiven Erziehungswissenschaft andere theoretische Bezugspunkte und komme dementsprechend anschließend auch zu differenten Aufgabenbestimmungen.

Um die veränderten makrosozialen Bedingungen von Erziehungs- und Bildungsprozessen sowie von pädagogischen Institutionen fassen zu können, beziehe ich mich vor allem auf das von Berger (1986), Offe (1986), Beck (1986, 1993, 2002) sowie Giddens und Lash (vgl. Beck/Giddens/Lash 1996) in der Traditionslinie kritischer Modernisierungstheorien entwickelte Theoriemodell einer reflexiven Modernisierung. Dieses Theoriekonzept ist als Erklärungsmodell für pädagogische Gegenwartsdiagnosen in besonderer Weise geeignet, da es im Unterschied zu postmodernen Gesellschaftsanalysen nicht nur kulturelle, sondern auch ökonomische und politische Entwicklungstendenzen stärker berücksichtigt und in der Lage ist, eine Brücke zwischen aufgeklärter Theorie und erziehungswissenschaftlicher Forschung zu schlagen.

Modernisierung steht hier für den Anspruch auf Empirisierung der Moderne (vgl. Kade 1989, S. 794). In diesem Sinne wird versucht, die Moderne als Abfolge von Modernitätsformationen zu rekonstruieren, die jeweils die Negation eines vorangegangenen Strukturbildes sind. Innerhalb der Kontinuität der Moderne entsteht somit eine andere gesellschaftliche Gestalt. Modernisierung im Erfahrungshorizont der Vormoderne wird verdrängt durch Problemlagen von Modernisierung im Selbstbezug. Im Zentrum der Theorie reflexiver Modernisierung steht die Analyse der ungewollten und unabschätzbaren externen und internen Nebenfolgen industriegesellschaftlicher Modernisierung, die gegenwärtig „reflexiv", d.h. zum Problem und Thema werden, da sie nicht nur den Erhalt der Natur gefährden, sondern auch alle gesellschaftlichen Institutionen der klassischen Industriemoderne durcheinanderwirbeln (vgl. Beck/Giddens/Lash 1996, S. 8ff.; Beck/Lau 2004).

Reflexive Modernisierung

Schlüsselthemen der gesellschaftstheoretischen Analyse sind globale Gefährdungslagen und Risiken (Umweltzerstörung, Gentechnologie etc.), die von einem ungehemmten technisch-industriellen Modernisierungsprozess produziert werden (vgl. Beck 1988). Diskutiert werden ferner die Folgen einer Globalisierung von Kapital, Finanz- und Arbeitsmärkten sowie Kommunikationsnetzen, die die Errungenschaften des Sozialstaates sowie die Gewissheiten der Arbeitsgesellschaft in Frage stellen und zu einer Flexibilisierung der Erwerbsarbeit, zu strukturellen Massenarbeitslosigkeit und damit zugleich zu einer Verschärfung bereits bestehender sozialer Ungleichheiten im nationalen wie vor allem transnationalen Raum führen (vgl. Beck 1996, S. 67; Lash 1996, S. 362; Beck 2008, S. 20). Gegenstand der Analyse sind außerdem die Pluralisierungs- und Differenzierungsprozesse von Lebensformen und Lebenswelten, die mit einem Verlust an traditionellen Formen der Vergemeinschaftung einhergehen und gleichzeitig den Aufbau von selbst gewählten Beziehungsnetzwerken erfordern sowie die Veralltäglichungsprozesse von Wissenschaft, die die Differenzen zwischen Experten und Laien einebnen (vgl. Beck/Bonß 1989). Tendenzen zur Pluralisierung von Lebensstilen werden auch in den Veränderungen und Neuerungsversuchen im Verhältnis zwischen den Geschlechtern festgemacht, die vor allem den Frauen mehr Gleichberechtigung ermöglicht bzw. versprochen haben (vgl. Beck-Gernsheim 1990). All diese Entwicklungen verweisen darauf, dass der unter den Bedingungen einer reflexiven Modernisierung gegenwärtig stattfindende epochal einschneidende, neue Individualisierungschub und die damit einhergehenden Tendenzen zur Entstrukturierung und Verflüssigung von Lebensverläufen, Generations- und Geschlechterbeziehungen nicht nur gesteigerte individuelle Erlebnis-, Entscheidungs- und Handlungsspielräume, sondern als Gegentendenzen auch neue Belastungspotentiale und Risiken für die Subjekte zur Folge haben (vgl. Beck 1996, S. 96).

Obwohl die gesellschaftstheoretischen Ansätze reflexiver Modernisierung die Auswirkungen sozialstruktureller Veränderungen auf soziale Mikrowelten und die Handlungen individueller Akteure mit ansprechen, folgen sie in ihrem theoretischen Design und ihrem kategorialen Analyseinstrumentarium doch eher einer makrosozialen Ausrichtung (vgl. Honneth 1994, S. 24). Um die Genese und aktuelle Verfasstheit der an pädagogischen Handlungsprozessen beteiligten Individuen analytisch fassen zu können, sind sie auf eine subjekttheoretische Ergänzung angewiesen. Hierfür scheinen identitätstheoretische Ansätze durchaus geeignet zu sein, wie sie im letzten Jahrzehnt von Joas (1996) und Keupp (1989, 1996) in Weiterentwicklung klassischer Identitätstheorien konzipiert worden sind. Joas (1996, S. 368ff.) weist mit Recht postmoderne Infragestellungen des Identitätskonzeptes zurück, da selbst die klassischen Identitätstheorien, wie etwa von Mead, keineswegs in einem substanzhaften Selbst ihr Ziel haben, auch wenn sie die Genese von Identität nicht angemessen in der Verschränkung von Dialog und Ausgrenzung in Prozessen sozialer Anerkennung analytisch gefasst hätten (vgl. auch Honneth 1992). Und Keupp (1996, S. 402) zeigt auf, dass aufgrund von gesellschaftlichen Pluralisierungs-, Individualisierungs- und Entstandardisierungsprozessen das Inventar tradierter Identitätsmuster zwar aufgezehrt wird, jedoch trotzdem eine alltägliche Identitätsarbeit erforderlich ist, die als aktive Herstellungsleistung von persönlichem Sinn und Kohärenz und ebenso von Kontexten sozialer Anerkennung verstanden werden muss.

Identitätstheoretische Bezugspunkte

Der Bezug auf makrosoziologische Gesellschaftstheorien sowie auf identitätstheoretisch gefasste Subjekttheorien reicht jedoch alleine nicht aus, um ein umfassendes Konzept erziehungswissenschaftlicher Theoriebildung zu begründen, da sonst, ähnlich wie in den erziehungswissenschaftlichen Theoriediskussionen der 1970er Jahre, die Gefahr besteht, dass die disziplinäre Identität und das genuine Kategoriengefüge der Erziehungswissenschaft zugunsten sozialwissenschaftlicher Begriffe und Konzepte völlig aufgelöst wird (vgl. Herrmann 1989;

Mollenhauer 1991). Sinnvoll ist jedoch Austausch und Kommunikation, bei der unter Rekurs auf sozialwissenschaftliche Erklärungsansätze und auf einheimische pädagogische Theoreme und Begriffe die veränderten institutionellen und gesellschaftlichen Bedingungen von Bildung, Erziehung und sozialpädagogischen Hilfen im Zeitalter der reflexiven Modernisierung herausgearbeitet werden können (vgl. Krüger 1994, S. 124).

So hat die Vergesellschaftung der Erziehung zu einer Scholarisierung der Gesellschaft und zu einer Universalisierung von Bildung mit der gleichzeitigen Konsequenz geführt, dass sich die Erziehungseinrichtungen aus ihren traditionalen Lebensformen herausgelöst und eine neue Rolle bekommen haben. Das lebenslange Lernen in Bildungseinrichtungen wird für den Einzelnen zwar zunehmend wichtiger, gleichzeitig verliert die pädagogische Arbeit jedoch an Bedeutung für die auf Dauer folgenreiche Formung des Lebenslaufes. Auch die sozialpädagogischen Institutionen haben aufgrund des relativen Bedeutungsverlustes der naturwüchsig-informellen Formen des Helfens eine neue Funktion bekommen. Soziale Arbeit ist ein zentrales Instrument zur Erbringung und Sicherstellung personenbezogener sozialer Dienste geworden, deren Leistungsangebote inzwischen von Menschen aller Altersgruppen hilfesuchend nachgefragt werden.

Entgrenzung des Pädagogischen

Der gewaltige Ausbau des Bildungs-, Erziehungs- und Sozialwesens sowie die damit einhergehende quantitative Expansion, Verwissenschaftlichung und Professionalisierung der pädagogischen Berufe, aber auch das auf dem freien Markt unübersehbar werdende Angebot von Lernmöglichkeiten sowie die didaktischen Arrangements der Medien und der Werbung haben zu einer Pädagogisierung aller Lebensbereiche und zu einer Entgrenzung des Pädagogischen geführt (vgl. auch Krüger/Grunert 2004). Das Pädagogische konventiert zur Mentalität und zum Habitus, indem die Individuen beginnen, sich selber in pädagogischen Begrifflichkeiten zu thematisieren (vgl. Winkler 1992, S. 141). Die Folge ist nicht nur, dass damit die professionellen PädagogInnen ihren Kompetenzvorsprung und ihr Zuständigkeitsmonopol einbüßen. Vielmehr wird auch die Disziplin Erziehungswissenschaft nun selber mit den Folgeproblemen ihres eigenen Verwissenschaftlichungsschubes in der Praxis konfrontiert.

III.2. Forschungsaufgaben

Angesichts dieser Entwicklung kommt auf das Konzept einer Erziehungswissenschaft, die sich als reflexiver Wissenschaftstypus begreift, zunächst vor allem die Aufgabe zu, den historischen Wandel sowie die aktuelle Situation in den verschiedenen Feldern von Erziehung und Bildung vor dem Hintergrund der Antinomien gesellschaftlicher Modernisierungsprozesse unter Bezug auf das dargestellte umfassende Methodenrepertoire qualitativer und quantitativer Forschung in gegenwartsbezogenen bzw. historischen Studien zu untersuchen.

Kritische Bildungsforschung

Genauer gesagt, ist reflexive Erziehungswissenschaft in einer ersten Dimension eine kritisch orientierte und empirisch ausgerichtete Bildungsforschung, die die aktuellen Risiken und Nebenwirkungen von Erziehungs- und Bildungsprozessen in institutionellen und gesellschaftlichen Kontexten, in schulischen, außerschulischen und nicht institutionalisierten Sozialisationsbereichen analysiert.

Die Bereitstellung reflexiven Forschungswissens auf der Basis der Resultate einer kritischen Bildungsforschung zielt vor allem darauf ab, in Kenntnis vergangener Entwicklungsprozesse von Erziehung und Bildung über die Folgeprobleme und Implikationen zukünftiger pädagogischer Operationen zu informieren (vgl. Lenzen 1996, S. 123). Dies schließt jedoch zudem nicht aus, dass sich ErziehungswissenschaftlerInnen oder pädagogische PraktikerInnen auch überlegen, was angesichts der empirisch herausgearbeiteten Problemlagen zukünftig zu tun sei. Nur handelt es sich bei diesen Reflexionen um einen anderen, um einen praxisbezogenen Wissenstypus, der sich nicht am Leitkriterium der wissenschaftlichen Wahrheitsfindung, sondern am Kriterium der konstruktiven Verbesserung der Bedingungen der pädagogischen Praxis orientiert (vgl. Moser 1995; ähnlich Fend 1994).

Herausforderungen für die aktuelle Bildungsforschung

Aus der sich abzeichnenden reflexiven Modernisierung von gesellschaftlichen Strukturen und Erziehungsverhältnissen resultierte eine Vielzahl von Herausforderungen für die aktuelle Bildungsforschung. Als zentrale Forschungsfelder seien exemplarisch genannt:

- die durch die Globalisierung und die Krise der Finanz- und Arbeitsmärkte verursachte Massenarbeitslosigkeit sowie die damit einhergehenden Armutsentwicklungen mit ihren Auswirkungen auf Lebenslagen, Lebensentwürfe, die Familienerziehung, das Verhältnis von Bildungs- und Beschäftigungssystem sowie die sozialpädagogischen Dienste (vgl. Mollenhauer 1996, S. 283; Hornstein 2001);
- die durch die mikroelektronische Revolution sowie die neuen Informations- und Kommunikationstechnologien bedingten Veränderungen im Hinblick auf neue Qualifikationserfordernisse, neue Aneignungsmodi und Orte des Lernens sowie auf die Entstehung neuer sozialer Ungleichheiten bei der Nutzung der weltweiten Kommunikationsnetze;
- die aus den vielfältigen Migrationsbewegungen in Europa und in der Weltgesellschaft resultierenden Herausforderungen für den Umgang zwischen Angehörigen verschiedener Kulturen und das interkulturelle Lernen;
- die Folgen einer Entstrukturierung, Individualisierung und Restandardisierung des Lebenslaufs, die alle Lebensalter von der Kindheit bis zum Alter mit neuen Ungewissheitsrisiken belasten (vgl. Krüger/Grunert 2009);
- die Veränderungen in den familialen und pädagogischen Generationsbeziehungen, die zu einer Informalisierung und zu Verschiebungen der Machtbalancen zwischen Jüngeren und Älteren geführt haben, gleichzeitig durch ein Übermaß an Verhandeln und Kommunikation auch neue emotionale Belastungssyndrome bei den Heranwachsenden zur Folge haben können (vgl. du Bois-Reymond/Büchner/Krüger u.a. 1994, S. 156; du Bois-Reymond 2007);
- die Veränderungstendenzen von Familie und Geschlechterverhältnissen, die zugleich einem Umbau des Verhältnisses von privater und öffentlicher Erziehung zu einem Ausbau frühkindlicher Betreuungsangebote und ganztägiger schulischer Bildungseinrichtungen geführt haben (vgl. Krüger/Rauschenbach 2007);
- die Auswirkungen eines zweiten Modernisierungsschubs im Bildungssystem, die zwar einerseits zu einer Verallgemeinerung der Bildungsbeteiligung und zu einer Verbesserung der Bildungschancen für junge Frauen sowie zu

einer Informalisierung der Schulkultur, andererseits aber auch zu einer Entwertung des gesellschaftlichen Gratifikationspotentials der Bildungsabschlüsse und und zudem dazu geführt hat, dass ein Viertel der SchülerInnen noch nicht einmal ein Bildungsminimum bei dem Erwerb sprachlicher und mathematisch-naturwissenschaftlicher Kompetenzen erreichen (vgl. Baumert u.a. 2001; Prenzel u.a. 2004; Krüger/Rabe-Kleberg/Kramer/Budde 2010);
- die Erosion gewachsener, traditioneller Lebenszusammenhänge, die es notwendig macht, Gemeinschaft, Solidarität und sozialen Bedarfsausgleich in pädagogischen und sozialen Diensten subsidiär zu „inszenieren" (vgl. Rauschenbach 1992, S. 45);
- die Konsequenzen einer Universalisierung der Erwachsenenbildung, die als Tendenzen einer Entgrenzung der Erwachsenenbildungsinstitutionen, einer Individualisierung des Umgangs mit Bildungsangeboten und einer Pädagogisierung der Lebensführung sichtbar werden (vgl. Kade/Lüders 1996, S. 888; Kade/Seitter 2007);
- schließlich stellt die enorme Expansion pädagogischer Berufe in den letzten beiden Jahrzehnten sowie die damit einhergehende Ausdifferenzierung pädagogischer Handlungssektoren und die Veralltäglichung pädagogischer Wissensbestände und Deutungsrepertoires die erziehungswissenschaftliche Professionalisierungsforschung vor neue empirische Herausforderungen (vgl. Combe/Helsper 1996, S. 39; Krüger/Rauschenbach 2004).

Die genannten Punkte sind sicherlich nicht vollständig, ließen sich zweifelsohne vermehren. Gleichwohl zeigen sie einige wichtige Themen auf, die im Kontext der auf aktuelle pädagogische Problemlagen bezogenen erziehungswissenschaftlichen Forschung zu untersuchen wären.

Aufgaben der historischen Bildungsforschung

Ein zweiter zentraler Aufgabenbereich einer reflexiven Erziehungswissenschaft ist die Realisierung von historischen Studien, die ideen-, sozial- und alltagsgeschichtliche Sichtweisen sowie quantitative und qualitative Daten und methodische Zugriffe verbinden, um den langfristigen Wandel von pädagogischen Selbstbeschreibungen sowie der makro- und mikrosozialen Bedingungen von Familienerziehung, von schulischen und außerschulischen Institutionen und Lebenswelten, der Geschlechterverhältnisse, des Lebenslaufes etc. vor dem Hintergrund der Ambivalenzen von Modernisierungs- und Zivilisationsprozessen zu untersuchen. In der Traditionslinie kritischer Modernisierungs- und Zivilisationstheorien sind hier vor allem von den Vertretern der Kritischen Theorie (vgl. etwa Adorno/Horkheimer 1947; Habermas 1976), aber auch von Elias (1969), anspruchsvolle Theoriekonzepte entwickelt worden, die sich als theoretische Bezugspunkte für die historische Bildungs- und Sozialisationsforschung in besonderer Weise eignen, da sie versuchen, sozialgeschichtliche und sozialpsychologische Sichtweisen zu verbinden. In ähnlicher Weise gilt dies auch für die Gesellschaftstheorie von Foucault (1977, 1991), dessen Theorie allerdings den Nachteil hat, dass sie den Wandel von Beziehungsstrukturen und veränderten Formen von Subjektivität nur noch in Machtbegriffen fassen kann.

Anknüpfend an diese theoretischen Bezugsgrößen sind in der historischen erziehungswissenschaftlichen Forschung in den vergangenen zwei Jahrzehnten eine Vielzahl von ambitionierten Studien durchgeführt worden, etwa zur Sozialgeschichte der Erziehung und zur Disziplingeschichte der Erziehungswissenschaft (vgl. z.B. Tenorth 1988, 1994, 2006), zum Wandel von Erziehungstheorien und Erziehungspraktiken vor dem Hintergrund einer Genealogie gesellschaftlicher Machtdispositive (vgl. z.B. Pongratz 1989; Rumpf 1981; Pongratz u.a. 2004); zur Herausbildung der Jugendfürsorge als staatlichem Kontroll- und Disziplinierungssystem seit dem ausgehenden 19. Jahrhundert (vg. etwa Peukert 1986) oder zum Wandel von ländlichen oder städtischen Lebenswelten und Sozialisationserfahrungen, Mentalitäten und Prozessen der Identitätsfindung von Kindern und Jugendlichen in den ersten Jahrzehnten und im Verlauf des 20. Jahrhunderts (vgl. etwa Herrmann 1991; Behnken/du Bois-Reymond/Zinnecker 1989; Lutz/Behnken/Zinnecker 2003).

Solche Untersuchungen, die historische Detaillierung und theoriegeleitete historische Forschung miteinander verbinden, gilt es in Nachfolgestudien thematisch auszuweiten bzw. unter systematischer Variation der zeitgeschichtlichen, sozioökonomischen und kulturellen Rahmenbedingungen fortzuführen. Dabei wird durch solche Studien nicht nur ein historisches Wissen über die Entwicklung vergangener Erziehungstheorien und Erziehungspraktiken im Spannungsfeld der Dialektik von Prozessen gesellschaftlicher Modernisierung zur Verfügung gestellt, sondern zugleich ein reflexives Orientierungswissen, das es erlaubt, aktuelle erziehungswissenschaftliche Theoriediskurse oder bildungspolitische Kontroversen vor diesem Hintergrund besser verstehen und beurteilen zu können.

III.3. Bildungstheoretische Herausforderungen

Eine dritte Aufgabe, die sich für eine reflexive Erziehungswissenschaft stellt, ist die Entwicklung einer kritischen Bildungstheorie. Diese diskutiert die Frage, welche Herausforderungen sich aus den ökologischen Großgefahren einer verselbständigten industriegesellschaftlichen Modernisierung, aus der Krise der globalisierten Finanz- und Arbeitsmärkte, aus dem Heraufziehen einer Informations- und Wissensgesellschaft sowie aus den gesellschaftlich diagnostizierten Prozessen der Pluralisierung von Lebenslagen, Welt- und Selbstdeutungen und der Individualisierung von Lebensläufen, die sowohl biographische Wahlmöglichkeiten als auch anomische Züge in sich bergen können, für die Ortsbestimmung der Bildungsproblematik gegenwärtig ergeben (vgl. Krüger 1990, 1999).

Bildungstheoretische Perspektiven

Da viele Gefahren und Risiken heute nicht mehr sinnlich erfahrbar, sondern nur auf der Ebene des Wissens wahrnehmbar sind und angesichts der Tatsache, dass die zukünftige Gesellschaft eine Wissensgesellschaft sein wird, stellt sich als eine zentrale Aufgabe aktueller Bildung, allen Mitgliedern der Gesellschaft in pädagogischen Institutionen in gleichberechtigter Weise Wissen zugänglich zu machen und sie zur Verarbeitung, Gewichtung und erkenntniskritischen Auseinandersetzung mit solchen Formen des Wissens zu befähigen, die der Komplexität dieser Gesellschaft angemessen sind (vgl. Hornstein 1988, S. 392, 2001). Als Voraussetzung dafür muss zunächst einmal allen Heranwachsenden im allgemeinbildenden Schulsystem eine hinreichende Grundbildung im Bereich der sprachlichen, mathematisch-naturwissenschaftlichen, historisch-sozialen und personalen Kompetenzen vermittelt werden (vgl. Baumert 2003; Krüger/Rauschenbach 2007). Impulse für die bildungstheoretische Diskussion resultieren auch aus den gesellschaftlichen Diagnosen zur Individualisierung der Lebensführung. In dieser Entwicklung liegen nicht nur Chancen für die Ermutigung der Individuen zu biographischen Suchbewegungen und zu eigenständiger Weltgestaltung. Gerade die Schattenseiten des Individualisierungsprozesses, der damit einhergehende Verlust von sicheren sozialen Milieus sowie die damit verbundenen Unsicherheits-, Risiko- und Vereinzelungsgefahren werfen auch die Frage auf, welchen Beitrag pädagogische Handlungsprozesse zur Stärkung kritischer Ich-Leistungen und zur Förderung solidarischer Fähigkeiten leisten können (vgl. Marotzki 1988, S. 323; Rauschenbach 1994, S. 103).

Der Prozess soziokultureller Pluralisierungen, der überkommene Traditionen, Werte und Lebensperspektiven aufstört, stellt zugleich auch jene bildungstheoretischen Ansätze in Frage, die noch an Einheits- und Ganzheitsvorstellungen festhalten (vgl. Helsper 1996, S. 554; Tenorth 1994, S. 185). Bildung muss stattdessen in eine Lebensform einführen, die durch eine inkonsistente Pluralität gekennzeichnet ist und sie muss für den Umgang mit Vielheit und die soziale Wertschätzung und Anerkennung der Heterogenität des Anderen, d.h. auch für die Anerkennung von Geschlechterdifferenzen und kulturellen Differenzen, sensibilisieren.

Dass das postmoderne Plädoyer für eine Ethik der Differenz und das Votum für eine demokratische Kultur, die sich an Gleichheit und Gerechtigkeit orientiert, keine Gegensätze sein müssen, darauf haben im sozialphilosophischen Diskurs insbesondere Honneth (1992, 2000), in der erziehungswissenschaftlichen Diskussion vor allem Giroux (1989) und Prengel (1996) im letzten Jahrzehnt aufmerksam gemacht. In solchen Konzepten einer posttraditionalen Solidarität, die Ansprüche des aufklärerischen Universalismus und postmoderne Forderungen nach Anerkennung des Besonderen miteinander verbinden, stecken zugleich entscheidende Anregungspotentiale für die ethische Orientierung einer reflexiven Erziehungswissenschaft, die angesichts der sich abzeichnenden Tendenzen zur Globalisierung, kulturellen Diversifikation und sozialen Desintegration moderner Gesellschaften am Beginn des 21. Jahrhunderts vor einer Vielzahl neuartiger Herausforderungen steht.

Konzepte posttraditioneller Solidarität

Literatur

Adorno, T.W./Horkheimer, M.: Dialektik der Aufklärung. Amsterdam 1947.

Baumert, J. u..a.: PISA 2000. Basiskompetenzen von Schülerinnen und Schülern im internationalen Vergleich. Opladen 2001.

Baumert, J.: Transparenz und Verantwortung. In: Killius, N./Kluge, J./Reisch, L. (Hrsg.): Die Bildung der Zukunft. Frankfurt a.M. 2003, S. 213-228.

Beck, U./Giddens, A./Lash, S.: Reflexive Modernisierung. Frankfurt a.M. 1996.

Beck, U.: Das Zeitalter der Nebenfolgen und die Politisierung der Moderne. In: Beck, U./Giddens, A./Lash, S.: Reflexive Modernisierung. Frankfurt a.M. 1996, S. 19-111

Beck, U.: Die Erfindung des Politischen. Frankfurt a.M. 1993.

Beck, U.: Die Neuvermessung der Ungleichheit unter den Menschen. Frankfurt a.M. 2008.

Beck, U.: Gegengifte. Frankfurt a.M. 1988.
Beck, U.: Macht und Gegenmacht im globalen Zeitalter. Frankfurt a.M. 2002.
Beck, U./Bonß, W. (Hrsg.): Weder Sozialtechnologie noch Aufklärung? Frankfurt a.M. 1989.
Beck, U./Lange, C. (Hrsg.): Entgrenzung und Entscheidung. Frankfurt a.M. 2004.
Beck, U.: Risikogesellschaft. Auf dem Weg in eine andere Moderne. Frankfurt a.M. 1986.
Beck-Gernsheim, E.: Ist Liebe weiblich? Zur Neudefinition der Geschlechterbeziehungen in der Moderne. In: Krüger, H.-H. (Hrsg.): Abschied von der Aufklärung? Opladen 1990, S. 61-77.
Behnken, I./Bois-Reymond, M. du/Zinnecker, J.: Stadtgeschichte als Kindheitsgeschichte. Opladen 1989.
Berger, J. (Hrsg.): Die Moderne – Kontinuitäten und Zäsuren. Soziale Welt. Sonderband 4. Göttingen 1986.
Bois-Reymond, M. du/Büchner, P./Krüger, H.-H. u.a.: Kinderleben. Modernisierung von Kindheit im interkulturellen Vergleich. Opladen 1994.
Bois-Reymond, M. du: Europas neue Lerner. Opladen 2007.
Bourdieu, P.: Sozialer Sinn. Frankfurt a.M. 1993.
Combe, A./Helsper, W.: Einleitung: Pädagogische Professionalität. In: Combe, A./Helsper, W. (Hrsg.): Pädagogische Professionalität. Frankfurt a.M. 1996, S. 9-47.
Ehrenspeck, Y./Rustemeyer, D.: Bestimmt unbestimmt. In: Combe, A./Helsper, W (Hrsg.): Pädagogische Professionalität. Frankfurt a.M. 1996, S. 368-390.
Elias, N.: Der Prozeß der Zivilisation. 2 Bde. Frankfurt a.M. 1969.
Fend, H.: Die empirische Pädagogik. In: Gudjons, H./Teske, R./Winkel, R. (Hrsg.): Erziehungswissenschaftliche Theorien. Hamburg ^{4}1994, S. 27-41.
Foucault, M.: Die Ordnung des Diskurses. Mit einem Essay von Ralf Konesmann. Frankfurt a.M. 1991.
Foucault, M.: Überwachen und Strafen. Die Geburt des Gefängnisses. Frankfurt a.M. 1977.
Friebertshäuser, B.: Verstehen als Herausforderung für reflexive empirische Forschung. In: Friebersthäuser, B./Rieger-Ladich, M./Wigger, L. (Hrsg.): Reflexive Erziehungswissenschaft. Wiesbaden 2006, S. 231-252.
Giroux, H.A.: Schooling as a Form of cultural Politics: Toward a Pedagogy of and for Difference. In: Giroux, H.A./Mc Laren, P. (Hrsg.): Critical Pedagogy, the state and cultural Struggle. Albeny/New York 1989, S. 125-151.
Grunert, C./Wensierski, H.-J. v. (Hrsg.): Jugend und Bildung. Modernisierungsprozesse und Strukturwandel von Erziehung und Bildung am Beginn des 21. Jahrhunderts. Opladen 2008.
Habermas, J.: Rekonstruktionsversuche des Historischen Materialismus. Frankfurt a.M. 1976.
Helsper, W.: Antinomien des Lehrerhandelns in modernisierten Kulturen. In: Combe, A./ Helsper, W. (Hrsg.): Pädagogische Professionalität. Frankfurt a.M. 1996, S. 521-569.
Herrmann, U.: Die Kommission Wissenschaftsforschung der DGfE. In: König, E./Zedler, P. (Hrsg.): Rezeption und Verwendung erziehungswissenschaftlichen Wissens in pädagogischen Handlungs- und Entscheidungsfeldern. Weinheim 1989, S. 1-20.
Herrmann, U.: Historische Bildungsforschung und Sozialgeschichte der Bildung. Weinheim 1991.
Honneth, A.: Das Andere der Gerechtigkeit. Frankfurt a.M. 2000.
Honneth, A.: Desintegration. Bruchstücke einer soziologischen Zeitdiagnose. Frankfurt a.M. 1994.
Honneth, A.: Kampf um Anerkennung. Frankfurt a.M. 1992.
Hornstein, W.: Erziehung und Bildung im Zeitalter der Globalisierung. In: Zeitschrift für Pädagogik 47 (2001, S. 517-537.
Hornstein, W.: Sozialwissenschaftliche Gegenwartsdiagnose und Pädagogik. In: Zeitschrift für Pädagogik 34 (1988), H. 3, S. 381-397.
Joas, H.: Kreativität und Autonomie. Die soziologische Identitätskonzeption und ihre postmoderne Herausforderung. In: Barkhaus, A./Mayer, M./Roughley, N. u.a. (Hrsg.): Identität, Leiblichkeit, Normativität. Frankfurt a.M. 1996, S. 357-369.
Kade, J.: Universalisierung und Individualisierung der Erwachsenenbildung. In: Zeitschrift für Pädagogik 35 (1989), H. 6, S. 789-808.
Kade, J./Lüders, Ch.: Lokale Vermittlung. In: Combe, A./Helsper, W. (Hrsg.): Pädagogische Professionalität. Frankfurt a.M. 1996, S. 887-922.

Kade, J./Seitter, W. (Hrsg.): Umgang mit Wissen. Recherchen zur Empirie des Pädagogischen. Bd. 1 und 2. Opladen 2007.
Keupp, H.: Auf der Suche nach der verlorenen Identität. In: Keupp, H./Bilden, H. (Hrsg.): Verunsicherungen. Göttingen 1989, S. 47-69.
Keupp, H.: Bedrohte und befreite Identitäten in der Risikogesellschaft. In: Barkhaus, A./ Mayer, M./Roughley, N. u.a. (Hrsg.): Identität, Leiblichkeit, Normativität. Frankfurt a.M. 1996, S. 380-409.
Krüger, H.-H.: Allgemeine Pädagogik auf dem Rückzug? Notizen zur disziplinären Neuvermessung der Erziehungswissenschaft. In: Krüger, H.-H./Rauschenbach, T. (Hrsg.): Erziehungswissenschaft. Weinheim/München 1994, S. 115-130.
Krüger, H.-H.: Entwicklungslinien und aktuelle Perspektiven einer Kritischen Erziehungswissenschaft. In: Sünker, H./Krüger, H.-H.: Kritische Erziehungswissenschaft am Neubeginn? Frankfurt a.M. 1999, S. 162-183.
Krüger, H.-H.: Erziehungswissenschaft im Spannungsfeld von Kontinuitäten und Zäsuren der Moderne. In: Krüger, H.-H. (Hrsg.): Abschied von der Aufklärung? Opladen 1990, S. 7-22.
Krüger, H.-H./Grunert, C.: Entgrenzung pädagogischer Berufsarbeit. In: Zeitschrift für Pädagogik 47 (2004), S. 517-537.
Krüger, H.-H./Grunert, C.: Jugend und Bildung. In: Tippelt, R./Schmidt, B. (Hrsg.): Handbuch der Bildungsforschung. Wiesbaden [2]2009, S. 641-660.
Krüger, H.-H./Lenzen, D.: Allgemeine Erziehungswissenschaft und andere Teildisziplinen. In: Zeitschrift für Erziehungswissenschaft 1(1998), S. 153-155.
Krüger, H.-H./Rauschenbach, T.: Bildung im Schulalter – Ganztagsbildung als neue Perspektive. In: 6. Beiheft der Zeitschrift für Erziehungswissenschaft (2007), S. 97-108.
Krüger, H.-H./Rabe-Kleberg, U./Kramer, R.-T./Budde, J. (Hrsg.): Bildungsungleichheit revisited. Wiesbaden 2010.
Lash, S.: Reflexivität und ihre Doppelungen: Struktur, Ästhetik und Gemeinschaft. In: Beck, U./Giddens, A./Lash, S.: Reflexive Modernisierung. Frankfurt a.M. 1996, S. 195-287.
Lenzen, D.: Handlung und Reflexion. Vom pädagogischen Theoriedefizit zur Reflexiven Erziehungswissenschaft. Weinheim/Basel 1996.
Lenzen, D.: Orientierung Erziehungswissenschaft. Reinbek 1999.
Lenzen, D.: Reflexive Erziehungswissenschaft am Ausgang des postmodernen Jahrzehnts. In: Benner, D./Lenzen, D./Otto, H.-U. (Hrsg.): Erziehungswissenschaft zwischen Modernisierung und Modernitätskrise. 29. Beiheft der Zeitschrift für Pädagogik. Weinheim/Basel 1992, S. 75-92.
Lutz, M./Behnken,I./Zinnecker, J. Narrtive Landkarten. In: Friebertshäuser, B./Prengel, A. (Hrsg.): Handbuch Qualitative Forschungsmethoden in der Erziehungswissenschaft. Weinheim/München 2003, S. 414-435.
Lyotard, J.-F.: Das Undarstellbare – Wider das Vergessen. In: Pries, Ch. (Hrsg.): Das Erhabene – Zwischen Grenzerfahrung und Größenwahn. Weinheim 1989, S. 319-348.
Marotzki, W.: Bildung als Herstellung von Bestimmtheit und Ermöglichung von Unbestimmheit. In: Hansmann, O./Marotzki, W. (Hrsg.): Diskurs Bildungstheorie I: Systematische Markierungen. Weinheim 1988, S. 311-333.
Mollenhauer, K.: Im Gespräch mit Th. Schulze. In: Kaufmann, H. B. u.a. (Hrsg.): Kontinuität und Traditionsbrüche in der Pädagogik. Weinheim/Basel 1991, S. 67-82.
Mollenhauer, K.: Kinder- und Jugendhilfe. Theorie der Sozialpädagogik – ein thematisch-kritischer Grundriß. In: Zeitschrift für Pädagogik 42 (1996), H. 6, S. 869-888.
Moser, H.: Grundlagen der Praxisforschung. Freiburg 1995.
Offe, C.: Die Utopie der Null-Option. In: Berger, J. (Hrsg.): Die Moderne – Kontinuitäten und Zäsuren. Soziale Welt. Sonderband 4. Göttingen 1986, S. 97-118.
Peukert, D.: Grenzen der Sozialdisziplinierung. Köln 1986.
Pongratz, L.: Pädagogik im Prozeß der Moderne. Weinheim 1989.
Pongratz, L. u.a. (Hrsg.) Nach Foucault. Diskurs- und macht analytische Perspektiven der Pädagogik. Wiesbaden 2004.
Prengel, A.: Pädagogik der Vielfalt. Opladen [2]1996.

Prenzel, M. u.a.: PISA 2003. Der Bildungsstand der Jugendlichen in Deutschland – Ergebnisse des zweiten internationalen Vergleichs. Münster/New York/München/Berlin 2004.

Rauschenbach, T.: Inszenierte Solidarität: Soziale Arbeit in der Risikogesellschaft. In: Beck, U./Beck-Gernsheim, E. (Hrsg.): Riskante Freiheiten. Frankfurt a.M. 1994, S. 89-113.

Rauschenbach, T.: Soziale Arbeit und soziales Risiko. In: Rauschenbach, T./Gängler, H. (Hrsg.): Soziale Arbeit und Erziehung in der Risikogesellschaft. Neuwied/Berlin 1992, S. 25-59.

Rumpf, H.: Die übergangene Sinnlichkeit. München 1981.

Tenorth, H.-E.: ‚Alle alles zu lehren'. Möglichkeiten und Perspektiven allgemeiner Bildung. Darmstadt 1994.

Tenorth, H.-E.: Erziehungswissenschaft in Deutschland – Skizze ihrer Geschichte von 1900 bis zur Vereinigung. In: Harney, K./Krüger, H.-H. (Hrsg.): Einführung in die Geschichte der Erziehungswissenschaft und Erziehungswirklichkeit. Opladen [3]2006, S. 133-176.

Tenorth, H.-E.: Geschichte der Erziehung. Weinheim/München 1988.

Tenorth, H.-E.: Profession und Disziplin. Zur Formierung der Erziehungswissenschaft. In: Krüger, H.-H./Rauschenbach, T. (Hrsg.): Erziehungswissenschaft. Weinheim/München 1994, S. 17-28.

Winkler, M.: Universalisierung und Delegitimation: Notizen zum pädagogischen Diskurs der Gegenwart. In: Hoffmann, D./Langewand, A./Niemeyer, C. (Hrsg.): Begründungsformen der Pädagogik in der Moderne. Weinheim 1992, S. 135-154.

Hinweise zum Autor

Heinz-Hermann Krüger (geb. 1947), Dr. phil. habil., ist Professor für Allgemeine Erziehungswissenschaft und Mitglied im Direktorium des Zentrums für Schul- und Bildungsforschung an der Martin-Luther-Universität Halle-Wittenberg; er ist Mitherausgeber der Buchreihen „Studien zur Erziehungswissenschaft und Bildungsforschung" und „Studien zur Jugendforschung" sowie der „Zeitschrift für Erziehungswissenschaft", der „Zeitschrift für Qualitative Forschung" sowie der Zeitschrift „Diskurs Kindheits- und Jugendforschung".

Arbeitsschwerpunkte: Theorien und Methoden der Erziehungswissenschaft, Bildungs- und Biographieforschung, Kindheits- und Jugendforschung, Professions- und Arbeitsmarktforschung

Ausgewählte Buchveröffentlichungen:

Lernen und Erfahrung. Perspektiven einer Theorie schulischen Handelns (zusammen mit R. Lersch), Opladen ²1993;
Abschied von der Aufklärung? Perspektiven der Erziehungswissenschaft (Hrsg.), Opladen 1990;
Pädagogik und Erziehungsalltag in der DDR (Hrsg. mit W. Marotzki), Opladen 1994;
Erziehungswissenschaft. Die Disziplin am Beginn einer neuen Epoche (Hrsg. mit T. Rauschenbach), Weinheim/München 1994;
Pädagogische Zukunftsentwürfe (Hrsg. mit K.H. Braun), Opladen 1997;
Kritische Erziehungswissenschaft am Neubeginn? (Hrsg. mit H. Sünker), Frankfurt a.M. 1999;
Erziehungswissenschaftliche Biographieforschung (Hrsg. mit W. Marotzki), Opladen ²1996;
Schülerstudie '90 (zusammen mit I. Behnken u.a.), Weinheim/München 1991.
Schule und Gesellschaft im Umbruch, 2 Bde. (Hrsg. mit W. Helsper/H. Wenzel), Weinheim 1996;
Handbuch Kindheits- und Jugendforschung (Hrsg. mit C. Grunert), Wiesbaden ²2009;
Bildungsungleichheit revisited. (Hrsg. mit U. Rabe-Kleberg/R.-T. Kramer/J. Budde), Wiesbaden, ²2011.
Feste Fahrpläne durch die Jugendphase? Jugendbiographien heute (zusammen mit W. Fuchs-Heinritz), Opladen 1991;
Kinderleben. Modernisierung von Kindheit im interkulturellen Vergleich (zusammen mit M. du Bois-Reymond u.a.), Opladen 1994;
Childhood, Youth and Social Change (Hrsg. mit L. Chisholm u.a.), London/New York 1990;
Growing up in Europe (Hrsg. mit L. Chisholm u.a.), Berlin/New York 1995;

Vom Teddybär zum ersten Kuß. Wege aus der Kindheit in Ost- und Westdeutschland (Hrsg. mit P. Büchner/B. Fuhs), Opladen 1996;
Childhood in Europe (Hrsg. mit M. du Bois-Reymond), New York 2001;
Diplom-Pädagogen in Deutschland. Survey 2001 (zusammen mit T. Rauschenbach u.a.), Weinheim/München 2003;
Pädagogen in Studium und Beruf (Hrsg. mit T. Rauschenbach), Wiesbaden 2004;
Wörterbuch Erziehungswissenschaft (Hrsg. mit C. Grunert), Opladen ²2006;
Handbuch Erziehungswissenschaftliche Biographieforschung (Hrsg. mit W. Marotzki), Wiesbaden ²2006;
Kindheit und Kindheitsforschung in Deutschland (zusammen mit C. Grunert), Opladen 2006;
Unpolitische Jugend? (zusammen mit W. Helsper u.a.), Wiesbaden 2006;
Outlines of a Modern Critical Educational Science, Frankfurt a.M./Bern/New York u.a. 2006.
Family, School, Youth Culture. International perspectives on pupil research. (Hrsg. mit W. Helsper u.a.), Frankfurt a.M. 2008;
Kinder und ihre Peers. Freundschaftsbeziehungen und schulische Bildungsbiographien (zusammen mit S.-M. Köhler, M. Zschach, N. Pfaff), Opladen 2008.
Teenies und ihre Peers (zusammen mit S.-M. Köhler, M. Zschach), Opladen 2010.
Jugendliche und ihre Peers (zusammen mit A. Deinert, M. Zschach), Opladen 2012.

Bildquellennachweis

Nohl, 18; Litt, 18; Spranger, 19; Flitner, 19; Petersen, 39; Aus: Scheuerl, H. (Hrsg.): Klassiker der Pädagogik, Bd. II, München 1978, Beck Verlag

Weniger, 20; Aus: Weniger, E.: Gesammelte Werke, Hrsg. von Gaßen, Weinheim 1990, Beltz Verlag

Meumann, 38; Lay, 38; Fischer, 39; Aus: Saupe, E. (Hrsg.): Deutsche Pädagogen der Neuzeit. Osterwiek am Harz 1929, U.W. Zickfeldt-Verlag

Roth, 40; Aus: Hoffmann, D. (Hrsg.): Pädagogik an der Georg-August-Universität Göttingen. Göttingen 1987, Verlag Vandenhoeck & Ruprecht

Blankertz, 59; Aus: Blankertz, H.: Geschichte der Pädagogik. Wetzlar 1982, Verlag Büchse der Pandora

Klafki, 58: Verlagsgruppe Beltz, Weinheim

Luhmann, 128; Aus: Treibel, A.: Einführung in soziologische Theorien der Gegenwart. Opladen 1996, Verlag Leske + Budrich

Lenzen, 135 Freie Universität Berlin, Uta Rademacher

Brezinka, 41; Mollenhauer, 59; Derbolav, 86; Benner, 87; Heitger, 96; Fischer, W. 97; Gamm, 103; Trescher, 113; Lippitz, 122; Pongratz, 137; Baacke, 148; Schulze, 149; Prengel, 158; Diese Bilder stammen von den abgebildeten Personen.